Dietfried Müller-Hegemann

Autogene Psychotherapie

Weiterentwicklungen des Autogenen Trainings

Rowohlt

1. Auflage Oktober 1981

Einbandgestaltung Werner Rebhuhn
Satz Times (Linotron 404)
Gesamtherstellung Clausen & Bosse, Leck
Printed in Germany
ISBN 3 498 04277 7

Inhaltsverzeichnis

Vorwort

Die vorliegende Publikation ist in erster Linie für therapeutisch tätige Personen geschrieben, gleich ob sie Autogenes Training anwenden oder bisher noch keine Gelegenheit dazu hatten. Neben Ärzten und Psychologen werden Sozialarbeiter, Krankenschwestern und -pfleger, Arzthelferinnen und andere Mitarbeiter in Betracht gezogen, die häufig Interesse für Theorie und Praxis des Autogenen Trainings zeigen, um ihren Teil zur Effektivität der therapeutischen Arbeit beizutragen.

Darüber hinaus sind hier alle interessierten Laien angesprochen, die aus unmittelbarer Erfahrung oder nur aus theoretischer Neigung sich mit der Problematik des Autogenen Trainings beschäftigen, oft mit dem Eindruck, daß die Diskussionen um diese Methode neuer Anregungen bedürfen. Zu den «Laien» gehören auch Fachwissenschaftler anderer Disziplinen wie z. B. der Philosoph HERMANN SCHMITZ, der in seinem wichtigen Werk «System der Philosophie», zweiter Band (1965), eingehend Erfahrungen mit dem Autogenen Training berücksichtigt hat.

Die folgenden Ausführungen sollten in keinem Fall als Anleitung für ein selbständiges Training mißverstanden werden. Nach wie vor gilt der Rat von JOHANNES HEINRICH SCHULTZ, dem Schöpfer des Autogenen Trainings, daß eine praktische Anleitung durch Therapeuten mit spezieller Erfahrung auf diesem Gebiete unerläßlich ist.

Manche Fachausdrücke waren nicht zu vermeiden, auch dienen einzelne Abschnitte ganz bevorzugt der Information therapeutischer Spezialisten. Im ganzen ist indessen die Ausarbeitung auf Allgemeinverständlichkeit abgestimmt. Dafür wird als Hilfe im Anhang ein Glossar angeboten.

Der Fachmann ist auf die sachlich-kritische Einschätzung seiner Arbeiten durch Fachkollegen angewiesen, weiterhin auch durch die Öffentlichkeit. Die letztere spielt hier eine erhebliche Rolle, da das Autogene Training einen hohen Bekanntheitsgrad erreicht hat, leider verbunden mit zahlreichen Irrtümern und Mißverständnissen. Manche meinen, das Autogene Training gehöre zu einem Fitness-Programm, andere, es sei der gegenwärtig verbreiteten Meditationswelle zuzurechnen, und am häufigsten ist die falsche Meinung zu hören, es handele sich um eine reine Entspannungstechnik. Vor wenigen Jahren hieß es in einer repräsentativen deutschen Wochenzeitung, heute sei alles, was sich zwischen Wissenschaft und Magie bewegt, wieder «in». Ein zusätzlicher Vorteil für Buchverfasser und -leser sei, daß sich die Trainingsmethode leicht erlernen lasse. So erweise sich das «Autogene Training als ein auf Gegenwartsmaß geschneidertes medizinisches Massenmedium». – Es wäre anzuraten, daß der Leser unbelastet von solchen Fehlurteilen die Lektüre dieses Buches aufnimmt.

Zuletzt sei hier Dank allen denen gesagt, die im Verlaufe von vielen Jahren mitgeholfen haben, das Autogene Training weiterzuentwikkeln, vor allem den Ärzten und Psychologen, den Krankenschwestern und anderen Kollegen bei der gemeinsamen klinischen Arbeit in Leipzig und Berlin, ferner denen, die die Ausarbeitung der vorliegenden Monographie unterstützt haben. Das Sachbuchlektorat des Rowohlt Verlages mit Herrn Hermann Gieselbusch verdient hier besondere Hervorhebung.

Zur Einführung:

Über den Problemkreis des Autogenen Trainings

Auf den ersten Blick erscheint der gegenwärtige Entwicklungsstand des Autogenen Trainings (AT) imponierend: In den letzten vier bis fünf Jahrzehnten ist diese Methode zu einer erstaunlichen Verbreitung gelangt. In beiden deutschen Staaten, in Österreich, der Schweiz, der Tschechoslowakei und anderen europäischen Ländern, zum kleinen Teil auch in Nordamerika und Japan sind Tausende von wissenschaftlichen und anderen Publikationen zu diesem Thema erschienen. In der Praxis zahlloser Ärzte und Psychologen hat das AT einen festen Platz gefunden. In Volkshochschulen, Gesundheitsvereinen und Kurorten wird mit großer Regelmäßigkeit AT angeboten, sogar in Tageszeitungen wird mit Inseraten geworben. Es fehlt auch nicht an Tonbandkassetten und Schallplatten auf dem Markt, die angeblich AT oder ganz ähnliche Entspannungstechniken vermitteln sollen.

Eine genaue Betrachtung läßt indessen Zweifel aufkommen, ob diese Entwicklung insgesamt positiv zu bewerten ist. Denn die starke Ausbreitung einer Behandlungsmethode (die auch Prophylaxe und Rehabilitation einschließt) bedeutet nur dann einen eindeutigen Fortschritt, wenn sie in klärender Weise immer wieder kritisch durchleuchtet werden konnte, wenn auf dem eingeschlagenen Weg wichtige neue Erkenntnisse gesammelt und bessere Behandlungsergebnisse erreicht wurden. In jedem anderen Fall bestünde die Gefahr einer Verflachung der Methode und einer Simplifizierung in der praktischen Anwendung. Gerade diese Gefahr ist beim AT im Verlaufe der letzten Jahre deutlich geworden, wenn auch eine beträchtliche Zahl von Ärzten in Fachgesellschaften für AT in der Bundesrepublik Deutschland und in Österreich ihr entgegenzuwirken sucht.

Um mit den Tonbandkassetten und Schallplatten zu beginnen, so ist hier bereits das autogene Prinzip verletzt, denn durch sie wird hauptsächlich fremdsuggestiv irgendeine Entspannung herbeigeführt, die an das betreffende technische Gerät gebunden ist. Autogene, d. h. selbsttätige Kräfte können dabei kaum in Gang gesetzt sein. Aber auch bei vielen Trainingsgruppen wird diesem autogenen Prinzip nicht genügend Raum gegeben, sei es, daß die Gruppen mehr als neun oder zehn Teilnehmer umfassen und daß daher eine differenzierte Anleitung des einzelnen Trainierenden mißlingt, sei es, daß die Gruppen-Therapeuten nicht ausreichend im AT ausgebildet oder auch nicht besonders dafür interessiert sind. Das AT wird nämlich oft als sehr kleine Psychotherapie mißverstanden, auch von Psychoanalytikern, die das «Gold der Psychoanalyse» (Freud) nicht jedem Patienten anbieten können und daher mit AT zu helfen suchen.

Neben einer unzweifelhaft großen Zahl von guten Erfolgen durch AT gibt es eher zunehmend Mißerfolge, denn mehr und mehr Patienten berichten, daß sie einmal AT absolviert oder zumindest begonnen hätten, ohne daß Nennenswertes erreicht wurde. Über etwas Schwere und Wärme in den Gliedern wissen sie großenteils zu berichten, jedoch waren diese Phänomene für sie nicht überzeugend genug, um das Training fortzusetzen. Auch in der Einzeltherapie mit AT sind Mißerfolge allzu häufig. Dabei spielt das Prinzip der Auswahl solcher Patienten eine Rolle, denn in passiver Konsumentenhaltung fixierte Personen bringen kaum autogene Trainingsleistungen auf. Auch vermögen sich Patienten mit akuten neurotischen oder anderen funktionellen Störungen nicht ausreichend auf ein AT zu konzentrieren. Die meisten Mißerfolge kommen dadurch zustande, daß therapeutisch tätige Personen mit oder ohne medizinische Ausbildung sich zutrauen, AT anzuwenden, die nur an einigen Fortbildungsveranstaltungen teilgenommen oder auch bloß ein paar einschlägige Publikationen gelesen haben. Sie meinen, daß ihnen die Anwendung des AT keine Schwierigkeit bereite, da ja bei ihren Patienten auch Schwere-, Wärme- und andere Phänomene des AT auftreten würden. Nun wird nicht bezweifelt: Derartige Phänomene können auf diesem Wege erreicht werden, ja sogar autodidaktisch, wenn mit Interesse an Hand von Übungsheften und anderen gedruckten Anleitungen regelmäßig trainiert wird. Indessen schützt ein derartiges Vorgehen nie vor ernsten Fehlern und vor Rückschlägen bis zur Wirkungslosigkeit, es wird nur ein simplifiziertes, ein vulgarisiertes AT praktiziert, das weitab von den Konzeptionen seines Schöpfers SCHULTZ liegt.

Bei alledem taucht der Verdacht auf, ob nicht das AT in seiner jetzt weitaus am meisten angewandten Form, d. h. als Grundstufe (oder Unterstufe), für Vulgarisierungen recht anfällig ist. Das AT ist von SCHULTZ als umfassendes System einer «aktiv-klinischen Psychotherapie» beschrieben worden, mit einer Unterstufe, die der «kleinen Psychotherapie», und einer Oberstufe, die der «großen Psychotherapie» entspricht. Die Oberstufe ist jedoch von SCHULTZ nicht genügend ausgearbeitet worden, dies wird schon an dem geringen Textumfang des Abschnitts «Oberstufe» (33 von 399 Textseiten) seines Standardwerkes «Das autogene Training» deutlich. Besonders aufschlußreich ist das Vorwort von SCHULTZ zu dem kleinen Buch seines Schülers K. THOMAS: «Praxis der Selbsthypnose des Autogenen Trainings. Formelhafte Vorsatzbildungen und Oberstufe» (1967). SCHULTZ schrieb, in ihm seien zahlreiche Probleme näher geklärt worden, die in seinem Standardwerk «nur kurze Anleuchtung finden konnten». Seit der ersten Ausgabe seines Standardwerkes waren mit häufigen Neuauflagen damals 35 Jahre vergangen, so daß die Unklarheiten der Oberstufe damit um so mehr hervortreten, als SCHULTZ sonst ganz souverän seine Methode beherrschte.

In den letzten ein bis zwei Jahrzehnten sind Versuche von mehreren Autoren unternommen worden, die Oberstufe auszubauen oder neu aufzubauen, mit fremdsuggestiv herbeigeführten Meditationen (K. THOMAS), unter psychoanalytischem Aspekt (K. R. ROSA) und mit psychophysiologischer Richtung (W. LUTHE). Bisher haben diese Versuche zu keiner Lösung geführt, denn eine Kluft zwischen den beiden Stufen des AT kommt unvermindert zum Vorschein. C. HARING gibt in seinem «Lehrbuch des autogenen Trainings» (1979) nicht nur seine eigene Auffassung wieder, daß «die sogenannte Oberstufe» mit dem Autogenen Training direkt nichts zu tun habe. Sie sei lediglich «die Anwendung des autogenen Trainings zur meditativen Praxis, nicht Bestandteil des Trainings selbst».

Mangels einer voll ausgearbeiteten Oberstufe ist das AT immer mehr in Gefahr, zu einem «pragmatischen», therapeutisch «zudekkenden» Entspannungstraining zu werden, ohne es von seiner Konzeption her zu sein. Damit besteht die Gefahr der weiteren Simplifizierung eines solchen Trainings, gewiß nicht bei allen, jedoch bei der Mehrzahl der jetzt das AT anwendenden Therapeuten. Hier kommt das zentrale Problem des AT in der Gegenwart zum Vorschein.

Um den genannten Gefahren zu entgehen, ist eine Neubearbeitung der Oberstufe notwendig geworden. Dazu gehört eine gründliche Überprüfung aller methodischen Fragestellungen auch der Grundstufe und der wichtigsten Begriffe wie «das Autogene», das Training, die Entspannung und die Konzentration in ihren Zusammenhängen. Im folgenden ist die Aufgabe gestellt, aus der weithin gesicherten Grundstufe alle Ansätze zu nutzen, die zu «höheren» Trainingsformen führen können. Als geglückt kann dieses Vorhaben erst gelten, wenn das autogene Prinzip und das Trainingsprinzip für die Oberstufe ebenso wie in der Grundstufe voll wirksam werden. Damit wäre ein in sich geschlossenes System des AT erreicht, so daß bereits die Grundstufe einen größeren psychotherapeutischen Gehalt gewinnen könnte.

Abschließend möge kurz auf ein eigenes Referat (special issue) eingegangen werden, das zum Thema «Vom Autogenen Training zur Autogenen Psychotherapie» auf dem XI. Internationalen Kongreß für Psychotherapie am 31. 8. 1979 in Amsterdam gehalten wurde. Es wurde u. a. ausgeführt, daß der Begriff der Entspannung allein nicht genügt, um das AT zu kennzeichnen. SCHULTZ hatte immer auch von den Leistungen beim AT gesprochen. In Anlehnung daran wurde in der eigenen Arbeit das Prinzip langjährig erprobt, daß erst das gelungene Wechselspiel zwischen autogener Entspannung und autogener Anspannung ein Optimum der Behandlungsergebnisse ermöglicht. Ein kennzeichnendes Beispiel dafür ist die Verbindung von autogenem und muskulärem Training: Auf der Grundlage bereits erreichter Entspannungseffekte wird ein individuell angepaßtes Programm gymnastischer oder sonstiger muskulärer Aktivitäten dem Patienten vermittelt. Dabei kann das AT zum Regulativ werden, um Überlastungen oder auch Unterlastungen des Organismus zu vermeiden.

Ferner verlangt der Begriff der Meditation Beachtung, denn sie ist bereits in der Grundstufe in Ansätzen vorhanden, die es zu entwikkeln gilt, nicht bis zu uferlosen Selbstbespiegelungen, sondern zu realitätsbezogenen und zeitlich begrenzten besinnlichen Pausen in dem oft hektisch getönten Leben der Gegenwart.

Vom Eigentraining der Grundstufe führt der methodische Weg zu einem Lebenstraining weiter, für das formelhafte Vorsatzbildungen auch unter verhaltenstherapeutischen Aspekten wesentlich sind. Sie individuell herauszufinden gelingt mit Hilfe des AT und anschließenden Meditationen. Wer dabei mit Hilfe des Therapeuten in Etappen voranschreitet, auch mittels neuer Vorsatzbildungen, erreicht ein differenzierteres Training, das hier als Mittelstufe bezeichnet wird. Damit können leichtere Neurosen (z. B. Randneurosen im Sinne von SCHULTZ) erfolgversprechend behandelt werden. Kombinationen von AT und Verhaltenstherapie sind in vielen Fällen möglich. SCHULTZ nannte die Beziehungen beider Verfahren «nahe und wesentlich».

Bei schwereren Neurosen ist die Oberstufe des AT indiziert. Bei ihr sind Psychotherapie-Sitzungen von fünfzig Minuten Dauer erforderlich, anfangs ein- bis zweimal wöchentlich. Neben Aussprachen wird ein spezielles Meditationstraining in der Art eines autogenen «Phantasie-Trainings» durchgeführt. Der Patient lernt, daß er in seiner Phantasie prinzipiell frei ist und daß er gemeinsam mit dem Therapeuten relevantes Erinnerungsmaterial aufsteigen lassen und mit Störungen behaftete Erlebnisse locker «durchspielen» kann. Er vermag damit neue Formen seines Verhaltens in der Außenwelt zu erproben und von hier aus das Phantasie-Training effektiver zu gestalten. Das selbständige Phantasie-Training mit Hilfe einer gut beherrschten Grundstufe gewinnt im Verlaufe der Behandlung zunehmend an Bedeutung. Nach durchschnittlich dreißig bis fünfzig Therapie-Sitzungen in immer größeren Abständen zeichnet sich der Abschluß der Therapie ab, wenn aus dem vielgestaltigen Trainieren ein Selbstgestalten des Lebens mit einem abgestimmten Eigenrhythmus von Entspannung und Anspannung erwächst.

Trotz der Neugestaltung der höheren Formen des AT bleiben wichtige Grundkonzeptionen von SCHULTZ erhalten, so daß seine Kennzeichnung des Verfahrens übernommen wird. Der vermehrte psychotherapeutische Gehalt dieses Trainings erlaubt den Ausdruck «Autogene Psychotherapie», der etwa das gleiche bedeutet wie die programmatische Bezeichnung «aktiv-klinische Psychotherapie» von Schultz. Im folgenden wird das AT hauptsächlich als therapeutische Methode erörtert. Die Möglichkeiten für eine Prophylaxe und Rehabilitation werden gesehen, aber hier nur am Rande erwähnt.

I. Teil:

Literaturübersicht

Die folgende Übersicht erstreckt sich nur auf einige besonders kennzeichnende Veröffentlichungen auf dem Gebiet des Autogenen Trainings (AT) unter dem Aspekt, daß die methodischen Vorzüge und Schwächen in den bisherigen Ausprägungen des AT deutlicher hervortreten.

Schon im Vorwort zur elften Auflage seines Standardwerks schrieb J. H. Schultz (1964), daß die einschlägige Literatur unübersehbar angeschwollen sei. W. Luthe verzeichnete detailliert in seinem großangelegten Werk «Autogenic Therapy», Band IV (1970), 2450 Publikationen, die klinisch und experimentell orientierte Beobachtungen auf dem Gebiet des AT beträfen. Unzweifelhaft sind im letzten Jahrzehnt Publikationen in großer Zahl noch hinzugekommen. So ist es angebracht, sich hier zu beschränken und bei den späteren Ausführungen von Fall zu Fall noch auf andere Veröffentlichungen einzugehen.

J. H. Schultz

Schultz hat mit seinem Standardwerk «Das autogene Training» (erste Auflage 1932) eine Pionierleistung vollbracht, da er seine Methode im wesentlichen originär entwickelt hatte. Gewiß fußte er auf langjährigen Erfahrungen einer wissenschaftlich begründeten Hypnose (seit J. Braid, 1795–1860) und speziell auf den Erfahrungen von Oskar Vogt, der gegen Ende des 19. Jahrhunderts über erfolgreiche Behandlungen mit «Autohypnosen» und über die Bedeutung «prophylaktischer Ruhepausen» für nervlich stark beanspruchte Personen berichtete. Diese Erfahrungen griff SCHULTZ auf, da er große Möglichkeiten für Therapie und Prophylaxe erkannte. Aber von hier aus bis zur Erfassung der vollen Bedeutung des «autogenen» Prinzips in der Psychotherapie, und zwar in Verbindung mit einem konsequenten Training im Sinne selbsttätiger Umschaltungen, war es für SCHULTZ noch ein weiter Weg. Er führte über ausgedehnte Untersuchungen der hypnotischen und Schlafvorgänge, über vielseitige physiologische und psychologische Studien bis zur Ausarbeitung seiner Methode, die er 1932 zusammenfassend darstellte. Bei alledem blieb SCHULTZ ein erfahrener Kliniker, der sich auf dem Gebiet der Neurologie und Psychiatrie habilitiert hatte und das klinische Denken in der Psychotherapie stets aufrechterhielt.

«Das autogene Training» ist von psychotherapeutischem Geist bestimmt, wie sich auch aus dem Vorwort zur zehnten Auflage (1960) ergibt, in dem es heißt, daß sich dieses Werk «der seit etwa 1½ Jahrzehnten deutlichen Renaissance aktiv-klinischer Psychotherapie gegenüber allzu einseitig psychoanalytischer theoretischer und praktischer Arbeit einfügt». Im Kapitel XIII führte er aus, daß im allgemeinen die Unterstufe des autogenen Trainings der «kleinen», die Oberstufe der «großen» Psychotherapie angehört. Er rechne seine Methode ebenso wie die «suggestiven» Methoden des älteren Sprachgebrauchs zu den «organismischen» Methoden. Auch an anderen Stellen, z. B. auf Seite 346, bekannte er sich zu einer «organismischen Psychotherapie». Den «beseelten Organismus» sah er als wesentlich für alle Diagnostik, Prävention und Therapie an. Das Seelische war für ihn die «biologische Höchstfunktion», das AT mithin niemals nur psychisches Training, sondern stets Training des gesamten Organismus, das gewiß nur mittels psychischer Leistungen zustande kommen konnte. – Die Auffassungen von SCHULTZ werden als überaus wertvoll für die Theorie und Praxis der Psychotherapie erachtet.

SCHULTZ verteidigte seine Methode mit den Worten, daß er «die Geringschätzung aktiv-klinischer, organismischer Methoden, als seien sie ‹nur zudeckend› oder nur unverstandenes ‹Übertragungsspiel›, durch kenntnislose und dünkelhafte Analytiker» scharf ablehne. Diese und ähnliche Äußerungen zeigen, daß SCHULTZ den psychotherapeutischen Wert des AT insgesamt hoch einschätzte, nämlich auch «aufdeckend» mit ihm verfahren zu können. Damit war eine Ebenbürtigkeit mit anderen psychotherapeutischen Methoden von ihm angenommen.

In eindrucksvoller Weise schildert SCHULTZ, wie das AT «eine ganz methodische und stufenweise Erwerbung der in Frage stehenden Funktionsbeherrschungen» ermöglicht (S. 60), und zwar von Schwereübungen mit Muskelentspannungen übergehend zu Wärmeübungen mit Gefäßentspannungen. Es folgen dann Übungen zur Herzruhigstellung, zur Atemruhigstellung, dann zur Wärmekonzentration ins Abdomen und schließlich zur Stirnkühle. Ferner ist es eindrucksvoll, wie SCHULTZ diese weitgehend physiologisch faßbaren Vorgänge von vornherein in einen größeren, auf Psychotherapie orientierten Rahmen gestellt hat. Derselbe wird verständlich durch das von ihm folgendermaßen angegebene «autogene Prinzip»: «ein vom Selbst (autos) sich entwickelndes (gen = werden) und das Selbst gestaltendes systematisches Üben ...» (S. 1). Es zielt auf eine organismische «allgemeine Umschaltung» der betreffenden Person, unter steter Einbeziehung psychischer Vorgänge. Auf diesem Wege zeichnen sich große Möglichkeiten für die Behebung neurofunktioneller Störungen ab, vermehrt durch die Anwendung formelhafter Vorsatzbildungen und durch ein gehobenes Training im Sinne der Oberstufe.

Die psychotherapeutische Konzeption des AT ist unverrückbar im Standardwerk von SCHULTZ festgeschrieben, jedoch wird sie etwas unklar durch ein langjähriges Bemühen, das als «Volkshochschul-Training» bezeichnet werden kann. Er teilte mit, daß er durch jahrelange Trainierungen bei Ärztekursen und an Volkshochschulen Erfahrungen gesammelt habe. In «Der durchschnittliche Verlauf» (Kapitel II) beschrieb er das störungsfreie Training bei Versuchspersonen, die nichts von nervösen Störungen mitzuteilen hatten. Auch wurde ein mittlerer Grad körperlicher Gesundheit verlangt. Ihnen sei zu Beginn des Kurses erklärt worden, «daß es sich um ein Trainingsverfahren, eine Art seelischer Gymnastik für gesunde Menschen handele, in keiner Weise aber etwa um irgendein Heilverfahren».

Nun kann es gar nicht zweifelhaft sein, daß das AT voll berechtigt als therapeutisches wie auch als prophylaktisches Verfahren Anwendung finden kann. Aber andere ernste Bedenken erheben sich hier:

Im Vorwort zur ersten Auflage schrieb SCHULTZ: «Ausdrücklich gewarnt seien Laienleser vor Selbst- oder Fremdversuchen ohne ärztliche Kontrolle; nach innerem Wesen eine Hirnumschaltung, erfordert das autogene Training in jedem Falle ärztliche Aufsicht.» An dieser Erkenntnis hat SCHULTZ auch in späteren Jahrzehnten immer festgehalten, aus guten Gründen, die jeder Arzt, der AT anwendet, auch feststellen kann. Denn die Zahl der leichteren Nebenwirkungen, z. B. Schwarzwerden vor den Augen oder passagere Schwindelerscheinungen nach dem Aufstehen von einem intensiven Training, ist groß, die der schweren Nebenwirkungen, z. B. Kollapszustände, ausgesprochen klein. Jedenfalls besteht genügend Anlaß für ärztliche Kontrollen. Wie verträgt sich nun aber der berechtigte Grundsatz von SCHULTZ («AT nur unter ärztlicher Aufsicht») mit der Praxis des «Volkshochschul-Trainings», bei dem 70 (in anderen Kursen waren es gelegentlich 100 und mehr) Personen trainiert wurden, ohne eine Möglichkeit, sie ärztlich zu überwachen, sie individuell zu befragen und dann zu beraten?

Hier kommt ein Widerspruch zum Vorschein: Entweder ist das AT eine so differenzierte Methode, daß es nur unter ärztlicher Aufsicht und mit entsprechend individueller Anleitung, gewiß auch in kleinen Gruppen von sieben, acht oder neun Teilnehmern, vermittelt werden kann. Oder das AT ist eine Art «seelischer Gymnastik», in der Dutzende von Personen gleichzeitig unterwiesen werden, wenn auch meist wenig dabei herauskommt. Das letztere kann man tun, so wie Yoga-Übungen und ähnliches mehr tausendfach praktiziert werden, nur darf man dies nicht «Autogenes Training» nennen. Der Meister J. H. SCHULTZ mochte diesen Widerspruch noch überbrückt haben, denn mit großem pädagogisch-therapeutischem Geschick wußte er auch in der Großgruppe das Training anzuleiten. Für die meisten Schüler waren indessen negative Folgen programmiert, mit immer erneuten Simplifizierungen in der Praxis, mit einer auf ein «zudekkendes» und «pragmatisches» Üben hinauslaufenden Methodik, zumal das «Volkshochschul-Training» immer größere Ausmaße annahm.

Die psychotherapeutische Konzeption von SCHULTZ, die wesentliche neue Perspektiven erschlossen hat, bleibt in seinem Werk bestimmend. Darüber dürfen aber die vorhandenen Unklarheiten und

Mängel nicht verschwiegen werden, auch nicht die Gefahr, zu einem Massentraining überzugehen. Sie wird deutlich in einer Passage auf Seite 390. SCHULTZ empfahl dort, daß «von einem gut geschulten Arzt in einem Vierteljahr 2000 Arbeitnehmer trainiert ... werden könnten.»

Im Kapitel III, 2 wird ausführlich über «klinische Erfahrungen» berichtet. Neben mannigfaltigen funktionellen Störungen beschreibt SCHULTZ zahlreiche Fälle von Infarktphobie, vegetativen Neurosen, Erwartungsneurosen aller Formen, über die er sehr große Erfahrungen mit jahrelangen Kontrollen besitze, auch schwere Schlafstörungen, die erfolgreich behandelt wurden. Dabei sei an SCHULTZ', eigene Worte erinnert (die nur bestätigt werden können), daß je gesünder Versuchspersonen seelisch sind, «um so besser gelingt die Einarbeitung und um so günstiger ist die Aussicht auf Erfolg».

Bedenkt man, wie ungemein schwierig es ist, Patienten mit hochgradig neurofunktionellen Störungen und erst recht mit eindeutigen Neurosen für ein konsequentes AT zu gewinnen, welch spezielle Vorbereitungsarbeit dabei geleistet werden muß, so ist es sehr schade, daß man darüber allzu wenig in seinem Standardwerk erfährt. Zu Beginn des Kapitels IV findet sich in bezug auf Patienten der Satz: «Intelligente poliklinische Patienten verstehen den Sinn der Arbeit nach einer einführenden Erklärung von etwa 10 Minuten, so daß damit nicht viel Zeit verloren geht.» Dieser Satz muß doch schockierend wirken.

In der Kasuistik (S. 167) wird die erfolgreiche Behandlung einer schweren Angstneurose auf rund eineinviertel Seiten beschrieben, jedoch heißt es zu dem genannten Punkt lediglich, daß der Patient autogen trainiert wurde. – Bei diesen Mitteilungen zeigt sich, daß der psychotherapeutische Aspekt für die praktische Anwendung zu kurz gekommen ist, so daß manches nachgeholt werden muß. Jedenfalls genügt eine Erklärung von 10 Minuten Dauer bei weitem nicht, um generell Patienten mit neurotischen oder ähnlichen Störungen in vorbereitenden und begleitenden Aussprachen voll auf das AT einzustellen.

Es kann nach dem Gesagten nicht erstaunen, daß in einzelnen Partien des Standardwerks entgegen der ursprünglichen Konzeption der psychotherapeutische Wert des AT recht klein aussieht. So heißt es (S. 167), daß «bei ausgedehnten spezifischen Angstneurosen ... wie bei allen schweren allgemein neurotischen Veränderungen meist zuerst die allgemeine Persönlichkeitsbearbeitung, nach meinen Erfahrungen im Sinne kritischer Tiefentherapie, den Boden bereiten muß», doch sollte man auch hier häufiger «unser Training als Hilfe in der Heilarbeit einsetzen». Diese dem AT zuerkannte recht bescheidene Hilfestellung kommt auch sonst zum Vorschein, sobald mehr als leichte Neurosen zu behandeln sind, z. B. auf Seite 381: «Hier wird immer die allgemeine Situation der psychoanalytischen Therapie entscheiden.» – Die Entscheidung ist inzwischen gefallen. Gemäß den in der Bundesrepublik Deutschland geltenden Richtlinien für die Anwendung tiefenpsychologisch fundierter oder analytischer Therapie in der Kassenpraxis wurde die Kombination dieser Verfahren mit anderen psychotherapeutischen Maßnahmen (z. B. Autogenes Training, Hypnose ...) «ausgeschlossen» (Deutsches Ärzteblatt 73, 1184 [1976]).

Die beschriebenen Schwächen des AT werden verständlich, wenn man die Mitteilungen über die Oberstufe genauer betrachtet. SCHULTZ verlangte eine sechs- bis zwölfmonatige Trainingserfahrung mit der Unterstufe, bis sie vollständig beherrscht wurde. Wenn nach Innen-Obenstellung der Augäpfel ein längeres Verweilen (eine halbe bis eine Stunde) in versenktem Zustande gelang, wurden optische Erlebnisse herbeigeführt, um zunächst die «Eigenfarbe» aufzufinden. Nach diesem Vorversuch gab SCHULTZ seinen Versuchspersonen «die Aufgabe, bestimmte vom Versuchsleiter gewählte Farben zur Vergegenwärtigung zu bringen. Diese Experimente werden systematisch durch die Farben des Spektrums getrieben ...» Bei diesen Experimenten kommt eine ungewöhnlich starke heterosuggestive Note zum Vorschein, die dem sonstigen Geist des AT nicht entspricht. Zu den Ergebnissen solcher Experimente wird berichtet, daß «wir ausnahmslos eine erhebliche Steigerung der Erlebnisfähigkeit und der Fähigkeit eigener Verfügung über die Erscheinungen beobachteten».

Nach den Versuchen mit den inneren Farberlebnissen wird über eine ganz andere Aufgabe berichtet, nämlich «bestimmte Objekte innerlich erscheinen zu lassen». Diese «Ausbildung» in der Gegenstandsschau erfordere nicht selten eine ganze Reihe von Wochen. Oft verlasse die Versuchsperson den Bereich des «Allegorischen» und gehe zum «Symbolischen» über. Dieses komplizierte Übungsgebiet wird aber nur kurz angedeutet, denn schon nach reichlich zwei Seiten erfolgt der Übergang zu Versuchen mit dem «Eigengefühl». Wenn die Versuchspersonen «so zu einer gewissen Erfahrung ihres Innenlebens vorgedrungen sind, so stellen wir als Gegenaufgabe, in tiefversenktem Zustand das Bild eines bestimmten anderen Menschen ganz konkret plastisch vor sich erscheinen und sich auswirken zu lassen». Hier werden wichtige Möglichkeiten eines «Trainings der Gefühle» angeschnitten. Aber wieder reichlich zwei Seiten weiter wird ein neues Aufgabengebiet für die Oberstufe berührt, das als «Fragen an das Unbewußte» bezeichnet wird, besonders mit der fragenden Einstellung: «Was mache ich falsch?» Bei diesen Bemühungen gehe es um Klärungserlebnisse in bestimmten Lebensbereichen, angeregt durch extreme und formelhafte Fragestellungen: «Ist Körperkrankheit größtes Unglück? Sinn der Arbeit? Was ist mehr, Glück oder Recht? Einsamkeit oder Gemeinschaft?» und durch andere Fragen mehr.

Der kritische Geist von SCHULTZ kommt gleich darauf zum Vorschein, wenn er schreibt, daß die geschilderte höchst verantwortungsvolle und schwierige Arbeit scheinbare Ähnlichkeit habe «mit Religionsersatz fragwürdiger Art, mit billig von der Stange gekaufter ‹Mystik›, mit dem unerfreulichen Treiben von allerlei Sonderlingsgemeinschaften, Cerclen usw». – Die Abgrenzung von solchem Treiben ist eindeutig, sie entspricht der Grundhaltung von SCHULTZ. Da aber die Ausführungen zur Oberstufe wenig über Skizzierungen hinausgehen, ist eine klare Orientierung nicht gegeben. Leider heißt es dann: «Welch reiche Ausbeute das hier dargelegte Oberstufenverfahren für eine allgemein- und neurosenpsychologische Bearbeitung verspricht, soll hier nicht im einzelnen dargetan werden.»

Der Behandlungsbericht über den Fall eines höheren Verwaltungsbeamten (S. 253 der 13. Auflage), dessen schwere Neurose bereits vor 14 Jahren behandelt wurde und der 40jährig das Training aufnahm, läßt spezifische Züge der Oberstufe nicht erkennen, vielmehr kommt der große Wert eines länger fortgesetzten Trainings der Unterstufe mit formelhaften Vorsatzbildungen zum Ausdruck. Auch die abschließende kurze Mitteilung über eine «Nirwana-Therapie» einer 52jährigen Patientin (S. 260) bei «einer nach jeder Richtung unmöglichen Lebenssituation» ändert nichts an der resümierenden Feststellung, daß der insgesamt kurze Abschnitt über die Oberstufe nur Andeutungen und Skizzierungen bringt, bei denen ganz überwiegend von «Experimenten» mit Versuchspersonen die Rede ist, so daß fast alle Fragen therapeutischer Art offenbleiben.

Der kurze Überblick über das Hauptwerk von SCHULTZ führt zu dem Ergebnis, daß die genannten Schwächen, die hauptsächlich mit der Oberstufen-Problematik zusammenhängen, von der Fülle bahnbrechender und wegweisender Mitteilungen weit übertroffen werden. Dazu gehört sein Prinzip, die stufenweise erreichbaren Entspannungen als «Leistungen» anzusehen (Kapitel III), ebenso in der Oberstufe (Kapitel V). Entspannung und Anspannung sind bei ihm nicht losgelöst voneinander. So schrieb er (Kapitel XIV): «Wie in den gymnastischen Arbeiten erst auf der Entspannung Leistung aufgebaut wird, so auch in unserer Arbeit ...»

Das Training schließt den Gesamtorganismus ein: von den muskulären bis zu den höchsten psychischen Vorgängen. Kennzeichnend dafür sind seine Worte (S. 370): «Immer stellt die Erarbeitung der autogenen Technik neben dem spezifischen Leistungserwerb eine Betätigung eigener Konsequenz und Sorgfalt dar. Die Durchführung des autogenen Trainings bringt daher in sich selbst den Faktor einer Willenserziehung mit sich.» Diese Seite des Erlebens werde durch die Technik der formelhaften Vorsatzbildung faßbar, sie enthalte die Möglichkeit einer «natürlichen Willensbildung». Wer den Willensfaktor einseitig betrachten sollte, wird von SCHULTZ (S. 196) darauf verwiesen, daß es sich «um ein inneres Einwilligen in naturhafte Abläufe erwünschter Richtung handelt, nicht um ein irgendwie spannendes oder gar verkrampftes Wollen.» Das Thema der Autosuggestion, das später zu besprechen sein wird, klingt an bei seinen Worten: «Wir leiten unsere Versuchspersonen an, sich in die entspannende Lösung hineingleiten zu lassen ...», anschließend erfolgt die aktive Zurücknahme.

SCHULTZ ist im Jahre 1970 verstorben. Mit ihm und nach ihm sind zahlreiche Schüler, die sich ihm verpflichtet fühlen, vielseitig tätig, um sein Werk fortzusetzen und mit neuen Impulsen zu versehen. Neue Impulse können allerdings nur dann weiterführen, wenn das Werk des Lehrers kritisch gewürdigt worden ist. Eine kritische Würdigung ist aber im Kreise der Anhänger des AT bisher ausgeblieben. Es ist sogar nicht außergewöhnlich, wenn man folgenden Satz von

F. PENSEL («Der Weg des autogenen Trainings», 1968, herausgegeben von D. LANGEN) geschrieben sieht: «Das autogene Training ist in jahrzehntelanger Arbeit so ausgefeilt, daß man kaum irgendwelche Verbesserungen anbringen kann.» Derartige Meinungen kann man schlicht nur bedauern.

W. LUTHE
Aus dem Kreis der Schultz-Schüler sei zunächst W. LUTHE genannt. Er hat publizistisch viel geleistet, sein sechsbändiges Werk «Autogenic Therapy» (1969–1973) ragt als eine Art von Handbuch hervor, in dem er eine beträchtliche Zahl selbsterarbeiteter Auffassungen niedergelegt hat. Auch organisatorisch ist er überaus rührig gewesen. So gründete er im Jahre 1961 in Montreal das ICAT (International Comittee for the Coordination ... of Autogenic Therapy), zu dessen Gründungsmitgliedern auch der Verfasser gehörte. LUTHES Bestrebungen, ein internationales Koordinierungsgremium zu schaffen, haben zumindest den Erfolg gehabt, daß die Verbindungen zwischen den Experten für AT über die Ländergrenzen hinweg gefestigt wurden und regelmäßige Arbeitstagungen stattfanden, ferner gutachtliche Stellungnahmen über strittige Fragen eingeholt wurden.

Das sechsbändige Hauptwerk LUTHES, für dessen Band I–III auch SCHULTZ mitverantwortlich zeichnete, kann in dieser Übersicht nur in den wichtigsten Umrissen besprochen werden. Auffällig sind eine Reihe von deutlichen Unterschieden gegenüber dem Standardwerk von SCHULTZ, auch dessen 13. Auflage (1970), die noch von ihm selbst herausgegeben wurde. Unübersehbar lassen alle sechs Bände LUTHES Handschrift erkennen. Er unterscheidet nicht Unterstufe und Oberstufe, sondern (im folgenden stets aus der englischen Sprache übersetzt): Autogenes Training mit Standardübungen und autogene Meditation mit Meditationsübungen. Dazu kommen noch zwei andere Formen, die eine Art Zwischenstellung einnehmen: Die autogene Neutralisation mit autogener Abreaktion und die autogene Verbalisation sowie die autogene Modifikation mit Vorsatzformeln und organspezifischen Formeln. LUTHE übernimmt die Einteilung in sechs Standardübungen nach SCHULTZ. Wie auch andere AT-Experten empfiehlt er, daß der Therapeut bei den Anleitungen die Formulierungen mit leiser Stimme dem Trainierenden zuspricht, damit dieser sie sich besser «in passiver Konzentration» vorstellen kann. Eine große Rolle spielt bei ihm das Thema der hirngerichteten Entladungen (autogenic discharges). Selbst wenn sie unangenehm wirken, seien sie ein normaler und gesundheitsfördernder Zug der passiven Konzentration auf autogene Formeln.

Von Seite 23 bis 141 des Bandes I werden die Standardübungen beschrieben, indessen mit einer epischen Breite, die auch sonst die sechs Bände kennzeichnet.

Anschließend folgt die Darstellung der Methoden der «autogenen Meditation». Vorausgesetzt wird eine völlige Beherrschung der Technik der autogenen Standardübungen. Der durchschnittliche Trainierende könne die Meditationsübungen vier Wochen bis acht Monate nach Abschluß der Standardübungen beginnen. In dieser Zeit könne es zu autogenen Entladungen (autogenic discharges), z. B. massiven motorischen Entladungen, Nausea, Vestibular-Entladungen, Schreien (crying spells), Unruhezuständen und dergleichen mehr kommen. Dabei ist sogar die Rede von obsessiv-zwanghafter Dynamik (!).

Als Vorbereitungstraining werde der Trainierende dazu veranlaßt, über eine längere Zeit (30 bis 60 Minuten) einen hohen Grad von Stabilität des autogenen Zustandes zu erhalten, d. h. auch bei äußeren Störreizen, z. B. direkter Beleuchtung seines Gesichts.

Ganz ähnlich wie bei SCHULTZ geht es bei der ersten Meditationsübung um die spontane Erfahrung mit Farben. Jeder Mensch strebe in seinem Erleben eine Farbe an, die eine besondere Bedeutung für ihn habe. Die zweite Meditationsübung betrifft die Erfahrung mit ausgewählten Farben. Eine Mannigfaltigkeit von Farben werde vom Therapeuten suggeriert. Die dritte Meditationsübung betrifft: Sichtbarmachung abstrakter Objekte wie Gerechtigkeit, Freiheit und Glück (?). Manche Trainierende würden akustische Phänomene erleben und eine Stimme laut hören «Gerechtigkeit ... Gerechtigkeit ...» (!). Dann folgen als fünfte Übung die Erfahrung mit ausgewählten Gefühlszuständen, als sechste: die Sichtbarmachung anderer Personen, und als siebente: Antworten aus dem Unbewußten. Bei dieser letzten Übung solle die Aufmerksamkeit auf solche Fragen konzentriert werden wie «Was wünsche ich?» und «Was mache ich falsch?». – Aus den Protokollen kann nicht genügend auf einen therapeutischen Nutzen dieser Übungen geschlossen werden.

Im folgenden Abschnitt «Methoden der autogenen Modifikation» werden organspezifische Formulierungen und dann formelhafte Vorsatzbildungen (intentional formulae) besprochen.

Der Abschnitt «Methoden der autogenen Neutralisation» ist besonders charakteristisch für LUTHES Auffassungen von den höheren Formen des AT. Er schreibt, die Neutralisierung ziele auf funktionale Normalisierung durch Förderung hirngerichteter (autogener) Befreiung von psychophysiologisch störenden neuronalen «records» (übersetzt wohl am besten als «Engramme»), und kurz darauf: der therapeutische Schlüsselfaktor liege in einer selbstinduzierten (autogenen) Modifizierung der kortikodienzephalen Beziehungen, welche natürliche Kräfte befähigt, ihre sonst eingeschränkte Fähigkeit wiederzugewinnen für eine selbstregulatorische Normalisierung. Auf der nächsten Seite ist seine «Hypothese» angegeben, daß ein zentrales Sicherheits-Entlastungs-System (Centrencephalic Safety-discharge System) existiere, von welchem die «selbst-normalisierende Aktivität» während des autogenen Zustandes erleichtert werde.

Die hypothetischen, genauer gesagt spekulativen Gedanken von den «selbstregulativen Prinzipien im autogenen Zustand», von der «biologischen Weisheit» und der «selbstheilenden Dynamik des Hirns» tauchen auch sonst bei ihm häufig auf. Bemerkenswert ist dabei sein Hinweis, die hirngerichteten Prozesse der autogenen Abreaktion könnten 15 bis 150 Minuten andauern. Am deutlichsten kommt die Grundauffassung LUTHES in Band IV, Seite 131, seines Hauptwerks zum Ausdruck: Die systematische Erleichterung, Mobilisierung, Förderung und Unterstützung der biologisch gegebenen Potenzen der hirngerichteten trophotropisch orientierten Funktionen der «Selbst-Normalisierung» erscheinen als die wesentlichsten therapeutischen Aspekte, welche die «autogene Therapie» vor anderen Verfahren auszeichnen. Kurz darauf heißt es: Es werde angenommen, daß die Mechanismen des Hirns eines Patienten viel besser als das Hirn irgendeines Therapeuten wissen, wie für das im System des Patienten angesammelte störende Material Sorge zu tragen ist. Dazu paßt seine Mitteilung, es sei nicht beabsichtigt, Zeit auf die Interpretation von Träumen des Patienten zu verwenden, denn die Wirksamkeit der Prozesse der hirngerichteten Neutralisation habe größeren therapeutischen Wert.

Diese zentral wichtige Aussage LUTHES stellt klar, daß sein Behandlungsverfahren im Vergleich zu SCHULTZ nicht psychotherapeutisch, sondern psychophysiologisch (mit Betonung auf physiologisch) ist. Daran ändert auch eine Textstelle in Band I nichts, in der die Kombination der meditativen Übungen mit analytisch orientierter Psychotherapie erwähnt wird. Die Arbeiten LUTHES über die höheren Formen des AT, erwachsen aus einer allgemeinen Unsicherheit über die Besonderheiten der Oberstufe, führten zu ernsten Folgerungen: theoretisch zu einer Hirnmythologie, praktisch nach lang andauerndem «autogenem Zustand» zu pathologischen Erscheinungen, wie sie ähnlich bei sensorieller Deprivation beobachtet wurden.

Jedenfalls darf kein Zweifel darüber aufkommen, daß das Wesen der Psychotherapie die partnerschaftliche Zusammenarbeit von Therapeuten und Patienten mit einer eigenen Dynamik darstellt. Übrigens können die Mechanismen des Hirns nichts «wissen», dies ist dem Menschen als «beseeltem Organismus» vorbehalten.

Die Bibliographie, die LUTHE am Ende des IV. Bandes aufgenommen hat, stellt eine beachtliche Leistung dar, obgleich gesagt werden muß, daß reichlich großzügig auch Veröffentlichungen aufgenommen wurden, die mit AT wenig zu tun haben. Insbesondere werden zahlreiche Arbeiten über Hypnose angeführt, von dem verdienten E. SCHAETZING gleich sechs Titel hintereinander. Einige hundert Nummern müßten gestrichen werden, aber es blieben immer noch genug Veröffentlichungen für das AT.

Schwerer wiegen noch folgende Bedenken, die nicht LUTHE angelastet werden dürfen: In dieser Liste und bei späteren Veröffentlichungen über AT finden sich reihenweise Erfolgsmeldungen, die nie nachkontrolliert und bestätigt wurden. Ein Beispiel für viele ist die Mitteilung von H. MARCHAND, dem sonst wertvolle psychotherapeutische Arbeiten zu verdanken sind, über «Die Suggestion der Wärme im Oberbauch und ihr Einfluß auf Blutzucker und Leukozyten» (1956). Diese einmal beobachteten Veränderungen fanden dann über zwei Jahrzehnte hinweg keine Bestätigung. Was sonst nicht alles an Erfolgen bei organischen Krankheiten, Psychosen und Psychopathien – davon berichtet sogar SCHULTZ (S. 175 seines Standardwerkes), psychopathische Jugendliche hätten ein «psychisches Erschütterungserlebnis» bei Autogenem Training in der Gruppe gehabt –

veröffentlicht wurde, veranlaßt immer wieder zu fragen, welche Bestätigungen und für wie lange Zeit Nachbeobachtungen vorliegen. Auch das ICAT vermochte nicht, die notwendige «Durchforstung» der kaum übersehbaren Literatur vorzunehmen, um das Ansehen der Methode zu festigen, auch durch Profilierung dessen, was außer Zweifel steht: Das AT vermag schon mit der Grundstufe neurofunktionelle Störungen jeder Art zu heilen, ferner pathologisch funktionelle Begleiterscheinungen bei organischen Krankheiten wie Angina pectoris, Asthma bronchiale (allergischer Prägung), Parkinsonismus und Hirnverletzungen zu beheben, ferner bei Prophylaxe und Rehabilitation die betreffenden Menschen weit zu fördern. Das AT hilft nicht nennenswert bei Psychopathien und Psychosen mit nur geringen akuten Erscheinungen. Die eigenen 45jährigen Erfahrungen mit AT haben nie zu einem Erfolg bei ihnen geführt, bei Psychosen nur dann, wenn sie voll abgeklungen waren – dann waren sie keine mehr –, in früheren Stadien waren immer wieder ernste Verschlechterungen aufgetreten. Daß das weiterentwickelte AT noch erheblich mehr zu leisten vermag, soll später beschrieben werden.

K. Thomas

Zu den ältesten Schülern von Schultz gehört Klaus Thomas, der zahlreiche Veröffentlichungen aufzuweisen hat. Das kleine Buch: «Praxis der Selbsthypnose des Autogenen Trainings» war bereits erwähnt worden. In ihm sind die Grundübungen des AT durch die von dem Verfasser angegebene Entspannung der Gesichtsmuskeln erweitert. Eine knappe Hälfte des Textumfanges ist den formelhaften Vorsatzbildungen, die zweite Hälfte der Oberstufe gewidmet. Thomas nennt fünf Haupterfordernisse für die Vorsatzbildungen. Sie sollen möglichst kurz, evtl. klangvoll, positiv, rhythmisch, formelhaft einprägsam und evtl. reimend lauten.

Einige Beispiele aus der großen Zahl mitgeteilter Formeln seien hier wiedergegeben:

«Mich begleiten alle Zeit
Ruhe und Gelassenheit»
«Ruhig und geborgen
bin ich frei von Sorgen»

«Ich halte den Vortrag ganz flüssig und frei»

Viele Formeln betreffen spezielle Störungen:

(bei Warzenbildung)

«Die Warze wird alt
die Warze ist kalt
die Warze fällt ab»

(zur Vermeidung von Extrasystolen und zur Verbesserung der Herzmuskeldurchblutung)

«Das Herz ist (und bleibt) strömend warm»

(bei Magenstörungen)

«Der Magen ist ganz ruhig, warm und schmerzfrei»

(bei Schwangerschaftsbeschwerden)

«Ich erwarte mein Kind
ganz ruhig und frei»

(bei Sexualstörungen)

«Ich fasse wieder Mut
Geschlechtlichkeit ist gut»

(und besonders bei Frigidität)

«Ich gebe mich hin
Ich schließe mich auf»

(bei starken sexuellen Skrupeln)

«Den Maßstab des Gewissens
weiß ich in Zukunft selbst»

(bei Erythrophobie)

«Wenn ich erröten will, geht das Blut in die Beine und nicht in den Kopf»

(beim Stottern)

«Das Sprechen geht von selbst
fließt ruhig, sicher, frei»

(bei neurotischen Minderwertigkeitsgefühlen)

«Ich weiß um meinen Wert
und lebe unbeschwert»

In mehreren Fällen hätten Patienten selbst die individuell passende Formulierung gefunden. THOMAS empfiehlt eine Übungszeit von 16 Minuten. Die ersten vier Minuten sollen den Grundübungen des AT, die nächsten vier Minuten der aktiven Konzentration auf die Zusatzformeln dienen, anschließend solle der Übende an gar nichts denken und in den letzten vier Minuten (schweigend) die Formeln wiederholen. – Jedenfalls stellt die große Sammlung von Vorsatzformeln eine Bereicherung der Methode dar.

Zur Oberstufe teilt THOMAS mit, ein Kursus mit je höchstens 20 Teilnehmern umfasse sieben Doppelstunden in Abständen von ein bis zwei Wochen. Die ersten und letzten 20 Minuten seien dem praktischen Üben gewidmet, die restliche Zeit den Berichten von häuslichen Erfahrungen mit diesen Übungen und der sonstigen Diskussion. Er frage in jeder Stunde nach etwaigen unangenehmen Beobachtungen, damit jedem möglichen Schaden vorgebeugt werde. – Als langjähriger SCHULTZ-Schüler vermeidet er so bedenkliche «Entladungen», wie sie LUTHE bei seinen «autogenen Neutralisationen» angegeben hat.

THOMAS spricht bei diesen Übungen von einer «hypnotischen Umschaltung», und so wird den Teilnehmern vorher eingeprägt: «Nur ein Arzt wird Sie je hypnotisieren können.» Gemäß der Hypnosetechnik werden auch die Sitzungen abgeschlossen mit Zählen und entsprechenden Suggestionen, so heißt es: «Bei sechs fühle ich mich ganz ruhig, frisch und wohl» – die großen Unterschiede gegenüber dem sonstigen AT kommen dabei zum Vorschein.

Er hebt «die Intensität, Bedeutsamkeit und Heilsamkeit der Bilderschau» hervor, diese Oberstufe sei in vielen Einzelheiten und Ergebnissen der Psychoanalyse überlegen. Die Doppelstunden 1 bis 4 entsprechen in ihren Inhalten den SCHULTZschen Oberstufen-Übungen, weiterhin folgt er den Erfahrungen von R. DESOILLE, der über eine Therapie mit gelenktem Wachtraum (rêve éveillé dirigé) berichtete, in dem er seine Patienten zum tiefen Meeresgrund und dann auf einen hohen Berg dirigierte. Die 5. Doppelstunde hat daher die Überschrift «Der Weg auf den Meeresgrund», die 6. «Der Weg auf die Bergeshöhe», schließlich gibt es eine 7.: «Freie und gesteuerte Bilderlebnisse mit bestimmter Zielsetzung.» Er spricht dabei von «autogener Imagogik» und führt Ähnlichkeiten mit dem «Katathymen Bilderleben» von H. LEUNER an, bei dem ein «Symboldrama» Anwendung findet. Die 5. Übung habe sich als sehr hilfreich erwiesen, da die Mehrzahl der bis dahin enttäuschten Teilnehmer zu deutlichen Bilderlebnissen gelangte.

Das methodische Bestreben von Thomas kommt in folgender Passage klar zum Ausdruck: «Die autogene Imagogik ... bietet einen der wichtigsten psychotherapeutischen Wege, in unserer Praxis den wichtigsten, zur Selbstverwirklichung und innersten Harmonisierung der Patienten.»

K. R. Rosa
Neben der psychophysiologisch orientierten und der hypnotisch herbeigeführten Oberstufe ist eine dritte Richtung mit betont psychoanalytischer Tendenz bekannt geworden. K. R. Rosa hat in «Das ist die Oberstufe des Autogenen Trainings» (1975) diese Richtung entschieden vertreten mit den Worten: «Als Psychoanalytiker sehe ich die Oberstufe des Autogenen Trainings als einen Chiffretext des Unbewußten, den ich mit gleichen Mitteln der freien Assoziation und der Deutung angehe wie andere Äußerungen des Unbewußten ...» Er kann auf andere Autoren wie H. Wallnöfer – der sich eingehend mit AT beschäftigt hat –, G. Kühnel und H. Ehrhardt verweisen, die ebenfalls über Kombinationen des AT mit Psychoanalyse berichtet hatten.

Rosa meint, man würde Schultz nur gerecht, wenn man bedenkt, daß er die ersten Lebensjahrzehnte im Übergang vom 19. zum 20. Jahrhundert verbracht hatte und fasziniert war von den Entdekkungen der Psychologie jener Zeit, besonders der Wahrnehmungspsychologie. Er hält Schultz «Rabulistik» vor, wenn er von Tiefenpsychologie nicht viel hielt und schrieb, daß «Oberfläche» auch ihre «Tiefe» habe. Er vermißt bei Schultz die Interpretation von Oberstufen-Befunden «mit Hilfe der psychoanalytischen Begriffe des Widerstands und der Zensur».

Nun muß eindeutig gesagt werden, daß Schultz kein Psychoanalytiker war, sondern selbständig eine «organismische Psychotherapie» – auch «aktiv-klinische Psychotherapie» genannt – vertrat und daß er in seinem Standardwerk von «unserer Auseinandersetzung mit der Psychoanalyse» schrieb. Also kann man Schultz nicht das Fehlen psychoanalytischer Begriffe vorwerfen und kann ihn auch sonst nicht für die Psychoanalyse in Anspruch nehmen. Wer das AT auf den Weg der Psychoanalyse bringen will, entfernt sich von Schultz.

Das Berliner Psychotherapie-Institut (1936–1945) – zuletzt

«Reichsinstitut ...» – bot trotz mancher regimebedingter Mißbildungen den großen Vorteil, daß alle damals wichtigen Schulen (von Freud, Adler und Jung) vertreten waren. Schultz wahrte stets seine Unabhängigkeit gegenüber allen Schulen, wenn er auch bei schweren Neurosen psychoanalytische Methoden anwandte – faute de mieux. Denn er war sich der Unvollkommenheit seiner Oberstufe stets bewußt, dies brachte er bei zahlreichen Gesprächen mit dem Verfasser in diesem Institut zum Ausdruck.

Wie Rosa mitteilt, ist er auf den «tiefen Widerspruch» gestoßen, der das AT durchziehe, nämlich, daß Entspannung vermittelt wird und andererseits Leistungen eine große Rolle spielen. Ihm ist entgangen, daß Schultz weit über all den einseitigen Entspannungsbehandlern stand und daß er Entspannung stets in Verbindung mit bestimmten Leistungen, d. h. wohlabgewogener Anspannung vermittelte.

H. Wallnöfer

Was nun H. Wallnöfer angeht, so mißversteht er Schultz in seiner Publikation «Analytische Techniken in der Oberstufe des Autogenen Trainings» (1978) gleich mehrfach, wenn er einleitend schreibt: Bei der Intention des Schöpfers des AT handele es sich «um den Versuch, eine mehr vom Physiologischen und Neurophysiologischen her kommende tiefenpsychologisch orientierte Methode fruchtbar mit psychoanalytischen Techniken zum gemeinsamen Ziel der Selbsterkenntnis, Selbstverwirklichung ... zu kombinieren ...» – Kombinationen in der therapeutischen Praxis wird es jederzeit mannigfaltig geben. Schultz und andere Psychotherapeuten, darunter auch der Verfasser, haben jahrelang AT mit Psychoanalyse, mit Hypnose, mit medikamentöser Therapie und anderen Verfahren kombiniert. Aus Kombinationen in der Praxis läßt sich nicht auf eine Kombination in der Theorie schließen. Letztere existiert nur in der Vorstellung von Autoren, die die methodische Eigenständigkeit des AT nach Schultz nicht sehen wollen.

Besonders erstaunlich ist folgende Passage bei Wallnöfer: «Zitieren wir Freud: ‹Die Kur muß in Abstinenz durchgeführt werden.› Folgerichtig sagt J. H. Schultz schon für die Unterstufe: ‹Der Patient übt, und der Arzt schweigt›» – ein solches «folgerichtig» entbehrt jeglicher Begründung.

Ergänzend zu früheren Ausführungen sei noch bemerkt: Wenn das AT nicht einfach als zudeckende Methode mißverstanden wird, kommt auch vieles an verborgenen Eigenschaften, an schwerwiegenden Erlebnisbereichen der Vergangenheit zum Vorschein. Ein solches «Aufdecken» nur der Psychoanalyse vorzubehalten hieße einen verfehlten Monopolanspruch erheben. Noch einmal wird SCHULTZ gegenüber dem häufigen theoretischen Durcheinander zitiert (S. 372 seines Standardwerks): Sei bei der Darstellung JACOBSONS progressiver Relaxation die eindeutig physiologische Betrachtung zu bemängeln, «so zeigt umgekehrt die Bearbeitung unserer Probleme von psychoanalytischer Seite her eine ungerechtfertigte Minderbeachtung der biologisch-physiologischen Zusammenhänge und der Tatsachen der physiologischen Psychologie». – Die Eigenständigkeit des organismischen Psychotherapeuten SCHULTZ sollte nicht länger bezweifelt werden.

B. HOFFMANN

Zu den wichtigsten Veröffentlichungen über AT gehört «Das Handbuch des autogenen Trainings» von BERNT HOFFMANN (2. Auflage 1979). Auf rund 420 Seiten in Taschenbuchformat wird eine Fülle von Einzelheiten in übersichtlicher Gliederung (vier Teile mit 33 Kapiteln) mitgeteilt. (Daß der Begriff des Handbuchs nicht voll berechtigt ist, möge kurz vermerkt sein.) Zu Beginn des 1. Kapitels wird «die Polarität von Spannung und Entspannung» so einleuchtend wie sonst kaum in der Literatur beschrieben. Jedes Wort kann unterstrichen werden in dem Satz: «Wenn trotzdem immer nur von einer entspannenden, dagegen nie von einer anspannenden Psychotherapie die Rede ist, so weist das auf zeitbedingte Faktoren hin.» Ganz im Sinne von SCHULTZ hebt er das «Lernen in kleinen Schritten» hervor.

Auch in den folgenden Kapiteln werden Grundprobleme des AT wie das «Konzentrative», das Training, die Umschaltung, die Suggestion aus reicher Erfahrung, in weitgehender Übereinstimmung mit SCHULTZ und doch mit kritischer Zurückhaltung besprochen. Im 2. Teil ist das 11. Kapitel «Die Rolle der Sprache im AT» mit Genuß zu lesen. Es erfreut, daß er aus Gründen der einprägsamen Kürze genau wie der Verfasser empfiehlt, das Verb bei den Formeln wegzulassen, d. h. «Rechter Arm schwer» statt «Mein rechter Arm ist schwer».

Das 12. Kapitel handelt von den «Voraussetzungen zum autogenen Training», darin der Abschnitt «Der richtige Augenblick zum Beginn», mit größerer Ausführlichkeit als im Standardwerk von SCHULTZ. Er warnt im 14. Kapitel vor dem «Schnell-Lehrgang des AT», von dem Patienten nur das Wissen um die Grundvorgänge des AT mitbringen. Mit dem zu Ende geführten AT-Kurs sei nur das Fundament gegeben, auf dem jeder Teilnehmer seine «persönlichen» Zusatz- und Vorsatzformeln aufbauen könne.

Im 3. Teil werden die einzelnen Übungen der Grundstufe mit vielen instruktiven Details zur Kenntnis gebracht, darunter auch die Entspannung des Gesichts. Im 4. Teil finden sich wichtige Angaben zur Anwendung des AT bei den verschiedenen Störungsformen, und – abschließend – im 33. Kapitel sind insgesamt nur 25 Seiten dem Thema der Oberstufe gewidmet. Hier muß nun kritisch vermerkt werden: «Dieses letzte Kapitel wie ein Anhängsel» aussehend, setzt die Schwächen in dem Standardwerk von SCHULTZ fort, wenn auch manche Erfahrungen von THOMAS, LUTHE und LEUNER zusätzlich berücksichtigt wurden. Das instruktive Buch hat einen unverkennbar psychotherapeutischen Zuschnitt, aber es fehlt der notwendige Abschluß der Methode, die sie auch zur Behandlung schwerer Neurosen geeignet macht. So sind die letzten Sätze, daß mit der erzwungenen Extraversion im Zeitalter der Technik als Ausgleich und Reaktion der «Weg nach innen» auch von der Jugend immer häufiger beschritten würde, keine Wegweisung.

Folgende Meinungen von HOFFMANN rufen Widerspruch hervor (4. Kapitel): «Die Entwicklung indes geht weiter: Die Tendenz besteht, den Vermittler der Methode auszuschalten und durch das Buch zu ersetzen oder durch die Lernmaschine des autogenen Trainings, die Schallplatte, über die der Trainingswillige nach eigenem Gutdünken verfügt ... am Ende steht die nüchterne Einstellung des Menschen, der sich das AT wie ein neues Wissen erwirbt, so wie man Algebra in einem Fernkurs lernt oder sich Informationen über EDV via Fernsehen verschafft.» – Eine solche Entwicklung würde zur «seelischen Gymnastik» beim Massentraining, nicht aber zur Psychotherapie führen.

D. LANGEN

Große Verdienste um die Ausbreitung des AT hat sich D. LANGEN erworben, auch im Vorsitz der Deutschen Gesellschaft für ärztliche Hypnose und AT. Von seinen zahlreichen Veröffentlichungen ist zunächst der von ihm herausgegebene Sammelband «Der Weg des autogenen Trainings» (1968) hervorzuheben, weil darin ein größerer Kreis von Autoren über die vielseitigen Aspekte des AT zu Wort kam, neben J. H. SCHULTZ Autoren aus mehreren Ländern.

LANGEN hat nie einen Zweifel daran gelassen, daß er Schüler von E. KRETSCHMER ist und dessen Einschätzung des AT weitgehend übernommen hatte, d. h. einer gut anwendbaren, nicht einer zentral wichtigen Methode. Diese Einschätzung kommt in der Publikation «Der gegenwärtige Stand des autogenen Trainings» (1977) klar zum Ausdruck. Er beschnitt die Grundstufe (oder Unterstufe) des AT nur auf Schwere- und Wärmeübungen, weil nach seinen Erfahrungen damit bereits die organismische Gesamtumschaltung erreicht würde. Dann gäbe es mehr Zeit für die formelhafte Vorsatzbildung, die er jedoch im Zusammenhang mit der gestuften Aktivhypnose als «wandspruchartige Leitsätze» bezeichnete. Ferner gab er Kombinationen mit analytischer Psychotherapie von der Art einer «zweigleisigen Psychotherapie» an. – Damit ist LANGEN auf dem Erfahrungsstand von E. KRETSCHMER stehengeblieben, der schon vor langen Jahren z. B. im «Handbuch der Neurosenlehre und Psychotherapie» (1959) nur die Anwendung der Schwere- und Wärmeübungen von SCHULTZ empfahl, um daran eigene Behandlungsformen wie gestufte Aktivphypnose auch in Verbindung mit dem «Bildstreifendenken» anzuschließen. Von dem letzteren führt ein theoretischer Weg zu dem von H. LEUNER beschriebenen «Katathymen Bilderleben» (1970), das als hauptsächlich analytisch-kathartische Methode verstanden wird.

Eine Scheidung der Geister kommt bei dieser Darstellung zum Vorschein: In der Schule E. KRETSCHMERS wurde die Grundstufe des AT stark reduziert, um Raum für andere Therapiemöglichkeiten zu geben. Hingegen hat sich eine Reihe von SCHULTZ-Schülern, unter ihnen THOMAS, HOFFMANN und der Verfasser, darum bemüht, die Grundstufe zu vervollkommnen und das AT insgesamt durch höhere Trainingsformen zu bereichern.

H. Binder
Die «Deutsche Gesellschaft für ärztliche Hypnose und autogenes Training» hat in den letzten Jahren unter Leitung von G. Iversen wie auch früher ihren Einfluß gegenüber Verflachungen der Methode geltend gemacht. Bemerkenswert ist in diesem Zusammenhang die Schrift von H. Binder «Autogenes Training – Supervision», weil in ihr auf die Nachteile aufmerksam gemacht wird, wenn das AT therapeutisch in größeren Gruppen Anwendung findet, so daß die ärztliche Anleitung und Überwachung jedes einzelnen Mitglieds nicht mehr gewährleistet ist. Binder beschränkt die therapeutische Gruppe auf nicht mehr als sechs bis acht Teilnehmer, womit die eigenen Erfahrungen bestätigt werden. Größere Gruppen, auch im Sinne einer Vorsorge für Gesunde, werden von ihm nur als Informationskurse anerkannt. Seine «Gedanken zur Motivation bei der Einführung in das AT» treffen einen wunden Punkt bei vielen AT-Gruppen und Einzelbehandlungen. Die Kunst des Motivierens besteht nach Binder darin, in den ersten 15 bis 20 Minuten einen Überblick über den Aufbau der Methode zu geben sowie deren Sinn, Ziel und Zweck zu umreißen. Er wendet sich dagegen, das AT nur auf die Grundübungen zu beschränken, denn dies hieße das AT zu denaturieren.

Großes Interesse beansprucht eine vor kurzem publizierte Arbeit von H. Mensen, «Autogenes Training (AT) und Transzendentale Meditation (TM)», weil er mit aller Entschiedenheit und guten sachlichen Argumenten «eine notwendige Abgrenzung» gegen die TM vornimmt. Ihr sei es gelungen, «pseudologische Phantasien und pseudowissenschaftliche Überzeugungen nicht nur in Laien- und Heilpraktikerpresse, sondern auch in bekannte Fachorgane zu lancieren».

C. Haring
Vor kurzem ist das kleine «Lehrbuch des autogenen Trainings» von Haring (1979) erschienen, das durch Anspruchslosigkeit und klare Diktion besticht. Er beschränkt sich auf das bisher Gesicherte, nämlich auf die Übungen der Grundstufe und die formelhaften Vorsatzbildungen. Nach dem gegenwärtigen Stand der Diskussion ist es verständlich, daß er die «sogenannte Oberstufe» in sein Buch nicht aufgenommen hat. Er steht nicht allein mit seiner Ansicht, daß dieselbe

angesichts der vorliegenden Publikationen mit dem Autogenen Training direkt nichts zu tun habe. HARING schreibt: «Sie ist lediglich das autogene Training zur meditativen Praxis, also eine der Anwendungsmöglichkeiten, nicht Bestandteil des Trainings selbst.»

Neben den bisher genannten Autoren könnte noch eine Vielzahl anderer erwähnt werden, die alle ihren Teil dazu beigetragen haben, daß das AT nicht in eine Erstarrung geraten ist, sondern daß Diskussionen angeregt wurden. Zu ihnen gehören H. KLEINSORGE, der als ehemaliger Direktor der Medizinischen Universitäts-Poliklinik Jena das gezielte Organtraining entwickelte, ferner sein Nachfolger in diesem Amt G. KLUMBIES. Beide haben das AT zu einem wesentlichen Bestandteil der klinisch-poliklinischen Therapie in der inneren Medizin gemacht. Ähnliches gelang für die Neurologie und Psychiatrie an der Universitäts-Nervenklinik Leipzig, die von 1952 bis 1964 unter der Leitung des Verfassers stand. Eine spezielle Abteilung für Psychotherapie mit 23, später 34 Betten konnte im Jahre 1953 eingerichtet werden.

G. HUBER

Weiterhin gibt es Veröffentlichungen, die die Gefahr der Simplifizierung und Vermarktung des AT in der Gegenwart allzu deutlich machen, z. B. das 196-Seiten-Buch des Dipl.-Psychologen G. HUBER «Neue Kraftreserven für Führungskräfte durch autogenes Training» (1979). Darin wird u. a. versprochen: «Die dargestellte Methode des autogenen Trainings ist leicht und schnell erlernbar und führt in kürzester Zeit zu Erfolgen wie z. B. Abbau von Konzentrationsstörungen ... Souveränität bei der Konfliktbewältigung.»

Dem AT sind nur 54 Seiten gewidmet, vorher wird in einem größeren Textabschnitt eine «systematische Muskelentspannung» in Anlehnung an JACOBSON beschrieben, in der Absicht, «die Übenden ohne die überwachende Aufsicht des Trainingspartners Arzt in das Entspannungstraining einzuführen». Im Abschnitt über das AT wird die Wirkung der Schwereübungen wie folgt beschrieben: «Umgekehrt wie bei der systematischen Muskelentspannung wird hier nicht der Muskel ... mechanisch entspannt, um so mehr Blut mit Kerntemperatur aus dem Körperinneren in diese peripheren Blutgefäße zu lassen: die Folge sind tatsächlich steigende Temperatur und durch Volumenzunahme empfundene Schwere.» – Profunde Unkenntnis bezüglich des AT geht hier mit der Anwendung werbewirksamer Schlagworte einher.

B. Stokvis und
E. Wiesenhütter
Aus der Reihe wertvoller Werke, die das Entspannungsproblem in einem breiteren Themenkreis behandeln, möge noch das Werk von Stokvis und Wiesenhütter «Lehrbuch der Entspannung» (4. Auflage 1979) angeführt sein. Zu Beginn heißt es: «J. H. Schultz in memoriam.» Seinen Gedankengängen wird also eine besondere Bedeutung beigemessen. Von der Methode Coués über Verfahren, die aus dem religiösen Leben abgeleitet wurden, auch über Meditationen nach Graf Dürckheim, über das AT, die Methode Jacobsons bis zur Psychogymnastik und anderen Methoden, deren Indikationen und Kontraindikationen, wird ein so vielschichtiges Bild gezeichnet, daß dieses Werk als unentbehrlich für den das AT anwendenden Therapeuten bezeichnet werden kann. Wegweisend ist der erste Abschnitt: «Spannung und Entspannung», in dem, bezogen auf Buytendijks «Allgemeine Theorie der menschlichen Haltung und Bewegung» (1956), klargestellt wird: «Spannung und Entspannung wechseln miteinander notwendigerweise ab, indem Spannung Bewegung, diese wiederum Entspannung bewirkt.»

Bei aller Skizzenhaftigkeit der vorliegenden Literaturübersicht kommt deutlich zum Vorschein, daß keine Rede sein kann von einer Problemarmut des AT, daß gegensätzliche Auffassungen vielfältig vorhanden sind, die zur Diskussion auffordern. Sie muß weitergeführt werden, vor allem mit dem Ziel einer Klärung der Oberstufen-Problematik, die die meisten Widersprüche und Schwächen aufweist.

W. König,
G. di Pol,
G. Schaeffer
Als Nachtrag kann noch über einen in der DDR neu erschienenen Grundriß «Autogenes Training» von König, di Pol, Schaeffer mit 156 Textseiten berichtet werden. Da das AT in der DDR von jeher

besonders große Verbreitung gefunden hat, erweckt diese Veröffentlichung lebhaftes Interesse.

Im Klappentext heißt es: «Das Buch gibt jedem Arzt und klinischen Psychologen, auch wenn er über keine psychotherapeutische Vorbildung verfügt, alle notwendigen Kenntnisse, um das autogene Training bei der Behandlung von funktionellen Störungen und Neurosen einzusetzen.» Hierzu sind ernste Bedenken angebracht, denn eine so hoch differenzierte Methode wie das AT kann dem psychotherapeutisch unerfahrenen Arzt und klinischen Psychologen nicht allein durch theoretische Fortbildung für die selbständige Anwendung in der Praxis vermittelt werden.

Zur Einführung wird von König mitgeteilt, daß der vorliegende Grundriß sich «relativ streng an die von Schultz beschriebene und seit über fünfzig Jahren bewährte Technik» hält. Dies könne angesichts der sich sonst so schnell entwickelnden medizinischen Disziplinen und ihrer sich wandelnden Methoden konservativ erscheinen. Die Erfahrung zeige aber, daß Variationen des technischen Vorgehens bisher eine Überlegenheit noch nicht beweisen konnten. Die Technik der Unterstufe beruhe überwiegend auf physiologischen Gesetzmäßigkeiten und sei damit relativ gesellschaftsunabhängig. Die auf vorwiegend psychologischen Annahmen gegründete Oberstufe dagegen sei viel kritischer zu sehen. Er schreibt ferner, daß die Anwendung des AT, insbesondere bei Neurosen, sich nicht auf die pädagogische Weitergabe einer Technik beschränken könne, sondern «daß sie Psychotherapie ist». Dazu sei bemerkt: Wenn eine empirisch begründete Psychotherapie-Methode in fünfzig Jahren nicht weiterentwickelt wurde, müssen Schwächen vorhanden sein.

Im Grundriß finden sich weiterhin folgende instruktive Abschnitte: «Zur Geschichte und Verbreitung des autogenen Trainings» (Schaeffer), «Die Technik der Unterstufe des autogenen Trainings» (di Pol), «Die Methodik der Unterweisung im autogenen Training» (König), «Spezielle Organübungen» (Schaeffer), «Formelhafte Vorsatzbildungen» (di Pol), «Indikationen für das autogene Training» (Schaeffer).

Im nächsten Abschnitt äußert sich Schaeffer ebenso kurz wie kritisch zur Oberstufe des AT, deren «weitgehende Bedeutungslosigkeit» er erwähnt. Diese Einschätzung hält er nicht für die Autogene

Therapie nach W. LUTHE aufrecht, denn in dem nachfolgenden Abschnitt werden dessen Konzeptionen ausführlich dargestellt sowie eigene Erfahrungen mit autogenen Entladungen mitgeteilt. Die drei dann angeführten Fallbeispiele sind allerdings keineswegs überzeugend, z. B. daß unangenehme Sensationen an einer alten Operationsnarbe nach «Erörterung der möglichen Zusammenhänge» vergingen. Er übernimmt die Auffassung LUTHES: «Nicht der noch so erfahrene Therapeut, sondern das steuernde Patienten-Gehirn ‹weiß› letztlich von der Wichtigkeit des Themas, von der Zweckmäßigkeit seiner Gliederung, von dem jeweils erreichten Ausmaß seiner Bearbeitung und schließlich von dem Zeitpunkt der Beendigung seiner Ausarbeitung.» – Kritische Überlegungen zu diesen für eine psychotherapeutische Zusammenarbeit ungewöhnlichen Thesen werden von ihm nicht angegeben.

Insgesamt kann der angegebene Grundriß mit Einschränkungen als wertvolle Informationsschrift bezeichnet werden. Es darf erhofft werden, daß neben dieser Wissensvermittlung stets auch eine praktische Ausbildung von Therapeuten für die selbständige Anwendung des AT erfolgen wird.

II. Teil:

Einzelne Hauptprobleme des Autogenen Trainings

1. Das autogene Prinzip

Das Eigenschaftswort «autogen» kennzeichnet mehr als jedes andere die hier zu erörternde Methode. SCHULTZ schrieb, wie erwähnt, zu Beginn seines Standardwerkes, daß ein vom Selbst sich entwickelndes und das Selbst gestaltendes systematisches Üben gemeint sei. – Nun könnte eine solche an den Anfang gestellte Kennzeichnung ohne die dann folgenden Ausführungen von SCHULTZ über die Bedeutung sachgerechter Anleitungen zum autogenen Üben irreführend sein (auch wenn dieselben für manche Patientengruppen nicht ausreichend von ihm erarbeitet wurden).

«Von selbst» sind in dem hier gemeinten Sinne Entwicklung und Gestaltung nur möglich, wenn in Umrissen das große klinische, physiologische und psychologische Erfahrungsgut, das in jenem Standardwerk und in neueren Publikationen enthalten ist, den Patienten und anderen Trainierenden vermittelt und dazu die entscheidende Bedeutung eines ganz konsequenten Übens verständlich gemacht wird. In der Anfangsphase des AT werden heterosuggestive Elemente der Beeinflussung nicht selten angebracht sein, um den Patienten völlig neue therapeutische Möglichkeiten und Erlebnisbereiche zu erschließen. Im weiteren Verlauf ist dann ein zunehmend selbständiger Beitrag des Patienten bei dieser Form der Psychotherapie notwendig, um das AT aus eigenem Erleben schrittweise zu erlernen und zu gestalten.

Generell wird ja in der Psychotherapie ein partnerschaftliches Vorgehen für verbindlich erklärt, um Erfolge zu erreichen. Sogar bei der Hypnose-Therapie ist für ein gutes Gelingen ein bestimmtes Maß an

Bereitschaft und möglichst an Mitarbeit des Patienten notwendig. Und auch in der Arzneimittel-Therapie bemüht man sich um eine «Compliance» (engl. «Bereitwilligkeit») auf seiten des Patienten. Wo dessen Verläßlichkeit bis zu einer Partnerschaftlichkeit gefördert werden kann, wie es vielen guten Hausärzten seit Jahrhunderten gelungen ist, wird die therapeutische Effektivität noch größer sein.

Bei alledem unterscheidet sich die zunehmende Selbständigkeit des autogen Trainierenden recht deutlich von der sonst üblichen Partnerschaftlichkeit in der Therapie. Die möglichst einmal wöchentlich stattfindenden psychotherapeutischen Sitzungen mit detaillierten Aufklärungen und Anleitungen zur autogenen Mitarbeit sind zwar grundlegend und maßgebend für das gesamte Verfahren, aber entscheidend für Erfolg oder Mißerfolg bleibt dann das selbständige Training, das am besten dreimal täglich mit Engagement und Konsequenz weitergeführt wird. Erst dann gelingt es ihm, selbständige Wege zu finden und auch die Trainingsformulierungen auf seine Eigenart abzustimmen und zu erweitern. Der Vergleich mit dem musikalisch Erfahrenen liegt nahe, der zu Beginn genauer Anleitungen bedarf, um später den eigenen Ausdruck finden, improvisieren und eventuell sogar komponieren zu können. Auch sonst kommen einige Ähnlichkeiten mit der musikalischen Ausbildung, ferner mit dem differenzierten sportlichen Training, mit der schulischen und der beruflichen Aus- und Weiterbildung zum Vorschein, jedoch nur in dem Maße, wie die Bildung der betreffenden Menschen, ihre Verselbständigung, nicht aber die Speicherungen von Wissen und Können im Vordergrund all dieser Bemühungen stehen.

Nach einer Vorbereitungsphase, die bei akuten Störungen wochenlang, in schweren Fällen sogar monatelang dauern kann, wird dem Patienten nach voller Aufnahme des AT ein allmählich zunehmendes Maß an Mitverantwortung für die therapeutischen Fortschritte eingeräumt. Damit kann eine Absicherung gegen allzu häufige Abhängigkeiten vom Therapeuten erreicht werden. Sie beeinträchtigt nicht emotionale Bindungen des Patienten an den Therapeuten, sondern hilft, sie im Rahmen einer sachlichen Übungsatmosphäre zu halten. Krisen im Therapeuten-Patienten-Verhältnis lassen sich damit nicht ausschalten, aber die häufigen Fehlprojektionen pathologischer Erlebnisse in die Person des Therapeuten werden dadurch drastisch gemindert. Wer, wie der Verfasser, jahrelang als Psychoanalytiker gearbeitet hat, weiß diese speziellen Vorzüge des AT zu schätzen.

Das Thema der Abhängigkeit der Patienten von therapeutischen Einflüssen hat in den letzten zwei Jahrzehnten eine neue Dimension durch die immer stärkere Einführung der Psychopharmakotherapie angenommen. Wohlgemerkt steht deren mit Zurückhaltung dosierte Anwendung bei Psychosen und darüber hinaus bei schweren Depressionen, ebenso die Dauerbehandlung von epileptischen Erkrankungen außer jeder Diskussion. Mit aller Deutlichkeit müssen indessen die Gefahren für Patienten mit neurotischen und anderen neurofunktionellen Störungen (vor allem mannigfaltige Verstimmungs- und Versagenszustände, Schlafstörungen und vegetative Dysfunktionen) hervorgehoben werden, wenn sie über längere Zeit mit Tranquilizern, Sedativa und anderen Psychopharmaka behandelt werden. Die Abhängigkeit von Psychopharmaka infolge andauernden Mißbrauchs führt zu Initiativeminderung (gerade auch für therapeutische Aufgaben), Gewichtsvermehrungen, Blutdrucksenkungen, Leberschädigungen und anderen Störungen, die nicht ganz selten toxische Folgen anzeigen. Dabei sei nicht verschwiegen, daß manche Ärzte, die in der «Fünf-Minuten-Praxis» reihenweise Psychopharmaka verordnen, selbst in eine Art von Abhängigkeit von pharmazeutischen Gruppierungen geraten können und nicht immer den Weg aus ihr herausfinden.

Die Gefahr der Abhängigkeit besteht ferner für Patienten, die über Hunderte von Stunden und über mehrere Jahre hinweg einer Psychotherapie unterzogen werden. Wenn der Begriff der Abhängigkeit hier weiter als bei der Drogenabhängigkeit gefaßt ist, so hat dies gute Gründe. Denn es gibt auch eine Abhängigkeit von Alkohol und Nikotin wie auch von Menschen und Institutionen.

Sobald man sich von der in der Medizin üblichen Terminologie entfernt, ist sorgsames Abwägen jedes Schrittes angebracht. Denn üblicherweise ist in der Medizin die Abhängigkeit von Giften gemeint. Davon handelt das wichtige Werk, das von STEINBRECHER und SOLMS (früher von LAUBENTAL) herausgegeben wurde: «Sucht und Mißbrauch», 1975. Die beiden Autoren sprechen in einem eigenen Beitrag auch Erscheinungen wie Freßsucht, Magersucht und Rekordsucht an und schreiben: «Man darf die Stärke solcher Strebungen nicht unterschätzen und nicht übersehen, daß ihnen bereits eine gewisse seelische Abhängigkeit eigen ist ...»

Die Psychopathologie kennt die Hörigkeitsbeziehung eines Menschen zu einem anderen. Und in der Psychotherapie sind Begriffe wie Vaterbindung und Mutterbindung längst eingeführt. Man diskutiert auch die Gefahren einer Abhängigkeit bei lange durchgeführter Hypnose-Therapie. Die Gefahren der Abhängigkeit bei jahrelanger Psychoanalyse sind grell beleuchtet in dem dokumentarischen Bericht: «Gespräche mit dem Wolfsmann» von K. Obholzer, 1980. Der «Wolfsmann» stellt eine zentrale Figur in den Mitteilungen Freuds über selbstdurchgeführte Analysen dar, mit dem Titel «Aus der Geschichte einer infantilen Neurose». Freud schrieb dazu, daß die Analyse erfolgreich verlaufen sei. Dem vor kurzem erschienenen Bericht kann entnommen werden, daß der «Wolfsmann» nach vierjähriger Psychoanalyse durch Freud bis ins hohe Alter hinein stets in einer Abhängigkeit von Psychoanalytikern geblieben ist.

Es ist demnach wohl berechtigt, die Gefahren einer Abhängigkeit auch außerhalb toxischer Beeinflussungen in Betracht zu ziehen. In der Gegenwart braucht nur das Stichwort der Massenmedien gegeben zu werden, um diese Gefahren zu verdeutlichen. In Deutschland haben die Ereignisse der Jahre 1933 bis 1945 ein erschütterndes Anschauungsmaterial dazu geliefert. Es genügt zu wissen, daß Gefahren der Abhängigkeit bis in die Gegenwart hinein im sozialen Leben bestehen. Nachfolgend soll indessen nur auf den therapeutischen Aspekt eingegangen werden.

Zur Begriffsklärung ist es erforderlich, eine Abgrenzung von notwendigen Bedingungen unseres Lebens vorzunehmen. Wir sind alle «abhängig» von der Atmung, der Ernährung, der Bewegung und von sozialen Bezügen. So kann das Kleinstkind ohne menschliche Zuwendung nicht existieren. Bei ihm und bei allen Menschen handelt es sich um lebensnotwendige und förderliche Voraussetzungen unserer «organismischen» Entwicklungen. Hingegen stellt die Abhängigkeit von toxischen und sonstigen lebensbeeinträchtigenden Einflüssen eine Gefährdung der somatisch und psychisch faßbaren Entwicklungen dar, damit auch eine Gefährdung des selbständigen Denkens und

Wollens, Fühlens, Strebens und triebhaften Erlebens. Nur im letztgenannten Sinne soll im folgenden der Begriff der Abhängigkeit verwendet werden.

Das «Selbst» kann nur verstanden werden als eine Identität, die dem betreffenden Wesen in einer Kontinuität von Weiter- und Rückentwicklungen des Lebens bewußt bleibt. Sie wird aufgehoben durch schwer destruierende Hirnerkrankungen oder -verletzungen, sie kann bedenklich eingeschränkt werden durch schwerwiegende Abhängigkeiten. Die Verselbständigung des Menschen manifestiert sich somit auch als eine grundlegende Aufgabe im therapeutischen Bereich, das autogene Prinzip wird dabei zu einem wesentlichen Hilfsmittel.

Wie kann das autogene Prinzip in der Psychotherapie zum Tragen kommen? Bei Patienten mit nicht voll abgeklungenen Psychosen besteht Kontraindikation, ebenso bei Patienten mit akuten Herzerkrankungen. Keine Indikation liegt vor bei schwerer Allgemeinkrankheit, ferner bei ausgeprägter Psychopathie und erheblicher geistiger Behinderung, außerdem bei jahrelang fixierter passiver Konsumentenhaltung. Dazu gehören auch chronische hysterische und hypochondrische Entwicklungen.

Bei der großen Mehrzahl des in Betracht kommenden Personenkreises ist die Indikation für das AT zu bejahen. Indessen ist eine Vorbereitungsphase unumgänglich, wenn akute psychische Störungen vorliegen, in der die Beruhigung und Abschaltung von oft sehr belastenden Umwelteinflüssen entweder mit medikamentösen Hilfsmitteln oder mit den Mitteln der Hypnose oder mit beiden dringend geboten sind. Besonders wichtig sind wiederholte therapeutische Aussprachen, bei denen auf die Sorgen und sonstigen Beschwerden des Patienten eingegangen wird, so daß er ein anfängliches Vertrauen finden kann. Er will bei schwer depressiven Stimmungsveränderungen, bei hochgradigen angstvollen und anderen Erregungszuständen gar nicht selbständig sein, er kann es auch nicht, so daß er die fremdständige Hilfe von seiten des Therapeuten oder einer Therapie-Abteilung mit guter Heilatmosphäre braucht. In dieser Vorbereitungsphase mit den Grundübungen des AT zu beginnen hieße auch dann einen ernsten Fehler begehen, wenn der Patient auf die oft gestellte Frage: «Sind Sie zur Mitarbeit bereit?» mit einem «Ja» antwortet, vielfach ohne ausreichende Überlegung. Erst wenn akute Erscheinungen abgeklungen sind und im Patienten wieder ein Interesse an seiner Umwelt und für die eigene Gesundung erwacht ist, kann das Thema der Selbstbesinnung, der Selbsterfahrung und des Selbstverständnisses im Gespräch anklingen. Wenn sich der Patient dabei kooperativ zeigt, ist der Weg offengelegt, um über die Vorbereitungsphase hinauszugehen und erste Anleitungen für die Grundübungen des AT zu vermitteln.

Im Verlaufe der weiteren Autogenen Psychotherapie tauchen dann die Aufgaben der Selbstfindung, der Selbstbestimmung und der Selbsterkenntnis auf. Darüber hinaus wäre auch der Begriff der Selbstverwirklichung zu erörtern.

Zu einer *Selbstbesinnung* sind alle ausreichend differenzierten, d. h. reflexionsfähigen Patienten in der Lage, wenn sie durch therapeutische Aussprachen darauf eingestellt werden und wenn dann die Grundübungen erfolgreich verlaufen. Vor Beendigung derselben ist die Einführung in kurzzeitige Meditationen eine wichtige Hilfe, um die Therapie weiter zu differenzieren. Eine größere Selbsterfahrung und ein besseres Selbstverständnis, damit zusammenhängend eine Selbstfindung und eine Selbstbestimmung (über Alltagsaufgaben hinaus), werden dem nicht neurotischen Patienten möglich, wenn er die Grundübungen konsequent in seinem weiteren Leben fortsetzt und sie mit realitätsbezogenen Meditationen verbindet. Der neurotische Patient bedarf der Autogenen Psychotherapie, die über die Grundübungen des AT hinausgehen, um die genannten Ziele zu erreichen.

Was nun die *Selbsterkenntnis* betrifft, so wird sie als wichtige Aufgabe hier anerkannt. Sie wird im Gesamtzusammenhang der Autogenen Psychotherapie lösbar, wenn eine dabei auftauchende Gefahr gesehen und vermieden wird. GOETHE hat sich skeptisch zu diesem Problem geäußert. In den «Maximen und Reflexionen» schrieb er: «Wie kann man sich selbst kennenlernen? Durch Betrachten niemals, wohl aber durch Handeln. Versuche deine Pflicht zu tun, und du weißt gleich, was an dir ist.» Kurz darauf schrieb er von den «klugtätigen Menschen, die ihre Kräfte kennen und sie mit Maß und Gescheitigkeit benutzen ...» An einer anderen Stelle schrieb er: «Das bedeutende Wort: Erkenne dich selbst ... hier zu bedarf es keiner psychologischen Quälereien.» Unvergänglich sind seine Worte («Bedeutende Fördernis», 1823), daß ihm «die so bedeutend klingende

Aufgabe: Erkenne dich selbst, immer verdächtig vorkam als eine List geheim verbündeter Priester, die den Menschen durch unerreichbare Forderungen verwirren und von der Tätigkeit gegen die Außenwelt zu einer inneren falschen Beschaulichkeit verleiten wollten. Der Mensch kennt nur sich selbst, wenn er die Welt kennt, die er nur in sich und sich nur in ihr gewahr wird ...»

GOETHE war bekanntlich kein Psychotherapeut. Dennoch wird niemals ein Psychotherapeut an seinen Grundgedanken vorübergehen können. In der Autogenen Psychotherapie hat jedenfalls ein einseitiges Psychologisieren ebensowenig einen Platz wie ein fortdauerndes Kontemplieren. Nach Trainingsleistungen im organismischen Bereich ergibt sich folgerichtig bald die Aufgabe, zu sich selbst zu finden, dabei übend und «klugtätig» fortschreitend in der Realität des Lebens zu bestehen.

Schließlich fordert der Begriff der *Selbstverwirklichung* kritische Überlegungen heraus, da er ohne genauere Interpretationen zunehmend häufig in der AT-Literatur auftaucht, übrigens schon bei SCHULTZ. Der Begriff spielt auch sonst in der Geistesgeschichte eine wichtige Rolle, z. B. in der Hegelschen Philosophie. HEGEL schrieb ausführlich über die «Verwirklichung des vernünftigen Selbstbewußtseins durch sich selbst», («Phänomenologie des Geistes»). In neuerer Zeit sind die Auffassungen von K. GOLDSTEIN oft übernommen worden, daß die Selbstverwirklichung als das übergreifende Ziel des Lebens zu verstehen sei. Derjenige Organismus sei gesund, der Spannungen aufrechterhält, anstatt sie zu vermindern. Es gäbe nur ein einziges Motiv, das menschliche Aktivitäten in Gang setzt, die Tendenz, sich selbst zu verwirklichen. Viele Diskussionen zu diesen Themen wurden geführt, ohne daß der genannte Begriff klar bestimmt worden wäre. M. B. SMITH, dem wichtige Ausführungen über das Problem der geistigen Gesundheit zu verdanken sind, schrieb, daß es sich um einen unzuverlässigen, kaum faßbaren Begriff handele, wenn man nicht davon ausgeht, daß in der menschlichen Natur gemäß dem aristotelischen Entelechie-Modell bestimmte Züge festgelegt sind. Dieses Modell ist indessen keineswegs bewiesen.

Sucht man den gern vagen, aber benutzten Begriff der Selbstverwirklichung etwa im Sinne der Erfüllung eines individuellen Lebens zu verstehen, so gibt es nicht wenige Persönlichkeiten, die dafür repräsentativ sind, wie insbesondere GOETHE. Seine Biographie macht deutlich, daß die Erfüllung seines Lebens untrennbar gebunden ist an sein grandioses Lebenswerk und an seine pantheistische und zutiefst humanitäre Weltanschauung. Die persönliche Weltanschauung und die Arbeit an einem adäquaten Lebenswerk gehören zu den Charakteristika nicht nur eines Genies wie GOETHE, sondern jedes verselbständigten Menschen. Solange er nicht verselbständigt ist, hat der Psychotherapeut kein Recht, den zunächst noch Schwächeren in eine bestimmte Richtung zu orientieren. Wohl sollte er humanitäre Prinzipien dem partnerschaftlichen Vorgehen zugrunde legen. Der Psychotherapeut schafft die Voraussetzungen dafür, daß der Patient nicht mehr durch neurotische oder ähnliche Störungen behindert seinen Lebensweg selbständig beschreiten kann, d. h. nicht mehr als Patient. Die Ziele der Erfüllung des Lebens oder der sogenannten «Selbstverwirklichung» gehören nicht zur Psychotherapie, sie liegen jenseits derselben.

Wenn mit dem Begriff der Selbstverwirklichung so großzügig in der AT-Literatur umgegangen wurde, sei bedacht, daß die vielen realitätsgemäßen Aufgaben einer Autogenen Psychotherapie in den höheren Trainingsformen noch nicht vielseitig genug in Angriff genommen worden sind. Für das autogene Prinzip in der Psychotherapie eröffnen sich bei weitem mehr Möglichkeiten in der praktischen Anwendung, als sie bei dem bisherigen Stande des AT erreicht wurden.

2. Das Training

Das Training in dem hier vorgezeichneten Rahmen ist nur in Verbindung mit dem autogenen Prinzip voll verständlich. Für sich genommen ist das Training als systematische Vorbereitung für den sportlichen Wettkampf, d. h. mit einer umschriebenen Zielsetzung für Erfolge dieser Art in den Sprachgebrauch gelangt. Gegenwärtig sind die Zeitungen voll von Berichten über zunehmend gesteigerte Rekordleistungen und über täglich mehrstündige Trainingsleistungen, oft mit Hilfe von Anabolika und anderen sehr bedenklichen Mitteln. Der Begriff des Amateurs muß bei großen Sportveranstaltungen manchmal als obsolet erscheinen. In der ärztlichen Sprechstunde tauchen immer wieder Leistungssportler auf, die rastlos, ja gehetzt dem Rekord und dem Sieg, der Siegprämie und der Professionalität nacheifern. Sie sind einem Konkurrenz- und Publicity-Denken verhaftet und in eine Abhängigkeit von ihren Klubs und ihren Managern, oft von kommerziellen Gruppierungen geraten. Sie bieten recht häufig neurofunktionelle Störungen wie Verstimmungszustände, Herz-Kreislauf-Störungen und Schlafstörungen, die schwer beeinflußbar sind. Das AT vermag bei ihnen nur wenig auszurichten. Solange der grundfalsche Lebensstil mit einem übersteigerten Leistungsprinzip aufrechterhalten wird, gelangt das AT in einer nahezu pervertierten Form zur Anwendung und verliert jegliche Effektivität.

Das Beispiel des in Hektik und Verspanntheit lebenden Leistungssportlers, das gewiß nicht typisch für alle Leistungssportler ist, aber einen modernen Trend anzeigt, macht deutlich, zu welch grotesk anmutenden Verzerrungen die menschliche Anspannung gelangen kann. Ähnliches läßt sich bei nicht wenigen Managern beobachten.

Das mit dem autogenen Prinzip verbundene Training ist völlig anders zu verstehen, da es auf dem natürlichen Wechselspiel von Entspannung und Anspannung aufbaut. Es bietet die Möglichkeit, meist in kleinen Schritten, einen gesunden Lebensrhythmus zu erreichen und Reservekräfte des Organismus zu mobilisieren. Dabei gibt es keine endgültigen Ziele, vielmehr erweitern sich die Lebenshorizonte zu immer neuen Ufern.

Ein kurzes Fallbeispiel möge erläutern, wie falsch das AT manchmal verstanden wird.

Ein 30jähriger Manager berichtete von nervösen Störungen, die er abgestellt wissen wollte. Eine eingehende neurologische Untersuchung mit Einbeziehung des EEG ergab keine Abweichung von der Norm, so daß in Anbetracht der starken beruflichen Anforderungen und eines rastlosen Lebensstils ohne beschauliche Pausen eine Behandlung mit AT angeboten wurde. Die Antwort lautete, er habe das AT vor einigen Jahren erlernt, es verhelfe ihm bei etwa täglich einmaliger Anwendung zur Entspannung, aber nur für die Zeit des Trainings, mehr helfe es nicht. Ihm wurde zu bedenken gegeben, daß das AT selbst nicht helfen könne, vielmehr helfe der Mensch, der ein solches ständig weiter ausbaufähiges System anwende, schrittweise sich selber. Die Frage wurde angeschlossen, welche Fortschritte mit dem AT er im Laufe der

Jahre erzielt habe. Darauf antwortete er, diese Worte hätten für ihn keinen Sinn. Er kenne seit Jahren das AT genau. Er mache es immer in gleicher Weise, da könne es doch gar keine Fortschritte geben. Zu weiteren Diskussionen war er nicht aufgelegt.

Dieses Beispiel ist nicht singulär. Viele lernen das AT als geschlossenes System, das wenig oder ganz gut geholfen habe, mehr sei davon nicht zu erwarten. Wer über die nicht absehbaren Möglichkeiten in Therapie und sonstiger Lebensgestaltung durch das AT als offenes System rechtzeitig aufgeklärt wird, könnte vor den Gefahren der Simplifizierungen bewahrt werden. Die Einführung könnte bei ausreichender Bereitschaft zu autogenen Leistungen mit folgenden Worten erfolgen:

«Ihnen wird eine Therapie-Methode angeboten, die zur Selbsttherapie werden kann, falls Sie deren Grundlagen mit vollem Engagement erlernen. Es gibt Ähnlichkeiten mit dem Erlernen einfacher musikalischer Fertigkeiten. Dergleichen gelingt nur, wenn Interesse besteht, konsequent täglich geübt wird und Noten vorliegen, die das Üben eindeutig vorzeichnen. Dann kann schon binnen kurzer Zeit Einfluß auf den Organismus genommen werden, mit dem Erfolg einer bewußten Kontrolle auf sonst unwillkürliche Körperfunktionen und einer Selbstentspannung. Weiter können bei guter Konsequenz neue Verhaltensformen in der Realität des Lebens eingeübt und eine immer größere Selbständigkeit erreicht werden.»

Die Worte werden von Fall zu Fall verschieden gewählt werden, das Wesen der Einführung wird darin bestehen: ein Training ganz eigener Prägung, d. h. ohne Rekord- und Siegtendenzen verständlich zu machen, dessen Erfolge von anderer Art sind, nämlich gesundheitliche Störungen und manche Abhängigkeiten zu überwinden.

Erst die Aufnahme und konsequente Fortführung des AT ermöglicht die zunehmende Einsicht in die Besonderheiten dieser Methode. Ein solches Novum im Tagesablauf, möglichst dreimal zu gleichbleibenden Tageszeiten, bedeutet für den ganz untrainierten wie für den übertrainierten Menschen zunächst ein Sich-Aufraffen, d. h. eine umschriebene Anspannung. Mit zunehmender Gewohnheitsbildung wird der Entspannungscharakter des Trainings immer deutlicher, zugleich werden neue Fertigkeiten erworben, den eigenen Organismus zu beeinflussen. Nach ersten Trainingserfolgen kann der Patient die Aufklärungen voll aufnehmen (dann in eigenes Tun umsetzen), daß eine gute Muskelentspannung nicht ohne ausreichende Muskelanspannung gelingt. Jeder versteht allmählich die Bedeutung der Muskulatur, die zusammengenommen das größte Organ des menschlichen Körpers ergibt und in engstem Zusammenhang mit Kreislauf- und Nervensystem steht, so daß deren Vernachlässigung zu ernsten organismischen Störungen führen muß. Nach dem Gesagten suchen die meisten Trainierenden nach angepaßten täglichen Muskelanspannungen, sei es mit Gymnastik nach Rundfunk- oder Schallplatten-Sendungen oder nach einem individuellen Programm, sei es mit täglichem Radfahren oder mit regelmäßigem Schwimmen. Sie bedürfen eingehender Beratung, damit verschüttete frühere Interessen wiederbelebt und neue angebahnt werden.

Am besten verhilft eine wohldosierte tägliche Morgengymnastik zu einer allgemeinen Körperschulung, um den Ausgleich zur notwendigen Arbeit am Schreibtisch, am Schaltbrett, am Fließband oder ähnlichen Arbeitsstellen zu finden und die Synthese mit den täglichen Entspannungspausen, den «ruhenden Polen» im Tagesgeschehen, herzustellen. Denn Gymnastik ist an keine andere Bedingung gebunden als an die, daß einige Quadratmeter an Platz bei weit geöffnetem Fenster vorhanden sind. Die Anleitung besagt, man beginne mit einfachen Streckbewegungen, dann mit schwingenden Bewegungen zur Mobilisierung aller wichtigen Gelenke, woraufhin mit der Zeit eine Bereitschaft zu kraftvollen Bewegungsabläufen wächst. Dann darf das intensive Laufen auf der Stelle (oder Trimmtrab oder Seilspringen) nicht fehlen, und den Abschluß bilden ausgiebige Lockerungsbewegungen. Der in vielen Fällen bewegungsverarmte Mensch unserer Zeit gelangt allmählich zur selbständigen Erkenntnis, daß der Herzmuskel und die gesamte Muskulatur für eine hohe Leistungsfähigkeit angelegt sind, die schrittweise erreicht werden kann. Das AT wirkt dabei als Regulativ, um Unterlastungen wie Überlastungen des Organismus zu vermeiden. Es verhilft auch dem hektisch gestimmten Leistungssportler unserer Tage zu dem ihm angepaßten Maß muskulärer Aktivitäten und zu einer Korrektur des Lebensstils. Was den organisch geschädigten Menschen angeht, so ist es selbstverständlich, daß er nur nach internistischer Durchuntersuchung und Beratung mit Vorsicht zu den ihm gemäßen körperlichen Leistungen anzuleiten ist. Für den organisch Gesunden ist nach gründlicher Vorbereitung das 30minütige Intensivtraining etwa das gleiche wie für den kreislaufgeschädigten Menschen der tägliche Spaziergang von etwa einer Stunde Dauer, um Leistungsreserven zu mobilisieren und Freude zu erwecken. Ein Wort von BUYTENDIJK kann hier zur Erläuterung dienen: «Es ist fast unmöglich, betrübt zu bleiben, wenn die Motorik sich ermuntert.»

Die Synthese von AT und autogenem muskulärem Training, genauer von autogener Entspannung und autogener muskulärer Anspannung, bleibt Grundlage auch für alle höheren Trainingsformen, die sämtlich für die jeweiligen Altersphasen und sonstigen Lebenslagen optimiert werden können. Ein solches Training, das aus innerem Erleben erwächst und zugleich zielbewußt fortgeführt wird, vermag ein festgefügter Bestandteil des menschlichen Lebens zu werden. Dabei spielt auch die Selbstdisziplin der betreffenden Personen eine ganz wesentliche Rolle. Wer zu ihr nicht findet, wer monate- oder jahrelang falsch oder gar schludrig «trainiert», vergibt die große Chance einer Autogenen Psychotherapie und darüber hinaus einer autogenen Lebensgestaltung.

3. Entspannung und Anspannung

Im Standardwerk von SCHULTZ steht die Formulierung des AT an erster Stelle, die der konzentrativen Selbstentspannung wie als Erläuterung darunter. Der Begriff der Entspannung ist also deutlich umrissen und begrenzt. Der übergreifende Trainingsbegriff macht erkennbar, daß Entspannung nicht ohne «Leistungen», d. h. nicht ohne Anspannung zum Ziele führt. Andere grundlegende Äußerungen von SCHULTZ, die die große Bedeutung der auf Entspannungen aufbauende Anspannungen erkennen lassen, waren bereits erwähnt worden. Durchgängig erscheinen Patienten in der ärztlichen Sprechstunde mit dem Wunsch, von ihren Verspannungs-, Schmerz-, Depressions-, Angst- und Erregungszuständen befreit zu werden, und zwar durch Entspannung, Linderung und Beruhigung, Krankschreibung oder eine Kur. Ausnahmsweise hört man von ihnen den Wunsch nach verbesserter Anspannung angesichts eines wichtigen Examens oder einer sonstigen Forderung des Lebens. Dann erwarten sie generell eine Stärkung mit Hilfe von Medikamenten oder Hypnosen, die schnelle Abhilfe bringen sollen. Gewiß braucht der leidende, d. h. passive Mensch anfangs meist Entspannung und Beruhigung, damit er dann, wie bereits beschrieben wurde, schrittweise zu wohlüberlegten Anspannungen finden kann.

Die natürliche Polarität von Anspannung und Entspannung in größerem Zusammenhang hat mit ungewöhnlicher Klarheit BUYTENDIJK in seinem Buch: «Allgemeine Theorie der menschlichen Haltung und Bewegung», und zwar im Abschnitt «Das Gehen», beschrieben. Dort heißt es, daß alles lebendige Geschehen diskontinuierlich verläuft. Vom funktionellen Gesichtspunkt aus verstehe man die Diskontinuität der animalischen Lebensäußerungen, wenn bedacht wird, daß Mensch und Tier ein in sich geschlossenes individuelles Dasein in und mit der Umwelt haben. Dieses «mit» bezeichne ein Zusammensein im Sinne einer Wechselwirkung, aber auch ein «Gegenüberstehen» im Sinne einer Auseinandersetzung. «Die Umwelt-Gerichtetheit führt zu einer Spannung und diese wiederum zu einer Selbstbewegung, wenn ein bestimmter Grenzwert überschritten wird. Als die Erfüllung der Bewegungstendenz hebt sie die Spannung auf. Spannung und Entspannung wechseln miteinander also notwendigerweise ab, indem die Spannung Bewegung, diese wiederum Entspannung bewirkt. In dem Maße, wie die Entwicklung eine höhere Stufe erreicht und die Integration des Individuums also ebenso wie die Selbständigkeit der Teile zunimmt, prägt sich dieser Wechsel deutlicher aus, wechseln Ruhe und Arbeit, Spannung und Entspannung miteinander ab ...»

BUYTENDIJK stellt als Verhaltensforscher psychologisch und physiologisch faßbare Vorgänge in ihren Gemeinsamkeiten dar, wodurch Übereinstimmungen mit SCHULTZ zutage treten. Er bezieht Ausdrucksbewegungen und Gefühle in seine Betrachtungen ein, die gespannt oder entspannt, munter oder gedrückt, frisch oder ermüdet, aktiv oder ruhig sein könnten. Er beschreibt Verschiedenheiten von Spannungen in Affektabläufen. So zeige sich bei Zorn eine dampfkesselähnliche expansive Spannung, bei Ärger eine unruhige

Spannung, bei Freude eine elastische wie bei der Stahlfeder oder dem Bogen, ferner sei beim Schrecken die Spannung eigentlich eine Erstarrung. An anderer Stelle schreibt er, daß Schrecken auch Lähmung herbeiführen könne.

Die genannten verschiedenen Spannungsformen geben zu erkennen, daß die Gegenüberstellung von Entspannung und Spannung zu einer groben Vereinfachung sehr komplexer realer Zusammenhänge in einem Denkschema führen könnte. Die Tatsache, daß im Schlaf überwiegend eine Entspannung, im Tätig- und sonstigen Wachsein überwiegend eine Anspannung vorliegt, dürfte nie den Blick verdekken vor der Fülle von Entspannungen im Wechsel von Anspannungen, die sich im Schlaf besonders bei Atem-, Herz-, Kreislauf- und Magen-Darm-Funktionen deutlich manifestiert.

Die Komplexität der Zusammenhänge kommt auch unter klinischer Sicht klar zum Vorschein. So tritt bei sehr lange fortgesetzter Entspannung wie bei prolongierter Bettruhe eine Erschlaffung ein, vor allem in der Muskulatur und im Kreislaufbereich. Indessen kennt jeder Arzt die bedauernswerten Menschen, die durch chronische Krankheiten «ans Bett gefesselt» sind und in dieser Frustrierung zu übermäßigen psychischen Anspannungen gelangen, die wiederum organismische Störungen zur Folge haben. Eine fehlerhafte Verbindung von Anspannungen und Entspannungen kann als «Dystonie» verstanden werden. Sie zeigt sich im muskulären Bereich, wenn bei allgemeiner Erschlaffung die Nacken- und Rückenpartie durch die aufrechte Haltung überbeansprucht ist und zu Verspannungen neigt, oder bei den vasovegetativen Funktionen, wenn etwa durch Nikotinabusus Störungen mit hochgradiger Blutdruck- und Pulslabilität auftreten, oder in den psychischen Abläufen, wenn mißmutige Verstimmungen mit Übererregbarkeit und gleichzeitiger Gehemmtheit einhergehen. Beispiele der genannten Art lassen sich beliebig vermehren. Von Interesse können eigene Erfahrungen mit dem AT sein. Personen, die das AT erlernt haben, dann unkontrolliert besonders viel erreichen wollten, dabei Entspannungszustände auf über eine Stunde verlängerten, gaben regelmäßig erhebliche Verspannungs- und Unruhezustände an. Diese Fehler mußten sogleich korrigiert und die Übungszeiten auf etwa fünf Minuten verkürzt werden. Als Gegensatz zu den vielseitigen Dystonie-Erscheinungen kann eine

«Eutonie» angegeben werden, auch angesichts der Bemühungen von G. ALEXANDER, mit einer Eutonie-Pädagogik Hilfe zu leisten. Die Eutonie ist als ein Gleichgewicht, als ein förderliches Zusammenwirken von Anspannungs- und Entspannungsabläufen verstehbar, das im menschlichen Gesamtorganismus bei den notwendigen Auseinandersetzungen mit der Umwelt stets von neuem zu erreichen ist.

Erschlaffung und hochgradige Abgespanntheit einerseits, Verspannung und Verkrampfung andererseits werden in Verbindung mit mannigfaltigen Dystonie-Formen als charakteristische Beispiele für pathologische Störungen sichtbar. Die Formulierung der Abgespanntheit bringt dabei zum Ausdruck, daß eine übermäßige Anspannung nicht weiter aufrechterhalten werden konnte und in ihr Gegenteil umschlug. Mögen noch so viele Teilanspannungen und Teilentspannungen im Organismus nebeneinander vorhanden sein und manche psychischen Konflikte und Frustrierungen die Lebenssituation insgesamt komplizieren, so zeichnet sich doch ein therapeutischer Weg ab, mit dem Ziel, einen gesunden Lebensrhythmus anzubahnen und aufrechtzuerhalten. Dabei geht es um das Gelingen ausgiebiger Entspannungen im Wechsel mit ausgiebigen Anspannungen im organismischen Bereich. Hier bietet sich die Grundstufe des AT als therapeutischer Weg an. Er führt weiter zu höheren Trainingsformen mit einem jeweils sehr individuellen Wechselspiel von Entspannungen und Anspannungen.

Sobald eine Eutonie mehr oder minder erreicht ist, wird aus der Erfahrung des Trainierenden folgender Sachverhalt erkennbar: Der menschliche Organismus ist generell für hohe Leistungen geeignet. Der durchtrainierte Mensch braucht Zeiten der Hochspannung nicht zu scheuen. Durch dann folgende Entspannungen bis zur Tiefentspannung mit Variationen von Anspannungen lassen sich immer neue Möglichkeiten der Erholung und der Eutonie finden.

4. Die Konzentration

Die Verbindung der Begriffe von «Konzentration» und «Entspannung» erscheint zunächst wenig plausibel. Die volle Konzentration wird generell mit einer gespannten Aufmerksamkeit gleichgesetzt, die bei einem Kraftfahrer in schwieriger Verkehrssituation oder bei einem medizinischen Diagnostiker angesichts einer vitalen Gefährdung des Patienten oder bei den Kontrahenten in einer konfliktreichen Prozeßsituation hervortritt. Nun gibt es noch andere Arten der Konzentration, z. B. in einem sehr eindrucksvollen Konzert, bei dem die gelöste Mimik der Zuhörer zu erkennen gibt, daß sie sich voll und ganz den Klängen zugewendet, sich ihnen aufgeschlossen haben. Die Konzentration erhält dabei passive Züge. Nur auf diese Weise ist ein voller Kunstgenuß möglich. Allenfalls ist derjenige Musikkritiker eine Ausnahme, der mit spitzer Feder und geschärftem Verstand seinen Bericht vorbereitet, aber er verzichtet damit zum großen Teil auf den potentiellen Genuß.

Eine passive Konzentration kann dem Trainierenden nicht verordnet werden, sie gelingt nur, wenn alle Vorbereitungen dafür getroffen sind, daß er Reize optischer und akustischer Art und aus seinem Gedächtnis im wesentlichen passiv aufnimmt. Abgesehen von dem «Sich-Aufraffen» zur konsequenten Ausführung des AT, gerät der Anfänger regelmäßig in die Gefahr, mit aktiver Konzentration und einer zu großen Anspannung dieses für ihn völlig neue Training aufzunehmen. Daher ist es für den Trainierenden wichtig, ein unmißverständliches Modell für das selbständige Training vom Therapeuten vermittelt zu bekommen. Nach ausführlicher Information über das Wesen der Methode lagert sich der Trainierende bequem horizontal mit einer Arm- und Kopfhaltung, die gute Entspannungen ermöglicht. Dann wird ihm mit ruhiger Eindringlichkeit etwa folgendes gesagt: «Sie lassen bitte den Körper unbeweglich ruhen. Sie schalten ab von allem, was Sie stark beschäftigt oder gestört hat. Sie konzentrieren sich auf meine Worte. Geräusche von außen sind ganz gleichgültig.» Anschließend wird nach der Einführung: «Ich bin ganz ruhig!» die erste Übungsformulierung dreimal dem Trainierenden zugesprochen, gefolgt von den Worten: «Bitte stellen Sie sich nun diese Formulierung selber vor, ohne zu sprechen.» Es folgt dann eine Pause, damit die Formulierung etwa fünfmal vorgestellt werden kann. Das Übungsprogramm wird bei jeder Sitzung in Abständen von je ein bis zwei Wochen um die nächstfolgende Übung erweitert, immer mit der erwähnten akustischen Hilfe.

Das angegebene Modell für den zeitlichen Rahmen und den ganz ruhigen Vorstellungsablauf wird noch durch eine «optische Hilfe» unterstützt. Der Trainierende erhält «Noten», d. h. einen Übungsbogen, auf dem sämtliche Übungsformulierungen untereinander aufgedruckt sind. Die jeweils zum Training anstehenden Formulierungen werden mit leuchtender Farbe angestrichen. Dazu wird der Rat gegeben: «Nehmen Sie am besten die Konzentrationsaufgabe vorweg. Lassen Sie Ihre Augen auf den angestrichenen Zeilen ruhen, vielleicht 10, 20 Sekunden lang. Ja, stellen Sie sich bitte vor, daß Sie Ihren Computer füttern würden. Sogleich anschließend strecken Sie sich aus, um mit geschlossenen Augen nach dem Modell zu üben. Zwischendurch auftauchende andere Gedanken sind dann ohne jede Bedeutung.»

Ein solches seit über einem Jahrzehnt bewährtes Verfahren verhilft zu einer passiven Konzentration, die sonst als Empfehlung ziemlich unverständlich bleibt. Mit den genannten Hilfen gelangt der interessierte Trainierende schrittweise zu Trainingserfolgen, die dann detailliert zu besprechen sind ebenso wie eventuelle Mißverständnisse, Schwierigkeiten und Fehler. Es erübrigen sich dann zweifelhafte Bemühungen, bei stark störenden Gedanken das Üben zu unterbrechen und nochmals zu beginnen. Eine passive Konzentration ist wenig störanfällig. Jeder Neuanfang wirkt wie eine Forderung, daß es gelingen müßte. Ein Müssen, auch jede Andeutung eines Kampfes mit sich selber, gehört nicht zum AT. Es werden mannigfaltige Hilfen und Empfehlungen gegeben, das übrige besorgt der Trainierende selber. So wird auch empfohlen, eine Übung zu beenden, selbst wenn sie nicht ausreichend gelungen ist. Um so größer ist die Aussicht, beim nächstenmal mehr Entspannung zu erreichen. Die passive Konzentration kann im Verlaufe konsequenter Anwendungen eine hohe Intensität erreichen, mit der dann auch die betreffenden Vorstellungen zu einer Realisierung tendieren.

Eine Konzentration läßt sich auf die beschriebene Weise ohne nennenswerte Schwierigkeiten mit einer Entspannung verbinden. Wichtig ist dabei, daß die Aufgabe der Konzentration mittels optischer Hilfe regelmäßig vorweggenommen wird. Diese Regel gilt bis zu dem Zeitpunkt, an dem der Trainierende das gesamte Programm gut beherrscht.

5. Suggestion und Autosuggestion

Die Begriffe der Suggestion und der Autosuggestion haben im Standardwerk von SCHULTZ und in seinen späteren Veröffentlichungen keine positive Wertung gefunden. Nachdem er im Jahre 1926 über «autogene Organübungen» noch von «autosuggestiv-echt-produktiver Versenkung» geschrieben hatte, wählte er später dafür den Begriff der «konzentrativen» Umschaltung. Im Abschnitt «Verwandte Verfahren» meinte er, der autosuggestive Weg sei allgemein nur für «Wortrauschfähige» gangbar. Insgesamt lehnte er aber jene Begriffe nicht ab. So heißt die wichtige Überschrift auf Seite 322 seines Standardwerkes: «Das konzentrative (‹echt-suggestive›) Umschaltungserlebnis». Da für ihn das AT «als Selbsthypnose historisch eine Tochter-Disziplin der Hypnose» (S. 338) war, überrascht es nicht, daß das AT überwiegend als «autosuggestive» Methode verstanden und beschrieben wird, übrigens auch in dem wichtigen Werk von STOKVIS und WIESENHÜTTER: «Lehrbuch der Entspannung».

Die negative Akzentuierung des Suggestionsbegriffs nach dessen Inflationierung um die Jahrhundertwende, sicher auch angesichts der Auswirkungen von Mode und Reklame, von Propaganda und massenbetörenden Demagogen, ist für den medizinischen Bereich allmählich einer sachlicheren Einschätzung gewichen. STOKVIS UND PFLANZ haben in ihrem Buch «Suggestion» (1961) viel zur Klärung beigetragen. Sie erinnerten daran, daß bereits im Jahre 1882 dieser Begriff im Grimmschen Wörterbuch positiv verstanden wurde, mit der Bezeichnung: «alles aufrichtig suggerieren». Die beiden Autoren definierten: «Suggestion ist die Beeinflussung des Denkens, Fühlens, Wollens oder Handelns eines anderen Menschen unter Umgehung seiner rationalen Persönlichkeitsanteile ...» Sie erwähnten einen zwischenmenschlichen Grundvollzug bei der Suggestion: «die affektive Resonanz».

Wenn Menschen aufeinander gut abgestimmt sind wie beim Verhältnis der Mutter zum Kleinkind oder des Medizinmannes zum Kranken seines Kulturkreises, so bewirken bestimmte Worte oder Gesten oft erstaunliche Veränderungen, die der Suggestion zugerechnet werden können. In der gegenwärtigen Medizin hat man die Placebo-Wirkungen eingehend untersucht und bei rund 30 Prozent aller Menschen Reaktionen ähnlich wie bei einem pharmazeutischen Wirkstoff beobachtet. Allgemein sind in der medizinischen Praxis Erscheinungen der Suggestion weit verbreitet. STOKVIS UND PFLANZ bezeichneten die Suggestion in ihrer unbeabsichtigten Form sogar als eine Grundlage jeder ärztlichen Tätigkeit. Auch dabei ist eine affektive Resonanz regelmäßig im Spiel.

In der Psychotherapie werden die genannten Erscheinungen systematisiert, um fremdsuggestiv (mit der Hypnose) oder autosuggestiv (mit dem AT) Heilerfolge zu erzielen. Bei der Hypnose durch Fixation eines Gegenstandes konzentriert der Suggestor alle psychischen Vorgänge des Patienten punktähnlich auf optische und akustische Reize. CHERTOK beschreibt die Herbeiführung der Hypnose wie folgt:

«Der Arzt gibt nun während einer kürzeren oder längeren Zeit, je nach der Empfänglichkeit des Patienten, eine Reihe Suggestionen. Diese Suggestionen, ebenso alle folgenden, sind mit monotoner Stimme vorzutragen, sie werden mehrfach wiederholt und behalten immer einen konkreten bildhaften Charakter ... Die Suggestionen können in folgender Form gegeben werden, die natürlich zahlreiche Variationen erlaubt: Ich halte Ihnen einen Gegenstand vor die Augen. Sie richten den Blick auf diesen Gegenstand. Sie hören meine Stimme. Wenn sich Ihr Blick abwendet, richten Sie ihn wieder auf den Gegenstand und belassen ihn darauf. Entspannen Sie sich, und lauschen Sie auf meine Stimme ...»

Ohne daß weitere Details hier mitzuteilen sind, wird bereits klar, daß der Patient zu Beginn der Hypnose bei ausreichender affektiver Resonanz einer passiven Konzentration verfällt, während der Suggestor die Reaktionen des Patienten sorgsam überwacht, seine Suggestivreize gezielt ansetzt und eine bestimmte Tiefe der Hypnose herbeiführt, d. h. aktiv konzentrativ vorgeht.

Bei der Autosuggestion sind der Suggestor und der Suggerierte ein und dieselbe Person, anfänglich sind indessen fremdsuggestive Hilfen nicht selten angebracht, um die Autosuggestion in Gang zu setzen. Streckenweise sind Suggestion und Autosuggestion nicht voneinander trennbar, dennoch klafft ein wichtiger Unterschied: Wer hypnotisiert wird, überläßt sich mit passiver Konzentration den Einflüssen des Suggestors von Anfang bis Ende der Hypnose. Der autogen Trainierende sinkt zunächst auch mit passiver Konzentration in einen ähnlichen Umschaltungsvorgang hinein. Dann regt sich aber in ihm der Suggestor, der das Training aktiv fortführt und aus eigenem Entschluß beendet. Es ist der eigene Spielraum, genauer: es ist das autogene Prinzip, das Autosuggestion beim AT von der Suggestion bei der Hypnose unterscheidet.

In Anbetracht der partiellen Übereinstimmungen kann immer einmal wieder der Fall eintreten, daß mit hypnotischen Sitzungen das AT begonnen wird, um den akut gestörten Patienten zur Ruhe, zur Entspannung und zu Schwereerlebnissen zu verhelfen. So schreibt denn auch SCHULTZ (S. 268), daß gegen eine kritische Kombination des AT mit Hypnose nichts einzuwenden sei.

6. Der Stufenaufbau des Autogenen Trainings

Von SCHULTZ war das AT in eine Unterstufe und eine Oberstufe unterteilt worden. Dabei muß der Eindruck einer höheren Bewertung der Oberstufe entstehen, ja, der Gedanke liegt nahe, daß die Unterstufe nur dazu dienen würde, den Anfänger für die höheren Trainingsformen zu qualifizieren. Nun ergibt aber die Realität einer über fünf Jahrzehnte währenden Entwicklung ein ganz anderes Bild: Die Unterstufe ist eine schon zu Beginn dieses langen Zeitraumes gut ausgearbeitete und bezüglich ihrer therapeutischen Effektivität in zahlreichen Ländern bewährte Methode geworden. Sie kann nur erweitert und vertieft, nicht aber in den Grundzügen verändert werden. Andernfalls würde die Berechtigung verlorengehen, sich auf das AT nach SCHULTZ zu beziehen.

Ganz anders sieht es in der Gegenwart mit der Oberstufe des AT aus. Sie ist weder genügend ausgearbeitet, noch ist ihre therapeutische Effektivität ausreichend bezeugt. Sie fordert sogar eine Neugestaltung heraus. So kann man das AT nach dessen gegenwärtigem Entwicklungsstand am ehesten mit seiner Unterstufe gleichsetzen, wie dies in der Gegenwart üblich geworden ist.

In Übereinstimmung mit einer Empfehlung der «Deutschen Gesellschaft für ärztliche Hypnose und autogenes Training» (1978) wird hier der Ausdruck der Grundstufe statt dem der Unterstufe verwendet, denn mit ihr steht und fällt in der Gegenwart das AT, sie ist die Grundlage für alle weiteren Entwicklungen.

Das Training der Grundstufe ist in erster Linie auf den Organismus bezogen, routinemäßig mit autogenen Entspannungen und darüber hinaus mit autogenen Anspannungen. Höhere Trainingsformen bieten sich mit der Anwendung formelhafter Vorsatzbildungen an, die nach SCHULTZ eine «natürliche Willensbildung» ermöglichen. Zwanglos kann mit ihnen ein Training des Verhaltens in der jeweiligen Umwelt erfolgen. Es kann auch als Lebenstraining bezeichnet werden. Spezifisch menschliche Kräfte gelangen hier vermehrt zur Wirkung, wozu auch gehören: das anschauliche Vorausdenken, das prospektive Kombinieren, das Voraussehen und weiterhin damit das Neugestalten. Es liegen damit Gründe vor, diese höheren Trainingsformen besonders zu kennzeichnen, wofür der Ausdruck «Mittelstufe» gewählt wurde.

B. HOFFMANN hat in einem Abschnitt seines kleinen «Handbuchs des autogenen Trainings» die «Antizipation» besprochen. Er erwähnt ähnliche Erscheinungen im biologischen Bereich, wenn etwa die Wespe auf Grund angeborener «blinder» Instinkte eine Reihe von Verhaltensabläufen vollzieht, die alle auf die Zukunft (im Dienste der Erhaltung der Art) hinweisen. Aber: «Die Antizipation im Sinne einer bewußten Voraussicht ist allein dem Menschen vorbehalten. Mit den antizipierenden Übungen steht uns eine wirksame Möglichkeit zur gezielten Vorentscheidung zur Verfügung ...» HOFFMANN schreibt, auf der einen Seite stehe die rationale Planung der Zukunft, etwa wie in einem Eisenbahnfahrplan. «Auf der anderen Seite ist es die anschauliche Vorstellung, die Voraussicht, Vorausschau, wobei Vorstellen, Voraussehen, Vorausschauen sich vor unserem inneren Auge abspielen. Gemeint ist der Gegensatz von Verstand und Phantasie, die sich gegenseitig durchdringen ...» – Es kann eine erfreuliche Übereinstimmung darin gesehen werden, daß HOFFMANN die Bedeutung der Phantasie erkannt hat, die bei den eigenen therapeutischen Erfahrungen der letzten Jahre immer stärker hervorgetreten ist.

HOFFMANNS «antizipierende Übungen», zu denen er ein fortlaufendes Üben und die formelhaften Vorsatzbildungen rechnet, weisen eindeutig über das auf den Organismus bezogene AT der Grundstufe hinaus. Bei der eigenen Arbeit wird mit der erwähnten Mittelstufe des AT systematisch antizipierend verfahren: Die formelhaften Vorsatzbildungen können für den Patienten in hohem Maße wegweisend sein, wenn er lernt, seine individuellen Formulierungen mit Hilfe realitätsbezogener Meditationen herauszufinden. In tiefer Ruhigstellung und Entspannung nimmt er dabei Verhaltensänderungen vorweg, um sie dann schrittweise in die Praxis des Lebens umzusetzen. Eine gezielte Behandlung von leichteren Neurosen – «Randneurosen» im Sinne von SCHULTZ – wird auf diese Weise erfolgversprechend.

Die kurz geschilderten Verfahrensweisen können weiter ausgebaut und zu einer Oberstufe des AT systematisiert werden. Wie bei jeder «großen» Psychotherapie sind dann ebenfalls therapeutische Sitzungen von etwa 50 Minuten notwendig, die wöchentlich ein- bis zweimal stattfinden. Vorher muß die biographische Anamnese erhoben, ferner die Durchuntersuchung des Organismus vorgenommen werden. Erst auf dieser Grundlage ist es möglich, bei den hier zur Behandlung anstehenden schwereren Neurosen – «Schicht- und Kernneurosen» im Sinne von SCHULTZ – einen Therapieplan aufzustellen. Wie bereits erwähnt wurde, sind die Patienten zu Beginn der Behandlung oft unfähig für ein AT, so daß in einer Vorbereitungsphase andere therapeutische Mittel Anwendung finden müssen. Die medikamentöse und die Hypnose-Therapie schaffen in vielen Fällen gute Voraussetzungen für die autogene Mitarbeit des Patienten. Besonders wichtig sind daneben mehrfach wiederholte therapeutische Aussprachen, die in dem Patienten die Gewißheit wecken, daß er mit Interesse angehört und sogar verstanden wird. Die anfänglichen Aussprachen können gut im Gegenübersitzen durchgeführt werden. Bei starker Angespanntheit oder Erschöpftheit des Patienten ist es indessen eine Erleichterung für ihn, wenn ihm eine bequeme Horizontallage angeboten wird.

Wenn der Patient für autogene Leistungen weit genug befähigt ist, wird die Hauptaufmerksamkeit in den Behandlungsstunden der Erlernung des AT gewidmet. Gleich, ob der Patient nur für die Grundstufe oder für höhere Stufen des AT vorgesehen ist, wird ihm nach wenigen Wochen ein Programm muskulärer Aktivitäten angeboten. Da die Zeit für Aussprachen reichlich bemessen ist, kann die Themenwahl zum Teil dem Patienten überlassen werden, im übrigen ist es die Aufgabe des Therapeuten, alle Ansätze aufzuspüren, bei denen der Patient zu Verselbständigungen im Verlaufe des Lebens gelangt war, auch mit dem Ziel, ihn für therapeutische Leistungen zu ermutigen.

Nach ausreichender Absolvierung des AT der Grundstufe, bei gutem Fortschreiten schon vor Abschluß derselben wird mit Meditationsübungen begonnen. Im Gegensatz zum AT der Mittelstufe mit ihrer ganz überwiegend prospektiven Tendenz wird dem Patienten bei der Oberstufe dazu verholfen, in tiefer Entspannung mehr und mehr relevantes Erinnerungsmaterial aufsteigen zu lassen. Er lernt, seine Gedanken und inneren Bilder frei und ruhig weitergehen zu lassen, neue aufkommen zu lassen und darüber zu sprechen. Die gedanklichen und optischen Erlebnisse sind verständlicherweise in diesen Situationen oft pathologisch getönt, d. h., es kommen Angst-, Zwangs-, Aggressions- oder sonstige Störungen zum Vorschein. Der Patient lernt, daß seine Störungen im Zustand tiefer Entspannung ihren zwingenden Charakter verlieren, daß er sie mit Hilfe des Therapeuten abwandeln, ja allmählich sogar «abziehen» lassen kann, ferner, daß er Verhaltensweisen in seiner Phantasie durchspielen und neue Verhaltensformen vorwegnehmen kann. Ihm wird im Verlaufe dieser Therapie klar, daß er in seiner Phantasie prinzipiell frei ist und daß ein Phantasie-Training ihm viel mehr hilft, wenn er es auch selbständig, d. h. außerhalb der Therapie-Stunden regelmäßig durchführt. Ein sehr spezielles autogenes Anspannungstraining wird hier erkennbar, das unter dem Schutz tiefer autogener Entspannungen erfolgen kann und mit Anwendungen in der Praxis des Lebens verbunden ist.

Die zeitliche Dauer der zu einem Phantasie-Training ausgestalteten Meditationen ist begrenzt. Sie beträgt im Durchschnitt 20 bis 25 Minuten. Auch die Patienten, die zu Hause mindestens einmal wöchentlich trainierten, berichteten, daß sie selten Neigung verspüren würden, das Training länger auszudehnen.

Die hier beschriebenen drei Trainingsstufen bieten eine Einheitlichkeit, da das autogene Prinzip und das Trainingsprinzip für alle gleichmäßig gelten. Jeder der drei Stufen kommt eine eigene Bedeutung zu. So ist das Training der Grundstufe therapeutisch bei neurofunktionellen Störungen ohne Ausprägung von Neurosen und prophylaktisch bei nervlich überbeanspruchten Personen indiziert. Das Training der Mittelstufe findet seinen Platz bei der Therapie von leichteren Neurosen, das Training der Oberstufe bei der Therapie schwerer Neurosen.

Die Grundstufe ist, wie der Name besagt, grundlegend für alle Trainingsformen, ohne daß daraus ein unabänderliches Gesetz gemacht werden darf. So finden sich gelegentlich sehr akute Neurosen, bei denen zunächst mit hypnotischen Hilfen ein fremdsuggestiv gelenktes Phantasie-Training eingeleitet werden muß, später dann das Training der Grundstufe nachgeholt wird, um den Patienten allseitig zu verselbständigen. Schließlich sei bemerkt, daß scharfe Grenzen zwischen den drei Stufen nicht bestehen, denn im Leben wird es immer wieder Übergänge geben.

7. Der organismische Aspekt

Schultz hatte bei seinen diagnostischen und therapeutischen Bemühungen stets einen einheitlichen menschlichen Organismus im Auge. Er verwandte für diese Sicht Adjektiv «organismisch», ohne eine philosophische Aussage damit verbinden zu wollen. Er führte auch in seinen Vorlesungen und bei Diskussionen im kleinen Kreis oft die Tatsache an, daß aus der medizinischen Empirie nirgends auf eine Zweiteilung des Organismus geschlossen werden könne. Ein namhafter Philosoph, Hermann Schmitz, der sich in seinem «System der Philosophie» (II. Band) eingehend mit Problemen des AT befaßt hat, teilte auch ähnliche Grundauffassungen wie Schultz mit. So hat er gegen einen «anthropologischen Dualismus» Stellung genommen, mit den Worten: «Dieses Dogma leidet nämlich an zwei Hauptfehlern: der Verkennung des Leiblichen und der phänomenwidrigen Konstruktion einer Seele.»

Der organismische Aspekt von Schultz könnte mißverständlich sein ohne den Hinweis, daß ihm ein mechanistisches Denken völlig fremd war. Die psychischen Vorgänge, die «Höchstfunktionen», wie er sie auch genannt hatte, waren für ihn sehr weitgehend aktive Vorgänge, durch die Veränderungen im Körperhaushalt herbeigeführt werden konnten. Ohne diesen Grundsatz wären das von ihm entwikkelte AT und die auch sonst von ihm vertretene «Seelische Krankenbehandlung (Psychotherapie)» gar nicht denkbar. In der gleichnamigen Monographie hat er sich dazu detaillierter geäußert. Der «beseelte Organismus Mensch» könne von den verschiedensten Seiten her betrachtet werden. «Wir können den kranken Menschen entweder physiologisch oder psychologisch betrachten, niemals aber die Befunde der einen Arbeitsweise gegen die der anderen auswerten.» Von den Tiefen der physikalischen und der Kolloidchemie bis hinauf ins eigentlich Physiologisch-Biologische zeige sich eine Gliederung des Organismus. «Für das höchste Reaktionssystem, das nervöse Zentralsystem, erscheint nun physiologisch-biologische Methodik nicht mehr ausreichend; wir schreiten vielmehr zur biologisch-psychologischen Erfassung hinauf.»

In der medizinischen Praxis ist nach SCHULTZ «reine Psychotherapie nur ein seltener Ausnahmefall. Die große Mehrzahl aller Fälle fordert nicht nur psychologische, sondern allgemein medizinisch universelle Orientierung.»

Folgender wichtige Gesichtspunkt bleibt noch zu erörtern: Die psychischen Erscheinungen des Menschen sind zu wesentlichen Teilen sozial bestimmt. Würde man sie nur als «biologische Höchstfunktionen» verstehen, so könnte leicht übersehen werden, daß sie vor allem durch soziale Einflüsse zur vollen Entwicklung gelangen. So unterliegen Taubblinde der großen Gefahr, daß psychische Vorgänge über einen «Kümmerwuchs» nicht hinausgelangen und schwerste Frustrierungen entstehen. Erst wenn ihnen wie HELEN KELLER Zugang zur Sprache und zur Kommunikation mit anderen Menschen vermittelt wird, kann eine Entwicklung zu höheren Emotionen und abstrakten Denkleistungen einsetzen. SCHULTZ war sich über diese Zusammenhänge im klaren, ohne sie in seinen Schriften genauer zur Darstellung zu bringen.

8. Die Meditation

Bei guter Beherrschung des AT der Grundstufe sind Erlebnisse nicht selten, die eindeutig zur Meditation gehören. Die Trainierenden berichten dann von Versenkungszuständen, in denen die üblichen Außenwelteinflüsse unwesentlich erscheinen, d. h. nicht ablenkend wirken. Die Konzentration ist voll den Trainingsformulierungen zugewendet, woraus ein Zustand angenehmer Ruhe resultiert, mit dem Eindruck des «Geschehenlassens», ähnlich wie dies vor dem Einschlafen der Fall ist. Einzelne Gedanken, emotionale, affektive oder optische Erscheinungen tauchen auf, die aber von gezielten Denkabläufen weit entfernt sind. Da das AT der Grundstufe jeweils nach wenigen Minuten beendet wird, gehen die Meditationen über Ansätze wenig hinaus. Es kann aber keinem Zweifel unterliegen, daß Meditationen der Grundstufe ausgeweitet und systematisch fortgesetzt werden können.

Das Thema der Meditation ist im Verlaufe der letzten zehn bis zwölf Jahre zu einem unübersehbaren «Feld» von Lehren, Publikationen, Gruppierungen und Veranstaltungen jeglicher Art bis in die meisten Kleinstädte hinein geworden. Um zumindest in den Hauptzügen Stellung zu nehmen, sei bemerkt: Jede Meditation, die aus ihrem angestammten Kulturbereich erwachsen ist, wie die asiatischen Formen von Yoga und Zen, bei denen über viele Jahre hinweg und über Stunden und Stunden an jedem Tage Menschen an sich gearbeitet haben, verdient Respekt, auch wenn man sich mit vielen Einzelheiten dieser Lehren und der zugehörigen Praktiken nicht einverstanden erklären kann. In gleicher Weise ist Respekt gegenüber den Meditationslehren des westlichen Christentums angebracht, deren herausragende Repräsentanten AUGUSTINUS, BERNHARD VON CLAIRVAUX, MEISTER ECKHART und dann IGNATIUS VON LOYOLA sind. Allein das philosophische Werk von MEISTER ECKHART, das von seinen Meditationen kaum zu trennen ist, hat bis in die Gegenwart hinein seine ausstrahlende Kraft bewahrt.

Angesichts der nicht mehr übersehbaren Zahl von Publikationen der letzten Jahre zum Thema der Meditation wird eine gestraffte und kritische Darstellung hier angeführt, die von UDO REITER mit Beteiligung mehrerer Fachwissenschaftler verfaßt wurde: «Meditation – Wege zum Selbst» (1976). In ihr hat auch D. LANGEN einen wichtigen Beitrag: «Meditation als Psychotherapie», geleistet. Nur die Meditation in der Psychotherapie steht im folgenden zur Debatte, so daß wohl eine Abgrenzung, nicht aber eine Auseinandersetzung mit traditionellen religiösen Meditationsformen angezeigt ist. LANGEN hat darauf verwiesen, daß manche religiösen Meditationserfahrungen auch für die medizinische Meditation von Bedeutung sind.

Im Zeitraum von reichlich einem Jahrzehnt ist nun ein Novum zutage getreten: Der Import von Meditationstheorien und -praktiken aus dem Fernen Osten hat in einem solchen Ausmaß eingesetzt, daß von einem «Meditationsboom» gesprochen wird, «dessen Ende auch heute noch nicht in Sicht ist» (REITER). Was in Jahrhunderten mit entsagungsvollem, ja mit heiligem Ernst entwickelt wurde, bedarf hier nicht der kritischen Beleuchtung, hingegen muß all das, was marktgerecht zurechtgeschneidert wurde, verbunden mit dem Schein, als würden alte Traditionen asiatischer Kulturen fortgesetzt, mit skeptischer Zurückhaltung betrachtet werden. Dies gilt auch für manche Bestrebungen, aus dem Yoga eine Art von «Breitensport» (REITER) zu machen. J. WUNDERLI hat in dem Sammelband von REITER kritisch zum Thema «Yoga und Meditation» Stellung genommen. Propagandisten des Yoga hätten dem Europäer mit Erfolg einzureden versucht, «jedermann könne mitmachen». Dazu schreibt WUNDERLI: «Gerade dies ist, wenigstens dann, wenn man von wirklichem Yoga spricht, völlig unmöglich.» Gewiß gebe es seriöse Leiter von Yoga-Schulen, die sich ihrer Grenzen bewußt seien. Leider seien «oft handfeste finanzielle Interessen, gegenseitiger Neid oder dogmatischer Eifer, gepaart mit einer überheblichen Ahnungslosigkeit in psychologischer Erkenntnis», bei Yoga-Lehrern vorhanden.

Von allen modischen Meditationsrichtungen bietet die «Transzendentale Meditation» des MAHARISHI MAHESH YOGI – übrigens aus eigener Erfahrung als Visiting Professor 1971/72 in Philadelphia zur Genüge bekannt – das unerfreulichste Bild. REIMAR LENZ hat sich dazu in dem Beitrag «Meditation in der religiösen Subkultur» des genannten Sammelbands geäußert. Der MAHARISHI entfernte aus dem Läuterungssystem des indischen Yoga alle asketischen Elemente und alle ethischen Implikationen, er reduzierte das methodische Vorgehen auf eine einzige Entspannungsübung, die zweimal täglich etwa 20 Minuten lang mit Hilfe eines Mantra, einer sinnlosen Lautkombination, durchzuführen ist. Es gelang ihm, mit zugkräftigen Werbesprüchen – z. B. «TM bietet 200% Leben: 100% äußeres, materielles und 100% inneres, geistiges Leben» – und mit einer großangelegten Organisation alle Meditationskonkurrenten zu überrunden. Lenz schreibt: «Maharishi macht die Meditation inmitten der Leistungsgesellschaft zum Erfolg, und zwar mit deren Mitteln! Der allgemeinen Teuerung entsprechend werden erhebliche Gebühren erhoben ... TM mit all ihren Körperschaften und Weltplanzentren expandiert, wie nur ein Konzern expandieren kann.»

D. Langen, der sich über lange Jahre mit Meditationserfahrungen befaßt hatte, berichtete vor kurzem über sehr ernste Erscheinungen bei Jugendlichen (‹medizin heute›, 1980). Es gebe Anlaß, von «destruktiven Jugendgruppen» auch bei der TM zu sprechen. Das Vorhandensein eines «heiligen Meisters» mit unantastbarer Autorität, der ein «rettendes Rezept» gegen den Untergang der Welt biete, sei ein Charakteristikum solcher Gruppen. Jugendliche mit häufig idealistischer Einstellung und sozialem Engagement seien schutzlos dem prägenden Einfluß solcher Gruppen ausgeliefert und bemerken nicht, wie ihr früher vorhandener Realitätsbezug langsam abgebaut wurde. Er habe in letzter Zeit Komplikationen in manchmal erschreckendem Maße beobachtet, die letztlich der fehlenden Vor-Auswahl und der unsachgemäßen Durchführung des Verfahrens anzulasten seien. Er habe immer wieder hören müssen, daß den Übenden völlig sachunkundig geraten wurde: «Sie müssen noch intensiver, länger und tiefer meditieren.» In den letzten Jahren seien ihm zunehmend Beispiele bekannt geworden, daß entsprechend labile Menschen in eine dann nicht mehr kompensierbare Wahnentwicklung geraten seien.

Der Sammelband von Reiter wird mit einem Bericht über ein Gespräch abgeschlossen, das er mit C. F. von Weizsäcker geführt hatte. Der letztere teilte mit, er habe sich nach Begegnungen mit der Evangelischen Michaels-Bruderschaft «dann angewöhnt, jeden Morgen einfach eine Zeitlang Stille walten zu lassen, still zu sein, dabei kam dann sehr viel – hat sich sehr viel gemeldet ...». Später habe er von indischen Meditationslehrern erfahren, was er da tue, sei schon Meditation. An anderer Stelle findet sich die Aussage von Weizsäckers: «Also es ist nicht eine Flucht in die eigene Innerlichkeit, sondern es ist ein Sichstellen gegenüber denjenigen inneren Hemmnissen, die einen hindern, sich seinen Mitmenschen und der Wirklichkeit zuzuwenden.»

Die Meditationen beim AT haben einen völlig anderen Charakter als die religiösen Meditationen. Eindeutig führt der Weg des klassischen Yoga über die Leere des Bewußtseins zur Erfahrung des Göttlichen. Ob es um die Erleuchtung als ein zentrales Erlebnis bei den Zen-Meditationen oder um das Hinfinden zum «göttlichen Urgrund» bei Augustinus geht, das Gemeinsame bleibt die religiöse Motivation, daher unvergleichbar mit den Bestrebungen im Rahmen des AT. Die letzteren sind aus umfangreichen Erfahrungen mit der Hypnose erwachsen. Jahrzehntelang konnten immer wieder die gleichen Feststellungen getroffen werden: daß in vertiefter Hypnose das Bewußtsein auf die Beeinflussungen des Suggestors eingeengt wird, daß auf diese Weise Ruhe und Entspannungen erreicht werden und posthypnotische Aufträge gelingen, die oft von erheblichem therapeutischen Nutzen sind. Ähnlich können beim AT Bewußtseinsänderungen eintreten bis zu einem Versenkungszustand, der erlaubt, sich Innenerlebnissen zuzuwenden, um daraus neue Kräfte für die Bewältigung des Lebens zu schöpfen. Es handelt sich um zeitlich begrenzte Meditationen, die den Bezug zur Außenwelt stets bewahren. Insofern sind Ähnlichkeiten mit Meditationen im Sinne von Weizsäckers deutlich vorhanden. Bei alledem können die Meditationen beim AT ihre Diesseitigkeit nicht verleugnen.

Eine wichtige Mitteilung von Schultz vermag noch zur Klärung beizutragen. Er schrieb (S. 359 seines Standardwerks): «Wichtig für unsere Bestrebungen ist nicht ein irgendwelches Fühlungnehmen mit modischen pseudoostischen Allüren ... So dürfen wir hoffen, den Realbestand der Yogatradition ebenso zu erobern, wie frühere Forschung aus dem mystischen Magnetismus die rationale Hypnotherapie entstehen ließ.»

9. Die Kombinierbarkeit des Autogenen Trainings mit anderen Methoden

Kombinationen des AT mit anderen Therapie-Methoden sind in einem weiten Spielraum möglich. Zuerst sei die Kombination mit der Gymnastik oder ähnlichen muskulären Aktivitäten genannt. Genaugenommen ist ein individuell abgestimmtes muskuläres Trainingsprogramm notwendiger Bestandteil des AT. Das Entspannungstraining vermag in dem Maße als Regulativ zu wirken, als vor allem Herz- und Atemübungen dazu genutzt werden, Hinweise auf eine genügende Auslastung oder auf eine Überlastung des Organismus zu finden. Wer den Herzschlag beim AT nicht wahrnehmen kann, ist genötigt, die rechte Hand bequem so zu lagern, daß ein Finger den Herzspitzenstoß tasten kann. Mit zunehmender Trainingserfahrung wird deutlich, wann Herzschlag und Atmung in aller Ruhe oder aber beschleunigt und unruhig funktionieren. Zusätzlich ist von Bedeutung, ob im Anschluß an muskuläre Aktivitäten allgemein eine wohltuende Entspannung beim AT erfolgt und auch außerhalb desselben ein Wohlbefinden anhält oder ausbleibt. Von solchen Erfahrungen kann abgeleitet werden, ob muskuläre Leistungen noch dosiert vermehrt werden können oder aber zu vermindern sind.

Das autogene Prinzip bei der muskulären Anspannung erschöpft sich indessen nicht mit einer quantitativen Festlegung, darüber hinaus ist die qualitative Ausgestaltung und die Rückwirkung auf das sonstige AT wesentlich. Immer wieder können neue Formen muskulärer Aktivitäten gefunden werden, vor allem in der zweiten Lebenshälfte, wenn sich bestimmte Grenzen für die Leistungsfähigkeit abzeichnen. Die Grenzen sind vor allem bei Schnelleistungen wie beim Sprinten eng gezogen, nicht bei Dauerleistungen wie beim Wandern oder längerem Radfahren oder beim dosierten Trimmtrab.

Echte Kombinationen des muskulären Trainings mit dem AT ergeben sich bei einzelnen Krankheitsformen, wenn etwa die häufigen Wirbelsäulen-Schädigungen, die mannigfaltigen Haltungsschwächen und andere orthopädische Leiden mit einer Spezialgymnastik zu behandeln sind. Je konsequenter eine solche Kombinationstherapie fortgesetzt wird, um so erfolgreicher wird der therapeutische Gesamtprozeß sein.

Die Kombination des AT mit der medikamentösen Therapie und der Hypnose-Therapie bietet ein anderes Bild. Bei der medikamentösen Therapie ist eine Unterteilung in eine organbezogene und in eine Psychopharmakotherapie angezeigt. Die erstere ist gleichsam in einer neutralen Position. Wenn nebenher ein Organleiden wie eine Bronchial-Erkrankung, eine Magen-Darm-Erkrankung oder ein Diabetes vorliegt, so entscheidet über die notwendigen therapeutischen Maßnahmen der zuständige Internist oder sonstige Facharzt. Vom AT kann erwartet werden, daß ein günstiger Einfluß insoweit erfolgt, als eine «Funktionelle Pathologie» gemäß G. von Bergmann dabei eine Rolle spielt.

Die Psychopharmakotherapie ist nur begrenzt für eine Kombination geeignet. Zu Beginn der Therapie kann sie in hohem Maße unterstützend wirken, sie kann sogar die Autogene Psychotherapie in der Vorbereitungsphase anbahnen. Dies gilt für die Tranquilizer bei den verschiedensten Erregungszuständen wie für die Antidepressiva bei schweren depressiven Veränderungen. Sobald dann die Autogene Psychotherapie effektiv zu werden beginnt, ist eine Art von Konkurrenz-Situation gegeben. Die Verabreichung von Psychopharmaka in größerer Dosierung erschwert autogene Leistungen; je schneller man die Dosierung bis auf Null reduzieren kann, um so geringer wird die Gefahr der Abhängigkeit und um so gründlicher können neurotische und sonstige neurofunktionelle Störungen mit autogenen Mitteln behoben werden. Die Weiterführung der Psychopharmakotherapie bei den genannten Störungen würde gleichsam nur die Fassade des Organismus ändern, von einer gründlichen Verarbeitung dieser Störungen bis zu ihrer Behebung kann nicht die Rede sein.

Die Hypnose-Therapie bietet eine Ähnlichkeit mit der Psychopharmakotherapie. Sie ist in hohem Maße wertvoll, wenn der Patient infolge akuter Erscheinungen noch nicht fähig zu autogenen Leistungen ist, wenn er dringend der Ruhigstellung und Abschaltung von schwerwiegenden Erlebnissen durch einen Therapeuten bedarf. Einer Fortsetzung der Hypnose-Therapie über eine Reihe von Tagen, allenfalls von wenigen Wochen hinweg, wird jedoch entschieden widerraten. Die Gefahr einer Abhängigkeit besteht auch hier, sie muß in Kauf genommen werden, wenn die diagnostischen Erhebungen zu dem Schluß geführt haben, daß eine so weitgehende Unselbständigkeit, infantile Fixierung oder geistige Behinderung vorliegt, daß die Therapie ganz auf das Gebiet der fremdsuggestiven und der Psychopharmakotherapie verlagert werden muß. Beide Formen können übrigens ohne Schwierigkeiten kombiniert werden. Hat sich eine Fähigkeit zu autogenen Leistungen herausgestellt und ist die Therapie in dieser Weise in Gang gekommen, wäre es falsch, einen Rückzug zur fremdsuggestiven und Psychopharmakotherapie zuzulassen, abgesehen von kleinen Hilfsmitteln bei Examens- oder ähnlichen Situationen. Eher muß eine Krisensituation in Kauf genommen werden, wie sie in der Psychotherapie immer einmal vorkommen kann. Dann erfährt der Patient, daß eine Entscheidungsphase heranreift, bei der es auf sein volles Engagement ankommt, um die Krise zu überwinden.

Kombinationen von AT mit verhaltenstherapeutischen Maßnahmen sind zwanglos möglich, da der Übungsfaktor bei beiden Arbeitsrichtungen eine wesentliche Rolle spielt. SCHULTZ schrieb in seinem Standardwerk (S. 321): «Nahe und wesentlich sind die Beziehungen unseres Verfahrens zur Verhaltenstherapie.» Es bedarf keiner Anhängerschaft an eine umschriebene Theorie des Behaviorismus, um besonders bei Phobien verhaltenstherapeutisch mit Hilfe einer Angsthierarchie vorzugehen. Bekanntlich wird generell in der Verhaltenstherapie eine Entspannungsphase eingeschaltet, die mit JACOBSONS progressiver Relaxation, mit Hypnose oder auch mit AT erzielt werden kann, worauf SCHULTZ in seinem Standardwerk (S. 371) verwiesen hatte. Die auf diese Weise erreichten positiven Verhaltensmodifikationen können durch das AT über lange Zeit stabilisiert werden.

Gegen bestimmte verhaltenstherapeutische Theorien ist jedoch große Skepsis angebracht, soweit z. B. mit ihnen nur eine Symptombeseitigung als therapeutisches Ziel vertreten wird. Wer nur darin sein therapeutisches Ziel sieht, sollte auf den Anspruch verzichten, Psychotherapeut zu sein. Wenn bei B. F. SKINNER zu lesen ist: «Der sogenannte ‹methodologische Behaviorismus› beschränkt sich selbst auf das, was offen einsehbar ist, geistige Prozesse mag es geben, aber aufgrund ihrer Natur scheiden sie aus der wissenschaftlichen Untersuchung aus», so ist dieser Standpunkt mit Psychotherapie unvereinbar.

Resümierend sei gesagt, daß verhaltenstherapeutische Einzelerfahrungen für den Einbau in eine Autogene Pschotherapie sehr geeignet sind, daß aber das zugehörige theoretische Konzept wie oben angegeben nicht haltbar ist. Der beseelte Organismus Mensch verfügt über Reflexabläufe in sehr großer Zahl, die nicht selten lebenserhaltend sind wie eine schnelle Ausweich- und Schutzreaktion bei einer schweren Explosion in der Nähe, sie sind ebenso wie höhere bedingte Reflexe therapeutisch von noch nicht absehbarem Nutzen, aber die Funktionen des Organismus können nicht auf Reflexabläufe reduziert angesehen werden.

Kombinationen des AT mit anderen psychotherapeutischen Methoden bieten sich vielseitig an. Sie werden bereits häufig praktiziert wie mit einer nichtorthodoxen Psychoanalyse oder einer individualpsychologischen Psychotherapie. In all diesen Fällen kann das AT die Verselbständigung des Patienten fördern und damit auch den therapeutischen Prozeß. Soweit die Verselbständigung des Patienten im Verlauf der Therapie aber behindert und eine Abhängigkeit an den Therapeuten angebahnt wird, sind diese Kombinationen nicht weiter vertretbar.

Schließlich muß bemerkt werden, daß das AT nicht vereinbar ist mit sonstigen Meditationspraktiken, gleich, ob aus alter Kulturtradition erwachsen oder im Sinne modischer Strömungen entwickelt, wie die «Transzendentale Meditation» oder die «Divine Light Mission». Da dem AT selbst ein Meditationscharakter zukommt, jedoch mit stetem Realitätsbezug und zeitlicher Begrenzung, wird auch im günstigsten Falle eine Verunsicherung des Trainingsteilnehmers eintreten. Jedem kritisch denkenden Menschen kann die Entscheidung überlassen werden, ob er den Weg des AT oder den einer anderen Meditationsrichtung gehen möchte. Diese Ausschließung gilt nicht für das Gebet. Wie zahlreiche Patienten mitgeteilt haben, gab es für sie keine Schwierigkeiten, das AT mit ihm zu verbinden, am besten abends vor dem Schlaf das AT im Anschluß an das Gebet durchzuführen.

III. Teil:

Methodische Neubearbeitung des Autogenen Trainings

1. Die Grundstufe in neuen Umrissen

a) Die autogenen Entspannungsübungen

Die Grundstufe des AT ist ein offenes System, d. h. offen für Weiterentwicklungen gemäß dem jeweiligen methodischen Erfahrungsstand, offen auch für den Trainierenden, der nach voller Beherrschung der Grundstufe auch zu verkürzten Formulierungen und zu Erweiterungen, hauptsächlich zu individuell gehaltenen formelhaften Vorsatzbildungen übergehen kann. Das Fundament ist mit den Empfehlungen für die Grundübungen von SCHULTZ gegeben worden, die nie dogmatisch verstanden werden sollten.

Über zehn Jahre lang wurde im eigenen Erfahrungsbereich folgendes Programm für die Grundübungen angewandt, das jeder Trainierende als gedruckten Übungsbogen zu Beginn des Trainings überreicht bekam.

Ich bin ganz ruhig

1. Mein rechter (linker) Arm ist ganz schwer!
2. Beide Arme sind ganz schwer!
3. Arme und Beine sind ganz schwer!
4. Der ganze Körper ist schwer!
5. Beide Arme sind ganz warm!
6. Arme und Beine sind ganz warm!
7. Sonnengeflecht ist strömend warm!
8. Herz schlägt ruhig und gleichmäßig!
9. Es atmet mich!

10. Gesichtsmuskeln sind völlig erschlafft!
11. Stirn ist etwas kühl!

Die Gesichtsmuskel-Entspannung wurde bereits im Jahre 1954 in das Programm aufgenommen, nachdem bei dem großen Patientenkreis der Universitäts-Nervenklinik Leipzig eine ganze Reihe von Modifikationen der Trainingsformulierungen erprobt worden war. Das wichtigste Ergebnis dieser Versuche war die Erweiterung des Programms durch die Gesichtsmuskel-Übung, die keineswegs immer «von selbst» im Sinne einer Generalisierung gelang, sondern durch direktes Ansprechen der betroffenen Muskelpartien. Schultz hat die Formulierung «Gesicht hängt angenehm schwer» empfohlen (S. 92 seines Standardwerkes), sie jedoch nicht zu den Grundübungen hinzugenommen. Dies ist bedauerlich, da der Gesichtsmuskulatur eine zentrale Rolle bei den muskulären Abläufen einschließlich der Ausdrucksbewegungen zukommt. Zu denken ist an die Worte von Buytendijk: «Die Bewegung des Antlitzes führt zu einem Endzustand, dem eigentlichen Träger der voll entwickelten Expression.»

B. Hoffmann hat der Entspannung des Gesichts einen eigenen Abschnitt gewidmet und folgendes ausgeführt: «Die besondere Wichtigkeit und Wirksamkeit der Gesichtsübung beruht auf der hohen kortikalen Repräsentation der Lippen, der Zunge und des Gesichts.» Als beste ihm bekannte Formel teilte er mit: «Gesichtszüge ganz glatt und gelöst.» K. Thomas hatte ebenfalls eine Übung mit der Gesichtsmuskel-Entspannung in sein Programm aufgenommen.

Die Gesichtsmuskel-Entspannung hat sich in über 25 Jahren als unentbehrliche Hilfe für weiterführende Entspannungen erwiesen. In vielen Fällen resultierten eine deutlichere Schwere und Wärme in den Gliedern und eine eindeutig passive Atmung erst nach der Gesichtsmuskel-Entspannung. In diesen Fällen wurde den Trainierenden empfohlen, alle Formulierungen sich nochmals nacheinander vorzustellen und dann mit der Stirnkühle abzuschließen.

W. Luthe schlug die Formulierung: «Mein Unterkiefer ist schwer» vor, als Anwendung bei «extremer Anspannung des Gesichts» (aus dem Englischen übersetzt). Die Frage liegt nahe, warum Patienten mit nicht gerade extremer Anspannung des Gesichts diese Entspannungsübung vorenthalten werden sollte. LUTHE gibt an anderer Stelle folgende Antwort: Die Übung mit der Gesichtsmuskel-Entspannung sei «nicht notwendig in der Praxis. Während des regulären Trainings mit den Standardübungen wurde beobachtet, daß der Prozeß der Generalisierung früher oder später die Kopfregion einschließt ...» (übersetzt aus dem Englischen). Die Generalisierungseffekte sind wohlbekannt auch auf Grund physiologischer Untersuchungen der PAWLOWschen Schule. Sie sind eine wirksame Hilfe des AT, aber kein umfassendes Prinzip. Dies wird aus folgendem Beispiel ersichtlich: Bei den anfänglichen Schwere-Übungen geben Trainierende bereits zu rund 30 Prozent erste Wärme-Phänomene (einschließlich eines «Kribbelns» mit Wärmetendenz) an. Niemand käme jedoch auf den Gedanken, deswegen auf die anschließenden Wärme-Übungen zu verzichten, weil die Generalisierung manchmal früher, manchmal später und manchmal gar nicht in Erscheinung tritt. Sie ist eine häufig wertvolle Hilfe, mehr nicht, jedenfalls kein Prinzip, auf das man sich verlassen kann.

Das angegebene Trainingsprogramm ist im Verlaufe der folgenden Jahre weiter ausgebaut worden. Dabei spielte die Mitarbeit der Patienten oder sonstigen Trainierenden eine große Rolle. Generell wurden sie aufgefordert, das vorgelegte Programm nicht als definitiv zu verstehen, sondern sich selbständig Gedanken über verbesserte, d. h. individuell angepaßtere Formulierungen zu machen. Folgendes wichtiges Beispiel kann genannt werden: Vor fünf Jahren kam ein Patient zu der Einsicht, daß das Weglassen des Verbs zu einer größeren Eindringlichkeit der betreffenden Vorstellungen führe. Da er einer therapeutischen Gruppe angehörte, wurde sein Vorschlag in diesem Kreis diskutiert und allgemein gutgeheißen. Die Formulierungen lauteten daraufhin: «Mein rechter (linker) Arm ganz schwer ... Beide Arme ganz schwer» usw. Bei Vergleichen mit dem Training nach dem alten Programm stellte sich eine etwas verbesserte Effektivität heraus. Schrittweise konnten in der Folgezeit weitere Verbesserungen gefunden werden. In einer anderen Gruppe war die Effektivität der Schwere-Übungen zunächst nicht befriedigend. Gemeinsam wurde überlegt, welche anderen Formulierungen besser wirken könnten. Ein Gruppenmitglied schlug vor: «Schwer wie ein Sandsack», ein anderes: «Schwer wie Blei», ein drittes: «bleischwer». Dieser letzte Vorschlag fand dann allgemeine Billigung. Erst wenn eine Modifikation von mehreren Gruppen und insgesamt rund hundert Patienten als wirksamer akzeptiert wurde, kam sie für eine Neubearbeitung des Programms in Betracht.

Ein anderer Weg zu empirisch begründeten Modifikationen der Trainingsformulierungen bot sich mit der Berücksichtigung der kortikalen Repräsentationsfelder an. Es ist wohlbekannt, daß für das Gesicht und auch die Zunge eine umfangreiche kortikale Repräsentation besteht, und das gleiche gilt für die Hände und im besonderen für die Finger. Auf der Grundlage der genannten Erfahrungen wurde das Trainingsprogramm überarbeitet. Es liegt demzufolge ein neuer Übungsbogen vor, der in gedruckter Form dem Patienten mit der Einführung in das AT übergeben wird. Dieses Programm hat folgenden Wortlaut:

Übungsbogen für Autogenes Training (AT)
(bitte vor jeder Übung benutzen und zu jeder Behandlung mitbringen)

Ich bin ganz ruhig!

1. Beide Arme, alle Finger bleischwer!
2. Arme und Beine bleischwer!
3. Nacken und ganzer Körper bleischwer!
4. Beide Arme strömend warm, bis in die Finger hinein!
5. Arme und Beine strömend warm!
6. Sonnengeflecht strömend warm!
7. Herz strömend warm!
8. Herzschlag ruhig und gleichmäßig!
9. (Mich) Atmen lassen!
10. Gesichtsmuskeln erschlafft, Unterkiefer locker!
11. Zunge schwer, Augen nach oben!
12. Stirn etwas kühl!

Übung wird beendet mit Ballen der Fäuste, kräftigem Anziehen der Unterarme, Durchatmen und Öffnen der Augen.

Zu dem umgestalteten Programm für die Grundstufe sind Erläuterungen angebracht: Man kann von einer Erweiterung und Modifikation des von SCHULTZ mitgeteilten Trainingsprogramms, nicht von einer völligen Umänderung sprechen, denn die Grundzüge im Sinne von SCHULTZ bleiben erhalten.

Um die Effektivität der beiden Programme zu vergleichen, wurden sie im Ablauf des letzten Jahres bei einem unausgelesenen Kreis von 100 Patienten (d. h. 50:50) angewandt. Nach Abschluß der Grundstufe, d. h. nach etwa 12 bis 20 Wochen, lagen positive Ergebnisse vor, die meist im Rahmen der Zufallsgrenze schwankten. Zum Beispiel war eindeutige Schwere in den Armen mit dem alten Programm zu 94 Prozent, mit dem neuen zu 96 Prozent erreicht worden, zusätzlich Schwere in den Beinen zu 82 Prozent und zu 80 Prozent. Herausfallend waren aber die Zahlen für die Wärmeübung in bezug auf die Arme, denn mit dem alten Programm hatten Patienten zu 82 Prozent, mit dem neuen zu 94 Prozent Wärme oder «Prickeln wie Wärme» erreicht. Den Patienten war zuvor erläutert worden, daß die Finger über eine besonders gute Nervenversorgung verfügen, denn nur auf diese Weise ist das «Fingerspitzengefühl» möglich. Die Einbeziehung des Worts «Finger» in die Übungsformulierungen erscheint damit ausreichend begründet.

Bevor auf die einzelnen Übungen eingegangen wird, muß noch zur Einführung der Patienten in das Training einiges mehr gesagt werden.

In jedem Falle ist es notwendig, belangreiche psycho-physiologische Zusammenhänge zu erörtern. Aus dem Alltagsleben läßt sich ableiten, daß heftige Affekte wie Ärger, Wut, Angst oder Scham mit mannigfaltigen körperlich sichtbaren Veränderungen einhergehen. Die stark erhöhten Muskelspannungen, zum Teil mit Zittern der Hände, besonders deutlich an der Gesichtsmimik, gehören hierher wie die vermehrte und unruhige Schlagfolge des Herzens, in sehr akuten Situationen mit der Vorstellung verbunden: «Mir bleibt das Herz stehen.» Erwähnenswert sind Durchblutungsveränderungen mit Rötung oder Blässe im Gesichtsbereich. Auch die Schweißabsonderung spielt eine große Rolle, gedacht sei an den Ausdruck: «Ihm trat der Angstschweiß auf die Stirn.» Die Magen-Darm-Erscheinungen sind zwar weniger sichtbar, aber oft sehr eindrucksvoll, z. B. mit der Vorstellung verbunden: «Der liegt mir im Magen ... das hat mir den Appetit verschlagen.» Diese Beispiele mögen genügen, da die Patienten meist selber instruktive Eigenerfahrungen beizusteuern vermögen und weil jederzeit auf eine umfangreiche Literatur zurückgegriffen werden kann. Andererseits weiß jeder, daß sich Freude günstig auf den körperlichen Zustand auswirkt.

Was den meisten Patienten unbekannt ist, muß verständlich gemacht werden: Daß der ganze Organismus vom Nervensystem durchzogen ist und daß bestimmte Teile eine bevorzugt starke Nervenversorgung aufweisen wie das Gesicht, besonders die Lippen und außerdem die Zunge, ferner die Hände und besonders die Finger, von inneren Organen vor allem das Herz-Kreislauf-System, der Magen und der Darmtrakt. Es gilt, bei den Patienten das Verständnis dafür zu wecken, daß vom Nervensystem generell regulierende, dabei ebenso förderliche und heilsame wie ungünstige Wirkungen ausgehen können.

Die Patienten werden gefragt, ob sie sich urlaubsmäßig oder sonst in günstiger Lebenssituation schon einmal ganz ruhig, ausgeglichen und in den körperlichen und seelischen Funktionen wohl gefühlt hätten. Da fast alle diese Frage bejahen können, ist der Hinweis angebracht, daß dies nicht allein am schönen Wetter und angenehmen Milieu gelegen habe, sondern immer auch am reibungslosen Funktionieren des Nervensystems, das in ähnlicher Weise mit Hilfe des AT erzielt werden kann – vorausgesetzt, daß das therapeutische Angebot akzeptiert und mit vollem Engagement konsequent das Training durchgeführt wird.

Zur Einführungsformulierung «Ich bin ganz ruhig» ist anzumerken, daß sie genaugenommen nicht zum Training gehört. Man kann Ruhe nicht auf Anhieb herbeitrainieren, dieser Versuch liefe auf einen simplen Coueismus hinaus. Es geht lediglich um die Einstellung auf das anschließende Training. Wer die Einführungsformulierung mehr als zwei-, dreimal wiederholt, verliert unnötig Zeit und Aufmerksamkeit beim Training. Es kann dazu geraten werden, sich dieselbe nur einmal vorzustellen.

Zu den Übungen 1 bis 3:
Zunächst ist es angebracht, das Schwereerlebnis zu verdeutlichen. Viele wissen von Schwere in den Beinen nach längerer Wanderung und von Bettschwere zu berichten. Daran kann die Erklärung angeschlossen werden, daß es sich im ersten Teil um eine Anspannungs- und im zweiten Teil um eine Entspannungsschwere handele, die beide vom Spannungszustand der Muskulatur abhängen. Wer nichts davon weiß, erhält den Rat, beide Arme zehn Minuten lang hochzurecken. Wem die Lust daran schon nach wenigen Minuten vergeht, so daß er die Arme sinken läßt, bedarf der freundlichen Aufklärung, daß es sich von Anfang an um ein ernstzunehmendes Training handele. Besser als lange Worterklärungen wirkt die Eigenerfahrung, wenn nach acht, neun oder zehn Minuten die Arme «bleischwer» nach unten ziehen und dann entspannt auf der Unterlage, d. h. meist auf den Oberschenkeln ruhen. Jetzt beginnt der Trainierende zu verstehen, daß es nicht nur um Einbildungen, sondern darüber hinaus um objektive Veränderungen im Körperhaushalt, hier der Muskelspannung geht. Von vornherein darf kein Zweifel darüber aufkommen, daß das AT volles Engagement erfordert, damit die Heilarbeit zu objektiven Veränderungen führt.

Die erste Übung wird mit beiden Armen ausgeführt, nachdem langjährige Vergleiche keinen Vorteil gezeigt hatten, mit dem sogenannten Gebrauchsarm zu beginnen. Wie in dem Standardwerk von SCHULTZ ausgeführt wurde, hatte VON SIEBENTHAL im Jahre 1952 auf die gleichen Erfahrungen hingewiesen. Die erste Übung ist wegweisend, daher wird die Formulierung ausnahmsweise fünfmal zugesprochen und dann Zeit gelassen, damit sie etwa vier- bis fünfmal in der Vorstellung wiederholt wird. Nach Beendigung des Trainings, wie sie im Übungsbogen vermerkt ist, wird die Frage gestellt, welche Eigenbeobachtungen vorliegen. Falls von Schwere oder anderen Veränderungen nichts berichtet wird, sollte dies als belanglos bezeichnet werden, mit dem Hinweis: «Das ist noch etwas neu für Sie. Alles hängt von Ihrem weiteren konsequenten Training ab!»

Grundsätzlich wird jede Formulierung interpretiert, z. B. die Einbeziehung der Hände und der Finger, weil sie nervlich besonders gut versorgt sind. Dem Trainierenden kann dabei verständlich werden, daß es auf jedes Wort beim AT ankommt und daß es gilt, mitzudenken, kritisch Fragen zu stellen und nichts ungeklärt zu übernehmen.

Nach Hinzunahme der zweiten Übung wird die erste Übung zeitlich etwas verkürzt. Das Prinzip der Verkürzung von Übungszeiten mit bereits eingeübten Formulierungen wird so genau befolgt und verständlich gemacht, daß das Gesamtprogramm nie mehr als vier, fünf Minuten an Zeit beansprucht. In Abständen von ein bis zwei Wochen wird jeweils eine Übung hinzugenommen und dem Patienten immer wieder vor Augen geführt, wie wichtig das regelmäßige Üben, möglichst zur gleichen Zeit und auf der gleichen Liegestätte ist. Bei anfangs ausbleibendem Erfolg ist es angebracht, den Patienten geduldig aufzuklären und zu ermutigen, etwa mit den Worten: «Wer langsam und zunächst mit Skepsis lernt, erreicht mit der Zeit mehr als der sich überschwenglich in neue Erlebnisse hineinsteigernde Trainingsteilnehmer.»

Die dritte Übung bedarf der Erläuterung, daß das Nacken- und Schulterfeld in seiner Bedeutung für die Aufrechterhaltung des Menschen herausragt. Hier am «oberen Kreuz» treffen sich die Verbindungen zwischen den Armen in der Horizontalen mit den Verbindungen zwischen Kopf und Rumpfstreckern in der Vertikalen. Kaum eine zweite Muskelpartie neigt so stark zu Verspannungen wie die Nackenmuskulatur. Es ist daher begründet, nicht nur diffus den ganzen Körper, sondern als Bezugspunkt den Nacken anzusprechen. Mit der Entspannung der Nackenmuskeln gelingt es meist, Kopf und Hals locker zu lassen, das Kinn bewegt sich dann geringgradig nach unten.

- Zu den Übungen 4 bis 6:

Nach etwa der vierten Übung sondert sich im allgemeinen «die Spreu vom Weizen». Die einen Patienten haben ihre anfänglichen Bedenken – wie sehr häufig bei naturwissenschaftlich-technisch versierten Personen – überwunden, auch zunächst bewußt gewordene Unruhe und Spannungszustände gemindert, sie arbeiten daraufhin mit wachsendem Interesse mit. Die anderen, generell eine Minderheit, haben nur unregelmäßig oder gelegentlich einmal trainiert. Angeblich hätten sie nicht genug Zeit gehabt oder seien durch irgendwelche anderen Ereignisse abgelenkt worden, sie wüßten auch nichts von detaillierten Trainingserfahrungen zu berichten. Dann ist es notwendig, eine gründliche Veränderung im Trainingsablauf herbeizuführen oder aber diese Therapie zu beenden. Der Therapeut nimmt für einige Wochen die Rolle eines Trainers ein und erklärt, daß die bisherige Mitarbeit nicht den Prinzipien eines mit vollem Engagement durchzuführenden Trainings entspreche. Folgende Hilfen für eine Umstellung werden dringend angeboten: 1. Eine genaue Protokollierung über jedes einzelne Training, so daß dreimal tägliche Ausführung gewährleistet ist. 2. Eine verlängerte optische Hilfe, bei der die Augen eine halbe bis eine Minute lang auf den mit Farbe angestrichenen Formulierungen ruhen, bevor das Training beginnt. 3. In jeder Woche eine ausgiebigere Anleitung an Hand der Protokoll-Aufzeichnungen. Zugleich wird versichert, daß nach solchen Umstellungen ein Training mit ausreichenden Erfolgen zu erwarten sei.

Nach klärenden Worten der genannten Art dämmert auch bei den wenig kooperativen Trainierenden die Einsicht, daß hier etwas anderes geboten wird als eine Fernsehreihe oder irgendeine Novität, die man nebenher «mitnehmen» kann. Sie finden in der Mehrzahl zu dem Maß an Engagement, das für ein erfolgreiches AT, d. h. auch für wichtige Lebensumstellungen unerläßlich ist. Die restlichen Patienten, darunter solche, die von Therapeut zu Therapeut wandern, bedürfen einer abschließenden Beratung, je nachdem, ob ein Leidenszustand sonstige therapeutische Maßnahmen indiziert sein läßt oder ob von weiteren therapeutischen Maßnahmen abgeraten wird. – Es darf nie übersehen werden, daß der Therapeut auf jeden Fall bald, d. h. nach wenigen Wochen, die Trainer-Rolle wieder aufgibt, um dem autogenen Prinzip dieser Therapie nicht im Wege zu stehen.

Nicht ganz selten ergeben sich fehlende Trainingserfolge aus Widerständen von seiten des Patienten. Sie können handfeste Gründe haben, wenn etwa sich herausstellt, daß ein Rentenkampf geführt wird, bei dem hartnäckig die bestehenden Beschwerden aufrechterhalten werden. Aber es gibt auch neurotische Widerstände, die nicht allein mit dem Training der Grundstufe behoben werden können.

Den Wärme-Übungen gehen ausführliche Erklärungen voran: Alle Blutgefäße enthalten in ihren Wandungen Ringmuskeln, die sich wie die Skelett-Muskulatur ebenfalls anspannen oder entspannen können, und zwar unter dem Einfluß des Nervensystems, so daß gezielte Vorstellungen wirksam werden. Auch wenn das Lumen der Gefäße durch Entspannungsübungen nur ganz minimal erweitert, die Menge des einströmenden Blutes nur ganz geringgradig vermehrt wird, so kann doch durch Hauttemperaturmessungen in der Peripherie eine Erwärmung objektiviert werden. Nach guter Beherrschung der Wärme-Übungen waren Temperaturerhöhungen von einem Grad am Handrücken die Regel, zum Teil lagen sie bei eineinviertel und eineinhalb Grad (eigene Untersuchungen an der Universitäts-Nervenklinik Leipzig). Daß objektiv faßbare Veränderungen im Körperhaushalt durch konsequentes AT auftreten, sollte so deutlich wie möglich dem Patienten erklärt werden, um der falschen Vorstellung vorzubeugen, daß dies alles nur psychische Veränderungen, nur «Einbildungen» seien.

Für die sechste Übung sind eingehende Erklärungen mit Hilfe einer anatomischen Abbildung vom vegetativen Nervensystem erforderlich. Man kann nicht verzichten, die drei Hauptteile des Nervensystems zu beschreiben, nämlich das zentrale, das periphere und das vegetative Nervensystem, und die Sonderstellung des letzteren mit einer weitgehenden Autonomie hervorzuheben. Dann wird das mächtigste Geflecht desselben, das hauptsächlich im Oberbauch liegt, vorstellbar: das Sonnengeflecht, auch Plexus solaris, neuerdings Plexus coeliacus genannt. Jeder vermag dann zu verstehen, wie vielseitig dieses Geflecht die Funktionen im gesamten Bauchraum reguliert, auch die zahllosen Blutgefäße im Gekröse, an dem der Dick- und der Dünndarm befestigt sind. Es muß verständlich werden, daß nur über dieses Adergeflecht die Nahrungsstoffe aus den ausgedehnten Darmpartien in den gesamten Organismus geführt werden und daß die Gesamtheit der Blutgefäße des Bauchraums zusammengenommen das größte Blutreservoir des Körpers darstellt. Jeder Trainierende kann nunmehr verstehen, daß die Wärme im Bereich des Sonnengeflechts durch auch nur sehr geringe Erweiterungen dieser Blutgefäße ihre naturwissenschaftliche Grundlage hat.

Zur Interpretation der sechsten Übung gehört noch die Mitteilung, daß das Sonnengeflecht sich über den Oberbauch und darüber hinaus ziemlich diffus bis zu den unteren Partien des Bauchraums erstreckt, das Auftreten von Wärme daher nicht so leicht gelingt wie etwa im Bereich der Arme. Niemand brauche daher enttäuscht zu sein, wenn dieses Wärmeerlebnis einige Wochen auf sich warten läßt. Es wird empfohlen, unverdrossen weiterzuüben, bis aus der Summierung vieler sehr kleiner Schritte ein merkbar großer Schritt wird. Wer genau beobachtet, merkt in der ersten Woche bei dieser Übung eher ein gelegentliches «Kullern» im Magen-Darm-Trakt, als Ausdruck dafür, daß erhöhte Spannungen gelöst werden konnten. So ist diese Übung wertvoll für den Fall, daß auch nur geringe Verkrampfungen im genannten Trakt auftreten.

Wer konsequent über Monate und Jahre weitertrainiert, seinen Organismus ohne Hypochondrie beobachtet, um noch gezielter Einfluß zu nehmen, gelangt zu der Erfahrung, daß vordem unwillkürlich ablaufende Funktionen in den Willensbereich einbezogen werden können, eine Erfahrung, die zunächst romantisch anmutet.

Zu den Übungen 7 und 8:
Die Herz-Übung erfordert mehr als andere Übungen eine vorhergehende ärztliche Durchuntersuchung. Wer auch nur geringe Störungen im Reizleitungssystem des Herzens aufweist, wer hier und da Extrasystolen aufweist und eine latente Herzangst damit verbindet (wie dies häufig der Fall ist), bedarf ärztlicher Kontrollen während des Trainings. Gelegentlich wird von Patienten darüber geklagt, daß mit der Herz-Übung einzelne oder wiederholte Extrasystolen auftraten, verbunden mit Angsterscheinungen. Es ist angebracht, die Patienten zu beruhigen, mit dem Hinweis, daß eine Umstellung der Herzfunktionen von einer (ergotropen) Leistungsphase zu einer (trophotropen) Ruhephase erfolgt, ähnlich wie beim Einschlafen.

Sobald die Beschwerden auf diese Weise nicht behoben werden konnten, wurde empfohlen, die Herz-Übung einfach wegzulassen, und die Erklärung gegeben, daß mit dem übrigen AT genügend therapeutische Wirkungen zu erzielen seien. In Zusammenarbeit mit Internisten konnte dann festgestellt werden, ob behandlungsbedürftige Herzkreislaufveränderungen vorlagen. Wurden sie verneint, so konnte die Herz-Übung mit beruhigenden Aussprachen nachgeholt werden, meistens mit Erfolg.

Die Herz-Übung bleibt problematisch, so daß ein «wildes» AT ohne ärztliche Überwachung abzulehnen ist und eine verbesserte Formulierung angezeigt erscheint. Nach vieljährigen Versuchen wurde schließlich eine zusätzliche Formulierung eingeführt, die eine verbesserte Durchblutung des Herzmuskels herbeiführen soll, wenn auch nur in ganz geringem Grade.

Eine Veränderung über das Nervensystem ist am ehesten möglich bei den Kranzgefäßen des Herzmuskels, die bei hektischen Erregungen zu Spasmen neigen, bis zu den sehr schwerwiegenden Folgen eines Herzinfarkts, und die bei Ruhe und allgemeiner Entspannung zu ausreichender Weitstellung gelangen. Wer «warmherzig», d. h. auch mit emotionaler Zuwendung zu seinen innerorganischen Abläufen Ruhe behält, hat mit den genannten Herzstörungen weit weniger zu rechnen. Nur so ist die Zwischenübung «Herz strömend warm» zu verstehen. Seitdem sie eingeführt wurde, brauchte die Herz-Übung nicht mehr weggelassen zu werden, abgesehen von organisch faßbaren ernsten Herzrhythmusstörungen.

Etwa die Hälfte der Trainierenden merkt in der Ruhe nicht, wie das Herz schlägt. Wer von ihnen erfolgreich weitertrainiert, macht zu einem großen Teil später doch die Erfahrung, daß der ruhige Herzschlag zu spüren ist. Als erfolgreich kann die Übung bereits gewertet werden, wenn in der Herzgegend ein ruhiges, entspanntes Gefühl und etwas Wärme auftreten. Wer voll durchtrainiert ist, spürt sein Herz mehr oder minder deutlich schlagen, freut sich, daß der Herzmuskel seine Arbeit macht, auch wenn es mal zu einer Extrasystole kommt, hat Vertrauen in seinen Organismus und in das AT und ist so in der Lage, nach irgendwelchen Erregungen das Herz wieder ruhig und gleichmäßig schlagen zu lassen.

Zu Übung 9:
Die Atem-Übung gehört zu den zentral wichtigen Teilen des AT. Der Mensch, der voll und ganz seine Atmung von selbst ablaufen läßt, mit festem Vertrauen zu seinem Organismus, findet wieder zu dessen naturhaften Urgründen. Ja, er kann sich zugleich als Teil der Natur verstehen. Dabei ist die Atem-Übung keine schwere Übung. Die meisten Trainierenden lernen schon nach den ersten Tagen, daß man sich diesem Atemgeschehen einfach überlassen kann. In der Literatur wird mehrfach erwähnt, daß der Trainierende dies wie ein «Zuschauer» erleben könne. Dies ist nicht ganz richtig, denn der Trainierende wird in den naturhaften Rhythmus einbezogen. Dieses «Geschehenlassen» kann dann im Laufe von Wochen und Monaten immer besser erlernt werden.

Die Formulierung: (Mich) «Atmen lassen» war vor mehreren Jahren eingeführt worden, weil sich einige Verbesserungen bei vergleichenden Versuchen zeigten, auch weil sich die Zwei-Wort-Formulierung besser mit dem Atemrhythmus verbinden läßt: Das erste Wort wird mit der Einatmung, das zweite mit der Ausatmung verbunden. Die frühere Formulierung «Es atmet mich» ist indessen nicht wertlos. Da immer noch aus Vergleichsgründen das alte Programm neben dem neuen Verwendung findet, kann gesagt werden, daß die alte Formulierung nur wenig schlechter abschneidet.

Zu Beginn ist es wichtig, allen Trainierenden zu erklären, daß der Mensch über ein Atemzentrum in der Verlängerung des Hirns verfügt, das wie ein höchst komplizierter Computer arbeitet, so daß von ihm die Atmung auf den Sauerstoffbedarf des Organismus abgestimmt wird. Es kann also keine Rede davon sein, daß die Atmung «gleichmäßig» sein sollte, wie dies in mehreren AT-Anleitungen steht. Wer zunächst sich der natürlichen Atmung überläßt, atmet meist ziemlich flach. Es kann dann das Bedürfnis auftreten, einmal tief durchzuatmen, wie das auch der Schläfer manchmal tut. Wer diesem Bedürfnis nicht folgt, beginnt gleich wieder mit Verspannungen, d. h., die Übung ist gefährdet. Viel besser ist es, sich hier der Zuverlässigkeit seines Atemzentrums zu überlassen und Vertrauen zu seinem Organismus und zum AT zu finden. Es ist kein Wunder, daß der Anfänger gerade bei der Einatmung, die sonst ja ein aktives Geschehen darstellt, etwas Mißtrauen hegt, ob dies wirklich ganz passiv gelingt. Durch ein konsequentes Training kann dieses Mißtrauen Schritt für Schritt überwunden werden.

Zu bemerken ist noch, daß durch eine gelungene Atem-Übung auch vorhergehende Übungen wie insbesondere die Herz-Übung verbessert werden. Herz-Kreislauf- und Atemfunktionen sind ja eng aufeinander abgestimmt.

Wer zu passiver Atem-Ruhigstellung gelangt ist, vermag die Worte von Laotse zu verstehen: «Die tiefe Ruhe ist Bewegung in sich selbst. Ihre Bewegung beruht in sich selbst.»

Zu den Übungen 10 bis 12:
Die Kopf-Übungen spielen ähnlich wie die Atem-Übung eine hervorragende Rolle beim AT. Die Trainierenden bedürfen der Aufklärung, daß die Kopfpartie unvergleichbar ist mit allen anderen Partien

des Körpers. So kann man allmählich alle anderen Organe des Körpers transplantieren und ersetzen, nur nicht das Gehirn. Auch Spannung und Entspannung, Erregung und Ruhe kommen am deutlichsten in der Gesichtsmimik und in der Sprache, d. h. auch in den Zungenbewegungen zum Ausdruck. Sie stehen sehr eng mit den Hirnfunktionen in Verbindung, wie dies aus der Größe der Hirnrinden-Repräsentationsfelder ersichtlich wird.

Bei der zehnten Übung wird die Erschlaffung der Gesichtsmuskeln mit der Lockerung des größten Kaumuskels (Musculus masseter) verbunden. Zur Erläuterung wird gesagt: «Lassen Sie einfach alles locker hängen, auch den Unterkiefer!» Wenn sich dabei die Gesichtszüge glätten und der Mund sich geringgradig öffnet, so bedarf es gar nicht der Bestätigung durch den Patienten, daß die Übung erfolgreich verläuft. Ein Teil von ihnen berichtet, daß im Sinne der Generalisierung eine Entspannung der Gesichtsmuskulatur schon im bisherigen AT aufgetreten sei und dann durch direktes Ansprechen übungsmäßig vermehrt würde. Der andere Teil erlebt überhaupt erst die Gesichtsmuskel-Entspannungen durch diese Übung, und nicht wenige machen die Erfahrung, daß erst durch diese Übung das Ausmaß der bisherigen Verspannungen deutlich geworden sei.

Die elfte Übung, die die Zunge und die Augen betrifft, kann ebenfalls als wichtig gelten, da diese Muskelpartien in höchst differenzierter Weise stark beansprucht werden. Der zwölften Übung (Stirnkühle) kommt dann eine weniger große Bedeutung zu. Gewiß ist zu beachten, daß die Stirn lediglich als «etwas kühl» eingestellt wird, so daß gar keine größeren Veränderungen angestrebt werden. Es fehlen hier die physiologischen Grundlagen, um bei dieser Übung mehr zu erwarten als die Verhinderung einer Überwärmung des Kopfes, wenn die Wärmeerscheinungen bei manchen Trainierenden in Extremitäten und Rumpf stark auftreten. Es wird nicht übersehen, daß die fehlerhafte Anwendung der letzten Übung, wenn nämlich übereifrige Trainierende sich wiederholt vorgestellt haben: «Stirn ist eiskalt», Komplikationen mit zum Teil heftigen Kopfschmerzen herbeigeführt hat. Eine solche Komplikation ist nur erklärbar, wenn die Zirkulationsverhältnisse im Kopfbereich vorher sehr labil waren, wie dies bei manchen Migräne-Patienten bekannt ist, bei denen schon ein kleiner Reiz zu Kopfschmerzen führen kann.

Es ist angebracht, das Auftreten einer geringen Stirnkühle in folgender Weise zu erklären: In jedem durchschnittlichen Raum finden Luftbewegungen statt, vermehrt freilich, wenn das Fenster geöffnet ist und die Differenzen zwischen Außen- und Innentemperaturen erheblich sind. Selbst bei geschlossenem Fenster werden minimale Luftbewegungen an den Mobile-Spielzeugen sichtbar, die von der Decke einzelner Räume herunterhängen. Diese Luftbewegungen sind an der Stirn als kühl registrierbar, sobald die Aufmerksamkeit voll diesem Vorgang zugewendet wird. Zur Erläuterung kann noch gesagt werden: «Es braucht kein frischer Wind zu sein, schon eine kleine Luftbewegung kann die Stirn spurweise kühl fächeln.»

b) Das muskuläre Training

Sobald die Patienten ein von gutem Engagement getragenes Verhältnis zum Trainingsprinzip gefunden haben – dies gelingt bei zunächst wenig kooperativen Personen erst nach gründlicher Umstellung in der Mitte des Grundstufen-Trainings –, rückt auch der Zeitpunkt heran, an dem sie mit dem muskulären Training in Details vertraut gemacht werden können.

Falls die Patienten noch kein sportliches oder sonstiges muskuläres Training betreiben und sie keine begründeten Vorschläge für die Aufnahme eines solchen Trainings machen können, wird ihnen ein schriftliches Programm ausgehändigt mit dem Rat, sich damit zu beschäftigen und es auch praktisch zu erproben. Es wird empfohlen, am besten morgens nach dem Aufstehen ganz geruhsam mit Streckübungen zu beginnen. Anfängliche Lockerungsübungen sollten mehr im Vordergrund stehen für den Fall, daß das Gymnastik-Programm erst im Laufe des Tages oder abends Anwendung findet, d. h. nachdem die Muskulatur bereits angestrengt war. Weiterhin wird geraten, Bewegungen mit allen wichtigen Gelenken anzuschließen, dann ein Laufen auf der Stelle auszuführen und dann dieses Anfangsprogramm mit ausgiebigen Lockerungen des Körpers abzuschließen. Ein solches Minimalprogramm beansprucht nicht mehr als drei bis vier Minuten Zeit, und das ist für den Anfänger gerade ausreichend, um ersten Kontakt mit diesen neuen Aufgaben zu finden. Diese Aufklärung ist immer wieder notwendig, um dem Anfänger die ungünstigen Folgen vor Augen zu führen für den Fall, daß er sich zuviel zutraut und danach heftige Herzreaktionen und andere Mißempfindungen verspürt.

Das Programm hat folgenden Wortlaut:

Gymnastik-Programm

nach den Prinzipien: Nichtstun erschlafft, Überanstrengung erschöpft, Übung kräftigt, nur tägliches Üben nützt. Zunächst festliegende Übungszeiten finden, möglichst früh nach dem Aufstehen, dann auf langsam steigende Leistungen achten. Grundsätzlich vor offenem Fenster oder im Freien üben.

1. Lockerungs- und Streckübungen
2. Bewegungen mit allen wichtigen Gelenken, insbesondere Arme nach hinten oben strecken, Rumpfbeugungen, dabei Arme zwischen die Beine strecken. Rumpfbewegungen mit gestreckten Armen nach links, nach rechts usw. Dann Arm über den Kopf, den anderen hinter den Rükken beugen, Arme in Schultergelenken kreisen, Oberschenkel zur Brust heranziehen, gestrecktes Bein so hoch als möglich im Hüftgelenk nach vorn, nach hinten und nach der Seite werfen. Rumpfkreisen. Wiederholt Arme mit Rumpfbeugung nach vorn bewegen, bis Fingerspitzen zum Boden gelangen (alle Bewegungen mehrfach mit zunehmender Intensität ausführen).
3. Kniebeugen (zunächst 10-, später 20-, 30-, 40mal)
4. Bodenübungen (auf Decke, besser auf Gymnastikmatte). Zunächst Arme auf den Boden stützen, mit beiden Beinen seitlich nach links, nach rechts usw. springen, mit beiden Beinen weit nach rückwärts und zwischen den Armen nach vorn springen. Vierfüßlergang (etwa 80 «Schritte»). In Rückenlage beide Beine im Kreis bewegen, dann weit nach links und rechts bis zum Boden bewegen, beide Beine über den Kopf heben, bis Fußspitzen Boden berühren,

möglichst 20mal. Dann Oberkörper nach vorn heben, bis Gesicht Kniepartien berührt, möglichst 40mal. Anschließend in Bauchlage auf Stuhl 10 bis 20mal kräftig Arme und Beine nach oben recken.

5. Schulter-Armstreckerübungen:
   Liegestütze, am besten Arme seitlich auf zwei Stühle stützen (zunächst 10-, später 20-, 30-, 40mal).
6. Armbeugerübungen mit leichten Hanteln oder Expandern
7. Lauf-Springübungen (zwei, später drei, vier, fünf Minuten).
   Laufen auf der Stelle, besser Laufen im Freien oder Seilspringen. Dabei auf Puls achten, Frequenz von 180 Schlägen minus Zahl der Lebensjahre nicht übersteigen.
8. Ausgiebige Lockerungen des Körpers, dabei abwechselnd auf beiden Beinen hüpfend.

Zwischendurch kleine Pausen einlegen, z. B. Rasieren oder Verrichtungen im Haushalt. Anschließend in Ruhe duschen oder waschen, um bis zum Frühstück erholt zu sein.

Es sei angemerkt, daß diese gymnastischen Übungen nicht verordnet, sondern angeboten werden. Das Angebot bedarf indessen der wiederholten Erneuerung, mit eindringlichen Appellen an die Vernunft des Patienten, den sinnvollen Ausgleich für die autogenen Entspannungen zu finden, zugleich der verbreiteten Bewegungsverarmung unserer Zeit entgegenzuwirken. Wenn der Patient das Gymnastik-Programm akzeptiert hat und die Übungen fortsetzt, ist es ähnlich notwendig wie bei dem autogenen Entspannungstraining, den Patienten recht genau zu beraten, damit er ganz allmählich ein autogenes, d. h. individuelles Anspannungstraining aufbaut. Das Ziel ist ein Ausdauer-Training von etwa 30 Minuten bei körperlich gesunden Personen. Dabei empfiehlt es sich, statt des Laufens auf der Stelle ganz allmählich mit zunehmender Leistungsfähigkeit Seilspringen oder Trimmtrab in das Training aufzunehmen.

Der Appell an die Vernunft kann durch überzeugende Literaturangaben verstärkt werden. Zu nennen ist das nach wie vor grundlegende Werk von H. KRAUS und W. RAAB «Krankheiten durch Bewegungsmangel», das im Jahr 1961 in den USA erschienen ist. Die beiden bekannten Autoren teilen in überzeugender Weise mit, daß der physiologische Trainingseinfluß auf Herz und Kreislauf die Zunahme degenerativer Herz- und Kreislauferkrankungen in den letzten Jahrzehnten aufhalten könne und daß auch eine kardiale Rehabilitation durch körperliche Betätigung große Aussichten auf Erfolg hat. Sie weisen auch auf die vielseitigen Möglichkeiten hin, mit einem systematischen muskulären Training auf die Übergewichtigkeit und auf andere ernstzunehmende körperliche Veränderungen Einfluß zu nehmen.

In den letzten Jahren sind zahlreiche Veröffentlichungen in der Fachpresse erschienen, die die Mitteilungen von Kraus und Raab bestätigen. Erwähnt sei die Veröffentlichung von Jürgen Palm «Der sanfte Weg zur Fitness» (‹Deutsches Ärzteblatt›, 75, 2915 [1978]). Palm erwähnt das grundlegende Werk von Kraus und Raab, deren Begriff der hypokinetischen Erkrankungen immer mehr in die ärztliche Fachliteratur vorgedrungen sei. Der führende Internist Schettler, Heidelberg, habe die Untersuchungen über Fettstoffwechsel und Koronarkrankheiten in dem Satz zusammengefaßt: «Sport und körperliches Training haben eine große Bedeutung in der Prävention der Arteriosklerose mit ihren Folgekrankheiten, insbesondere der koronaren Herzkrankheit.» Er erwähnt Untersuchungen von Roth, von Lopez, von Keul, Mitshel, Shorland und Strauzenberg. Bemerkenswert ist die Angabe von Palm, daß aus den 17 internationalen Untersuchungen, die Kraus und Raab im Jahre 1961 auswerten konnten, inzwischen Hunderte geworden seien. Um nur zwei Untersuchungen aus einer großen Zahl anderer hier hervorzuheben: Morris beobachtete, daß Herzinfarkt bei Omnibuschauffeuren Londons im Alter zwischen 35 und 64 Jahren achtmal so häufig auftrat als bei gleichaltrigen Schaffnern, die treppauf, treppab in Doppeldeckerbussen arbeiteten. Ähnlich überzeugend sind die Untersuchungen von Kavanagh in Toronto, der an 700 sporttreibenden Nach-Infarkt-Patienten eine Sterblichkeitsrate von 1,2 Prozent jährlich gegenüber einer von 6 bis 12 Prozent bei den Nichtsportlern herausgefunden hat. Bei intensiv unter ärztlicher Aufsicht trainierenden Patienten konnte er einen um 80 Prozent geringeren Befund der arteriosklerotischen Ablagerungen feststellen.

Bei allen Aufklärungen kommt es schließlich besonders darauf an, die noch vergrößerten Möglichkeiten einer systematischen Bewegungstherapie hervorzuheben, sobald sie gemäß dem autogenen Prinzip durchgeführt wird und konsequent mit einer autogenen Entspannungstherapie verbunden wird.

c) Elementare Vorsatzbildungen

Manche Formulierungen der Grundstufe lassen sich zwanglos in den Alltag übernehmen, um bestimmte Störungen gezielt zu beeinflussen. Ein instruktives Beispiel bietet sich bei den verbreiteten Magen- und Zwölffingerdarm-Erkrankungen (Entzündungen und Geschwürsbildungen) an, die in der Regel mit einer hastigen Nahrungsaufnahme und einer mangelhaften Abschaltung von konflikthaften Lebenssituationen zusammenhängen. Den Patienten wird geraten, vor jedem Essen oder Trinken sich die Formulierung «Sonnengeflecht strömend warm» vorzustellen und dabei die Hand unauffällig auf den Oberbauch zu legen, so daß mit zunehmender Gewohnheit eine innere Ruhe und eine Organentspannung die Nahrungsaufnahme begleiten. Die «ruhenden Pole» im Tagesablauf werden auf diese Weise noch verstärkt, zugleich erfolgt ein Übergang zu dem gezielten Organtraining, das von H. Kleinsorge vor langen Jahren angegeben wurde.

Bei vielen leicht erregbaren und schnell gehemmten Personen, die große Schwierigkeiten mit dem Auftreten in einem Kreis anderer Menschen – bisweilen auch gegenüber einem einzelnen anderen Menschen – haben, empfiehlt sich die Formulierung: «Nacken locker – ganz ruhig.» Die Nacken-Entspannung oder Nacken-Schulter-Entspannung, von Schultz und zahlreichen seiner Schüler erfolgreich seit Jahrzehnten erprobt, kann nur effektiv werden, wenn sie regelmäßig mit dem AT geübt wird, um allmählich ein verläßlicher Bestandteil desselben und auch außerhalb der Trainingssituation zu werden.

Ähnlich kann die Atem-Übung eingeschaltet werden, um in angespannten Situationen Ruhe und Distanz zu gewinnen. Wer große Schwierigkeiten dabei hat, vermag sie zu vermindern, wenn er ganz konsequent die Formulierung «Atmen lassen», verbunden mit der Überzeugung: «Die tiefe Ruhe ist Bewegung in sich selbst», anwendet. Zugleich kann er lernen, den oder die Gesprächspartner ruhig einige Sekunden warten zu lassen, bis er seine Antwort gibt.

Die genannten Hilfen sind in Verbindung mit einem regelmäßigen AT angebracht bei vermehrter psychischer Erregbarkeit und zugleich Gehemmtheit, jedoch nicht bei ausgeprägten Neurosen. Bei letzteren ist eine gezielte Beschäftigung mit der speziellen Dynamik der Neurosen erforderlich, die generell erst mit Hilfe der Mittel- und Oberstufe gelingt.

Im Bereich der Grundstufe sind noch manche ähnliche Vorsatzbildungen formulierbar, die entspannend und distanzierend wirken, z. B.: «Kühler Kopf und warme Füße» in Anlehnung an einen Altberliner Ausdruck. Das Mitdenken des Trainierenden ist bei sämtlichen Ausarbeitungen der Formelbildungen erforderlich, gleichviel, ob es sich um elementare oder um so komplizierte Fassungen handelt, wie sie bei der Mittel- und Oberstufe angebracht sind. Der Trainierende entscheidet über die endgültigen Formulierungen, aber es bedarf bei alledem stets der Beratung durch den Therapeuten. Keinesfalls darf empfohlen werden, die Schwere der Arme, Hände und auch der Beine, die im AT gut eingeübt wurde, auch ins Alltagsgeschehen zu übernehmen. Sie könnte zu einer erheblichen Herabsetzung der Muskelspannung in den Extremitäten führen, verbunden mit einer verminderten Reaktionsfähigkeit, die angesichts der Anforderungen der Realität fehl am Platze wäre.

d) Ansätze zur Meditation

Es wurde bereits darauf hingewiesen, daß beim AT der Grundstufe Ansätze zur Meditation vorhanden sind. Wieweit sie von den einzelnen Trainierenden genutzt und weitergeführt werden, hängt von deren Reflexionsfähigkeit und Kontemplationsbereitschaft ab. Ein kleiner Teil der Trainierenden berichtet davon, es sei für sie ein Bedürfnis, das AT nicht immer nach maximal vier bis fünf Minuten zu beenden, sondern es «ausklingen» zu lassen, mit wie von selbst auftauchenden Gedanken und inneren Bildern, die oft überraschende

Inhalte bieten und dann eine vermehrte Ausgeglichenheit herbeiführen würden. Allgemein werden die betreffenden Trainierenden ermutigt, dergleichen fortzusetzen. Bei Aussprachen wird Verständnis dafür geweckt, daß Entspannungsübungen, die bestimmte Organbereiche betreffen, dann übergehen zu Übungen, die das Denken und sonstige psychische Abläufe betreffen. Darüber darf indessen kein Zweifel aufkommen: Schon bei den ersten Schwere-Übungen des AT kann eine psychische Entspannung mehr oder minder geringgradig beteiligt sein, letztere kann mit Fortsetzung und Erweiterung des AT noch bedeutend vermehrt werden.

Die Atem-Übung gegen Ende des AT ist sehr gut geeignet, jedem interessierten Teilnehmer am AT das Angebot zu machen, eine Meditationsübung anzuschließen. Es wird gesagt: «Wenn Sie die Atem-Übung mit der Formulierung ‹Es atmet mich› gut beherrschen, können Sie zur Formulierung ‹Es denkt mich› übergehen und dann abwarten, etwa zehn, fünfzehn oder zwanzig Minuten lang, welche Gedanken oder sonstigen psychischen Eindrücke zum Vorschein kommen.» Entsprechend gilt der Rat für Trainierende mit der Formulierung «Atmen lassen»: überzugehen zu der Formulierung «Gedanken aufkommen lassen».

Wie auch sonst beim AT werden detaillierte Anleitungen in Abständen von ein bis zwei Wochen gegeben. Im Anschluß an die Atem-Übung und später nach den Kopf-Übungen wird geraten, sich noch mehr in einen tiefen Ruhezustand hineinsinken und alles geschehen zu lassen, d. h. auch in bezug auf das Denken. Es wird noch hinzugefügt: «Oft sind es nicht nur Gedanken, sondern optische oder andere Erlebnisse. Je mehr Sie mit Geduld irgendwelche gedanklichen oder sonstige Phänomene aufkommen lassen und weiterziehen lassen, um neue wiederum aufkommen zu lassen, um so besser für das innere Gleichgewicht. Wenn Sie das Bedürfnis haben, davon zu berichten, bitte tun Sie dies.»

Während beim Training der Mittel- und Oberstufe den Patienten die dringende Empfehlung gegeben wird, über ihre meditativen Erlebnisse rückhaltlos zu sprechen, besteht eine solche Notwendigkeit bei der Grundstufe nicht, denn dabei ist keine neurotische Dynamik zu beeinflussen. Es kommt vor allem darauf an, den Trainierenden Wege zu weisen, wie das AT in der Folgezeit mit zeitlich umschriebenen Meditationen fortgeführt werden kann. Dabei geht es um eine Selbstfindung, von der an anderer Stelle bereits die Rede war. In den Aussprachen kann recht bald Klarheit über folgende Zusammenhänge gewonnen werden: Der Mensch unserer Zeit, der im Ablauf eines Tages eine Unzahl von Eindrücken aufnimmt, sich mit ihnen auseinanderzusetzen hat, der sich oft abends bis in die Nacht hinein noch stundenlang den Fernsehprogrammen aussetzt und auch sonst von Massenmedien überflutet wird, kann kaum Zeit und Gelegenheit haben, dies alles in ausreichender Weise zu verarbeiten.

Die an das AT angeschlossenen Meditationen ermöglichen eine Verarbeitung einer Überzahl von Reizen, soweit diese Ruhepausen mit einer bestimmten Regelmäßigkeit fortgeführt werden. Mit ihnen vermag der Gegenwartsmensch zu lernen, inneren Abstand von Alltagsereignissen zu finden, abzuschalten von dem, was belanglos ist, hingegen das Belangvolle zu bewahren, um es als Wert zu erhalten oder als Konflikt selbständig zu überwinden. Wer keine Neurose hat, kann dies allgemein auch ohne einen Psychotherapeuten erreichen.

e) Das Lebensregime

Das besterlernte AT mit regelmäßigen Entspannungs- und Anspannungsübungen, auch mit Einbeziehung von meditativen Übungen, kann therapeutisch nicht weiterführen, solange ein fehlerhaftes Lebensregime bestehen bleibt, mit einem Lebensstil, der von Hektik, Geltungsbedürfnis, Habgier und bisweilen von Aggressivität geprägt ist. Entweder das fehlerhafte Lebensregime wird abgestellt, wofür die Voraussetzungen nach gut erlerntem AT gegeben sind, oder das AT wird pervertiert, es verliert seinen förderlichen Charakter. Es wird in ganz simplifizierter Form noch weiter betrieben, um dann früher oder später aufgegeben zu werden.

Die Gefahren der Abhängigkeiten für den Menschen der Gegenwart sind bereits in groben Umrissen beschrieben worden. Das Thema der gesunden Lebensführung kommt deutlicher zum Vorschein, wenn man die Abhängigkeit vom Alkohol, vom Nikotin, vom Vielessen, vom Psychopharmakon, vom «Automobil» (besser sollte es «Heteromobil» genannt sein), vom Fernsehen und von anderen Massenmedien, schließlich auch von manchen Arbeitsformen und vom Statussymbol in Betracht zieht. Auf Gefahren der Fernsehabhängigkeit wurde in einer eigenen Veröffentlichung (1981) hingewiesen. Es nutzt erfahrungsgemäß nicht viel, wenn mit erhobenem Zeigefinger vor den Gefahren solcher Abhängigkeiten gewarnt wird, gleichviel, ob dabei Verbote und Einschüchterungen oder ob Appelle an die Einsicht im Vordergrund stehen.

Das AT der Grundstufe bietet bei nicht neurotischen Abhängigkeiten alle Voraussetzungen, um einen Lebensrhythmus von Entspannungen und Anspannungen zu finden, der mit einem erhöhten Lebensgefühl, einer ausgeglicheneren Stimmung einhergeht. Von dieser Befindlichkeit kann auf die jeweiligen Abhängigkeiten eher verzichtet werden, am besten, wenn in den Aussprachen mit dem Therapeuten die weiteren Lebensperspektiven beleuchtet werden.

Gesunde Lebensführung in Verbindung mit dem autogenen Prinzip ist nicht mit dem Zwang zur Genußbeschränkung gleichzusetzen, wobei mit saurem Ernst jede Kalorie gezählt und jeder Schluck beachtet wird (von Diabetes und ähnlichen Leiden freilich abgesehen), sondern sie führt zu einer Freude an der errungenen Unabhängigkeit und an dem inneren Regulativ mit Hilfe des täglichen AT. Wer nicht auch einmal über die Stränge schlagen kann und dabei über den Durst zu trinken und über das notwendige Maß zu essen vermag, ist sich seiner Unabhängigkeit von Alkohol und anderen Versuchungen noch nicht sicher. Das gleiche gilt für den, der nicht über die Maßen arbeiten und dann auch einmal richtig faulenzen kann. Der nicht mehr abhängige, sondern verselbständigte Mensch kann von Jahr zu Jahr mehr über ein eigenes Regulativ für das ihm gemäße Lebensregime verfügen.

Beachtet man die technischen Fortschritte, die in der übersehbaren Zukunft mit noch kaum gebremstem Wachstum der Wirtschaftskräfte ständig zunehmen, so ist dem geschilderten Regulativ in jedem Menschen eine noch größere Bedeutung beizumessen. Daß die Mikroprozessoren in jedem Haushalt und zum Teil als eingepflanzte Computer im Organismus die Lebensqualität erhöhen werden, bleibt zu hoffen. Beim Kabelfernsehen, beim immer rasanteren Schnellverkehr und bei sonstigen Neuerungen bestehen ernste Bedenken, welches Ausmaß die Reizüberflutung und die Manipulierung des Menschen noch erreichen können. Dieses Ausmaß wird indessen letzten Endes von den Menschen selbst bestimmt werden, sofern bei ihnen die Überzeugung zunimmt, daß der technische Fortschritt nur dann eine positive Bewertung verdient, wenn der soziale Fortschritt und die Verselbständigung der Individuen im Vordergrund stehen.

Gesunde Lebensführung und selbständiges, d. h. auch menschenwürdiges Lebensregime sind nicht deckungsgleich. Mancher, der mit Habgier und Statussymbol-Denken sein Leben führt, kann auf eine gute Gesundheit verweisen, auch mit Hilfe eines Fitness-Trainings und irgendwelcher Meditationen. Hier kommt ein Forschungsbereich der Soziologie zum Vorschein, der in einer unter dem Hauptaspekt der Therapie stehenden Publikation nicht weiter erörtert zu werden braucht. Auf Erich Fromm kann Bezug genommen werden, der in seinem Werk «Haben oder Sein» Wesentliches zu sozialen Erscheinungen der Gegenwart gesagt hat.

f) Resümierende Betrachtungen zur Grundstufe

Mit den geschilderten Hilfen gelangt die große Mehrzahl der Trainierenden zu einer guten Beherrschung der Grundstufe des AT. Die Zahl derer, die von der laufenden Behandlung abspringen, ist bei guter Auswahl gering, sie liegt erheblich unter 10 Prozent. Gut auswählen heißt Patienten mit akuten Erscheinungen vom AT zurückstellen, bis ausreichende Kooperation erreicht ist, heißt ferner, Patienten bei fehlender Indikation gar nicht für das AT heranzuziehen.

Wer das AT absolviert hat, sieht die Möglichkeit vor sich, entweder die Methode immer weiter auszubauen, sie immer besser als offenes System zu verstehen, oder aber den erreichten Stand zu erhalten. Nach Abschluß des AT wird auf die mannigfaltigen Entwicklungsmöglichkeiten dieser Methode verwiesen, ferner wird jedem der Rat gegeben, eine «Erhaltungsdosis» von mindestens einem Training täglich beizubehalten. Wer über Jahre das AT fortsetzt, berichtet generell über eine größere psycho-physische Leistungsfähigkeit, d. h. auch eine allmählich vermehrte Gelassenheit, mit der Lebensaufgaben gemeistert werden können, über einen verbesserten Zugang zu sich selbst, d. h. zu sonst unbewußten Erlebnisbereichen, auch über größere Möglichkeiten der Beeinflussung von Organabläufen. Auch nach Jahren, so wurde in vielen Fällen berichtet, konnten mit dem AT Lebenskomplikationen besser überwunden und Herz-, Kreislauf- sowie Magen- und Darmstörungen behoben werden. Hingegen mußte bei irgendwelchen akuten Erscheinungen das AT wieder intensiv dreimal täglich aufgenommen werden, ebenso die Ansätze für Meditationen und Vorsatzbildungen.

Was den zeitlichen Ablauf betrifft, so kann darüber der Absolvent einer gut verlaufenen AT-Behandlung der Grundstufe frei verfügen. Er kann in weniger als zwei Minuten in eine Tiefentspannung gelangen oder die letztere auf zehn oder mehr Minuten ausdehnen, wenn z. B. ein verkürzter Nachtschlaf oder eine übermäßige Anstrengung vorausgegangen war. Unterpfand für ein erfolgreich weiter fortgeführtes AT ist die bleibende Einprä un der einzelnen Formulierunen der Grundstufe. Gewiß steht es jedem frei, individuell Veränderungen vorzunehmen, bis zu einer Kurzformel, etwa: «Ruhe, Schwere, Wärme, Sonnengeflecht, Herz und Atmung ruhig, Gesichtsmuskeln erschlafft, Stirn etwas kühl!» Um so wichtiger ist es dann, die definitiven Formulierungen sich so fest wie nur möglich neu einzuprägen.

Man kann nicht erwarten, daß der durchschnittliche AT-Absolvent so viel Reflexionsfähigkeit und Interesse aufbringt, um etwa mit der Zusatzformel: «Gedanken und Bilder steigen auf!» nach der letzten AT-Übung selbständig immer weiter zu meditieren. Für die Mehrheit derselben bleibt es nur bei Ansätzen zur Meditation. Immerhin berichten ehemalige Patienten einer nicht kleinen Minderheit, es sei für sie zum Bedürfnis geworden, entweder täglich oder in Abständen von Tagen oder ein bis zwei Wochen im Anschluß an das AT eine Zeit von selten mehr als 15 bis 20 Minuten für Meditationen zu finden. Gedanken und innere Bilder, ganz selten sonstige Sinneserlebnisse, würden dann von selbst aufsteigen, so daß eine Begegnung mit verdrängten und vergessenen Erlebnismaterialien und eine verbesserte Selbstfindung gelingen.

Wenn ein bestimmter Leidensdruck vorhanden ist, wie auch bei neurotischen Störungen leichterer Art, ist eher die Bereitschaft für Meditationen vorhanden. Dann ist die Anwendung des AT der Mittelstufe indiziert.

Was die autogene Anspannung im Sinne eines muskulären Trainings betrifft, so kann in fast allen Fällen ein konstantes Interesse geweckt werden, das zu entsprechenden Aktivitäten führt. Die meisten setzen dieses Training fort: mit Morgengymnastik oder mit regelmäßigen Wanderungen am Wochenende oder regelmäßigem Radfahren oder in anderer Weise. Auch hier kann nicht erwartet werden, daß ein systematisches Training immer weiter ausgebaut und verfeinert wird. Dies gelingt denjenigen, die als beachtliche Minderheit den Zusammenhang von Entspannungsübungen und Ausspannungsübungen konsequent praktizieren. Jedenfalls kann sich bei den meisten dasjenige verbesserte Lebensgefühl entwickeln, das einen guten Schutz vor einem fehlerhaften Lebensregime darstellt, insbesondere vor Alkoholismus, Nikotinismus und Überernährung.

2. Die Mittelstufe

a) Vorbemerkungen

Die Hauptzüge des AT der Mittelstufe sind bereits in der Grundstufe angelegt, insbesondere die Meditationen und die formelhaften Vorsatzbildungen. Das Trainingsprinzip bleibt auch weiterhin maßgebend. Die Exaktheit und fortdauernde Konsequenz, mit denen das AT nach SCHULTZ in der Grundstufe betrieben wird, behalten ihre Gültigkeit auch in der Mittelstufe. Das AT der Grundstufe vermag therapeutisch ein großes Stück weiterzuhelfen, aber die Besserungen wirken sich nicht voll auf die spezielle Symptomatik phobischer, depressiver, anankastischer oder ähnlicher Neurosen aus. Es fehlt sozusagen das «Anschlußstück» für die gezielte Beeinflussung ausgeprägter Neurosen. Dabei wird in Betracht gezogen, daß es nicht selten gelingt, mit dem AT der Grundstufe so viele autogene Heilkräfte zu mobilisieren, daß auch leichtere Neurosen abklingen können. Darauf darf man sich aber nicht verlassen, da Verschlimmerungen und Chronifizierungen zunächst leichter Neurosen immer wieder beobachtet werden. Von Anfang an heißt es, alle therapeutischen Möglichkeiten voll zu nutzen, d. h. bei ausgeprägten Neurosen auf einer höheren Stufe die Therapie anzusetzen.

Die zeitlichen Dispositionen sind bei der Mittelstufe erheblich verschieden von denen bei der Grundstufe. Bei der letzteren genügen nach gründlicher diagnostischer Klärung Behandlungszeiten von etwa zwanzig Minuten, wenn der Turnus in Abständen von ein bis zwei Wochen eingehalten wird. Nur ausnahmsweise besteht die Notwendigkeit, therapeutische Aussprachen nennenswert auszudehnen. Im Verlaufe des AT der Mittelstufe sind Behandlungen von vierzig Minuten Dauer die Regel, die einmal wöchentlich stattfinden sollten. Anderenfalls gelingt es nicht, dem Patienten die neuen therapeutischen Möglichkeiten zu erschließen, die mit dem Übergang vom Training des eigenen Organismus zu einem Training des Verhaltens gegeben sind, zugleich ihn mit realitätsbezogenen Meditationen und mit formelhaften Vorsatzbildungen vertraut zu machen.

Generell wird angestrebt, daß der Patient zunächst das AT der Grundstufe erfolgreich absolviert, um erst dann das AT der Mittelstufe aufzunehmen. Diesem Bestreben stehen indessen recht oft harte Tatsachen entgegen, vor allem eine akute Symptomatik, die dem Patienten immer wieder verwehrt, sich trotz besserer Einsicht den Grundübungen voll konzentrativ zuzuwenden und sie konsequent weiterzuführen. Wenn es sich dabei auch nur um eine Minderheit der Patienten mit leichteren Neurosen handelt, so ist sie doch groß genug, um die Bedeutung eines AT der Mittelstufe ohne vorausgehendes AT der Grundstufe hervorzuheben. Dies erscheint wie ein Widerspruch in sich selbst, der jedoch auflösbar ist, wenn man berücksichtigt, daß mit den Mitteln der Hypnose die Einführung in therapeutische Meditationen regelmäßig gelingt. Es bestehen auch keine Bedenken, bei akuten sonstigen Erscheinungen für eine begrenzte Dauer Sedativa, Tranquilizer oder andere Psychopharmaka zu verordnen.

Mit dem geschilderten Vorgehen gelingt es, generell im Verlaufe einiger Wochen eine subjektiv wahrnehmbare Besserung zu erreichen und damit die Überzeugung zu wecken, daß ein therapeutischer Fortschritt mit voller Kooperation gelingt. Damit wächst dann auch die Bereitschaft zu autogenen Leistungen. Falls es nicht gelingen sollte, in einem umgrenzten Zeitraum nach Beginn der Therapie die heterosuggestiven Beeinflussungen zu beenden und dann das Training der Grundstufe nachzuholen, dabei auf die zunehmend selbständigen Beiträge des Patienten sorgfältig zu achten, dann hätte allerdings die Bezeichnung «AT der Mittelstufe» keine Berechtigung.

Zur Erläuterung des methodischen Vorgehens werden nachfolgend einige Behandlungsverläufe beschrieben:

b) Behandlungsverläufe

Der 24jährige Angestellte F. K. fand sich vor mehreren Jahren wegen hochgradiger Angsterscheinungen in der Sprechstunde zur Behandlung ein. Ohne Hilfe sei er nicht mehr in der Lage, seine Berufstätigkeit fortzusetzen und sonst im Leben zu bestehen. Schon der Besuch von Restaurants, auf den er täglich angewiesen sei, führe zu heftiger Angst mit Herzunruhe und Schweißausbrüchen. Immer, wenn er mit mehr als einigen wenigen Personen im gleichen Raum zusammen sei, träte diese Angst auf. Die alltägliche Arbeit leiste er in einem kleinen Büro mit zwei anderen Angestellten, die zu ihm freundlich seien, so daß er sich dort am ehesten noch sicher fühle. Sonst wäre er gar nicht mehr zur Arbeitsstelle gegangen. Da er aber schon mehrfach an Besprechungen im größeren Kreis teilnehmen mußte, sei die Angst unerträglich geworden. Er habe sich vor vier Monaten bereits in ärztliche Behandlung begeben müssen und größere Mengen von Tranquilizern verschrieben bekommen. Sie hätten zunächst die Angst gelindert. Gleichzeitig sei eine Verlangsamung in all seinen psychischen Abläufen eingetreten, auch sei er apathischer geworden. Die Angst sei trotz Dosiserhöhung in der letzten Woche wieder stark aufgetreten, so daß er sich keinen anderen Rat wisse, als zum Psychotherapeuten zu gehen.

Zur Vorgeschichte ließ sich klären, daß er erst vor reichlich vier Monaten aus beruflichen Gründen in die für ihn fremde Stadt verzogen war. Erst dann seien die beschriebenen Angsterscheinungen aufgetreten. Vorher habe er bei seinen Eltern in einer kleinen Stadt gelebt, ohne dort erhebliche Angst zu verspüren. Er sei wohl von jeher etwas gehemmt und ängstlich gewesen, habe sich dadurch aber nicht gestört gefühlt. Eine Behandlung sei jedenfalls früher nie notwendig gewesen. Die biographische Anamnese ergab folgende wichtige Einzelheiten: Er war als uneheliches Kind geboren worden und bereits im ersten Lebensjahr zu seinen «Eltern» – der Mutter-Schwester und deren Ehemann – gebracht worden, weil seine Mutter sich wegen ihrer beruflichen Verpflichtungen außerstande gesehen habe, ihr Kind zu erziehen. Seiner Mutter sei er später nur ganz selten begegnet, sie habe sich ihm nie als Mutter zu erkennen gegeben. Seine fast 40 Jahre älteren Eltern hätten sich immer schon ein Kind gewünscht und seien ihm vom ersten Tag bis zur Gegenwart sehr zugetan gewesen. Er habe sie immer als seine Eltern angesehen, auch nachdem er über die wahren Zusammenhänge als Erwachsener aufgeklärt worden war. Von Anfang an sei er von ihnen sehr verwöhnt worden, ja sie hätten ihm fast jeden Wunsch erfüllt. So habe der Vater sogar das Fahrrad des Patienten oft geputzt, um ihm möglichst alle Bemühungen abzunehmen.

Durch die gleichbleibende Verwöhnung blieb es nicht aus, daß der Patient mit anderen Jungen seines Alters nie richtig herumtollte und sich durchzusetzen lernte. Er blieb viel bei den Eltern und spielte bevorzugt zu Hause. Von Trotzreaktionen, Streichen und Strafen wußte er nichts zu berichten. «Die Eltern waren immer lieb zu mir und ich auch zu ihnen», sagte er. Die Schule durchlief er bis zur mittleren Reife, ohne besondere Schwierigkeiten. In der Klasse gelangte er nicht in die Rolle eines Außenseiters, hatte auch recht gute Kameraden kennengelernt, ohne aber einen richtigen Freund zu finden. Bei Raufereien hatte er sich immer zurückgehalten, beim Springen vom Brett in der Badeanstalt war er schnell ängstlich geworden, ohne aber sonst viel aufzufallen. Die Berufsausbildung als kaufmännischer Angestellter konnte er gut absolvieren, ebenso den Wehrdienst. Dann war er stets bei der gleichen Firma tätig und auch bei seinen Eltern wohnhaft geblieben. Er berichtete ferner von einer engeren Beziehung zu einer gleichaltrigen Frau, als er 21 Jahre alt war. Er sei von ihr nicht besonders beeindruckt worden und auch nicht von der Tatsache, daß nach einem Jahr die Beziehung im beiderseitigen Einvernehmen beendet wurde. Von jeher sei er etwas gehemmt gegenüber Frauen gewesen, aber darin sehe er kein großes Unglück, er werde wohl noch die richtige finden.

Das Gleichmaß seines Lebens wurde dadurch beendet, daß er aus eigenem Entschluß das Angebot der Firma annahm, in einer über 100 km entfernten Großstadt eine Stelle mit besseren Aufstiegsmöglichkeiten anzutreten. Die plötzliche Veränderung stand unter keinem guten Stern. Er fand nur ein häßlich möbliertes Zimmer bei unfreundlichen Wirtsleuten. Die neuen Vorgesetzten erschienen ihm nicht wohlwollend. Die neuen Berufsaufgaben waren ihm ganz ungewohnt, so daß er ein Versagen befürchtete. Am meisten schokkierte ihn eine Zusammenkunft aller Mitarbeiter seiner Firmenabteilung in einem größeren Raum, in dem er vorgestellt und dann von älteren Kollegen «ausgefragt» wurde. Er sei nach mehreren Minuten so verwirrt geworden, daß er kaum noch ein Wort herausbrachte und sich dann tief blamiert niedersetzte. Die anderen hätten ihn erstaunt, und wie es ihm schien, mißbilligend angesehen. Ihm sei der Schweiß ausgebrochen, auch hätte das Herz gerast. Er sei dann angsterfüllt und fast verzweifelt gewesen, sei noch am selben Nachmittag zu einem Arzt gegangen, der ihm sogleich die Tranquilizer verschrieb. Der einzige Trost sei ihm gewesen, daß die beiden Kollegen in seinem Arbeitszimmer sich ganz freundlich ihm zugewandt und ihn dadurch ermutigt hätten, seine Arbeit fortzusetzen. Eine echte Beruhigung sei durch die Lebensumstände und durch die Medikamente aber nicht eingetreten.

Nach Erhebung der Anamnese und beruhigender Aufklärung, daß seine Ängste unter der Voraussetzung seiner Mitarbeit zu beheben seien, wurde er zur Aufstellung einer Angsthierarchie aufgefordert. Sie bot dann folgendes Bild:

1. Angst vor großen Räumen der Firma mit vielen Menschen
2. Angst vor sonstigen großen Räumen, auch Restaurants mit vielen Menschen
3. Angst vor den Vorgesetzten seiner Firma
4. Angst vor allen Räumen, auch Restaurants, mit mehreren Menschen (etwa mehr als fünf)
5. Angst vor Menschenansammlungen auf der Straße
6. Angst vor Sprüngen in ein Schwimmbassin

Bei der Wiedervorstellung des Patienten wurde eine hypnotische längere Ruhebehandlung durchgeführt. Nach optischer Fixierung eines blinkenden Gegenstandes (der Spitze des Reflexhammergriffs) gelang es ohne Schwierigkeiten, den Patienten in einen hypnoiden Zustand zu versetzen. Mit Hilfe von Streichungen über die Extremitäten wurden ihm Schwere in allen Gliedern, von selbst weitergehende ruhige Atmung und Erschlaffung der Gesichtsmuskeln suggeriert. Diese Muskelentspannungen waren dem ganzen Aspekt nach deutlich eingetreten. Als posthypnotische Suggestionen wurden ihm folgende Formulierungen mehrfach eingeprägt: «Ruhe wirkt nach ... Ängste ziehen ab!» Anschließend wirkte der Patient deutlich beruhigt, er schien auch etwas Vertrauen gefaßt zu haben.

Noch in der gleichen Woche erfolgte eine weitere, sehr eingehende Hypnose-Behandlung. Ganz ähnlich wie beim vorigen Male wurde ein hypnoider Zustand herbeigeführt, der konsequent vertieft wurde mit folgenden Worten des Therapeuten: «Sie konzentrieren sich mehr und mehr auf meine Worte und merken den beruhigenden Einfluß derselben ... nichts kann Sie dabei stören ... Sie nehmen alle meine Worte genau auf und lassen sie zur Auswirkung kommen ... Nun lassen Sie sich immer mehr in einen Zustand der Entspannung und Ruhe hineinsinken ... alle Glieder sind schwer ... die Atmung geht von selbst ruhig weiter ... Gesichtsmuskeln sind erschlafft ... auch die Gedanken gehen ruhig und frei weiter ... neue Gedanken oder innere Bilder können auftauchen ... Sie sind stark genug, alle Gedanken und inneren Bilder auftauchen und weitergehen zu lassen, von allem, was Sie innerlich bewegt ... manchmal ist Geduld angebracht ... Sie können über alles sprechen, was Ihnen durch den Kopf geht.»

Nach einiger Zeit wurde der Patient sehr unruhig, die Muskeln spannten sich sämtlich an, die Atmung wurde stockend, das Gesicht sah sogar verzerrt aus. Ihm wurde nochmals in Ruhe gesagt: «Sie haben Mut, alles auszusprechen.» Dann brach es aus ihm heraus: «Der Konferenzraum und die vielen Menschen, die mich prüfend anblicken ... die vielen Fragen ... ich konnte nicht, konnte kein richtiges Wort herausbringen ... die Augen von ihnen allen auf mich gerichtet ... mir schnürte es den Hals zu, ich habe Angst ...»

In aller Ruhe wurde ihm nun gesagt: «Sie konzentrieren sich wieder ganz auf meine Worte ... es ist gut, daß dieser Erlebniskomplex aufgetaucht ist, jetzt ist er besser beeinflußbar ... Sie merken die Ruhe, die von meinen Worten ausgeht, sie geht über auf diesen Erlebniskomplex, so daß er gar nicht mehr deutlich vor dem inneren Auge steht ... Sie lassen sich wieder in denselben Zustand der Entspannung und Ruhe hineinsinken, in dem Sie vorher schon gewesen sind, lassen Gedanken und innere Bilder abziehen, weit wegziehen, um so deutlicher wird die eigene Ruhe.»

Es handelt sich bei dem beschriebenen Vorgehen um eine seit langen Jahren erprobte Methode der Abreaktion, die auch hier Erfolge zeitigte. Der Patient gelangte ganz allmählich wieder in einen an den Muskelspannungen, besonders des Gesichts, erkennbaren guten Ruhezustand. Er konnte ermutigt werden, von neuem Gedanken und Bilder aufsteigen zu lassen. Noch zweimal tauchte der angsteinflößende Konferenzraum mit ihm selbst als Versager auf, jedoch mit etwas schwächeren Affekten als zu Beginn, dann kamen ganz allmählich andere Gedanken zum Vorschein, vor allem an sein Elternhaus, d. h., der angsterfüllte Erlebniskomplex begann sich aufzulösen. Der posthypnotische Auftrag wurde weiterhin gegeben: «Ruhe wirkt nach ... Ängste ziehen ab.»

Nach der zweiten Hypnose-Behandlung wurde eine Besserung des neurotischen Angstzustandes deutlich. Die Psychopharmaka-Dosierung konnte allmählich verringert und nach vier Wochen abgesetzt werden. Die Hypnose-Behandlungen wurden, verbunden mit therapeutischen Aussprachen, ein- bis zweimal wöchentlich fortgesetzt. Es war eindrucksvoll zu sehen, wie der Patient dabei auflebte und ein Interesse zeigte, über die eigene Vorgeschichte Einzelheiten zu berichten, so daß er auch begann, das Thema der Verwöhnung durch die Eltern in großen Zügen zu verstehen. Seine Bereitschaft zur Mitarbeit kam zunehmend zum Vorschein, so daß vier Wochen nach Beginn der Therapie mit der Grundstufe des AT begonnen werden konnte. Die Hypnosen wurden daraufhin eingestellt. Schon drei Wochen nach Beginn des AT nahm der Patient nach eingehender Beratung eine tägliche Morgengymnastik auf.

Im Verlaufe des AT lernte der Patient mit Hilfe des Therapeuten, jeweils nach der letzten Übung, seine Gedanken und inneren Bilder aufkommen und weitergehen zu lassen, sie dabei mit der Ruhe zu erfüllen, die er während des AT verspürt hatte. Er begann solche Meditationen von etwa 15 bis 20 Minuten Dauer auch zu Hause zwei- bis dreimal wöchentlich fortzusetzen.

Seinen Mitteilungen konnte entnommen werden, daß die Angst ganz allmählich zurücktrat. Aber eine neue Schwierigkeit kam nun zum Vorschein: Der Patient verweilte immer wieder mit seinen Gedanken im Elternhaus und den angenehmen Erlebnissen, die damit verbunden waren. Eine Neigung zu passiven Tagträumereien manifestierte sich darin, die ihm als Zeichen seiner langjährigen Verwöhnung interpretiert werden konnte.

Einen neuen Akzent gewann die Therapie durch die Einführung formelhafter Vorsatzbildungen. Dabei ließ der Patient zunächst autogene Ansätze vermissen. Er meinte, mit den anfangs benutzten Formulierungen «Ruhe wirkt nach ... Ängste ziehen ab» das AT gut abschließen zu können. Die Realität belehrte ihn jedoch eines Besseren, denn er hatte immer noch große Angst vor dem Betreten eines Restaurants, so daß er etwas kümmerlich die Mahlzeiten in seinem Zimmer zubereitete und einnahm. Nach gründlichen Überlegungen mit dem Therapeuten und Erprobungen bei den Meditationen gelangte er zur Formulierung: «Ruhig und angstfrei in Restaurants mit wenigen Gästen.» Nunmehr setzte in seinen Meditationen die vorwegnehmende Phantasie ein, mit der er Ängste in der Realität allmählich mindern konnte, die zugleich die bisherigen Tagträumereien mehr und mehr ablöste. Daraufhin verstand er die therapeutische Aufgabe, mit der gleichen Konsequenz an jedem Abend ein solches Restaurant aufzusuchen, mit der er inzwischen das AT aufgenommen und fortgesetzt hatte.

Acht Wochen nach Beginn der Therapie zeigte sich eine gründliche Wendung mit neuen autogenen Beiträgen des Patienten. Er hatte sich inzwischen dank der guten Atmosphäre in seinem Büro ausreichend in sein neues Arbeitsgebiet hineingefunden und viele anfängliche Insuffizienzgefühle abgelegt. Er begann von sich aus in seinen Meditationen Details vorauszuphantasieren, auch daß er ohne Scheu seinen Vorgesetzten gegenübertreten werde. Er machte gute Fortschritte im AT einschließlich des muskulären Trainings und suchte Schwimmbäder auf, um seine früheren Ängste beim Springen ins Bassin zu überwinden. Er machte immer neue Vorschläge für Verbesserungen der formelhaften Vorsatzbildungen, daher war es notwendig, ihm bei den wöchentlichen therapeutischen Aussprachen und Anleitungen etwas mehr Zurückhaltung und konsequente Anwendung der ersten Vorsatzbildung anzuraten. Nachdem er bald darauf zu berichten wußte, er habe sich an wenig gefüllte Restaurants gewöhnt und die Angst so gut wie verloren, konnte vier Wochen nach Einführung der ersten Vorsatzbildung dieselbe geändert werden zu der Fassung: «Ruhig und angstfrei in Restaurants mit vielen Gästen.»

Die Fortschritte, die der Patient in seinem Training erzielte, kamen nun auch in seinem sonstigen Leben zum Vorschein. Er begann sich mit einigen jüngeren Mitarbeitern seiner Firma anzufreunden und verlor Bedenken, mit ihnen abends auszugehen. Er lernte bald darauf eine etwas jüngere Frau kennen, mit der er im Laufe der folgenden Wochen eine enge Beziehung aufnahm.

Zwölf Wochen nach Beginn der Therapie wurde die endgültige Vorsatzbildung von ihm gefunden: «Ruhig und angstfrei in allen Räumen mit beliebig vielen Menschen!» – Mit ihr vermochte er so erfolgreich zu operieren, daß er von Woche zu Woche mit größerem Selbstvertrauen sich auch schwierigen Lebenssituationen in seinem Beruf und sonstigen Leben stellte. Sechs weitere Wochen danach konnte die Therapie beendet werden, da der Patient seine neurotischen Ängste verloren und zugleich seine frühere Verwöhnungssituation in großen Zügen verstanden hatte. Er hatte allmählich gelernt, seine durch die frühere Verwöhnung herbeigeführten Fehlreaktionen durch ein konsequentes Entspannungs- und Anspannungstraining, auch mit Hilfe von Meditationen und formelhaften Vorsatzbildungen, zu überwinden.

Betrachtet man den Gesamtverlauf der in wenig mehr als vier Monaten erfolgreich abgeschlossenen Therapie des Patienten und zugleich dessen Lebensgang, so zeigt sich, daß es sich um eine leichtere Neurose – eine «Randneurose» nach SCHULTZ – gehandelt hat. Die akuten Erscheinungen zu Beginn ließen zunächst an eine schwere Form denken, jedoch nach der Meinung des eigenen psychoanalytischen Lehrers H. SCHULTZ-HENCKE ist eine «lärmende Symptomatik» zunächst kein Beweis dafür. Das Elternhaus des Patienten hatte stark verwöhnende Faktoren enthalten, im übrigen war offenbar die Erziehung nicht neurotisierend gewesen. So brauchte die Therapie, abgesehen von der biographischen Klärung am Anfang, nicht retrospektiv angelegt zu sein, sie war auf die Mobilisierung der autogenen Kräfte orientiert, die bereits nach einigen Wochen gelang. Dieser Behandlungsverlauf kann als charakteristisch für das AT der Mittelstufe gelten. Indessen ist der Beginn mit Hypnose-Behandlungen nicht die Regel. Die akuten Erscheinungen waren durch eine Summierung ungünstiger Faktoren in einer Engpaß-Situation des Lebens entstanden. Dabei war eine eindeutige Neurose anzunehmen, für die die Verwöhnungssituation in der Kindheit und Jugend den Boden bereitet hatte.

Im folgenden werden noch drei weitere Behandlungsverläufe mitgeteilt:

Die 29jährige Hausfrau (früher Kindergärtnerin) M. L. war im Juli 1979 wegen «großer Angst vor Hunden» zur Behandlung gekommen, nachdem sie im Verlaufe des letzten Jahres höchst beunruhigt worden war durch die Beobachtung, daß ihre beiden Kinder (4 Jahre und 16 Monate alt) die gleiche

Angst wie sie selber vor Hunden angenommen hatten. Das größere Kind, ein Knabe, habe vor wenigen Monaten angstvoll laut geschrien, als ein größerer Hund nahe an ihm vorbeigelaufen sei, ohne ihn aber zu berühren. Der Erregungszustand des Kindes habe über eine Stunde angehalten. Die Patientin habe daraufhin befürchtet, ihre «Hunde-Angst» an die beiden Kinder in der gleichen Weise weiterzugeben, so wie sie von ihrer Mutter schon als kleines Kind mit derselben gleichsam infiziert worden war. Angeblich sei die Schwester der Mutter an Hundebandwurm verstorben, daraufhin seien die Patientin und ihre fünf Geschwister von allen Hunden streng ferngehalten worden, immer mit den Worten, daß diese Tiere sehr gefährlich seien. Die Angst der Mutter vor jedem Hund stehe der Patientin noch deutlich vor Augen. Alle sechs Kinder hätten diese Angst übernommen, inzwischen sei ein Bruder davon freigekommen, aber die übrigen vier Geschwister hätten mehr oder minder die gleiche Angst wie die Patientin.

Im Alter von etwa 10 Jahren sei die Patientin zu einer Kindergesellschaft eingeladen worden. Als die Kinder in einem Eßraum sich versammelt hatten, seien zwei größere Hunde unerwartet ins Zimmer gelaufen, ohne sich aber viel um die Anwesenden zu kümmern. Allein die Patientin sei mit Anzeichen des Schreckens, auch mit Schweiß auf der Stirn und Herzrasen auf einen Tisch gesprungen, woraufhin sie von allen anderen ausgelacht wurde. Von solchen Situationen abgesehen, sei sie mit anderen Kindern, auch den Klassenkameradinnen, gut ausgekommen, ebenfalls später mit Kollegen, Nachbarn und Bekannten.

Alle Angaben der Patientin sprachen dafür, daß sie von jeher ein geselliger und lebenstüchtiger Mensch war. Sie bot ein gutes Persönlichkeitsniveau und eine mindestens durchschnittliche Intelligenz. Nach ihren Worten hatte sie sich seit Jahren fest vorgenommen, diese Angst zu überwinden oder zumindest zu kaschieren, daher gehe sie allein zu allen notwendigen Besorgungen auf die Straße, aber sobald ein Hund in ihre Nähe komme, schlage das Herz heftig, und sie müsse sich zusammenreißen, um nicht davonzulaufen. Unwillkürlich mache sie von Kindheit an einen Bogen um jeden Hund. Sie beschrieb ihren Zustand mit folgenden Worten: «Mein Verstand sagt mir, daß die nicht alle beißen ... aber die Angst ist so drin.»

Das Verhältnis zum Ehemann und zu den beiden Kindern war nach ihren detaillierten Angaben harmonisch, abgesehen von ihren Angstäußerungen, die den Ehemann etwas mißmutig stimmten. Offenbar war diese neurotische Angst eng umschrieben, sie irradiierte nur insofern in das Alltagsleben der Patientin, als sie sich ohne Begleitung des Ehemannes nicht ganz frei von Unruhe auf der Straße und in der Landschaft bewegen konnte. Das Verhältnis zur Mutter wurde als gut beschrieben, bei der biographischen Anamnese stellte sich dann heraus, daß die Mutter von jeher und noch gegenwärtig einen dominierenden Einfluß auf sie ausübte.

Die Patientin hatte vor einigen Monaten eine Psychologin aufgesucht, um ihre Angst zu verlieren. Sie sei dort aufgefordert worden, eine Angsthierarchie aufzustellen, anschließend sei dieselbe ausgiebig besprochen worden, ohne daß sich aber die Angst verringerte.

Die Patientin wurde erneut gebeten, eine Angsthierarchie vorzulegen. Sie bot folgendes Bild:

1. Angst vor größeren Hunden
2. Angst vor kleineren Hunden
3. Angst vor allen Lebewesen, die in der Dunkelheit einem Hund ähneln könnten, z. B. vor einem Kalb oder vor einer Katze

In der zweiten Behandlungsstunde wurde mit dem AT begonnen und anschließend ein tiefer Entspannungs- und Ruhezustand mit fremdsuggestiver Hilfe herbeigeführt. Nachdem die Patientin ihre Gedanken und inneren Bilder aufsteigen und weitergehen lassen konnte, tauchten nacheinander die angsterregenden Bilder von Hunden auf, ohne daß damit eine unmittelbare Bedrohung assoziiert wurde. Auf diese wichtige Mitteilung wurde die Patientin aufmerksam gemacht, ferner wurden von ihr geäußerte Ängste in der gleichen Weise wie bei dem Patienten F. K. abreagiert. Immer wieder wurde ihr suggestiv zugesprochen, daß die Ängste abziehen und dafür Ruhe und vermehrte Entspannung aufkommen würden. Nachdem dies erreicht war, konnte ihr geraten werden, sich in aller Ruhe das Bild eines kleinen und ganz harmlosen Hundes vorzustellen. Nun fiel ihr ein, daß in ihrer Nähe ein kleiner Dackel bei einer ihr sympathischen Frau aufgezogen würde. Die Frage wurde ihr gestellt, wie nahe dieser Dackel an sie herankommen könne, ohne daß sie die geringste Angst verspüren würde. Die Patientin antwortete: «Etwa drei bis vier Meter.» Erneut wurde ihr tiefe Ruhe, Entspannung und Angstfreiheit suggeriert und dann die Frage wiederholt. Nunmehr lautete ihre Antwort: «Etwa einen bis zwei Meter.» Ihr wurde der Vorsatz mitgegeben, den sie voll akzeptierte: «Mit aller Ruhe wende ich mich dem kleinen Dackel zu!»

Nach einer Woche erschien die Patientin in gehobener Stimmung zur nächsten Therapiesitzung. Sie hatte inzwischen beachtliche autogene Kräfte entfaltet. So hatte sie sich mit der sympathischen Nachbarin bekannt gemacht und deren Bereitschaft gewonnen, daß sie den kleinen Dackel etwas genauer kennenlernen dürfe. Die Patientin erzählte: «Da hat sie ihren Dackel auf den Arm genommen und ist nahe an mich herangetreten. Da war der Vorsatz in mir ganz deutlich geworden. Ich habe wie selbstverständlich den Dackel gestreichelt, und da war der Bann einfach gebrochen.» An den folgenden Tagen hatte sie einige Male mit ihm gespielt und dabei eine bislang verborgene Tierliebe in sich verspürt. Als Vorsatzformel schlug sie zunächst vor: «Keine Angst mehr vor Hunden!» Im Gespräch gewann sie Klarheit darüber, daß die Effektivität der Vorsatzbildungen mit größerer Konkretheit der Aussage zunehmen werde. Sie fand nach Beratung die Formulierung: «Mein Freund, der Teckel – mit Ruhe wende ich mich großen Hunden zu!»

Zur vierten Behandlung erschien die Patientin mit neuen guten Erfolgen. Sie hatte eine bekannte Familie aufgesucht, von der sie wußte, daß bei derselben sich ein großer und gutmütiger Boxerhund befand. Zunächst habe sie vor ihm «Respekt», aber keine Angst mehr gehabt. Gemeinsam seien sie dann spazierengegangen, ihr Vorsatz sei dabei wieder deutlich geworden, und da habe sie keine Bedenken mehr gehabt, den Hund zum Abschied zu streicheln. Sie habe dessen Zuneigung so wohltuend bemerkt, daß sie tags darauf wieder zu ihm fuhr und über eine Stunde lang mit ihm spielen konnte. Getreulich habe er immer wieder ein fortgeworfenes Stück Holz ihr apportiert.

Die Therapie machte so gute Fortschritte, daß sie nach der fünften Stunde erfolgreich beendet werden konnte. Die Patientin verzog mit ihrer Familie in eine entfernte Stadt, so daß auf den Abschluß des AT verzichtet werden mußte. Die Schwere- und Wärme-Übungen hatte sie so gut erlernt, daß sie die feste Absicht hatte, das AT konsequent fortzusetzen. Als definitive Formulierung hatte sie sich eingeprägt: «Meine Freunde, alle kleinen und großen Hunde. Ich wende mich ihnen zu!» Sie hatte sich inzwischen von neurotischen Ängsten vor Hunden im wesentlichen gelöst. Es konnten auch das Verhältnis zur Mutter und das Thema der Verselbständigung in großen Zügen geklärt werden. Ihren späteren Mitteilungen war zu entnehmen, daß bei ihr ungewöhnlich schnell ein guter Therapieerfolg erzielt worden ist.

Der 30jährige Beamte H. E. wurde wegen «Erythrophobie» zu Beginn des Jahres 1980 zur Psychotherapie in die eigene Praxis überwiesen. Er berichtete, daß er von jeher leicht erregbar, schnell verlegen und etwas ängstlich gewesen sei. Schon bei unerheblichen Anlässen, z. B. vor der Klasse etwas aufzusagen, sei er im Gesicht rot geworden. Ein stärkeres Rotwerden des Gesichts sei etwa um das 13. Lebensjahr aufgetreten, wenn er einem Mädchen gegenüberstand und nicht wagte, ihr ein Wort zu sagen. Diese Eigenheit habe ihn im Verlaufe des Lebens nicht in stärkerem Maße gestört. Er habe sich daran gewöhnt, durch Fleiß und Genauigkeit seine Pflichten zu erfüllen und damit jene Schwäche auszugleichen. Vor zwei Jahren habe er die zu ihm passende Frau gefunden und sie bald darauf geheiratet. In seiner gesicherten Beamtenstellung habe er sich dann ganz zufrieden gefühlt.

Vor sechs Monaten seien Angst und Erröten verstärkt aufgetreten. Damals sei er befördert worden und habe sich den neuen Aufgaben seiner Dienststelle nicht recht gewachsen gefühlt, vor allem bei der Anleitung der ihm untergeordneten Mitarbeiter. Bei allen Besprechungen gewann er den Eindruck, daß dieselben sein Rotwerden genau beobachteten und etwas belustigt darüber waren. Nun nahmen seine Unsicherheit und sein Rotwerden zu, er fürchtete, nicht mehr ernst genommen zu werden und seinen gehobenen Posten zu verlieren. Er ging zu einem Arzt, der ihn zunächst mit Psychopharmaka (Imap-Spritzen) behandelte und angesichts der Wirkungslosigkeit dieser Medikation zur Psychotherapie überwies.

Bei den Untersuchungen fiel eine ungewöhnlich hochgradige vegetative Labilität mit vermehrter Schweißneigung, verstärkter Hautschrift, häufigem Wechsel der Gesichtsdurchblutung und von der Atmung abhängigen Herzrhythmusstörungen auf. Im übrigen waren die neurologischen und internistischen Befunde im Bereich der Norm. Der Kräfte- und Ernährungszustand war gut, dazu bemerkte der Patient, daß er bis vor zwei Jahren regelmäßig Sport betrieben habe. In diesen zwei Jahren habe er aus beruflichen Gründen keine Zeit mehr dafür gehabt. Eine genaue Befragung ergab, daß diese Mitteilung nicht zutraf. Er hatte sich zwar in den letzten Jahren besonders bemüht, im Berufsleben weiterzukommen, aber einen großen Teil seiner Zeit verbrachte er vor dem Fernsehschirm, in der Regel täglich zwei bis vier Stunden.

In psychischer Hinsicht wirkte der Patient ebenfalls sehr labil und schnell gehemmt, bot auch Zeichen einer Angstbetonung und Stimmungsgedrücktheit. Eine ausgeprägte depressive Stimmungsveränderung lag jedoch nicht vor.

Aus der biographischen Anamnese ergab sich, daß der Patient als Einzelkind konträren Erziehungseinflüssen ausgesetzt gewesen war: Die Mutter neigte zur Verzärtelung, der Vater zur Strenge. Von ihm, der früher Feldwebel war, wurde er gelegentlich mit Ohrfeigen gestraft, wenn er nicht schnell genug parierte. Stärkere neurotisierende Einflüsse waren indessen in bezug auf die Erziehung nicht zu eruieren. Der Patient war im Kreise anderer Kinder, auch im Klassenverband, häufig unsicher und gehemmt gewesen, vermochte sich nach seinen detaillierten Angaben gegen Aggressionen von seiten anderer Jungen kaum zu wehren und ging Balgereien soviel als möglich aus dem Wege. Das häufige Rotwerden wurde manchmal verspottet, aber mit den Jahren gewöhnte man sich an diese Eigenheit. Durch gute Leistungen in der Schule stärkte sich sein Selbstgefühl, und daraus erwuchs eine ausgeprägte Tendenz, so pflichtgetreu wie möglich durch immer bessere Leistungen Anerkennung zu finden. Um so mehr hatte ihn der Umstand getroffen, daß er in der etwas gehobenen neuen Position sich nicht den Aufgaben gewachsen fühlte und von den ihm unterstellten Mitarbeitern belächelt wurde.

In der Therapie bot der Patient eine gute Bereitschaft zur Mitarbeit, indessen mit einer deutlichen Neigung zur beamtenmäßigen Subordination. Bei den ersten Aussprachen konnte seine Aufmerksamkeit darauf gelenkt werden, daß er in den abgelaufenen Monaten seiner gehobenen Diensttätigkeit die ihm übertragenen Aufgaben pflichtgemäß gut erfüllt und auch ein größeres Fachwissen als seine Mitarbeiter bewiesen habe, ferner daß schon bei früheren Gelegenheiten wie in der Schule die anderen sich an sein Erröten gewöhnt hätten. Es war merkbar, daß diese Aussprachen eine beruhigende Wirkung auf ihn ausübten, daß dabei aber die Rolle des Therapeuten von ihm noch in einem sehr autoritären Licht gesehen wurde.

In der dritten Sitzung fand die Einführung des Patienten in das AT statt, mit ausgiebigen Hinweisen, wie sich damit neue Erlebnisformen für ihn anbahnen könnten, ferner fand nach gründlicher Aussprache eine formelhafte Vorsatzbildung mit folgendem Wortlaut Anwendung: «Ruhe wirkt nach – Erröten ist keine Schande!» Das AT nahm er mit so übermäßigem Pflichteifer dreimal täglich auf, daß zunächst keinerlei Entspannungswirkung eintrat. Indessen blieben die Worte des Therapeuten von der formelhaften Vorsatzbildung in ihm haften und ermöglichten ihm eine etwas bessere Zusammenarbeit mit seinen Kollegen.

Der weitere Ablauf des AT erfolgte mit erheblichen Schwierigkeiten. Während der therapeutischen Aussprachen konnte bei ihm das Verständnis dafür geweckt werden, daß mit dem AT Neuland für ihn zu entdecken sei, in dem nicht pflichtgemäßer Drill, sondern Gelassenheit und Konsequenz, nicht Vorschriften, sondern Verselbständigungen weiterhelfen würden. Auf die Frage, wann in seinem Leben er sich seinen Gefühlen und sonstigen Eigenerlebnissen habe überlassen können, berichtete er mit aufkommendem Vertrauen von den Beziehungen zu seiner Frau, die er vor neun Jahren näher kennengelernt hatte. Da seien ihm Gefühls- und Trieberlebnisse zugänglich geworden wie sonst nicht in seinem Leben. Im Verlaufe der weiteren Aussprachen gelangte er zu der Einsicht, daß auch außerhalb des ehelichen Lebens Eigenerlebnisse wie etwa die Gefühle eine große Rolle spielen und von ihm bisher häufig verdrängt worden waren. Beim AT gelangen mit einigen heterosuggestiven Nachhilfen ihm ganz allmählich die Schwere- und danach auch die Wärme-Übungen. Von Hypnose-Behandlungen wurde bei ihm abgesehen, um den Autoritätskomplex des Patienten nicht weiter zu verstärken.

Eine wichtige Hilfe war für ihn das muskuläre Training, das er als Morgengymnastik regelmäßig durchführte. Die verbesserte muskuläre Anspannung führte schon nach wenigen Wochen zu deutlich verbesserten Entspannungen beim AT. Ihm fiel bei dieser Gelegenheit ein, daß er vor Jahren hin und wieder Waldläufe gemacht und in einer Sportgruppe seiner Dienststelle Volleyball und dergleichen gespielt hätte. Damals habe er sich leistungsfähiger gefühlt und weniger Errötungsängste verspürt.

Im Anschluß an die Atem-Übung, die gut gelang, wurde er zu Meditationen angeleitet, sinngemäß mit den Worten: «So wie Sie Ihre Atmung von selbst weitergehen lassen, so können Sie eigene Gedanken und innere Bilder aufkommen und ebenfalls weitergehen lassen, also immer wieder aufkommen und weitergehen lassen! Je mehr Sie dieselben bejahen, um so besser für den

Fortgang der Therapie ...» In den folgenden Wochen berichtete er von noch vorhandenen Errötungsängsten bei Dienstbesprechungen, die aber bereits deutlich geringer geworden seien. Die Vorsatzformel habe ihn ermutigt, seinen Mitarbeitern ruhig in die Augen zu sehen, während er zu Anfang immer schnell zu Boden geblickt hätte.

Das AT der Grundstufe wurde nunmehr von ihm mit ausreichendem Erfolg beendet. Nach seinen Mitteilungen schloß er zwei- bis dreimal wöchentlich das AT mit Meditationen von etwa zwanzig Minuten Dauer ab. Mit ihrer Hilfe gelangte er zunehmend zu autogenen Leistungen. Er berichtete, daß ihm bei einer Meditation plötzlich eingefallen sei, wie er im Alter von etwa 13 Jahren das Erröten ganz stark verspürt habe. Damals habe ihm ein hübsches junges Mädchen nahe gegenübergestanden, das ein starkes Verlangen in ihm weckte. Zugleich habe er sich geschämt, daß er kurz zuvor onaniert hatte, trotz strenger Ermahnungen des Vaters, sich nicht zu berühren, denn dies sei eine Sünde. Der genannte Erlebniskomplex gab Veranlassung zu einer freimütigen Aussprache. Der Patient äußerte sich dabei kritisch gegenüber all den vielen Verboten und Befehlen, die er von seiten des Vaters und anderer Autoritäten in seinem Leben erfahren hatte. «Ich war doch oft zu autoritätsgläubig», meinte er dann von sich aus.

Im weiteren Therapieverlauf nahmen die autogenen Leistungen weiter zu. Er vermochte seine Stellung in seinem Dienstbereich zu festigen und gab glaubwürdig an, daß das Erröten immer weniger aufträte, weder er noch die Kollegen würden es besonders beachten. Er sei überhaupt viel weniger ängstlich geworden im Vergleich zum Zeitpunkt der Übernahme seiner neuen Dienststellung. Er machte dann den Vorschlag für eine neue Vorsatzbildung: «Stirn kühl – Füße warm!» Dieser Vorschlag wurde in einer gründlichen Aussprache kritisch beleuchtet. Dabei wurde ihm klar, daß ein solcher Wortlaut noch von einer latenten Angst bestimmt war, durch das Erröten in peinlicher Weise aufzufallen. In gemeinsamer Arbeit wurde dann folgende Formulierung gefunden: «Mein Selbstvertrauen stärken, dazu kühler Kopf!» Sie verhalf ihm zu erfolgreichen Trainingsleistungen, in deren Verlauf er von Ängsten mehr und mehr Abstand fand.

Der Abschluß der Therapie war durch eine partnerschaftliche Arbeit gekennzeichnet, um dem Patienten zu einer Verselbständigung gegenüber falschen Autoritätsvorstellungen und zu einer Abkehr von seinem allzu großen Geltungsstreben zu verhelfen. Das Thema der Errötungsangst tauchte kaum noch auf. Die konstitutionelle Eigenheit einer vasovegetativen Labilität war inzwischen von dem Patienten ausreichend akzeptiert worden, verbunden mit der Überzeugung, daß durch eine Fortführung des AT mit regelmäßigem muskulärem Training dieselbe beeinflußbar ist. In seinem Lebensregime vermochte er auch die Abhängigkeit vom Fernsehkonsum aufzuheben. Nach viereinhalb Monaten konnte die Therapie erfolgreich beendet werden.

Die 48jährige Hausfrau A. P. war vor drei Jahren wegen «chronisch rheumatischer Schmerzzustände» in die eigene Praxis gekommen, nachdem sie seit über sieben Jahren dauernd erfolglos von internistischer und orthopädischer Seite behandelt und wiederholt zu Kuren verschickt worden war. Ein pathologischer Befund war niemals erhoben worden, auch nicht bei wiederholten stationären Durchuntersuchungen, so daß es bei fragwürdigen Diagnosen wie «Muskelrheumatismus», «rheumatische Schmerzzustände» und dergleichen mehr blieb. Die Klagen der Patientin waren ziemlich diffus, die Schmerzen wurden an der unteren Wirbelsäule, in den Beinen, aber auch in den Schultern angegeben. Länger als eine Stunde könne sie keinesfalls gehen, dann verkrampfe sich alles in ihr, und die Schmerzen würden dann unerträglich. Gerade diese letzten Angaben wurden von ihr mit großer Bestimmtheit gemacht.

Die neurologische Untersuchung erbrachte keinerlei pathologische Befunde. In psychischer Hinsicht bot die Patientin keine depressiven Symptome, sie war eher expansiv und schilderte mit immer neuen Einzelheiten ihre Beschwerden, die in den letzten Jahren stärker geworden seien. Eine nachhaltige Fixierung an ihre Beschwerden kam dabei zum Vorschein. Ferner berichtete sie über Familienprobleme, die sich in den letzten Jahren eingestellt hätten. Seit 28 Jahren sei sie gut verheiratet, aber ... der Ehemann sei viel unterwegs, bisweilen mehrere Tage hintereinander, er sei wohl aufmerksam zu ihr, aber nicht mehr so zugewandt wie in früheren Jahrzehnten. Die beiden Kinder seien schon erwachsen, wohnten zwar noch zu Hause, aber folgten immer mehr eigenen Interessen. Sie habe sich vergeblich bemüht, sie stärker an sich zu binden. Bei diesen letzten Angaben wirkte die Patientin doch etwas bedrückt, es kam die Problematik der unbefriedigten Hausfrau der zweiten Lebenshälfte zum Vorschein, die sowohl beruflich wie auch kulturell und sonst sozial einen Anschluß an das Leben versäumt hatte. Ein umschriebener Leidenszustand war somit anzunehmen.

Die biographische Anamnese bot keine Anhaltspunkte für eine Verwurzelung der Neurose in der Kindheit und Jugend. Belangreich erschien die Tatsache, daß sie unmittelbar aus dem Elternhaus in die Ehefrau-Situation übergewechselt war. Nach einem über 20jährigen Zeitraum, in dem sie leistungsfähig und ausgeglichen war, hatten präklimakterische Beschwerden eingesetzt, die iatrogen durch immer neue Behandlungen und Kurverfahren fixiert wurden. Ein Circulus vitiosus führte von allgemein funktionellen Störungen zu einer hypochondrischen Neurose, mit der sie vergeblich versuchte, ihre auseinanderstrebende Familie zusammenzuhalten.

Der Versuch einer Familientherapie gelang nicht, da, wie so häufig in diesen Fällen, die berufstätigen Angehörigen aus zeitlichen Gründen absagten. Die Patientin wurde im Rahmen einer psychotherapeutischen Gruppe mit acht Mitgliedern behandelt. Sie lebte sich sehr schnell in diese Gruppe ein, entfaltete in ihr eine dominierende Rolle und begann die anderen zu bemuttern. Das AT wurde gemeinschaftlich mit den üblichen Anfangsschwierigkeiten erlernt. Dabei hatte die Patientin vermehrte Schwierigkeiten im Vergleich zu den anderen Gruppenmitgliedern, die keine Neurotiker, sondern Patienten mit neurofunktionellen Störungen waren. Die Aussprachen in der Gruppe verhalfen der Patientin zu einigen wichtigen Erkenntnissen über ihre Bemutterungsrolle, ohne daß sie diese aber damit aufgegeben hätte.

Die ersten formelhaften Vorsätze betrafen ihre Gehleistungen, die sie zunächst streng auf eine Stunde begrenzt haben wollte. Unter Einfluß der Gruppe entschloß sie sich dann zu dem Vorsatz: «Ich gehe hintereinander 70 Minuten ohne Verkrampfung!» Der Einfluß der Gruppe erwies sich weiterhin als günstig, nachdem das Problem des Trainings, der schrittweisen Verbesserung von Entspannungs- und Anspannungsleistungen, eingehend besprochen und als wertvolle Hilfe allgemein akzeptiert worden war. Die Patientin vermochte sich allmählich kooperativ in das Gruppengeschehen einzugliedern, dabei auch ihre Gehleistungen in den folgenden Wochen auf eineinhalb Stunden und dann auf zwei Stunden zu vergrößern, mit der Formulierung: «Locker gehe ich zwei Stunden – Gehen fällt mir leicht!» Sie klagte nicht mehr über erhebliche Beschwerden beim Gehen, ja sie ließ sich gern wegen ihrer Erfolge von der Gruppe loben.

Nachdem die Grundübungen des AT im Verlaufe von drei Monaten ausreichend von allen Gruppenmitgliedern erlernt waren, wurden Meditationen in der Gruppe angeschlossen, die wohl zu vermehrten Ruheerlebnissen, nicht aber zu wichtigen verbalen Mitteilungen der einzelnen Mitglieder führten. Je weniger übrigens eine ganz individuelle Anleitung erfolgen kann, um so weniger sind belangreiche Beiträge von den unmittelbaren Mitteilungen der Meditierenden zu erwarten.

Die Patientin wurde neben der Gruppe auch in Einzelaussprachen behandelt. Dabei berichtete sie über Meditationserfahrungen der letzten Tage. Ihr sei die eigene traurig gewordene Familiensituation sehr deutlich vor Augen getreten. Die beiden Kinder hätten vor kurzem gesagt, sie würden schon seit Jahren die Absicht haben, vom Elternhaus fortzuziehen, jetzt, nachdem es der Mutter besser ginge, würden sie dies auch bald tun. Bei diesen Mitteilungen wurde eine Krisensituation deutlich, in die die Patientin gelangt war. Sie wirkte jetzt stimmungsgedrückt und hatte ihre sonstige Expansivität verloren. Die Einzeltherapie wurde daher fortgesetzt, um der Gefahr eines Rückfalls vorzubeugen. Ihr wurde nahegelegt, eine Rangfolge der im Verlaufe des Lebens aufgenommenen persönlichen Aktivitäten aufzustellen und damit auch die in absehbarer Zukunft in Betracht kommenden zu vermerken. Es war eindrucksvoll, daß von Sprachstudien und Literaturstudien über sportliche Aktivitäten bis zu sozialen Interessen eine recht große Liste von ihr vorgelegt wurde. Fast alle diese Interessen bezeichnete sie aber als im Verlaufe der letzten Jahre völlig verschüttet.

Die Patientin formulierte eine Vorsatzbildung mit den Worten: «Ich gebe mich nicht auf – ich baue mein Leben auf!» Mit dieser Formulierung und regelmäßigen Meditationen bei konsequent durchgeführtem weiterem AT entfaltete sie im letzten Zeitabschnitt der Therapie beachtliche autogene Kräfte. Sie nahm einige wertvolle Interessen ihres früheren Lebens wieder auf, begann sich sportlich zu betätigen und übernahm auch eine freiwillige Nebentätigkeit in einem Krankenhaus. Zugleich konnte sie die Beziehungen zu ihren Familienangehörigen auf der Basis einer allmählich zunehmenden Verselbständigung neu gestalten. Die Therapie wurde nach insgesamt fünfeinhalb Monaten Dauer erfolgreich abgeschlossen.

c) Resümierende Betrachtungen zur Mittelstufe

Die hier dargestellte Mittelstufe des AT wurde als adäquate Behandlungsform für Neurosen leichteren Grades beschrieben. SCHULTZ hatte für sie den Begriff der «Randneurosen» vorgeschlagen, um deutlich zu machen, daß die betreffenden Personen nicht insgesamt, sondern gleichsam an der Peripherie von nervösen Störungen befallen sind. Dieselben führen zu einem umschriebenen Leidenszustand, der die Möglichkeit einer Verschlimmerung und Chronifizierung einschließt. Eine gezielte Therapie ist daher geboten. Sie besteht darin, daß man diesen umschriebenen Leidenszustand nicht mit einigen Aussprachen oder der Grundstufe des AT zu beheben sucht, denn deren therapeutische Effektivität reicht bei Neurosen meistens nicht aus, daß man andererseits aber nicht «mit Kanonen auf Spatzen schießt». Die Mittelstufe hat deswegen eine erhebliche Bedeutung, weil leichtere Neurosen weit verbreitet sind und weil die Annahme einer Neurose recht häufig dazu führt, daß «große Psychotherapie» mit 50, 60 und mehr Behandlungsstunden angesetzt und über den Weg der kassenärztlichen Verordnung auch genehmigt wird. Es geht also um eine möglichst differenzierte Diagnostik, wie SCHULTZ dies auch angestrebt hat, und um eine adäquate Therapie.

Die Therapie der Mittelstufe ist ganz überwiegend prospektiv angelegt, gewiß nach eingehender Erhebung der biographischen Anamnese, aus der Überlegung heraus, daß viele gesunde Anteile in dem betreffenden Organismus vorhanden sind, die nach gelungener Vermittlung der Grundstufe mit dem weiterführenden Training der Mittelstufe das volle Übergewicht über die neurotischen Erscheinungen erreichen können. Das hauptsächlich prospektive Vorgehen schließt nun eine vertiefte Einsicht in die Vorgeschichte des Neurotikers nicht aus. Die Auseinandersetzungen mit den Aufgaben der Gegenwart und der absehbaren Zukunft vermögen jederzeit die aus der Lebensentwicklung überkommenen Schwächen und auch die Stärken des betreffenden Organismus aufzudecken.

Sollen es immer nur Neurosen leichterer Art sein, die für das Training der Mittelstufe in Betracht kommen? Nein, jeder, der ein sachliches Interesse zeigt, könnte auch ohne eine Neurose an diesem Training teilnehmen, wenn ein dauerhaftes gutes Engagement erkennbar ist und – wenn der Therapeut genügend freie Zeit dafür hat. Denn es besteht keine ausreichende Indikation im medizinischen Sinne bei dem zuletzt genannten Personenkreis, d. h., die Neurotiker müssen Vorrang haben bei der Auswahl zum AT der Mittelstufe. Bei ihnen ist ein mehr oder minder großer Leidensdruck generell die notwendige Motivation für eine Mitarbeit, die in noch größerem Ausmaß erforderlich ist als beim AT der Grundstufe.

Ob Teilnehmer am AT der Mittelstufe die Voraussetzungen für eine ausreichende Kooperation, auch im Sinne des Mitdenkens, aufweisen, hat sich meist schon bei der Absolvierung der Grundstufe gezeigt. Indessen stößt man bei einem Teil der Trainingsteilnehmer dann doch auf Grenzen, die sich aus bestimmten Mängeln psychischer Differenziertheit ergeben. So zeigt der eine oder andere Teilnehmer am Training der Mittelstufe kein ausreichendes Interesse an auch nur zeitlich umgrenzten Meditationen. Die Bereitschaft, latente Innenerlebnisse aufkommen zu lassen und sich selbst damit neu zu erfahren, ist auch bei manchen jugendlichen Patienten nicht ausreichend vorhanden. Insgesamt handelt es sich bei sorgsamer Auswahl um eine Minderheit der in Betracht kommenden Patienten, die für die Mittelstufe nicht geeignet sind.

Es wird empfohlen, bei den erwähnten Schwierigkeiten nicht in erster Linie an konstitutionelle Mängel der Trainingsteilnehmer, sondern an Komplikationen im Therapieverlauf, auch im Sinne von Widerständen gegen peinliche Aufdeckungen persönlicher Schwächen durch die Therapie, vielleicht auch an Reifungsprobleme der Trainingsteilnehmer zu denken, wie sie von jeher bei eindringender Psychotherapie aufgetreten sind. Schwierigkeiten finden sich auch nicht selten bei der partnerschaftlichen Ausarbeitung von formelhaften Vorsatzbildungen. Auch bei gründlicher Einführung in die genannte Problematik, verbunden mit dem Vorschlag, alle in Betracht kommenden Formulierungen untereinander aufzuschreiben, sind die Resultate oft mangelhaft, etwa von der Art: «Nicht unterkriegen lassen! ... Kopf oben behalten! ... Auf in den Kampf! ... Alkohol ganz gleichgültig! ... Nutze den Tag! ... Landgraf, werde hart!» – Zitate schleichen sich recht oft in die Gedankengänge der solche Formulierungen suchenden Personen ein.

Eine partnerschaftliche Therapie-Arbeit hilft den meisten Patienten weiter, wenn ihnen verständlich gemacht werden kann, daß irgendein guter Ansatz in ihren bisherigen Bemühungen erkennbar sei, daß sie fortgesetzt werden könnten, um sich ganz konkret zu programmieren, in Anpassung an die äußere und innere Situation, d. h. auch mit Erprobung der Formulierungen im Verlaufe von Meditationen. Fortschritte bei der individuellen Ausfeilung der Formulierungen werden erzielt, wenn das sonstige Training der Mittelstufe gut weitergeht. Diese Feststellung gilt stets auch für die autogenen Entspannungen und Anspannungen der Grundstufe, besonders wenn sie in einem Teil der Behandlungsfälle erst nachträglich vermittelt werden konnten. Auf weitere Sicht bleiben sie die Basis aller Trainingsleistungen. Die Aufmerksamkeit der Trainierenden gilt es immer wieder auf diesen prinzipiellen Zusammenhang zu richten. Erst dann kann erwartet werden, daß in einem umschriebenen Zeitraum, der von wenigen Wochen bis zu maximal fünf, sechs Monaten reicht, so viele autogene Heilungskräfte, d. h. Reservekräfte des Organismus, mobilisiert werden, um die Neurose zu überwinden.

Für die Therapie des Verhaltens waren Aufstellungen von Rangfolgen latenter Interessen – die im Laufe des Lebens früher einmal eine Rolle gespielt hatten – von großem Wert. Während bei den altbekannten Rangfolgen der Ängste von den geringsten ausgegangen wurde, um sie in Meditationen und in der Praxis des Lebens allmählich abzubauen, wurde hier ein Aufbau mit Hilfe der lebhaftesten Interessen vollzogen. Gleich, ob es sich um Literatur, Musik oder sonstige Kunstformen, um Basteln oder sportliche Betätigungen handelte, bei Meditationen und therapeutischen Aussprachen ließ sich herausfinden, welche Interessen zur Verselbständigung beitragen und welche nur als oberflächliches Hobby zu gelten haben.

Im Jahre 1973 wurde auf dem 9. Internationalen Kongreß für Psychotherapie in Oslo ein eigener Vortrag über das Thema: «Autogene Abreaktion – klinische Beobachtungen» gehalten (veröffentlicht in «Psychotherapy and Psychosomatics», 1975). Es wurde über höhere Formen des AT berichtet, bei denen Neurotiker nach guter Beherrschung der Grundstufe anschließend sich die Formulierung «Gedanken und Bilder steigen auf» vergegenwärtigten, mit ihr dann eine Zeit von 10 bis 20 Minuten in völliger Ruhe verblieben. Es wurden einige günstige Verläufe bei leichteren Neurosen beobachtet. – Nach einem inzwischen über sieben Jahre längeren Erfahrungsbereich kann gesagt werden, daß die genannte Zusatzformulierung sich auch weiterhin bewährt hat, jedoch nur dann, wenn die Hilfe durch den Therapeuten gewährleistet war. Ohne dieselbe haben nur gelegentlich Patienten mit neurotisch bedingten Verstimmungszuständen berichtet, daß mit dieser Zusatzformulierung zunächst Alltagsereignisse, sogenannte «Tagesreste» ins Bewußtsein rückten, dann aber traumatisierende Erlebnisse der Vergangenheit auftauchten, die für die Verstimmung eine Erklärung abgaben.

Der Patient braucht beim AT der Mittelstufe mehr noch als bei dem der Grundstufe eine möglichst enge Zusammenarbeit mit dem Therapeuten, weil die Therapie noch kompliziertere Züge annimmt. Die meisten Patienten vermögen mit einer Zusatzformulierung, wie sie eben genannt wurde, allein nicht viel anzufangen. Wenn dieselben jedoch eingebettet sind in die Gesamtheit des Mittelstufen-Trainings, wozu die partnerschaftliche Arbeit des Therapeuten mit dem Patienten gehört, führen Zusatzformulierungen ein großes Stück weiter. Es kann daraus ersichtlich werden, daß das Training der Mittelstufe eine Psychotherapie auf höherer Ebene darstellt.

3. Die Oberstufe

a) Das methodische Vorgehen in Grundzügen

Die Besonderheiten der Oberstufe sind durch den Weg von der Grundstufe zur Mittelstufe vorgezeichnet, sie gewinnen klare Konturen, wenn dieser Weg weiter beschritten wird. Wie aber geht es im einzelnen weiter? Diese Frage ist angebracht, da die vorliegenden Publikationen von SCHULTZ und seinen Schülern kaum noch Hilfen bieten können. Es verdient nochmals festgehalten zu werden, daß das autogene Prinzip und das Trainingsprinzip auch für das Vorgehen in der Oberstufe maßgebend sein müssen, um die Einheitlichkeit der Methode zu wahren.

Der methodische Weg kann nur komplizierter werden, da es um die Behandlung schwerer Neurosen geht, die lebensgeschichtlich tiefgreifende Veränderungen mit sich führen. Sie reichen mit ihren pathogenen Wurzeln unterschiedlich weit in die Vorgeschichte zurück. Damit wird nicht die These einer orthodoxen Psychoanalyse übernommen, daß ihre Anfänge allgemein in der frühen Kindheit liegen. Es besteht aber Übereinstimmung darin, daß die Aufklärung und Aufarbeitung der in der Lebensentwicklung meist über Jahre verfestigten pathologischen Vorgänge für eine erfolgversprechende Therapie unumgänglich sind. Hier ist der Unterschied gegenüber den leichteren Neurosen – Randneurosen – zu sehen, weil bei ihnen die pathologischen Abläufe in der Vorgeschichte nicht erheblich verfestigt sind. Daher stehen bei ihnen die autogenen Heilkräfte viel eher zur Verfügung. Sofern Verwöhnungen, Verängstigungen und psychische Hemmungen bereits in der Kindheit vorhanden waren, ist damit allein noch keine Neurose ausgeprägt. Sie kann sich später auf der Grundlage solch häufiger Erscheinungen der Kindheit entwickeln, wenn ernste Lebensbelastungen und Konflikte eintreten und wenn dabei ein Circulus vitiosus sich einspielt, so daß alle Bemühungen des Patienten zu neuen Fehlreaktionen führen.

Eine retrospektive Orientierung der Therapie ist zunächst angezeigt bei den Neurosen schwereren Grades, um deren pathogene

Hintergründe aufzuklären. Dies ist die erste Antwort auf die Frage, welcher methodische Weg therapeutisch bei der Oberstufe einzuschlagen ist. Aber retrospektive und prospektive Orientierungen der Therapie bedürfen der Abstimmung aufeinander, damit der Charakter des Trainings gewahrt bleibt. Aufbauend auf der zunächst stark hervortretenden retrospektiv orientierten Therapie, gewinnt im weiteren Verlauf die prospektive Orientierung ein zunehmendes Übergewicht. Damit ist die oben gestellte Frage im weiteren Sinne beantwortet.

Im einzelnen kann gesagt werden, daß ausgehend von den gegenwärtigen Beschwerden und daraus erkennbaren Störungen des Patienten zunächst die biographische Anamnese erhoben wird, meist im Verlauf mehrerer Behandlungsstunden. Die somatischen und psychologischen Untersuchungen finden in dieser Anfangsphase statt, um von diagnostischen Feststellungen aus möglichst genaue Ansätze für die weitere Therapie zu gewinnen. Hierzu gehören öfters auch Medikamente, in begrenztem Umfang Hypnosen und bei einem großen Teil der Behandlungsfälle von Anfang an die Grundstufe des AT mit regelmäßigen Aussprachen und Meditationen. Die beiden letztgenannten Behandlungsformen sind dazu geeignet, die biographische Anamnese zu einer retrospektiv orientierten Therapie fortzuführen. Mit einem regelmäßigen Training gelangt dann auch die Therapie zu einer prospektiven Orientierung, die im weiteren Verlauf so vielseitig ausgebaut werden kann, daß sie dominierend wird.

Die Erhebung der biographischen Anamnese wird hier in enger Verbindung mit der retrospektiv orientierten Therapie gesehen. Diese enge Verbindung ist ganz bevorzugt in der Psychotherapie erkennbar, weil wichtige anamnestische Einsichten zu therapeutischen Wirkungen führen und diese wiederum die Einsichten in anamnestisch wichtige Zusammenhänge verbessern können. Die Eruierung wesentlicher Zusammenhänge vermag im Patienten die Überzeugung zu wecken, daß seine Störungen ihm nicht schicksalhaft auf den Lebensweg mitgegeben wurden, sondern Folgen ungünstiger Einwirkungen und seiner fehlerhaften Reaktionen sind. Je mehr er zu gehobenen Trainingsstufen gelangt, um so mehr erschließt er sich neue Verhaltensmöglichkeiten und zugleich neue Einsichten in sein vergangenes, gegenwärtiges und absehbar zukünftiges Leben. Auch wenn die prospektive Therapie bereits dominiert, sind retrospektive Intervalle jederzeit möglich und sogar folgerichtig. Dabei kann wiederum auf Worte Goethes Bezug genommen werden: «Jeder neue Gegenstand, wohl beschaut, schließt ein neues Organ in uns auf...»

Da die Meditationen beim Training der Oberstufe eine weit größere Rolle als beim Training der Mittelstufe spielen, verdienen sie eine entsprechend größere Beachtung. Wenn der Patient im Schutze einer guten Partnerschaftlichkeit mit Hilfe regelmäßiger Entspannungsübungen bis zu Versenkungszuständen hypnoider Art gelangt ist und dabei neue Verhaltensformen erproben lernt, merkt er bei ausreichender Flexibilität, daß dabei eine zukunftweisende menschliche Fähigkeit wirksam werden kann, nämlich die Phantasie. Deren therapeutische Wirksamkeit ist indessen nur dann dauerhaft vorhanden, wenn die Phantasie nicht von der Wirklichkeit losgelöst ist. Bei länger währenden Meditationen ist die Gefahr recht groß, die realen Aufgaben aus dem Auge zu verlieren und sich Tagträumereien mit Luftschlössern aller Art zu überlassen, die eine vermehrte Passivität zur Folge haben können.

Die Worte Goethes vermögen auch hier zu einer Erklärung beizutragen, wenn man den zuverlässigen Mitteilungen Eckermanns folgt: «Und zwar meine ich nicht eine Einbildungskraft, die ins Vage geht und sich Dinge imaginiert, die nicht existieren; sondern ich meine eine solche, die den wirklichen Boden der Erde nicht verläßt und mit dem Maßstab des Wirklichen und Erkannten zu geahnten, vermuteten Dingen schreitet.» Damit wird eine schöpferische, d. h. realitätsgerechte Phantasie faßbar, die in der Psychotherapie bereits Anwendung gefunden hat. So hatte H. Schultz-Hencke eine «exakte Phantasie im Sinne Goethes» wiederholt bei Seminaren und persönlichen Anleitungen empfohlen, um das methodische Inventar der Psychotherapie zu erweitern. Gemäß seinen detaillierten Ratschlägen wurden im Verlaufe von Lehrbehandlungen die Patienten dazu angehalten, bevorstehende Lebensaufgaben, die aus neurotischen Gründen besonders schwierig waren, so genau durchzuphantasieren, daß sie dann lösbar wurden. Dem «Vorausphantasieren» entsprach dann im Anschluß an das reale Geschehen ein «Nachphantasieren» mit dem Ziel, aufgetretene Verhaltensfehler in ihren

Zusammenhängen besser zu verstehen und ihre Abstellung vorzubereiten.

Bei dem eigenen Vorgehen wird grundsätzlich zunächst ein ausgiebiger Ruhe- und Entspannungszustand mit Hilfe des AT oder nötigenfalls mit Hypnosen herbeigeführt, möglichst bis zu einem Hypnoid. Dann wird das Verständnis dafür geweckt, daß die Voraussetzungen gegeben sind, damit Gedanken nunmehr ganz ruhig und frei weitergehen, auch neue auftauchen, nicht selten in Verbindung mit optischen und anderen Erlebnissen. Wenn Patienten eine Zeitlang ermutigt werden, solche auftauchenden Erlebnisse anzunehmen, sie weiter aufsteigen zu lassen und darüber zu sprechen, so werden manchmal Abreaktionen möglich, wie sie bereits beschrieben wurden. Bei anderen Fällen von schweren Neurosen wartet man vergeblich auf Äußerungen der Patienten, sie verharren schweigend in der beschriebenen Ruheposition, obwohl es gelingt, bei Fortführung dieser Therapie tiefe Versenkungszustände zu erreichen. Wenn sich Gesichts- und sonstige Muskeln deutlich anspannen, wird daran merkbar, daß Innenerlebnisse die Patienten stark beschäftigen, daß aber hochgradige Hemmungen vorhanden sind, die eine Äußerung verhindern. Es wäre nicht förderlich, bei den genannten Schwierigkeiten auf eine Mitteilung zu drängen. Sinngemäß wird den Patienten gesagt: «Sehen Sie in einem solchen Ruhezustand eine gute Gelegenheit, zu neuen Selbsterlebnissen zu gelangen. Sie können frei über alles sprechen, was Ihnen durch den Kopf geht, oder einfach nur darüber reflektieren ...» Wenn Patienten dann noch keine Auskünfte geben, wird es für angebracht gehalten, ein mit der Zeit quälend wirkendes Schweigen zu beenden, d. h. den hypnoiden oder sonstigen Entspannungszustand abzubrechen und dann den betreffenden Patienten unbefangen in ein Gespräch zu ziehen. Allgemein gelingt es beim Gegenübersitzen – statt zuvor bei Horizontallage des betreffenden Patienten –, dessen Eindrücke von dem abgelaufenen Therapiegeschehen in Erfahrung zu bringen. Gleichviel, ob er nun detailliert darüber berichtet, was ihm durch den Kopf gegangen ist, oder ob er nur Andeutungen bringt, es kann ihm erläutert werden, daß er mit jeder Behandlung besser lernt, Innenerlebnisse, die in Form von Einfällen auftauchen, anzunehmen und sich darüber zwanglos zu äußern. Wiederholte Appelle an die Einsicht des Patienten sind angebracht, daß seine Mitteilungen über diese Innenerlebnisse von großer Bedeutung für den Fortgang der Therapie sind. Befehlsähnliche Anweisungen sind freilich zu vermeiden.

Der weitere Fortgang der Therapie in ein- bis zweimaligen Fünfzig-Minuten-Sitzungen in der Woche ermöglicht es, den Patienten in tiefe Versenkungszustände einzuführen, die selten länger als zwanzig Minuten andauern. Generell lernt er immer besser, sich über seine Innenerlebnisse zu äußern, und sei es anfangs auch nur mit den Worten: «Mir fällt noch immer nichts Wichtiges ein ...» Hilfreich sind dann Aufklärungen des Therapeuten, daß jede Äußerung, wie auch diese, ernst genommen werde und daß auch das scheinbar Unwichtige von Bedeutung sei.

Mit den angegebenen Hilfen gelingt es allmählich, auch hochgradige Hemmungen von Patienten mit schweren Neurosen so weit zu beheben, daß sie über ihre Innenerlebnisse sprechen können. Mehr und mehr berichten sie über Einzelheiten ihrer Vorgeschichte, auch über solche, die weitgehend aus ihrem Gedächtnis entschwunden waren. Die Fragen und Hinweise des Therapeuten sind dabei unvermindert von Bedeutung. Bei einem fortdauernden Leidensdruck in der Gegenwart bleibt es nach einer Reihe von Sitzungen nicht aus, daß der Patient aktuelle Schwierigkeiten mitteilt, an deren Abstellung ihm verständlicherweise viel gelegen ist. Die Aufgabe des Therapeuten ist es nun, Verständnis dafür zu erwecken, daß nicht allein die Frage: «Warum habe ich diese Störung?» weiterführt, sondern mehr noch die Frage: «Wie überwinde ich diese Störungen?» und weiter die Frage: «Welche umschriebenen Ziele kann ich mir setzen, um diese Störungen zu überwinden?» und damit der Therapie vermehrt eine prospektive Orientierung zu geben. Und sogleich taucht hier das Thema der Phantasie auf.

Es wäre nicht förderlich, wollte man Durchschnittspatienten einen mehr oder minder akademischen Vortrag über die Rolle der menschlichen Phantasie halten. Wer indessen in der Therapie so weit gelangt ist, daß die Meditationen immer mehr einen prospektiven Charakter annehmen – dies ist in der Oberstufe als Regelfall anzustreben –, der vermag folgende Hinweise wohl zu beherzigen: «Sie bleiben weiter in guter Ruhe und Entspannung, können nun Ihre Gedanken und inneren Bilder ganz frei weitergehen lassen in noch unbekannte Lebensbereiche. Sie merken, daß sich Ihnen ein Freiraum öffnet. Sie nutzen ihn, wenn Sie die Wirklichkeit mit den zugehörigen konkreten Schwierigkeiten so genau wie möglich vor dem inneren Auge auftauchen lassen und sich mit ihnen ganz ungezwungen auseinandersetzen.» Auf diese Weise kann dem Patienten verständlich werden, daß mit diesen Meditationen eine Phantasieleistung gemeint ist. Sie spielt für die Oberstufe eine so große Rolle, daß in ihr von einem autogenen Phantasie-Training zu sprechen ist, das den zunächst oft diffusen Meditationen eine therapeutisch höhere Qualität verleiht.

Zur Erläuterung empfiehlt es sich, Patienten, die schon Erfahrungen mit diesem speziellen Training gesammelt haben, mitzuteilen, daß es sich bei der Phantasie um eine wichtige menschliche Fähigkeit handelt, die den gestaltenden Künstler auszeichnet, ebenso andere Menschen, die selbständig und kreativ Lebensaufgaben zu meistern wissen. Diese Fähigkeit ist neuerdings in Gefahr, durch Einflüsse des Fernsehens und anderer Medieneinrichtungen, auch durch sonstige Manipulationsmittel eingeschränkt und in bestimmte Richtungen gedrängt zu werden. Die Entwicklung, die Neubelebung dieser Fähigkeit erscheint dringend notwendig, nicht nur für die Überwindung von Neurosen, sondern auch für die Gestaltung des ganzen übrigen Lebens.

Bei dem nunmehr erreichten Stand der Mitteilungen kann eine Standardhilfe angegeben werden, die sich bei dem Phantasie-Training immer wieder bewährt hat. Beispielsweise gelangt der Patient im Verlaufe prospektiver Meditationen zur Schilderung einer Lebenslage, in der hochgradige Angst auftreten würde. Die Hilfe des Therapeuten wird etwa mit folgenden Worten angeboten: «Das Auftreten von Angst ist nur *eine* Reaktionsmöglichkeit. Sie können die Angst abziehen lassen, weil die gute Ruhe- und Entspannungssituation, in der Sie sich befinden, zur Wirkung gelangt. Und welche anderen Reaktionsmöglichkeiten haben Sie zur Verfügung, wenn Ihre Gedanken ganz frei weitergehen?» Die Antwort des Patienten könnte lauten, daß er dieser Lebenssituation aus dem Wege gehen würde, um die Angst zu vermeiden. Daraufhin wäre ihm als Standardhilfe weiter die Frage zu stellen: «Das Ausweichen ist eine weitere Reaktionsmöglichkeit in Ihrem Verhaltensrepertoire. Die Ruhe und Entspannungssituation wirkt sich unvermindert aus, auch mit einer Ermutigung. Welche weiteren Reaktionsmöglichkeiten stekken in Ihnen, wenn Ihre Gedanken frei weitergehen?»

Die erwähnte Standardhilfe ist von dem Bestreben diktiert, die heterosuggestiven Anleitungen auf ein Minimum zu reduzieren und autogene Kräfte soweit als möglich zu mobilisieren. Bei Fortsetzung dieses Phantasie-Trainings wird deutlich, daß ein lockeres Erproben immer neuer Verhaltens- und Reaktionsmöglichkeiten weiterhilft. Der Ausdruck «durchspielen» erläutert dem Patienten ein solches ganz ungezwungenes Vorgehen, bei dem er sich zu immer neuen Einfällen und zu neuen produktiven Gedankengängen anregen läßt. Er versteht dann die Notwendigkeit, dieses Phantasie-Training für sich allein auch ohne Anleitung des Therapeuten im Anschluß an die Grundübungen des AT mit Regelmäßigkeit fortzusetzen. Auf diese Weise gelingt ihm im weiteren Verlaufe der beschriebenen Therapie eine zunehmende Verselbständigung auch gegenüber dem Therapeuten. Sie ist deswegen dringend geboten, weil über die Anfangsphase der Therapie hinaus der Therapeut auch durch Anwendung heterosuggestiver Mittel einen überaus starken Einfluß auf den Patienten gewinnen kann, ja gewinnen muß, der dann durch Ausweitung der spezifisch autogenen Methoden mehr und mehr zu reduzieren ist.

In Ausnahmefällen wird es auch immer einmal notwendig sein, selbst bei gut verlaufender Therapie der Oberstufe, sogar während des Phantasie-Trainings heterosuggestive Akzente zu setzen. Angeführt sei das Beispiel einer 35jährigen Patientin, deren schwere depressive Neurose durch eine dreieinhalb Monate andauernde stationäre Psychotherapie nur in begrenztem Maße gebessert werden konnte. Sie wurde anschließend in die eigene ambulante Psychotherapie übernommen. Nach viermonatiger Behandlungszeit, in der dann zur Oberstufe des AT mit wöchentlich zwei Behandlungsstunden übergegangen wurde, gelang ein partiell guter Behandlungserfolg. Es blieb noch eine neurotische Konfliktsituation dadurch bestehen, daß die Patientin keine mütterlichen Gefühle für ihren achtjährigen Sohn aufbringen konnte, obgleich sie diese herbeiwünschte und der Sohn mit einigen widerstreitenden Gefühlen sehr an ihr hing. Die gezielte Beeinflussung dieser umschriebenen neurotischen Störung geschah in folgender Weise:

Der Patientin wurde über einen fremdsuggestiv herbeigeführten Versenkungszustand das Wiesenmotiv vermittelt, wie dies von Happich und Leu-

NER beschrieben wurde, d. h., die Patientin sah sich in ihrer Phantasie auf eine Wiese versetzt unter einer angenehm wärmenden Sonne. Ihre optischen Phantasien wurden dahin gelenkt, daß sie selbst sich in entspannter Haltung auf der Wiese befand und ihr Sohn langsam auf sie zukam, mit dem offenbaren Wunsch, seiner Mutter nahe zu sein. Ihr wurde geraten, in ihrer Phantasie ihre wahren Gefühle deutlich zum Ausdruck zu bringen. Sie gab daraufhin an, daß sie nur «mit Überwindung» sich dem Kinde zuwenden könne. Mit suggestivem Nachdruck wurde ihr gesagt: «Ihr Kind kommt Ihnen noch näher. Es legt seine Hände in Ihre Hände. Sie merken, daß das Kind an Ihnen hängt. Und was fällt Ihnen dazu ein?» Als die Patientin weiter zögerte, wurde ihr mit gleichem Nachdruck gesagt, daß sie die körperliche Nähe des Kindes ganz deutlich spüre, auch seine Körperwärme und seinen Körpergeruch wahrnehme. Endlich berichtete sie, daß sie das Bedürfnis habe, das Kind in die Arme zu schließen und zärtlich an sich zu drücken. Die beschriebene überwiegend heterosuggestive Beeinflussung hatte nach mehrmaliger Wiederholung mit anschließender Vorsatzbildung das Ergebnis, daß eine Änderung im Verhalten der Patientin eintrat. Sie folgte zugleich dem Rat des Therapeuten, allabendlich mit dem Kind zwanzig bis dreißig Minuten lang sehr persönliche Gespräche über gemeinsame Erlebnisse zu führen und sich ganz auf seine positiven Eigenschaften einzustellen. Das Kind gewann in der folgenden Zeit das Vertrauen, von seinen Erlebnissen im Elternhaus, in der Schule und mit anderen Kindern und Erwachsenen viel offener als vorher zu sprechen. Bei der Patientin kamen von nun an mehr und mehr mütterliche Eigenschaften zum Vorschein, die jahrelang verschüttet waren. Die heterosuggestiven Beeinflussungen der Patientin wurden nach vier Wochen beendet und die autogene Psychotherapie nach weiteren vier Monaten abgeschlossen. Eine Nachbeobachtungszeit von vier Jahren bestätigte, daß es sich hier um einen dauerhaften Erfolg handelte. (Abgedruckt in «Psychotherapeutisch gelenkte Phantasien» von D. MÜLLER-HEGEMANN, 1978.)

Die Notwendigkeit für eine fremdsuggestive Therapie auch beim Phantasie-Training der Oberstufe kann sich als Ausnahme immer dann ergeben, wenn eine durch einen schwerwiegenden Konflikt festgefahrene Therapiesituation möglichst schnell überwunden werden sollte. Auf jeden Fall darf eine heterosuggestive Beeinflussung bei der Therapie der Oberstufe nur als passagere Phase verstanden werden, da sonst die autogenen Kräfte nicht genügend gefördert werden können.

Die Verschiedenartigkeiten der therapeutischen Maßnahmen geben ein unterschiedliches Gewicht des persönlichen Einflusses des

Therapeuten zu erkennen, so daß das Therapeuten-Patienten-Verhältnis ins Blickfeld gelangt. Dieses Verhältnis wird allgemein bei einer auf Partnerschaftlichkeit angelegten Therapie mit Fortschreiten derselben zu einem Problem und zu einem wichtigen Thema der therapeutischen Aussprachen. Jede eindringende Psychotherapie schließt die Möglichkeit ein, daß auch bei betont sachlicher Therapie-Konzeption der Patient die Person des Therapeuten in neurotischer Weise fehleinschätzt, ihn gelegentlich autoritativ verklärt betrachtet oder bei nicht zusagendem therapeutischem Vorgehen Widerstände dagegen und gegen den Therapeuten selbst entwickelt. So sind es nicht selten für den Patienten peinliche Details, die offengelegt werden, so daß sich dagegen Widerstände regen. Auch der Therapeut ist keineswegs gefeit gegen Fehleinschätzungen der Person des Patienten. Eine offene Aussprache über diese komplizierten Zusammenhänge verhilft der therapeutischen Arbeit zu weiterer Versachlichung und ermöglicht dem Patienten, sich mehr und mehr zu verselbständigen.

Das Therapeuten-Patienten-Verhältnis wird bisweilen spontan zum Thema der Aussprachen, wenn eine übermäßig positive oder negative Äußerung des Patienten zur Person des Therapeuten erfolgt, so daß die Fragen begründet sind: «Wie stehen Sie eigentlich zu Ihrem Therapeuten? – Sollten wir dieses Verhältnis nicht einmal gründlich besprechen?» – Auch wenn kein besonderer Anlaß besteht, ist nach etwa zehn bis fünfzehn Behandlungsstunden, wenn das Verhältnis zwischen Therapeut und Patient klarere Formen annimmt, eine solche Fragestellung angebracht. Im einzelnen geht es darum, in Erfahrung zu bringen, ob der Patient im Therapeuten einen vertrauenerweckenden Helfer zu sehen vermag, wie es überhaupt mit der Fähigkeit zum Vertrauen bei ihm aussieht, ob er dies oder jenes am Therapeuten auszusetzen hat, ob es Mißverständnisse bei den Aussprachen gegeben hat und manches mehr.

Der Therapeut stellt sich bei Aussprachen der beschriebenen Art selber in Frage, ja die Therapie kann sogar gefördert werden, wenn er sagt, daß er sich als übender Teil in der partnerschaftlichen Arbeit versteht und daß er auch bei großer Erfahrung in jedem Fall noch hinzulernen will. Diese Äußerungen des Therapeuten dürfen allerdings nicht so weit gehen, daß damit Unsicherheit beim Patienten gestiftet wird. Allgemein führen diese Aussprachen dazu, daß einerseits Fehlprojektionen des Patienten in die Person des Therapeuten behoben und andererseits unklare, hier und da auch fehlerhafte Mitteilungen des Therapeuten korrigiert werden. Infolgedessen kann die partnerschaftliche Therapiearbeit auf einem höheren Niveau weitergeführt werden.

Über das Verhalten des Therapeuten dem Patienten gegenüber ist allgemein noch zu sagen, daß es durch freundliche Zuwendung, Hilfsbereitschaft, Einfühlungsvermögen und Ungezwungenheit bestimmt sein sollte. Für eine emotionale oder sonstige Abstinenz besteht kein sachlich begründeter Anlaß. Wohl wird eine ganz spezifische Distanz, die im Arzt-Patienten-Verhältnis von jeher üblich war, für notwendig befunden. Sie wird bei schweren Leidenszuständen des Patienten verringert, bei Zudringlichkeit des Patienten oder bei eventuellen aggressiven Äußerungen entsprechend größer sein. Wer als Patient in Verzweiflung gerät, braucht Trost, Ermutigung und klare Worte, wie geholfen werden kann. Ein stark mitbetroffener Therapeut wäre kein Halt. Bei heterosuggestiver Therapie gilt es, in betont ruhiger und entschiedener Form den Weg zu weisen. Probleme der Intimsphäre werden vom Therapeuten mit aller Unbefangenheit angesprochen, auch wenn der Patient sich dazu nicht äußert, um eine möglichst umfassende biographische Anamnese zu gewinnen.

Ein guter Fortgang der Therapie zeigt sich unter anderem in der Verringerung der häufigen Anfangsschwierigkeit des Patienten, sich über seine Innenerlebnisse zu äußern. Er findet ein vertrauenvolleres Verhältnis zum Therapeuten, vermag seine Phantasiekräfte zu entwickeln und in zunehmendem Maße autogene Beiträge zur Therapie zu leisten. Ohne unmittelbare Hilfe des Therapeuten gelangt er dabei zu wichtigen neuen Einsichten und beschreitet neue Wege, um therapeutische Ziele zu erreichen. Darüber geben das Phantasie-Training und ebenso ein rational bestimmter Dialog zwischen Therapeut und Patient Aufschluß. Die Verbindung von Meditationen und rationalem Vorgehen wird als wesentlicher Bestandteil der Oberstufe des AT erachtet. Diese Verbindung wird dadurch hergestellt, daß bei den üblichen 50-Minuten-Zeiträumen in der Therapie knapp die Hälfte dieser Zeit (also etwa 20 Minuten) den Meditationen, etwas mehr (also etwa eine halbe Stunde) den Aussprachen im Gegenübersitzen zur Verfügung steht. Der Patient gewinnt dabei einen kritischen Abstand von seinen meditativen Erlebnissen und erfährt seinen gegenübersitzenden Therapeuten als einen «normalen» Partner des therapeutischen Prozesses. – Die zeitlichen Angaben mögen nur als grobe Annäherung an die Relationen im therapeutischen Alltag verstanden sein. Die therapeutischen Aussprachen *können* bei einer fruchtbaren Diskussion die Gesamtzeit von 50 Minuten in Anspruch nehmen, ebenso sind die Meditationen *nicht immer* auf eine Zeit von etwa 20 Minuten begrenzt.

Das Thema «Entspannung – Anspannung» spielt bei der angegebenen Verbindung zweier therapeutischer Vorgänge eine Rolle. Meditationen ergeben sich aus tiefen Entspannungs- und Versenkungszuständen. Erst dann verlieren Angst- und sonstige schwerwiegende Affekte ihren Stachel. Damit sammelt der Patient die Kräfte, um neue Verhaltensweisen zu erproben. Dieses Erproben stellt nun großenteils wieder eine umschriebene Anspannungsleistung dar, alternierend mit ausgiebigen Entspannungen. Je konkreter der Patient sich reale Belastungssituationen mit schweren Angst-, Aggressions-, Zwangs- und anderen pathologischen Erlebnissen vorstellt, um so mehr bedarf es unermüdlicher Bemühungen, in solchen Situationen zu bestehen und jene Affekte allmählich zu mildern, zu ertragen und schließlich aufzulösen. Die Überzeugung, in der Phantasie prinzipiell frei zu sein, erleichtert diese Bemühungen, dabei auch zu prospektiven Anspannungen der beschriebenen Art zu gelangen.

Den therapeutischen Aussprachen im Gegenübersitzen fehlt zwar die tiefe Entspannung, die ganz überwiegend den Meditationen eigen ist, dennoch herrscht eine ruhige Zwanglosigkeit bei diesem Dialog vor. Wenn ein kompliziertes Problem auftaucht, etwa: wie einzelne Störungen abzuleiten und zu erklären und wie rezente Störungen zu überwinden sind, wird es zu aktiv-konzentrativen Denkleistungen des Patienten kommen, die Anspannungscharakter haben. Ein guter Fortgang der Therapie schließt dann immer wieder einmal Pausen im Dialog ein, die als fruchtbares Schweigen gelten können.

Über die verbalen Kommunikationen im Verlaufe von Meditationen und von therapeutischen Aussprachen sei zur Kennzeichnung folgendes berichtet: Bei dem ersteren ist der Therapeut bestrebt, einen guten Versenkungszustand mit nachwirkender Ruhe herbeizuführen, um Äußerungen des Patienten über seine Vorgeschichte zu erreichen und später zum Phantasie-Training überzugehen. Die anfänglich starken heterosuggestiven Einflüsse treten mehr und mehr zurück. Wenn der Patient dieses spezielle Üben erlernt hat, beschränkt sich der Therapeut auf Anregungen und Fragen. Ein richtiger Dialog kommt nicht oder nur sehr selten zustande. Die Äußerungen des Patienten stehen ganz im Vordergrund. Das geduldige Warten auf Einfälle und ein weitergehendes Phantasie-Training, das dem Patienten empfohlen wurde, kommt auch in der allgemeinen Zurückhaltung des Therapeuten zum Ausdruck.

Die therapeutischen Aussprachen nehmen sehr bald den Charakter eines Dialoges an, bei dem von beiden Seiten etwa zur Hälfte Beiträge geleistet werden. Gewiß hält sich der Therapeut vom Dozieren und erst recht vom Anordnen zurück, er bleibt bemüht, dem Patienten Gelegenheit zu freien Äußerungen über die Hälfte der Zeit des Dialoges zu geben. Gezielte Fragen des Therapeuten sind dabei von großer Bedeutung für den Fortgang der Therapie. Je nachdem, welche Frage und in welcher Form sie gestellt wird, kommen eine entsprechende Anregung und ein oft deutlicher Hinweis zum Vorschein. Wenn manche Patienten die Therapie in eine Art von Fragestunde umzukehren suchen, kann es nützlich sein, manche Fragen zurückzugeben, etwa mit der Bemerkung: «Mit einigen Hilfen sind Sie wahrscheinlich selbst in der Lage, hier eine Antwort zu finden.»

Was das Problem der Träume angeht, so wird es als wichtig erachtet, jedoch dabei keine «Via regia» der Therapie gesehen. Wenn Patienten nicht besonders dazu angehalten werden, so sind Mitteilungen über Träume recht selten. Wenn ein Patient über Träume berichtet, so wird ihm Aufmerksamkeit geschenkt, weil dabei eine Begegnung mit Erlebnissen aus unbewußten Bereichen erfolgt. Dem Patienten wird empfohlen, zu Traumdetails zwanglos Einfälle zu bringen, damit die Traumerlebnisse in einem weiteren Zusammenhang verstanden werden können. Mit Deutungen wird sehr zurückhaltend verfahren, weil die Gefahr einer fremdsuggestiven Überrumpelung des Patienten besteht.

Die Frage, welche Rolle Beratungen und Erklärungen in der Psychotherapie spielen sollen, ist nach wie vor problematisch. Denn unter Psychotherapeuten ist nicht selten die Meinung zu hören, daß man darauf völlig verzichten solle. Sicherlich verdienen Beratungen und Erklärungen keinen größeren Platz in einer auf die Verselbständigung des Patienten zielenden Psychotherapie, ebensowenig wie die suggestiven Deutungen von Verhaltensformen und Träumen, die in der Arbeit orthodoxer Analytiker noch zu finden sind. Indessen ergeben sich immer wieder beinahe tragische Lebenssituationen, bei denen der leidende Neurotiker aus einem ernsten Circulus vitiosus nicht mehr herausfindet. Erwähnt sei der nicht seltene Fall einer hochgradigen aggressiven Gehemmtheit, die der Neurotiker meint durch aggressive Ausbrüche überwinden zu können. Wer in einem solchen Fall dem Patienten nicht den Circulus vitiosus erklärt, in dem er sich immer mehr verfängt, handelt unärztlich. Wenn auch nur eine Minorität der Therapiesituationen derartige Züge aufweist, so sind sie wichtig genug, weil mit einigen Erklärungen eine Neuorientierung des Patienten gelingen und der Weg für autogene Leistungen freigelegt werden kann.

Welchen Inhalt haben im großen und ganzen die therapeutischen Aussprachen? Zunächst geht es um die Anleitung zu exakten und konsequenten Trainingsleistungen. Je mehr sich der Patient dabei verselbständigt, um so wichtiger werden Erläuterungen, Korrekturen und neue Anregungen, sehr häufig in Form gezielter Fragen. Im weiteren Verlaufe der Oberstufe verdienen alle Einfälle und Antworten des Patienten auf gestellte Fragen volle Beachtung; die Themen der Aussprache werden aber nicht von ihnen allein bestimmt. Der Therapeut bleibt mitbestimmend, er erkennt – auf Grund aller retrospektiven Mitteilungen des Patienten, auf Grund seines Verhaltens und auf Grund seiner Phantasie-Leistungen – immer genauer umschriebene Fehlhaltungen neurotischer Art und deren Zusammenhang mit rezenten Störungen. Die Aufklärung neurotischer Zusammenhänge, die Überwindung der Störungen werden dem Patienten immer mehr auf autogenem Wege erreichbar. Dennoch bleiben die therapeutischen Aussprachen und das Phantasie-Training Eckpfeiler der Therapie, da deren Ziele nur in partnerschaftlicher Arbeit angegangen werden können.

Wenn die prospektiv orientierte Therapie mehr und mehr dominiert und sich später dem Abschluß nähert, bleibt das eben Gesagte gültig. Der Therapeut tritt in seinem Einfluß weiter zurück, aber er ist noch mitbestimmend für den Ablauf der Therapie, z. B. um die Ziele immer höherer Trainingsformen zu finden und zu erreichen. Der Patient, der sich bemüht, seine Störungen zu überwinden und verbesserte Verhaltensformen zu erproben, bedarf immer erneuter Anregungen, um bei diesen Bemühungen nicht stehenzubleiben. Der Therapeut ist in der Lage, alle die Ansätze in der Vergangenheit des Patienten aufzugreifen, die zusätzliche Perspektiven für dessen zukünftiges Leben eröffnen. Diese Ansätze durch Fragen und Anregungen bewußtzumachen gehört auch weiterhin zu den wichtigen Aufgaben des Therapeuten. Genannt seien Ansätze zu musischen, zu differenziert sportlichen und zu wissenschaftlichen Betätigungen. Man braucht keinen abgeschlossenen Bildungsweg, um sich systematisch mit historischen, geographischen, botanischen oder anderen Wissensgebieten zu befassen. Besonderes Gewicht haben die Beziehungen zur Natur, etwa zu einem Tier, und noch mehr zu einem nahestehenden Menschen. Aus alledem erwächst die Möglichkeit, sich dem Leben mit mehr eigener Phantasie, d. h. selbständiger und kreativer zuzuwenden. Einzelheiten dieser Art werden genannt, damit verständlich wird, was alles zu höheren Trainingsformen gerechnet werden kann.

Mit herannahendem Abschluß der Therapie erwächst noch die wichtige Aufgabe, den Patienten auf den nicht übersehbaren Bereich der weiteren Lebensgestaltung vorzubereiten. Dabei geht es *nicht nur* um Trainingsleistungen und ein gesundes Lebensregime – dergleichen *bleibt* zwar grundlegend –, vielmehr erwachsen daraus auch neue Kräfte des Patienten für die Rolle, die er als verselbständigtes Individuum im sozialen Rahmen zu übernehmen und zu gestalten vermag. Und in dem Maße, wie dem Patienten dies gelingt, ist er gegen Rückfälle in neurotische Reaktionsweisen gefeit; auch vermag er restierende Störungen und Alltagsbeschwerden selbständig abzustellen, zu lindern oder auch zu ertragen. Damit hat er aufgehört, Patient zu sein, ebenso wie der Therapeut seine spezielle Sachkompetenz aufgegeben hat. Eine persönliche Verbundenheit bleibt sehr häufig weiter bestehen.

Im Verlaufe der hier methodisch gekennzeichneten Psychotherapie wie bei den späteren Lebensentwicklungen ist der organismische Aspekt so wesentlich, daß einige zusätzliche Erläuterungen angebracht erscheinen. Die Therapie betrifft, wie schon mehrfach gesagt wurde, den gesamten Organismus, daher dürfen sehr häufige vegetative Störungen, pathologische Blutdruckveränderungen, sonstige Kreislaufstörungen und andere somatisch faßbare Störungen gar nicht ausgeklammert werden. Bei der hier vertretenen Methode bestehen nun keinerlei Bedenken, die somatisch faßbaren Störungen ebenso wie die psychischen Störungen zu untersuchen und zu behandeln. Wer als ärztlicher Therapeut Bedenken dagegen erhebt, sich bestimmten Organbereichen des Patienten zuzuwenden, beispielsweise den Blutdruck wiederholt zu messen, weil bei bekannt großer Schwankungsbreite extrem niedrige oder hohe Werte auftreten können, klammert sich an eine etwas antiquierte Abstinenzregel, die zu Lasten des Patienten geht. Die sachliche Selbstverständlichkeit, mit der notwendig werdende Untersuchungen vorgenommen werden, gibt aus Mißverständnissen sprießende Deutungen des Patienten am wenigsten Raum. Zudem weiß er sich in guten Händen, wenn ihm nötigenfalls gleich ein wirksames Medikament gegeben wird, statt einer Überweisung an einen anderen Arzt, der unter Umständen gar nicht so bald erreichbar ist.

Der organismische Aspekt bei der hier angewandten Methode führt konsequenterweise zu einer Kombinationstherapie, bei der Somatotherapie und Psychotherapie ineinandergreifen, gewiß oft unter Einbeziehung anderer Fachärzte. Da die Auffassungen hierüber im Lager der gegenwärtigen Psychotherapie wie so oft kontrovers sind, muß noch folgendes erläutert werden: In der Alltagspraxis ist es gar nicht immer möglich, Symptome einer Abgeschlagenheit und sonstigen Asthenie bei erheblich vermehrter Hypotonie und bei neurotischen Abläufen voneinander zu differenzieren. Hier sind aber nicht nur die Blutdruckverhältnisse von Interesse. In Anbetracht der sehr häufig gewordenen Schädelunfälle im Verkehrs- und Arbeitsleben und beim Sport ist der Hinweis am Platze, daß es in der Praxis schlechterdings unmöglich ist, immer die neurasthenischen Erscheinungen nach Schädeltrauma von denen neurotischer Art zu trennen. Und bei der immer größeren Zahl von Patienten in der zweiten Lebenshälfte können Involutionsvorgänge im Kreislauf, im hormonalen und Hirnbereich wohl zum Teil, aber nicht immer von neurotischen Erscheinungen unterschieden werden.

Eine künstliche Trennung von somatisch faßbaren und psychischen Erscheinungen des einheitlichen Organismus würde in der Diagnostik wie in der Therapie nur zum Nachteil des Patienten gereichen. Wohl sind qualitative Unterschiede vorhanden, die Beachtung verdienen. Wer als Patient z. B. wirklich eine Kreislaufschwäche bietet, bedarf einer Verordnung von medikamentösen oder sonstigen Heilmaßnahmen durch den ärztlichen Psychotherapeuten genau wie durch jeden anderen Arzt. Der Patient versteht von selbst oder nach kurzen Erklärungen sehr schnell, daß hier die Ausnahme von der psychotherapeutischen Regel vorliegt, sich aller Anordnungen und Anweisungen zu enthalten.

Wenn der Patient die Oberstufe des AT absolviert hat, ist er mit dem organismischen Aspekt in der Therapie so weit vertraut, daß er deren Prinzipien auch in seiner weiteren Lebensgestaltung anwenden kann. Er weiß dann, daß seine psychischen Kräfte gewachsen sind, daß sie aber nur in dem Maße zu einer verbesserten Beeinflußbarkeit des Gesamtorganismus führen, wie er das individuell richtige Maß von autogenen Entspannungen und Anspannungen stets von neuem findet. Diese Aufgabe stellt sich in der zweiten Lebenshälfte, besonders im Senium und im Verlaufe chronischer Krankheiten, in spezifischen Formen, die besonderer Aussprachen bedürfen. Die volle Reifung des Lebens wird ersichtlich, wenn somatisch faßbare Dauerveränderungen ertragen werden, um aus dieser Erkenntnis wieder neue psychische Kräfte zu schöpfen.

Wann zeichnet sich der nahe Abschluß der Therapie mit genügender Deutlichkeit ab? Das Abklingen von Störungen, die den Patienten für die Therapie motiviert haben, ist ein wesentlicher Anhaltspunkt. Darüber hinaus gibt es aber noch andere prognostisch wesentliche Anzeichen. Zu Beginn der Therapie verfügt der Therapeut infolge seiner Sachkompetenz und wegen der Hilfsbedürftigkeit des Patienten über das größere Einflußpotential bei der partnerschaftlichen Arbeit. Es kommt besonders in den nicht seltenen heterosuggestiven Behandlungsformen zum Ausdruck. Alle diese Einflußmöglichkeiten des Therapeuten sind aber der Aufgabe untergeordnet, die autogenen Kräfte des Patienten zu fördern und Reservekräfte zu mobilisieren. Und je besser dies gelingt, um so geringer wird das anfängliche Übergewicht des Therapeuten im Verhältnis zum Patienten. Es spielt sich allmählich ein ungefähres Gleichgewicht der Kräfte ein, das zu einer vollen Partnerschaftlichkeit in der Therapie führt, auch wenn die Alters- und bildungsmäßigen Unterschiede groß sind.

Bei weiterhin günstigem Therapieverlauf gelangt der Patient eines Tages zu der Erkenntnis, daß er selbständig genug geworden ist, um auch ohne Therapie im Leben bestehen zu können, selbst wenn irgendwelche Störungen und Lebensprobleme weiter vorhanden sein sollten. Diese Äußerung des Patienten verdient volle Würdigung und veranlaßt in abschließenden Aussprachen, das Resümee der Therapie zu ziehen und auch die weiteren Lebensperspektiven des Patienten zu beleuchten. Im allgemeinen ist der Patient seiner Patientenrolle überdrüssig geworden, er will seine neugewonnene Selbständigkeit unter Beweis stellen. Wenn er nicht spontan zu der genannten Erkenntnis gelangt, ist es Sache des Therapeuten, mit Fragen nach der Überwindbarkeit restierender Störungen und nach der inzwischen erreichten Selbständigkeit des Patienten den Abschluß der Therapie anzusteuern.

Manchmal kommt ein Zögern des Patienten in der Abschlußphase der Therapie zum Ausdruck, etwa mit den Worten, er würde in bestimmten Abständen gern wieder in die Sprechstunde kommen. Zur Aufklärung muß dann gesagt werden, daß der Therapeut nicht für die Rolle des Hausarztes geeignet ist, daß es ein Leben ohne Probleme und ohne Alltagsbeschwerden kaum geben wird und daß die vorhandenen Bedenken und Unklarheiten noch einiger Aussprachen bedürfen. Wenn dann in beiderseitigem Einvernehmen die Therapie ihren Abschluß findet, ist es selbstverständlich, daß die Tür des Therapeuten offenbleibt für den Fall, daß später irgendeine schwere Lebenskrise eintreten sollte. Der ehemalige Patient sucht dann den ehemaligen Therapeuten als einen Mitmenschen auf, dem er besonderes Vertrauen schenkt.

Am Schluß steht die Bemerkung, daß die Dauer der Therapie in der Oberstufe allgemein mehrere Monate und nicht selten ein volles Jahr beträgt. Wenn in früheren Publikationen mitgeteilt wurde, daß die Dauer eines Jahres nicht überschritten werden sollte, gilt diese Angabe als Regel. Es kann aber hin und wieder Ausnahmen geben, bei denen ein erheblich längerer Behandlungszeitraum notwendig ist, sei es durch eine ungewöhnliche Chronizität der neurotischen

Entwicklung, sei es durch objektiv vorhandene Schwierigkeiten, die Therapie mit Konsequenz regelmäßig ein bis zweimal wöchentlich durchzuführen.

b) Ein typischer Behandlungsverlauf

Das oben skizzierte methodische Vorgehen kann mit der Beschreibung konkreter Behandlungsverläufe deutlicher vor Augen geführt werden. Die Schilderung eines typischen Behandlungsverlaufs und später einiger atypischer Behandlungsverläufe zeigt, daß die Wege des therapeutischen Vorgehens recht unterschiedlich sein können und daß auch die therapeutischen Erfolge sehr verschieden ausfallen können.

Der 28jährige Student A. C. wurde im September 1978 wegen einer Phobie von einem Nervenarzt zur eigenen Psychotherapie überwiesen. Der Patient berichtete, daß er eine «Klaustrophobie» habe, denn in größeren geschlossenen Räumen wie Hörsälen, aber auch Kino- und Theatersälen befalle ihn eine so heftige Angst, daß er sich schon seit längerer Zeit immer am Ausgang niedersetze, um nötigenfalls schnell diese Räume verlassen zu können. In den letzten Wochen habe er sich nicht mehr in einen Hörsaal hineingewagt, daher mache er sich große Sorgen wegen des späteren Examens und frage sich, ob er seinem Beruf später einmal gewachsen sein würde. So habe er «Existenzangst» und manchmal sogar «Todesangst» verspürt. Vor eineinhalb Jahren sei diese hochgradige Angst aufgetreten, als im Hörsaal über einen Schwerverletzten mit Bildern berichtet worden war. Daraufhin sei er in Panik geraten und hinausgelaufen. Seitdem beherrsche ihn die Angst, daß in einem größeren geschlossenen Raum wie einem Hörsaal oder Kino irgendeine Verletzung gezeigt oder nur davon gesprochen würde. Besonders stark sei die Angst, wenn er Blut zu sehen bekomme. Dann werde es ihm bis zur Bewußtlosigkeit übel, sogar das gesprochene Wort «Blut» habe bei ihm Übelkeit verursacht.

Zum erstenmal sei er mit zwölf Jahren bewußtlos geworden, als er sah, daß sein Vater Kaninchen schlachtete. Vorher sei ihm in bezug auf Blut nichts Besonderes aufgefallen. Später sei er beim Anblick von Blut mehrfach ohnmächtig geworden. Die umschriebene Angst sei damals noch nicht auf andere Lebensbereiche übergegangen. Er sei schon von Kindheit an ängstlich, nachgiebig und gehemmt gewesen, besonders der Mutter und dann in letzter Zeit der Ehefrau gegenüber.

Der geistig differenzierte und kooperativ eingestellte Patient wirkte stimmungsgedrückt, überwiegend gehemmt und angstbetont, bot aber sonst keine psychischen Auffälligkeiten. Diagnostisch war eine phobische Neurose anzunehmen.

Die Erhebung der biographischen Anamnese über mehrere Behandlungsstunden hinweg führte zu folgenden Ergebnissen: Von Erbkrankheiten in der Familie sei nichts bekannt. Der Patient war als Sohn eines Facharbeiters mit drei Geschwistern aufgewachsen. Die Schule besuchte er mit gutem Erfolg, auch für einige Jahre die Realschule. Auf Wunsch der Eltern absolvierte er dann eine Facharbeiterlehre, war zunächst in seinem Beruf tätig, daraufhin entschloß er sich zum Universitätsstudium, dessen Voraussetzungen er über den zweiten Bildungsweg erreichte. Vor drei Jahren hatte er das Studium aufgenommen, für das er viel Interesse aufbrachte. – Diese sehr positiven Anzeichen der Lebensentwiclung des Patienten wiesen auf seine gute Intelligenz und auf seine Fähigkeit hin, Initiative zu entfalten.

Die Lebensentwicklung des Patienten war nach seinen übereinstimmenden genauen Angaben bei alledem belastet durch die Einflüsse der Mutter, die eine dominierende Rolle in der Familie gespielt hatte, so daß auch der Ehemann sich meist unterordnete.

Die Mutter sei schon vor langen Jahren in eine chronische schwere Konfliktsituation geraten, weil sie trotz strenggläubiger Erziehung nach einer Scheidung eine zweite Ehe eingegangen war und daraufhin von ihrer Kirche exkommuniziert wurde. Dieses Ereignis soll sie sehr tief getroffen und dazu veranlaßt haben, noch mehr als bisher im Sinne der Kirche zu wirken. Sie erzog die Kinder in streng kirchlichem Geiste und veranlaßte den Patienten, Meßdiener zu werden. Als solcher war er anfangs bereitwillig, später widerwillig jahrelang tätig und entzog sich später ganz dem Einfluß der Kirche. Das Verhältnis zur Mutter wurde bereits in der späten Kindheit sehr konfliktreich.

Der Patient machte genaue Angaben, daß er als Kind von der Mutter sehr verwöhnt und kaum gestraft wurde. Als er dann mit elf oder zwölf Jahren Trotzreaktionen bot, sei sie übermäßig streng zu ihm geworden, habe ihn oft angeschrien und zum Teil heftig geschlagen. Auch sonst habe sie bisweilen schwere Erregungszustände gezeigt. Er habe sich nur mit Mühe in den letzten Jahren von den Einflüssen der Mutter frei machen können und wisse wohl, daß er Angst und Hemmungen aus der Kindheit noch lange nicht verwunden habe. Mit 19 Jahren habe er sich verheiratet, auch um einen eigenen Hausstand zu gründen und von seiner bisherigen Familie etwas Distanz zu gewinnen. Diese Ehe sei aber unglücklich verlaufen. Der Patient meinte: «Wir waren wohl beide zu jung für die Ehe.» Nach einem Jahr sei es zur Trennung, später zur Scheidung gekommen. Er sei dann wieder zu den Eltern gezogen. Vor drei Jahren habe er erneut geheiratet. Die Ehe mit einer berufstätigen Frau sei bald ziemlich problematisch geworden, er hoffe, daß diese Ehe gut weitergehen könne. Im Verhalten zur Ehefrau neige er wie auch der Mutter gegenüber dazu, gehemmt-passiv zu bleiben, so daß er zu einer inferioren Rolle gelange. Er wisse noch nicht, wie er diese Eigenart ablegen könne. Er wolle aber lernen, sich besser zu behaupten und nicht immer auszuweichen, wie in all den Jahren von Kindheit an.

Von seiner Kindheit wußte der Patient zu berichten, daß er ausreichende Gelegenheiten hatte, mit anderen Kindern zu spielen. Vor expansiven Kindern sei er häufig zurückgewichen, in der Schule sei dann sein Selbstwertgefühl gestiegen, als er feststellen konnte, daß er regelmäßig zu den besten Schülern gehörte. Von den anderen Schülern sei er allgemein anerkannt worden, er habe eine «gute Mittelstellung» in der Klasse eingenommen. Von seiner Realschulzeit an habe er bis in die Gegenwart hinein konstante Interessen für gute Literatur und für Musik entwickelt. Für Sport habe er nicht viel übrig gehabt.

Bei den körperlichen Untersuchungen waren lediglich Zeichen einer vegetativen Labilität festzustellen. Bei mittlerem Allgemeinzustand waren sämtliche sonstigen Befunde internistisch und neurologisch im Bereich der Norm.

Im Verlaufe der ersten vier Wochen wurde die biographische Anamnese mit vielen Einzelheiten erhoben. Es war eindrucksvoll zu beobachten, wie der Patient mit zunehmendem Interesse sich um die Aufklärung von anamnestischen Zusammenhängen bemühte, dabei frühzeitig zu der Einsicht gelangte, daß seine Ängste und Unsicherheiten durch eine fehlerhafte Erziehung hervorgerufen sein müßten und daß er schon etwas Mut gefunden hätte, um Vorlesungen wieder zu besuchen. Von nun an ging er wieder regelmäßig in die Hörsäle, blieb aber wie im abgelaufenen Jahr weiterhin in der Nähe der Ausgangstür sitzen. Mit der Wiederaufnahme des Studiums hatte er ein erstes Erfolgserlebnis. Es zeigte sich hier mit Deutlichkeit, daß die genaue Erhebung der biographischen Anamnese zu einer auf die Vorgeschichte orientierten Psychotherapie geführt hatte. Bei den Aussprachen war für die weiteren Bemühungen des Patienten das Stichwort «Selbstbehauptung» gefunden worden, das er sich als einfache Vorsatzbildung einprägte.

Nach vier Wochen konnte bei zunehmender Bereitschaft des Patienten zu aktiver Mitarbeit mit dem AT begonnen werden. Es kam zu anfänglichen Konzentrationsschwierigkeiten, auch traten einige Unruhezustände bei den ersten Übungen auf. Die Bereitschaft zu aktiver Mitarbeit war bei dem Patienten in so hohem Maße vorhanden, offenbar im Zusammenhang mit einem wachsenden Vertrauen zum Therapeuten, daß auf heterosuggestive Beeinflussung zunächst verzichtet wurde. Der Patient lernte, das AT täglich drei- bis viermal anzuwenden, auch mit vorangehender «optischer Hilfe», woraufhin er bei der vierten Übung («Der ganze Körper ist schwer») zu deutlichen Schwere- und Ruheerlebnissen gelangte. Sieben Wochen nach Beginn der Therapie wurden die autogen erreichten Entspannungszustände mit fremdsuggestiver Hilfe bis zu tiefen Versenkungszuständen weitergeführt. Ihm wurde in suggestiver Weise zugesprochen, daß er seine gedanklichen, optischen und sonstigen Erlebnisse frei aufsteigen und weiterziehen lassen könnte. Zunächst blieb er schweigend in entspannter Haltung liegen, vermochte nach einiger Zeit nur mitzuteilen, daß ihm gar nichts Wichtiges einfalle. Nach wiederholter Mitteilung, daß alle seine Äußerungen von Bedeutung seien, trat ein Erregungszustand auf. Er berichtete dann von zahlreichen Angsterlebnissen in der Kindheit, so sei er vor dem ersten Schulbesuch weggelaufen und habe sich versteckt, habe Angst im dunklen Zimmer gehabt und sehr oft Angst vor der Mutter, wenn sie einmal ihn unberechenbar verwöhnte, ein andermal ihn heftig anschrie oder auch wegen irgendwelcher Kleinigkeiten verprügelte. Ihm wurde suggestiv beruhigend gesagt, daß diese Ängste weiterziehen und immer weiter abziehen würden, also daß er allmählich wieder Schwere in den Gliedern und allgemeine Ruhe verspüren könne. Rund 20 Minuten später wurden diese Meditationen mit den Worten «Ruhe wirkt nach ... Selbstbehauptung» beendet. Der Patient berichtete hiernach, daß er diese Einzelheiten früherer Angsterlebnisse gar nicht mehr gewußt hätte und daß ihm nun leichter zumute sei.

Bereits rund drei Monate nach Beginn der Therapie hatte der Patient infolge seiner überdurchschnittlichen Intelligenz und seiner kooperativen Einstellung die üblichen Schwierigkeiten der Anfangsphase so weit überwunden, daß er dann zu autogenen Trainingsleistungen mit guter Konsequenz gelangte. Sie zeigten sich in deutlichen Fortschritten beim Erlernen der Grundstufe des AT, so daß neben Schwereerlebnissen auch Wärmeerlebnisse, Herzruhigstellung, passiv-ruhige Atmung und Gesichtsmuskelerschlaffung ohne größere Verzögerung erreicht wurden.

Der Patient verlängerte anfangs die Trainingszeiten erheblich, weil Schwere und Wärme zunächst nicht oder nur geringgradig auftraten und er deshalb die Vorstellung hatte: «Das muß ich erreichen!» Bei den Aussprachen verstand der Patient in kurzer Zeit, daß es ein «Muß» beim AT nicht geben dürfe, denn daraus könnte eine Kampf-Situation entstehen, und daß vielmehr die Konsequenz eines gelassenen Übens mit optischer Hilfe am besten zum Erfolg führe. Das modellhafte Üben in Gegenwart des Therapeuten verdeutlichte ihm, daß Trainingszeiten im Beginn von zwei bis drei Minuten, bei Einbeziehung aller Übungen von fünf Minuten vollauf genügen. Das Trainingsprinzip wurde von ihm zunehmend gut erfaßt, daher konnte er in der zweiten Hälfte des Grundstufen-Trainings mit dem an anderer Stelle beschriebenen Gymnastik-Programm vertraut gemacht werden. Wie alle wenig sportlichen Menschen hatte er zunächst große Schwierigkeiten, ein solches Programm in seinen Alltag aufzunehmen und dann individuell auszuformen. Mit einigen Nachhilfen war er einige Wochen später in der Lage, dieses Programm von Monat zu Monat mehr sich zu eigen zu machen, täglich weiter zu trainieren und daraus neue Kräfte zu schöpfen, auch für die Entspannungsübungen des AT.

Autogene Leistungen kamen vor allem bei den regelmäßigen Meditationsübungen zum Vorschein, zunächst unter Anleitung durch den Therapeuten. Bereits nach vierzehnwöchiger Therapie war er so weit, daß er selbständig von den Grundstufenübungen des AT ausgehend in gute Versenkungszustände gelangte, in denen er Gedanken und innere Bilder aufsteigen und weitergehen lassen konnte. Er berichtete, nur durch gelegentliche Fragen angeregt, über Erlebnisse in seiner Kindheit und Jugend, die zunächst hauptsächlich das Thema der Angst betrafen.

Der Patient ging von sich aus auf ein wichtiges anderes Thema ein, nämlich das der Trotzphasen. In den ersten Schuljahren habe er einige Ansätze dazu gehabt. Stark sei eine Phase im Alter von zwölf oder dreizehn Jahren aufgetreten. Er habe sich damals gegen andere Schüler, die ihn bedrängen wollten, zu wehren gewußt, habe auch im Elternhaus zu widersprechen gewagt und sogar seinen Wunsch geäußert, nicht mehr Meßdiener zu sein. Die Mutter habe dieses Aufbegehren unterdrückt und ihn auch mit Schlägen ernstlich gestraft. Da habe er es nicht mehr gewagt zu opponieren, sei dann immer wieder sehr gehemmt und vermehrt unsicher geworden. An dieser Stelle war eine Intervention des Therapeuten wichtig mit Fragen wie: «Ist in Ihnen von dem alten Trotz noch etwas lebendig geblieben? Können Sie es jetzt wieder wagen, was Sie früher einmal versucht haben, sich den Schwierigkeiten des Lebens entgegenzustellen?» Der Patient bejahte diese Frage, schränkte dann aber ein, er habe ja dies in den letzten Jahren öfters schon versucht, «aber in der konkreten Situation weiß ich nicht, was zu tun ist ... habe dann ein Vermeidungsverhalten». Ihm wurde geraten, mit Hilfe des Therapeuten so zielstrebig zu üben, daß ein neues Verhalten auch in den konkreten Situationen gefunden werden könne.

Als dieses Stadium erreicht war, nahm die Therapie mehr und mehr prospektive Züge an. Der Patient berichtete von aktuellen Lebensschwierigkeiten. Die Hörsäle habe er regelmäßig besucht, er arbeite auch sonst intensiv für das Studium. Angst im Hörsaal habe er kaum verspürt, denn er sitze immer ganz nahe der Ausgangstür, so «vermeide ich die Angst». In tiefer Entspannung nach den Grundübungen des AT wurde ihm versichert, daß Ruhe in ihm fortbestehen würde. Dann wurde die Frage gestellt, was er nach Betreten des Hörsaals tue. Er sagte: «Ich setze mich wie gewohnt an die Ausgangstür.» – «Das ist nur eine Verhaltensmöglichkeit. Sie lassen Ihre Gedanken ganz ruhig weitergehen, lassen neue Gedanken aufkommen. Sie stellen sich den Hörsaal ganz konkret vor: Welche anderen Möglichkeiten des Verhaltens haben Sie?» – «Ja, ich wage es, mich in die Mitte zu setzen, aber es könnte Angst auftreten.» – «Sie muß also nicht auftreten. Alles, was

Angst bedeuten könnte, lassen Sie abziehen. Und wie ist Ihr weiteres Verhalten?» – «Ich bleibe sitzen ... mache mir aber Sorgen, weil wie neulich der neben mir sitzende Student mit seinen langen Beinen den Weg nach draußen versperren könnte.» – «Sie finden zu Ihrer anfänglichen Ruhe zurück. Wollen Sie sich den Studenten neben sich in aller Ruhe genauer ansehen?» – «Ja, ich sehe ihn an, er ist mir angenehm. Er bereitet mir keine Sorgen mehr. Ich bleibe sitzen, auch wenn in der Vorlesung von Gewalttaten, Unglücksfällen mit Blut die Rede ist ... Ich lasse Angst abziehen ... Es ist doch wichtig, was in der Vorlesung gebracht wird. Ich bleibe in der Mitte sitzen ...» In der anschließenden Aussprache wurde als Vorsatzformulierung vereinbart: «Ruhe – Selbstbehauptung – ich wage mich in die Mitte!»

In der gekennzeichneten Form nahmen die Meditationen den Charakter eines Phantasie-Trainings an, bei dem alle anderen Verhaltensweisen als das «Vermeidungsverhalten» in der Phantasie durchgespielt wurden. Daß diese menschliche Eigenschaft, die Phantasie, ihm viel weiterhelfen und Freiräume für neue Verhaltensweisen bieten könnte, war dem intelligenten Patienten bald aufgegangen. Er nahm die Empfehlung an, möglichst zwei- oder dreimal wöchentlich im Anschluß an das AT der Grundstufe, das er inzwischen gut zu beherrschen gelernt hatte, ganz ähnliche Versenkungszustände wie in Gegenwart des Therapeuten zu erreichen und ebenso Gedanken und innere Bilder aufkommen und weitergehen zu lassen, auch mit dem Ziel eines Phantasie-Trainings. Und er berichtete in der Folgezeit, daß er die Bedeutung des autogenen Phantasie-Trainings verstanden habe und es nun wöchentlich ein- bis dreimal durchführe, etwa 15 bis 25 Minuten lang. Ohne Anleitung seien zunächst «krause Gedanken» aufgekommen, aber er werde dieses Training wohl auch noch lernen. Über die Hörsaal-Situation konnte er mitteilen, daß er nach fester Einprägung der Vorsatzformulierung wie selbstverständlich sich mehr in die Mitte und bei den nächsten Malen ganz in die Mitte des Raumes gesetzt habe. Angst habe er nicht verspürt, eher Erleichterung, eine Unsicherheit sei gelegentlich vorhanden gewesen, inzwischen aber vergangen.

Bei den therapeutischen Aussprachen wurden einige Themen vom Patienten selbst gefunden. So wollte er wissen, warum wohl der Anblick von Blut sogar auf Bildern zu so starken Angstaffekten geführt habe, diese seien noch immer nicht ganz überwunden. Ihm konnte versichert werden, daß seine heftige Reaktion mit Bewußtseinsstörungen als Kind auf das Schlachten der ihm sehr vertrauten Hauskaninchen, die er vorher oft gefüttert hatte, verständlich sei. Der Umstand, daß er diese Reaktion später nicht überwunden hatte, sondern diese sich in den letzten eineinhalb Jahren sehr verstärkte, müsse mit seinem sonstigen Verhalten gegenüber anderen Menschen zusammenhängen. Damit wurde ihm die Frage zurückgegeben. Er antwortete nach einiger Zeit, er sehe jetzt noch mehr die Notwendigkeit vor sich, bessere Verhaltensformen gegenüber der Ehefrau, gegenüber der Mutter, wenn er sie besuche, und gegenüber anderen Menschen zu finden und zu festigen.

Das Therapeuten-Patienten-Verhältnis wurde bei den Aussprachen in dieser Zeit eingehend erörtert. Der Patient berichtete, er habe schon vor Aufnahme seines Studiums eine Gehemmtheit, beinahe eine Autoritätsangst vor Personen mit akademischen Titeln gehabt. Hier habe er sie abzulegen gelernt. Ja, er merke, nachdem sein Vater nur sehr wenig in der Familie hervorgetreten sei und ihm kaum Hilfen gegeben habe, daß er nun eine Art von Vaterfigur und damit auch Vertrauen gefunden habe. Es war bemerkenswert, daß der früher stark gehemmt-unsichere Mann nun Freimut bei seinen Mitteilungen und ein bereits gutes Maß von Selbstsicherheit in seinem Auftreten angenommen hatte. Dies zeigte sich reichlich vier Monate nach Beginn der Therapie.

Ohne daß es zu nennenswerten Krisen in der therapeutischen Arbeit gekommen wäre, machte der Patient mit zunehmenden autogenen Leistungen weitere Fortschritte. Detaillierte Vorschläge für die therapeutische Arbeit hatte er nicht selten schon in die eigene Praxis umgesetzt, so durch Phantasie-Training sein Verhalten gegenüber Angehörigen, Kommilitonen und anderen Personen im Sinne der «Selbstbehauptung» zu verändern. Er kam von sich aus zu der Einsicht, daß alte Ängste um so mehr vergehen würden, je besser eine individuell angepaßte Expansivität gelingen würde. Für formelhafte Vorsatzbildungen brachte er mit weiteren Fortschritten nur noch wenig Interesse auf. Nachdem er die Angst im Hörsaal mit der erwähnten Formulierung überwunden hatte, verzichtete er auf eine Fortsetzung dieser methodischen Arbeit und meinte, mit autogenem Phantasie-Training auf der Grundlage des sonstigen AT den vielfältigen Aufgaben des Lebens immer besser gewachsen zu sein. Nur einzelne Vorsatzworte spielten dann für ihn von Zeit zu Zeit eine gewisse Rolle, wie «Selbstbehauptung!», «Kein Vermeidungsverhalten mehr!», «Schluß mit Bequemlichkeit!».

Das regelmäßige Phantasie-Training ermöglichte ihm, nebenher weitere wichtige retrospektive Erfahrungen zu machen. So berichtete er nach fünfmonatiger Therapie, ihm sei in tiefer Versenkung zu Hause eine Szene eingefallen, die er völlig vergessen hatte. Als er etwa zehn Jahre alt war, sei er nachts durch einen heftigen Erregungszustand der Mutter geweckt worden. Er sah dann, daß sie vor dem Gasherd stand, die Gashähne geöffnet hatte und rief, sie wolle nicht mehr leben. Der sonst ziemlich passive Vater habe sie weggerissen, die Gashähne geschlossen und sie angeherrscht, daß sie nun Ruhe geben solle. Der Patient meinte dazu, «solch ein Theater» habe sie auch später einmal gemacht. Damals sei es zu hochgradigen Spannungen zwischen den Eltern gekommen, es sei auch von Scheidung gesprochen worden. Er müsse damals schreckliche Angst gehabt haben. Er könne sie jetzt weiterziehen lassen, so daß er nicht mehr tief von ihr betroffen sei. Er habe auch einen tiefgreifenden Abstand zu seiner Mutter gefunden. Ihm konnte empfohlen werden, solche Ängste immer besser zu verarbeiten, das Verhältnis zur Mutter aber noch einige Male durchzuphantasieren und auch rational zu überdenken. Vielleicht sei sie damals in sehr schwere Lebenssituationen hineingeraten. Der Patient ging auf diese Anregung ein, bemerkte indessen, daß sie «einfach unberechenbar» sei, daher werde sie auch von seiner Ehefrau strikt abgelehnt.

Zwei Monate später berichtete der Patient von einem anderen wichtigen Einfall in bezug auf seine Kindheit. Er sei etwa sechs Jahre alt gewesen, da habe er sich beim Spielen verletzt, so daß er ziemlich stark blutete. Daraufhin sei er zur Mutter gelaufen, die eine schreckliche Szene daraus gemacht und ihn angeschrien habe, als ob er etwas gegen sie unternommen hätte. Er sei damals völlig verängstigt gewesen, dies müsse stark nachgewirkt haben. Er meinte jetzt: «Nun weiß ich, woher ich meine Blutangst habe.»

Diese Mitteilungen gaben Veranlassung zu nochmaligen grundsätzlichen Aussprachen über das Thema der Angst. Sie mußte bei ihm als Kind auftreten, weil er damals von Verwöhnungssituationen zu schwer schockierenden Erlebnissen hin und her gerissen worden war. Sie nahm dann neurotische Züge an, als sie sich fixierte und auch im Verhältnis zu anderen Menschen auftrat, die nichts Beängstigendes an sich hatten. Der Patient erfaßte im Wechselgespräch diese Zusammenhänge in vielen Details und gewann die Überzeugung, daß neurotische Ängste überwindbar seien und daß auch sehr schwere Kindheitserlebnisse verarbeitet werden könnten. Das Thema der Angst hat seitdem kaum noch eine Rolle im Verlaufe der Therapie gespielt.

Es wäre irreal zu erwarten, daß eine so schwere Neurose immer nur gute Fortschritte bei der autogenen Psychotherapie erlaubt hätten. Nach über sechs Monaten der Therapie gab es ernst zu nehmende Rückschläge in bezug auf das Verhältnis zur Ehefrau. Sie hatte anfänglich eine überlegene Rolle in der Ehe gespielt und mit der steten Nachgiebigkeit und Passivität des Ehemannes rechnen können. Das Verhalten des Patienten änderte sich schon nach mehreren Wochen der Therapie. Er widersprach öfters seiner Frau und forderte mehr Anerkennung seiner eigenen Meinung. Später sei er, als die Ehefrau ihre früher dominierende Rolle beibehalten wollte, «sehr aggressiv» gegen sie geworden, er schien nach seinen Worten etwas stolz darauf zu sein. Die Ehe wurde nunmehr konfliktreicher, es war auch von Trennung und Scheidung die Rede. Der Patient machte daraufhin einen deprimierten und wieder stark gehemmten Eindruck. Hier war nun Anlaß für eine aktivere Rolle des Therapeuten gegeben. Das Problem der Aggressivität war dabei zu einem wichtigen Thema des Dialogs geworden. Wie bei allen von schweren und chronischen Ängsten betroffenen Menschen war Aggressivität auch bei dem Patienten angesammelt, indessen so tief verborgen, daß sie in Tagträumereien, kaum jedoch im Verhalten zum Ausdruck kam. Sie war somit latent in erheblichem Maße vorhanden und drängte nun zur Äußerung. Übrigens waren in Tagträumereien auch oft Größenideen aufgetaucht, offenbar als Kompensation von Mißerfolgen im persönlichen Leben.

In ausgedehnten therapeutischen Aussprachen konnte der Patient die erwähnten schwierigen Zusammenhänge mit zunehmender Bewußtheit seiner selbst verstehen. Er gelangte zu der Einsicht, daß ein regelmäßiges Phantasie-Training ihm noch weiterhelfen würde, verbesserte Verhaltensformen der Ehefrau gegenüber zu finden. In tiefer Versenkung wurde ihm suggestiv zugesprochen, daß Ängste und Aggressionen in ihm weit abziehen würden. Auf die Frage, wie er sich ihr gegenüber verhalten würde, kam zunächst der Einfall auf, er könnte wieder aggressiv auf sie einreden. Auf die weitere Frage, welche sonstigen Möglichkeiten des Verhaltens in ihm vorhanden seien, gab es eine lange Pause. Dann sagte er, daß er seine Frau als hilfsbedürftigen Menschen vor sich gesehen hätte. Er spielte dann von sich aus die zukünftigen Möglichkeiten des Verhaltens durch und gelangte zu dem Ergebnis, daß Hilfsbereitschaft mit Selbstbehauptung zusammengehen könne, so daß Aggressionen überflüssig werden. Er wolle sich ihr in dieser Weise zuwenden.

Das Verhältnis zur Ehefrau besserte sich nach Überwindung der genannten Schwierigkeiten. Er konnte bald darauf berichten, daß er in einer langen Aussprache vieles ausgeräumt habe, was zwischen ihnen gestanden hätte. Sie sehe jetzt ein, daß sich beide Ehepartner ändern könnten und sollten. Der Patient sagte, er wolle das an sie weitergeben, was er an positiver Erfahrung in der Therapie aufgenommen habe, wolle dabei nicht der Stärkere sein, der er inzwischen wohl geworden sei, sondern zur Emanzipation der Ehefrau beitragen. Beide fanden zu vermehrten Gemeinsamkeiten im Alltag, in der Freizeit, auch in sexueller Hinsicht, so daß von einem glücklichen weiteren Verlauf der Ehe gesprochen werden kann.

Nach zehnmonatiger intensiver Therapie gab der zu einer Selbständigkeit in vielen Lebensbereichen gelangte Patient an, er sehe dem baldigen Abschluß der Therapie entgegen. Die Ängste habe er im wesentlichen überwunden, auch die ständige Gehemmtheit und Nachgiebigkeit in seinem Auftreten. Gewiß würde in manchen Situationen noch Unsicherheit auftreten, aber er wisse, wie es in seinem Leben weitergehen könne. Die erfreuliche Veränderung seiner Eheverhältnisse habe ihm noch deutlicher die Wende in seinem Leben gezeigt. Er habe auch zur Mutter ein recht gutes Verhältnis gefunden; er wisse, daß es von seinem Auftreten abhänge, ob sie sich ihm gegenüber nicht mehr unberechenbar äußere. Auch anderen Menschen gegenüber würde er mit viel größerem Selbstvertrauen auftreten. Sein Studium setze er mit wachsendem Interesse fort, er wisse, wann er es abschließen werde und welcher berufliche Lebensweg für ihn in Betracht komme. Sein Hochschullehrer habe ihm als Zeichen der Anerkennung eine wissenschaftliche Arbeit übertragen, die er noch vor dem Examen abschließen könne. Das

AT in den verschiedenen Stufen wolle er konsequent fortsetzen, denn er erkenne klar, wieviel davon für sein ganzes weiteres Leben abhänge.

In Anbetracht der Schwere der Angstneurose wurde mit ihm vereinbart, den Abschluß der Therapie erst nach einer weiteren Stabilisierung der Persönlichkeit und der Lebensverhältnisse herbeizuführen. Die Behandlungen wurden dann in größeren Abständen fortgesetzt und nach 13 Monaten definitiv beendet. Bis dahin wurden die weiteren Perspektiven seines Lebens in vertrauensvollen Aussprachen erörtert. Er entwickelte dabei klare Vorstellungen, wie sein Leben im familiären und weiteren sozialen Rahmen aussehen würde, auch mit eigenen politischen Betätigungen, ferner mit vielen Nebeninteressen auf musischen, sportlichen und anderen Gebieten. Zum Abschluß sagte er mit Überzeugung: «In meinem Leben hat sich Entscheidendes verändert.»

c) Atypische Behandlungsverläufe

1.

Der damals 32jährige Angestellte K. D. war vor vier Jahren zur Psychotherapie überwiesen worden, weil schon früher vorhandene Zwangserlebnisse im letzten Jahr so stark zugenommen hatten, daß er trotz Behandlung mit Melleril einen immer größeren Leidensdruck erkennen ließ und nicht mehr arbeitsfähig erschien.

Der Patient berichtete, er sei von jeher ein pedantischer und zu Skrupeln neigender Mensch gewesen. Letztere hätten sich ihm gelegentlich auch zwanghaft aufgedrängt mit der Frage, ob er nicht vieles falsch mache, so daß er alles überprüfen und korrigieren müsse. Dies sei bei der Arbeit in einem kaufmännischen Betrieb und auch in der Freizeit der Fall, z. B. bei der Erziehung der Kinder. Deswegen habe er schon in früheren Jahren seine Arbeit ziemlich langsam und übergenau durchgeführt, um Fehler ausfindig zu machen. Seine Exaktheit werde trotz dieser Verlangsamung von seinen Vorgesetzten anerkannt, daher sei er vor einem Jahr in eine gehobene Position versetzt worden. Seitdem seien die Skrupel ständig angewachsen, da er fürchtete, den neuen Anforderungen nicht gewachsen zu sein. Starke Magenbeschwerden hätten in den letzten Monaten seinen Zustand noch verschlechtert.

Der Patient berichtete in Einzelheiten, er müsse jeden Posteingang und jedes Diktat sowie jeden Aktenvorgang mehrfach durchlesen und wiederholt Korrekturen bei eigenen Niederschriften vornehmen, so daß man auf seine zunehmende Verlangsamung aufmerksam geworden sein müsse. Dadurch werde er immer unsicherer und befürchte ein völliges Versagen. In letzter Zeit sei er einfach hilflos gewesen. Seine Skrupel seien auch auf sein Familienleben übergegangen, so wisse er nicht, wie er seine beiden Kinder im Alter von zehn und neun Jahren erzieherisch ansprechen solle. Diese Unsicherheit werde von ihnen bemerkt, und manche seiner Worte würden belächelt. Die Skrupel würden auch bei der Fahrt mit dem PKW bestehen, zum Beispiel beim Abstellen und Abschließen des Wagens. Er sei schon mehrfach zurückgegangen, um das Schloß zu kontrollieren. Bei Türschlössern habe er schon vor Jahren manchmal das zwanghafte Bedürfnis gehabt zu überprüfen, ob sie wirklich einwandfrei gesichert waren. Jetzt sei dies alles viel schlimmer geworden, er habe auch große Bedenken, wenn er seinen Wagen im Straßenverkehr lenke. Schon frühmorgens im Bad beginne eine zwanghafte Unruhe beim Waschen und Rasieren. Wenn er sich bei der Gartenarbeit abzulenken suche, müsse er auch dabei einzelne Handlungen zwanghaft wiederholen. Mit seiner Ehefrau habe er gleichbleibend ein gutes Verhältnis, habe alle diese Schwierigkeiten mit ihr besprochen, aber sie wisse auch nicht, wie es weitergehen solle.

Bemerkenswert war ferner, daß die Zahl 4 im letzten Jahr immer häufiger in seinen Gedanken aufgetaucht sei mit der Absicht, auf keinen Fall mehr als viermal etwas zu tun, z. B. ein diktiertes Schreiben durchzulesen. Er zwinge sich dazu, aber er werde dabei immer hilfloser. Er sehe ein, daß diese Verhaltensweisen falsch seien, aber er könne sie nicht abstellen. Trotz der beruflichen Schwierigkeiten wolle er seine Berufsarbeit fortsetzen. Er fürchte, wenn er einmal wegbleibe, dann nicht mehr den Anschluß an die laufenden Arbeiten zu finden. Noch sei er von seinem Vorgesetzten nicht gerügt worden, aber er sei sicher, daß man immer aufmerksamer seine verlangsamte Arbeit beobachte.

Der Patient machte einen unruhig-gespannten, in allen Äußerungen übergenauen und ziemlich hilflosen, daher auch etwas depressiven Eindruck. Er wirkte nach seinen ausführlichen Mitteilungen und nach der Versicherung des Therapeuten, daß ihm mit einer regelmäßigen Psychotherapie geholfen werden könne, etwas beruhigter. Das Psychopharmakon Melleril wurde weiter verordnet, da er damit besser Schlaf gefunden hätte.

Die Ehefrau erschien bald danach in der Sprechstunde und berichtete mit ernster Sorge, daß der Patient sich im letzten Jahr sehr verändert habe. Er könne keine Ruhe mehr finden, sei in seinem Auftreten sehr unsicher geworden und kontrolliere immer wieder Schlösser, Türen und Fenster, ob sie auch in Ordnung seien. Die Kinder hätten seine Unsicherheit bemerkt und würden ihn nicht mehr ganz ernst nehmen. Er habe im letzten Jahr etwa 10 Pfund an Gewicht abgenommen, sie fürchte, daß er seine Berufstätigkeit nicht fortsetzen könne und über längere Zeit krank sein würde.

Diagnostisch wurde eine schwere Zwangsneurose mit zunehmend akuter Symptomatik im letzten Jahr angenommen.

In der zweiten Behandlungsstunde wurde zunächst die körperliche Untersuchung durchgeführt. Der asthenische Patient bot einen etwas reduzierten Allgemeinzustand. Am Nervensystem waren die Befunde regelrecht. Bei der Untersuchung innerer Organe wurde am Oberbauch Druckschmerz angegeben. Dazu teilte er mit, daß er schon seit Jahren öfters Magen-Darm-Beschwerden hatte und wegen Duodenal-Ulcus mehrfach internistisch behandelt worden war. Es wurde eine internistische Mitbehandlung veranlaßt, woraufhin die genannten Beschwerden in der Folgezeit allmählich abklangen.

In der dritten Behandlungsstunde wirkte der Patient unruhevoll-getrieben. Seine Zwangserscheinungen hätten eher zugenommen. Er habe so oft seinen PKW kontrollieren müssen, ihn auch mehrfach am Parkplatz neu abstellen müssen, daß er an jedem Morgen viel Zeit verloren habe und verspätet an den Arbeitsplatz gelangt sei. Er rechne mit Vorwürfen von seiten des Vorgesetzten. Das Angebot, ihn für einige Zeit krank zu schreiben, lehnte er indessen ab. Wenn er zu Hause herumsitze, würde er nur noch unruhiger werden und sich Vorwürfe machen. Er wolle seine «Pflichten erfüllen».

Nach ausgiebiger Vorbesprechung wurde bei ihm Verständnis dafür geweckt, daß das Medikament allein nicht genug Hilfen bringen könne. Wohl sei dies mit regelmäßigen «Ruhesitzungen» bei seiner guten Mitarbeit zu erreichen, damit die starken Beschwerden gemindert und dann behoben werden könnten. Die gesprochenen Worte des Therapeuten seien dabei wesentlich. Der Patient zeigte sich zu dieser Therapie bereit. In Horizontallage wurde fremdsuggestiv mit Hilfe der Augenfixation ein hypnotischer Zustand herbeigeführt, dabei in ganz beruhigender Weise ihm unter anderem folgendes zugesprochen: «Sie konzentrieren sich immer weiter auf meine Worte ... Alles andere wird dabei unwichtig, auch eigene Zwangsgedanken, Befürchtungen und Unruhezustände ... Sie lassen den ganzen Körper in völliger Unbeweglichkeit schwer, d. h. entspannt ruhen ... Sie fühlen sich weit entfernt von irgendwelchen Belastungssituationen des Alltags ... Alle Gedanken, die sich darauf beziehen, lassen Sie ganz weit abziehen, so daß diese nicht mehr störend wirken. Dafür nehmen Sie meine Worte ganz genau auf und merken, daß Ruhe auf Sie übergeht ... Ihre Gedanken gehen daher ganz ruhig weiter, neue Gedanken tauchen auf, auch optische Erlebnisse ... Sie lassen sich immer mehr in einen Zustand der Ruhe und Entspannung mit Schwere in allen Gliedern hineinsinken. Diese Schwere und Entspannung bedeutet allgemeine Ruhe ... Neben neuen Gedanken können auch innere Bilder auftauchen, dabei eine ruhevolle Szenerie, die von einer angenehm wärmenden Sonne beschienen wird ...»

Mit den angegebenen verbalen Hilfen wurde allmählich bei dem Patienten ein Versenkungszustand erreicht, der sich in einer guten Entspannung der Gesichts- und Handmuskulatur bei völliger Unbeweglichkeit des Körpers zeigte. Nach reichlich zehn Minuten wurde er nach seinen Gedanken und

Eindrücken befragt. Er schwieg zunächst und sagte nach erneuter Befragung, daß das Bild seines Gartens in ihm aufgetaucht sei. Es erschiene ihm friedlich. Die Sonne scheine freundlich, das ganze Bild sei von Ruhe erfüllt. Ihm wurde suggestiv versichert, daß dieses beruhigende Bild in ihm haftenbleiben würde. Mehrfach wurde wiederholt: «Dieser beruhigende Eindruck hält an ... Die Ruhe wirkt nach ... Sie prägen sich ein auch für die folgenden Stunden und Tage: Die Ruhe wirkt nach, die Ruhe wirkt nach ...» Anschließend wurde die hypnotische Behandlung beendet. Der Patient berichtete von einer deutlichen Beruhigung.

Die Behandlung wurde zweimal wöchentlich mit therapeutischen Sitzungen von je 50 Minuten Dauer fortgesetzt, auch mit den geschilderten Ruhehypnosen, die sich über etwa die Hälfte der angegebenen Zeit erstreckten. Der Patient gab daraufhin eine fortdauernde Beruhigung an, so daß Zwangserscheinungen, Unsicherheiten und Befürchtungen etwas zurückgetreten seien. In der verbleibenden Zeit wurde die biographische Anamnese erhoben.

Der Patient gab in seiner sehr genauen Form und ohne Widersprüche an, daß Nerven- und Geisteskrankheiten in der Familie nicht vorgekommen seien. Seine eigene Kindheits- und Jugendentwicklung sei durch schwerwiegende Ereignisse belastet gewesen. Der Vater war vor dem Ende des Krieges aus politischen Gründen mehrjährig inhaftiert gewesen. Seine eigene Erinnerung reiche etwa bis zum fünften Lebensjahr zurück. Dem Verhalten des Vaters sei anzumerken gewesen, daß er immer noch durch schwere Haftjahre bedrückt war. Er sei sehr besorgt um seine Familie in all den folgenden Jahren gewesen, habe aber bei überwiegender Stimmungsgedrücktheit auch hochgradig erregt sein können, und zeitweise sei er bei kleinen Anlässen sehr streng zu den Kindern geworden. Die Familie habe eine ganze Reihe von Jahren in sehr beengten finanziellen Verhältnissen gelebt, so daß wegen dieser Schwierigkeiten alle Familienmitglieder Heimarbeit leisten mußten. Der Patient sei vom 10. bis zum 17. Lebensjahr zu sehr genauer Ausführung dieser Arbeiten angehalten worden. Schon ein kleiner Fehler hätte bedeuten können, daß die Ware nicht abgenommen wurde, so daß er in steter unruhiger Spannung war. Die Heimarbeit habe so viel Zeit in Anspruch genommen, daß dadurch seine schulischen und persönlichen Interessen beeinträchtigt waren. Seine Leistungen in der Schule seien daher nur mittelmäßig gewesen. Anschließend habe er die kaufmännische Lehre mit gutem Erfolg absolviert. Der Patient beschrieb sich selbst als einen von jeher sehr unruhigen, innerlich gespannten und übergenauen Menschen, der diese Eigenschaften vor anderen Menschen zu verbergen gesucht hätte. Kontakte zu anderen Menschen seien ihm durch diese Lebensumstände nur begrenzt möglich gewesen. Frauen gegenüber habe er sich besonders gehemmt gefühlt. Erst nachdem er seine Ehefrau vor elf Jahren kennenlernte, sei diese Hemmung geringer geworden. Sie habe sich im Intimbereich aber stets nachteilig bemerkbar gemacht, d. h. auch in den letzten Jahren. Aus seinen Angaben wurde erkennbar, daß die Persönlichkeit schon seit der Pubertät anankastisch geprägt war. Allmählich hatte sich daraus eine zwangsneurotische Symptomatik gebildet. Vor rund einem Jahr hatten die plötzlich angewachsenen beruflichen Anforderungen in Verbindung mit einem Ulcusleiden einen Circulus vitiosus in Gang gesetzt, so daß die Zwangsneurose akute und schwere Formen annahm.

Der Patient blieb kooperativ bei allen Mitteilungen zur Vorgeschichte, die ihm erste Vorstellungen von Zusammenhängen gab, die abstellbar sein könnten. Zu autogenen Entspannungsübungen war er indessen noch nicht in der Lage. Die Behandlung mit regelmäßigen Ruhehypnosen wurde daher fortgesetzt. Wiederholt tauchte das Bild von seinem Garten auf, in dem er sich einigermaßen sicher gefühlt hatte. Er berichtete von gewohnten Arbeiten wie dem Harken, die ihm dann durch Zwangsgedanken sehr schwer fallen würden. Ihm wurde in aller Ruhe suggestiv gesagt, daß er ganz gelassen bleiben und ungezwungen diese Tätigkeit fortsetzen und neu beginnen könne. Denn er befinde sich durch die Ruhigstellung in einem geschützten Freiraum, der erlaube, immer Neues auszuprobieren. Er ging gut auf diese lenkenden Hinweise ein und vermochte daraufhin in der Phantasie ohne Anzeichen von Zwang leichte Gartenarbeiten durchzuführen. Als ihm nach einiger Zeit einfiel, daß er die Tür noch streichen müßte, wurde ihm gesagt, daß es kein Muß in seiner Phantasie zu geben brauche. Auch auf diesen Hinweis ging er sogleich ein und meinte, daß er eine solche Arbeit auch lassen könne: «Ich höre gern mit der Arbeit auf, beschäftige mich mit den Kindern, die sind auch so nett und gut leitbar wie vor ein oder zwei Jahren.» In der sechsten Behandlungsstunde berichtete er: «Es geht ein bißchen aufwärts ... In der Phantasie ist alles einfach, in der Praxis noch schwierig, aber ein klein bißchen gelassener bin ich geworden.»

Nach elf Behandlungsstunden war eine anhaltende psychische Beruhigung eingetreten, so daß nur noch einmal wöchentlich die Behandlungen erfolgten und die medikamentöse Therapie allmählich reduziert und dann abgesetzt werden konnte. Die optischen Erlebnisse nahmen weiterhin einen bevorzugten Platz in seiner Phantasie ein. Er beschrieb eine Berglandschaft, in der er mit seiner Familie wandere, wie er es sich schon immer gewünscht habe. Mit seinen Kindern könne er völlig unbefangen durch eine Wiese laufen und wie vor Jahren mit ihnen gut gestimmt spielen. Daraus wurde der Vorsatz entwickelt, mit den Kindern noch am selben Tag in ähnlicher Weise zu spielen, wie es ihm in der Phantasie möglich war.

Der Patient berichtete beim nächstenmal, daß ihm der Umgang mit den Kindern viel leichter gefallen sei. Kurz darauf wirkte er wieder unruhig-zwanghaft und sagte, nachdem er in eine tiefe Entspannungssituation gelangt war: «Ich bin in meinem Badezimmer; das Bad übt Zwang aus, da beginnt es morgens mit dem Rasieren, nochmals, nochmals. Da sind die Zweifel, Unsicherheit; dann alles wieder von vorn beginnend.» Die Frage wurde ihm gestellt, was ihn denn in dem imaginierten Raum so unsicher mache. Er berichtete dann sehr schnell: «Daß etwas nicht in Ordnung ist ... Wenn ich mitdenke, passiert das immer weiter ... ich kann mir nicht mehr helfen.» Da er keine weiteren Auskünfte über diese besondere Unruhe machen konnte, wurde ihm mit suggestivem Nachdruck beruhigend mitgeteilt, daß das Badezimmer für ihn ein ruhender Pol sei und auch weiterhin bleibe. Je mehr er zu einer Ruhe in seinem Gedankengang und Verhalten gelange, um so mehr wirke sich dieselbe auch auf den umgebenden Raum aus. Er könne seine Gedanken zwanglos weitergehen lassen und die Worte des Therapeuten genau aufnehmen. Allmählich verging wieder die Unruhe des Patienten. Seine Phantasie wurde dahin gelenkt, daß er das Rasieren und das Waschen in aller Zwanglosigkeit ausführen könne. Die einzelnen Handlungsabläufe wurden von ihm in der Phantasie wiederholt mit der Betonung von Ruhe und Zwanglosigkeit durchgenommen und daraus Vorsätze für die Realität formuliert. In der nächsten Behandlungsstunde teilte er mit, daß er morgens im Badezimmer schon mehr Ruhe gefunden habe und daß dieser gute Tagesanfang sich günstig auf den weiteren Ablauf des Tages ausgewirkt habe.

Von der 14. Behandlungsstunde an konnte mit der Grundstufe des AT begonnen werden, das er, von den üblichen Anfangsschwierigkeiten abgesehen, gut erlernte. Die Hypnose-Behandlung wurde daraufhin eingestellt. Der Patient vermochte nunmehr ohne größere heterosuggestive Hilfe in tiefe Entspannungszustände und dann in hypnoide Versenkungszustände zu gelangen. Er bedurfte zunächst noch einiger Lenkungen, um seine Phantasieabläufe und seine Handlungsabläufe mit Ruhe und Zwanglosigkeit zu erfüllen. Dann zeigte sich, daß er zunehmend über autogene Heilungskräfte verfügte. Er lernte, schwierige Einzelheiten seines aktuellen Lebens zu schildern, mit dem Therapeuten gemeinsam ihre Zusammenhänge mit eigenen zwanghaften Reaktionen aufzuklären und Vorsätze für die Realität zu vereinbaren.

Der Patient ließ sich dahin beraten, von der fremdsuggestiven Lenkung seiner Phantasien zu einem allmählich aufkommenden autogenen Phantasie-Training überzugehen und einige Male wöchentlich dieses Phantasie-Training auch ohne den Therapeuten durchzuführen. Er zeigte dabei eine weiterhin gute Bereitschaft zur Mitarbeit und vermochte die immer wieder einmal aufkommenden Zwangserlebnisse in der Realität selbständig in der Phantasie zu verarbeiten, mit ihnen besser umzugehen und sie allmählich zu vermindern. In seinen Phantasieleistungen kam häufig eine Tendenz zur Übergenauigkeit zum Vorschein. Daher war es die Aufgabe des Therapeuten, den Patienten vor einer anankastischen Exaktheit zu bewahren, die Notwendigkeit einer Realitätsbezogenheit verständlich zu machen und eine Gelassenheit bei allen Phantasievollzügen zu üben.

Von der 24. Behandlungsstunde an wußte der Patient von gründlichen Besserungen seines Zustandsbildes zu berichten. Er sei nicht mehr hilflos, denn der quälende Zwang habe stark nachgelassen, damit auch die Unsicherheit, so daß er seine beruflichen Pflichten viel besser erfüllen könne. Auch in seiner Freizeit, d. h. auch im Umgang mit seiner Familie, sehe er keine wesentlichen Schwierigkeiten mehr. Gelegentliche Zwangsimpulse und Skrupel würden zwar manchmal auftreten, aber nicht anders als bereits vor Jahren. Auch die Beziehungen zu den Arbeitskollegen seien nicht mehr spannungsvoll. Im Verlaufe der folgenden Aussprachen begriff der Patient, daß seine Zwanghaftigkeit stets auch ein zwischenmenschliches Problem sei. Seine Beziehungen zur Ehefrau, zu den Kindern und zur sonstigen mitmenschlichen Umwelt wurden daher in den letzten Behandlungsstunden vordergründig besprochen. Nach insgesamt 35 Behandlungsstunden konnte die Behandlung beendet werden. Die anankastische Prägung der Persönlichkeit war nicht wesentlich verändert, wohl aber die akute Neurose behoben worden, wie sich aus einer Nachbeobachtungszeit von zwei Jahren ergab. Er hatte gelernt, auf seine anankastischen Eigenheiten weit mehr Einfluß zu gewinnen, so daß von einer allgemeinen Stabilisierung in psychischer und somatischer Hinsicht gesprochen werden konnte. Die Magen-Darm-Beschwerden waren nach internistischer Behandlung mit Hilfe des regelmäßigen AT vergangen. Der Patient war geselliger geworden und hatte ein regelmäßiges muskuläres Training aufgenommen.

2.

Die 27jährige Arbeiterin A. N. war vor viereinhalb Jahren wegen einer Phobie zur Psychotherapie überwiesen worden. Die Patientin hatte nach ihren voll glaubwürdigen Angaben vor zehn Jahren einen Vergewaltigungsversuch erlebt, der sie stark schockiert hatte. Der Angreifer sei nicht ganz zum Ziel gekommen, da sie sich ihm noch laut schreiend entziehen konnte. Seitdem habe sie bei jeder intim erscheinenden Annäherung eines Mannes unbezwingbare Angst bekommen und habe auch Angst, wenn sie in der Dunkelheit allein sei. Mit ihrem Ehemann, den sie vor sieben Jahren geheiratet hatte, sei noch niemals ein normaler Intimverkehr möglich gewesen. Bei jedem Versuch der Einführung des Gliedes sei bei ihr ein Scheidenkrampf im Zusammenhang mit Angst aufgetreten. Daher sei sie immer passiv und ablehnend geblieben, obwohl sie für ihren Ehemann Liebe und Zärtlichkeit verspüre. Neben dem Vaginismus beschrieb sie eine Anorgasmie, obwohl die Eheleute regelmäßig Petting betrieben. Die Beziehungen zum Ehemann seien im Laufe der Jahre gespannt geworden, auch weil er zunehmend dem Alkoholkonsum zuneige und dabei ziemlich viel Geld verausgabe.

Es wurde folgende Diagnose gestellt: hochgradige Sexualneurose (Vaginismus) mit phobischen Zügen.

In Anbetracht der hochgradigen Sexualneurose war zunächst der Versuch einer Ehepaartherapie angezeigt. Der etwa gleichaltrige Ehemann konnte indessen zu dieser Behandlung nicht gewonnen werden. Er wirkte bei einer orientierenden Untersuchung wenig differenziert und wenig interessiert. Er gab an, er erwarte nicht mehr, daß die schweren Störungen der Intimsphäre noch zu bessern seien. Er gab zu, daß er fast täglich größere Mengen Alkohol konsumiere. Dabei hätte er seine Arbeit nicht vernachlässigt, auch äußerte er die Absicht, mit seiner Frau weiter verbunden zu bleiben, denn er hänge an ihr.

Die Patientin wirkte vergleichsweise differenziert, obwohl sie einen ziemlich infantilen Eindruck erweckte. Sie ließ einen deutlichen Leidensdruck und eine gute Bereitschaft zur Mitarbeit erkennen, so daß der Versuch mit einer Psychotherapie unternommen wurde.

Die kleine, zartgliedrige Frau bot bei den eingehenden Untersuchungen neurologisch und internistisch keine pathologischen Erscheinungen. Es waren lediglich die Zeichen einer vegetativen Labilität zu finden, auch war die Schilddrüse geringgradig vergrößert. Wegen Schilddrüsen-Überfunktion sei sie früher in ärztlicher Behandlung gewesen, eine Besserung sei daraufhin eingetreten. Bei Erhebung der biographischen Anamnese teilte sie mit, daß sie schwere Krankheiten nicht durchgemacht habe. Wohl verspüre sie seit Jahren öfters Schwindelerscheinungen, Ohrendruck, Herzbeschleunigung, sie sei oft stimmungslabil und gerate auch manchmal ins Weinen, vor allem habe sie immer wieder Angst, z. B. wenn sie in dunklen Straßen gehen oder allein abends in der Wohnung bleiben müsse. Sie habe oft Einschlafstörungen, von ihrem Arzt bekomme sie gelegentlich leichte Medikamente, auch gegen niedrigen Blutdruck. Am schlimmsten sei nach wie vor die Angst bei jedem Versuch sexueller Vereinigung. Deswegen habe der Ehemann in den letzten Jahren keine Versuche mehr unternommen. Sie hänge an ihm und wolle ihn keineswegs verlieren, obwohl er manchmal stark bezecht nach Hause komme. Er werde nicht aggressiv und schlafe dann gleich ein.

Die Angaben der Patientin führten zu dem widerspruchsfreien Bild, daß sie trotz nicht geringer Beschwerden sich in ihrem Beruf, bei der Besorgung des Haushalts und mit den angegebenen Einschränkungen auch in der Ehe über eine ganze Reihe von Jahren bewährt hatte. Sie sei kontaktbereit, habe Freundschaften und unternehme am Wochenende gern mit Ehemann und Freunden mal einen Ausflug, versuche ihn dabei vom Trinken abzubringen. Wichtig war ihre Mitteilung, daß sie schon lange einen ausgeprägten Kinderwunsch habe. Ihre eigene Kindheitsentwicklung sei nicht von außen gestört worden. Die Eltern hätten bis jetzt eine gute Ehe geführt und sie ohne Strenge erzogen. Gelegenheit zum Spiel mit anderen Kindern habe sie in ausreichender Weise gehabt. Dennoch sei sie, solange sie sich zurückerinnern könne, immer ängstlich und schnell eingeschüchtert gewesen. Die Volksschule habe sie nur mit mäßigen Leistungen abgeschlossen, obwohl sie sich mit den anderen Schülern und Schülerinnen gut vertragen hätte. Bei den weiteren Befragungen und Untersuchungen zeigte sich, daß der Bildungsgrad ziemlich niedrig war und die Intelligenzentwicklung nur wenig über den unteren Bereich der Norm hinausgelangt war.

Auf die Frage nach ängstigenden Erlebnissen vor dem Überfall vor zehn Jahren wußte sie nicht viel zu berichten. Wenn es schwierig im Leben geworden sei, habe sie sich schnell eingeschüchtert zurückgezogen, daher habe ihr sonst niemand etwas angetan. Der Überfall damals sei völlig unerwartet gekommen. Sie habe noch keine sexuelle Erfahrung vorher gehabt. In der Dunkelheit habe sie der Mann, mit dem sie nur spazierengehen wollte, gepackt, zu Boden geworfen und versucht, sie zu entkleiden. Sie habe gellend geschrien und sich gewehrt. Als dann ein Auto in der Nähe vorbeifuhr, habe jener Mann das Weite gesucht. Es sei also gar nichts weiter geschehen. Aber die Angst vor männlichen Wesen sei schrecklich groß geworden seitdem.

Mehrere Monate später habe sie ihren jetzigen Mann kennengelernt. Er sei zurückhaltend und doch interessiert an ihr gewesen, dies habe ihr sehr gefallen. Mit der Zeit habe sie ihn liebgewonnen, aber vom ersten Versuch an bis zur Gegenwart sei sie von schrecklicher Angst befallen worden, sobald er sich ihr näherte, um das Glied einzuführen. Seitdem er diese Versuche unterlassen habe, sei die Angst zurückgetreten. Bei Zärtlichkeiten aller Art habe sie keine Angst. Auf die Frage, ob sie sich schon an diesen Zustand gewöhnt hätte, bejahte sie, meinte jedoch dazu, sie würde gerne davon loskommen.

Die Patientin war zu Auskünften stets bereit, gab ihre anfängliche Schüchternheit und Gehemmtheit allmählich auf, erklärte sich immer wieder zur Mitarbeit bereit, verblieb aber zunächst in einem Zustand weitgehender Passivität, daher vermochte sie keine eigenen Beiträge zu leisten und nicht einmal Fragen zu stellen. Die Voraussetzungen für das AT waren demnach nicht gegeben. Die diagnostischen Feststellungen konnten dahin ergänzt werden, daß eine psychische Retardierung um mehrere Jahre vorlag, so daß sie stets etwas kindlich wirkte. Es mußte eine konstitutionelle Fixierung psychasthenischer Züge eingetreten sein, sonst wäre der schockierende Vergewaltigungsversuch in zehnjähriger Lebensentwicklung unter ziemlich günstigen Bedingungen längst besser verarbeitet worden.

In der zweiten Behandlungsstunde wurde bei der Patientin eine Ruhehypnose von knapp zehn Minuten Dauer durchgeführt und zum Abschluß versichert, daß die Ruhe nachwirken würde. Sie gab danach an, sie sei zunächst etwas ängstlich gewesen bei dieser neuen Behandlung, sehe aber jetzt ein, daß die Worte des Arztes ihr Ruhe geben würden.

Von der dritten Behandlungsstunde an wurden regelmäßige hypnotische

Behandlungen von 20 bis 30 Minuten Dauer in Abständen von einer Woche vorgenommen. Eine gute Bereitschaft zur Mitarbeit kam allmählich auf, sie konnte daher beeinflußt werden, gedankliche, optische und andere Erlebnisse in aller Ruhe aufkommen und weiterziehen zu lassen. Je mehr Ruhe sie dabei finde, um so unbeschwerter könne sie ihre eigenen Gedanken weitergehen lassen, auch zu neuen Einfällen gelangen, denn sie könne sich dabei völlig frei fühlen. Ihr wurde damit die Möglichkeit eröffnet, zu ersten autogenen Leistungen in der Phantasie zu gelangen. Die Patientin ging auf diese Anregungen ein und erreichte in der Hypnose ruhevolle optische Erlebnisse. Sie beschrieb einen kleinen See, mit Wäldern, Wiesen und Feldern. Angeregt durch Fragen, schilderte sie, wie sie am Seeufer spazierengehe, dann einen ihr unbekannten jungen Mann kennenlerne, ohne dabei Angst zu verspüren. Ganz unbefangen kam sie darauf zu sprechen, daß sie ihn sympathisch finde, daß sie nach einiger Zeit sich niedersetzen und Zärtlichkeiten austauschen würden. Zum Abschluß der hypnotischen Therapie wurde ihr wieder versichert, daß Ruhe nachwirken und Ängste abziehen würden. Danach teilte sie mit, daß sie keine Ängste bei ihren Phantasien verspürt habe. Bei der therapeutischen Aussprache wurde auch auf die Themen der Angstfreiheit, des Lebensmutes und der Aktivität im Zusammensein mit dem Ehemann eingegangen.

Bei Fortsetzung der Therapie mit Ruhehypnosen gelangte die Patientin zu mannigfaltigen Einfällen bei überwiegend optischen Erlebnissen. Sie erzählte ohne Fremdanregung, daß sie Löwen, Elefanten und Affen in einem Käfig vor sich sehe. Ihr wurde Mut zugesprochen, näher heranzugehen, dann in den Käfig zu gehen und eines der Tiere zu streicheln. Sie sagte, daß sie nur wenig Angst habe, daß sie sogar mit den Tieren spazierengehen könne. Als sie dann von aufkommender Angst berichtete, wurde ihr, ähnlich wie LEUNER dies beschrieben hat, mit beruhigenden Worten geraten, die Tiere zu füttern. Nach einiger Zeit sagte sie, daß sie sogar Mut habe, einen Löwen zu füttern. Dieser Phantasievorgang wurde mehrmals wiederholt und danach der Vorsatz vereinbart, in der Realität ähnlich mutig zu sein. In den folgenden Behandlungsstunden gab die Patientin an, daß sie selbstbewußter geworden sei. Ihr sei es in letzter Zeit möglich, in der Dunkelheit allein zu sein. Auch bei den realen Intimbeziehungen merke sie eine gewisse Besserung, denn sie sei weniger verkrampft. Zu einer Einführung des Gliedes sei es jedoch nur ganz geringgradig gekommen. In den folgenden Stunden wurde ihre Phantasie dahin gelenkt, daß sie bei den Intimbeziehungen mit ihrem Mann ihre eigene Passivität und Ablehnung ablege und ohne Angst und Verkrampfung zum normalen Intimverkehr bereit sei. Die Patientin ging recht gut auf diese ermutigende Beeinflussung ein und berichtete, daß sie in der Phantasie den normalen Verkehr ohne Angst erlebe.

Nach diesen ermutigenden Teilerfolgen wurde die Patientin in der Hypnose fremdsuggestiv und in den folgenden Aussprachen ohne suggestiven Nachdruck dazu angeregt, den Weg von den positiven Phantasie-Erlebnissen zu entsprechenden Erlebnissen in der Wirklichkeit zu finden. Trotz guter Anbahnungen kam es zwei Monate nach Beginn der Therapie zu ernsten Rückschlägen. Der Ehemann hatte nach genauen Angaben der Patientin noch stärker als sonst dem Alkohol zugesprochen. Wenn er sehr bezecht war, habe sie sich von ihm abgestoßen gefühlt. Scheidenkrampf und Angst seien bei ihr wieder stark aufgetreten. Verstimmungen in der Ehe seien wieder vermehrt aufgetreten.

In der Therapie zeigte die Patientin weiterhin eine gute Bereitschaft zur Mitarbeit. In Ruhehypnosen wurde die Überzeugung vermittelt, daß Ängste und Verkrampfungen beeinflußbar seien und vergehen würden. Sie berichtete dann von einem in der Phantasie ungestörten Intimverkehr mit ihrem Mann. Dieses Thema wurde auch in den folgenden Stunden von ihr aufgegriffen. Sie berichtete in tiefer Entspannung mit zahlreichen Details, daß sie die Scheidenverkrampfung verloren habe und nun zu einem befriedigenden Intimverkehr in der Lage sei. Die immer wieder neu formulierten Anregungen, von diesen positiven Phantasie-Erlebnissen zu ähnlichen Erlebnissen in der Realität zu gelangen, führten indessen zu keinen Fortschritten. Die Phantasieabläufe boten dann eine zunehmende Stereotypie, die Gefahr wurde deutlich, daß die Patientin in einer Art von Selbstbefriedigung mit ihrer Phantasie vor den Aufgaben der Realisierung auswich.

Da die Therapie mit psychotherapeutisch gelenkten Phantasien in dieser objektiv schwierigen Situation – der Ehemann soll weiterhin sehr stark dem Alkohol zugesprochen haben – nicht weiterführte, wurde noch ein Versuch mit der Grundstufe des AT unternommen, der damals mißlang. Sie gab an, nicht die Konzentration für solche Übungen zu finden. Die Therapie wurde daher nach der 14. Stunde vorläufig beendet. In abschließenden Aussprachen wurde der Patientin verständlich gemacht, daß die Fähigkeit zu normalen und befriedigenden Geschlechtsbeziehungen mit der weiteren Reifung der betreffenden Menschen zusammenhänge und daß für sie noch gute Aussichten in der Zukunft bestünden. Sie wurde gebeten, sich in regelmäßigen Abständen beim Therapeuten vorzustellen.

Fünf Monate später fand sich die Patientin wieder in der Sprechstunde ein. Die Ehesituation hatte sich etwas gebessert, da der Ehemann auf ihr Drängen hin dem Alkohol weniger zuneige. Sie habe nun neue Hoffnung gefaßt und würde doch gern das AT erlernen. Sie wurde daraufhin mit gründlicher Aufklärung und Ermutigung erneut in die Grundstufe des AT eingeführt. Da sie mit gutem Interesse das Training aufnahm und noch über ausreichende Vorerfahrungen mit Schwere- und Wärmeerlebnissen bei der Hypnose verfügte, erzielte sie nunmehr beachtenswerte Erfolge. In aller Sachlichkeit konnte eine Vorsatzformulierung mit ihr vereinbart werden, die folgenden

Wortlaut hatte: «Meine Scheide ist warm und weich und weit» (in Anlehnung an K. THOMAS). Sie erkannte genügend klar den Wert einer solchen Hilfe und versicherte, dreimal täglich diese Formulierung im Anschluß an die letzte AT-Übung sich fest einzuprägen. Nach zwölf Zusatzbehandlungen hatte die Patientin das AT in der Grundstufe auch mit Einbeziehung gymnastischer Übungen so gut erlernt, daß sie sich mit erkennbar größerem Lebensmut ihren realen Aufgaben zuwenden konnte. Sie wußte noch zu berichten, daß ihre Verkrampfungen erheblich nachgelassen hätten. Auch das Verhältnis zum Ehemann habe sich inzwischen weiter gebessert.

Wenige Wochen nach Abschluß dieser Behandlung teilte die Patientin sehr erfreut mit, daß sie schwanger geworden sei. «Es geht jetzt alles ohne Verkrampfung gut», waren ihre Worte bei der telefonischen Benachrichtigung. Mehrere Monate später traf die Nachricht von der glücklichen Geburt eines gesunden Kindes ein. Damit war ihr langjähriger Kinderwunsch noch vor Ablauf ihres 30. Lebensjahres in Erfüllung gegangen. Hier konnte bei allmählich besserer Milieuentwicklung von einem Abklingen der Symptome und einer Nachreifung der Persönlichkeit gesprochen werden.

3.

Vor zweieinhalb Jahren fand sich die damals 21jährige Studentin A. F. zur Behandlung ein, weil sie seit 15 Jahren «schreckliche Ängste» habe, auch Druck im Hals, Brechreiz, «Zappeligkeit an den Händen», schlimme Träume, Magenbeschwerden und andere Beschwerden. Die Ängste seien besonders stark in Räumen mit vielen Menschen, in Verkehrsmitteln und überhaupt auf Straßen, so daß sie sich kaum aus der Wohnung hinauswage. Auf die Frage, wovor sie Angst habe, gab sie an: «Angst vor Erbrechen», aber auch «Angst vor der Angst». In ihrer Wohnung fühle sie sich wohler, deswegen sei sie in diesem Semester kaum zum Studieren gekommen. Im nächsten Semester wolle sie das Fach wechseln und Kunst studieren. Seit mehreren Monaten nehme sie täglich drei bis vier Tabletten Lexotanil, das von ihren Ärzten verschrieben worden sei. Sie möchte gern mit Hypnosen behandelt werden, um die Ängste auch ohne Medikamente zu verlieren.

Die attraktive Patientin fiel durch ein betontes Make-up auf, auch erschien sie stets barfuß in der Sprechstunde und erinnerte in manchen Einzelheiten an einen Hippie-Typ. Ihre Mitteilungen boten allgemein eine demonstrative Note. Sie beteuerte indessen ihre Bereitschaft zur Mitarbeit, nachdem sie bisher immer nur medikamentös behandelt worden sei. Sie möchte alles tun, um ihr Studium fortsetzen zu können, auch weil sie nicht wisse, wie lange sie von ihren Eltern noch finanziell unterstützt werde. Bei den Routine-Untersuchungen fand sich ein guter Allgemeinzustand bei mäßiger Hautdurchblutung. Internistisch und neurologisch waren keine wesentlichen Abweichungen von der Norm festzustellen. Es zeigte sich eine Tendenz zu psychogenen Störungen. So fing sie bei der Untersuchung des Rachens mit einem Spatel an zu schreien und suchte die Hand des Arztes wegzustoßen. Auf entschiedene Ermahnung, den Mund wieder zu öffnen, und auf Versicherung, daß keine Beschwerden dabei entstünden, war sie plötzlich ruhig und zur Untersuchung bereit. Auch sonst wirkte sie in psychischer Hinsicht überaus labil, ohne depressive Erscheinungen. Eher machte sie einen unbeherrschten, extravaganten und unausgereiften Eindruck. Das intellektuelle Niveau konnte nach eingehenden Befragungen als mindestens durchschnittlich eingeschätzt werden.

Bei der eingehenden Beratung wurde ihr die Aufstellung einer Angst-Hierarchie verständlich gemacht. Sie erklärte ihre Bereitschaft, eine solche Liste bis zur nächsten Sitzung auszufertigen.

Als vorläufige Diagnose wurde vermerkt: Phobisches Syndrom? Hysterische Neurose?

Bei der nächsten Therapie-Sitzung legte sie eine Rangordnung der Ängste vor, die 14 Punkte enthielt. An der Spitze standen 1. «Angst vor der Angst», 2. «mich übergeben zu müssen», 3. «schwindlig zu werden, verbunden mit Bewußtseinsstörungen», am Ende der Rangordnung waren die Punkte enthalten: 11. «vor meinen Gedanken», 12. «vor meiner Zukunft», 13. «Höhenangst», 14. «Geschwindigkeitsangst». Das vereinbarte Prinzip, die stärksten Ängste an den Anfang und die geringeren graduell abgestuft darunterzusetzen, war nur wenig beachtet worden. Zwar bezeichnete sie die ersten drei Ängste als die stärksten aller ihrer Ängste, bei anderer Gelegenheit gab sie dann an, sich in den letzten zehn Jahren nie übergeben zu haben, Bewußtseinsstörungen habe sie nicht gehabt, auch ihren Schwindel konnte sie nicht konkret beschreiben. Die letztgenannten Ängste seien oft sehr stark.

Zur biographischen Anamnese teilte sie mit, sie habe Ängste gehabt, solange sie sich zurückerinnern könne. Besonders in dunklen Räumen sei ihre Angst sehr stark geworden, sie habe dabei geschrien, sei deswegen von den Eltern geprügelt worden, besonders vom Vater, aber auch von der Mutter. Der Vater habe sie mit dem Kleiderbügel geschlagen, bis sie am Boden gekrochen sei. Beim Essen habe sie alles aufessen müssen, sei vollgestopft worden, habe auch Schläge bekommen, wenn sie nicht alles aufgegessen hatte. Noch im Alter von 18, 19 Jahren habe sie Prügel bekommen. Auf Befragung gab sie an, daß sie sich gegen die Eltern aufzulehnen versucht hatte.

Im Alter von zehn Jahren habe sie von einem mit ihr spielenden Jungen Schokolade geschenkt bekommen. Als sie dieselbe aufgegessen hatte, habe der Junge gesagt, darin sei «Rauschgift». Daraufhin habe sie an den folgenden Tagen nichts mehr gegessen, sei allmählich völlig abgemagert und deswegen ärztlich behandelt worden. Ganz allmählich habe sie sich nach dieser Behandlung wieder erholt. Auf die Frage, wie es möglich war, im Alter von zehn Jahren schon so klare Vorstellungen von Rauschgift zu haben, wußte sie zunächst keine Antwort zu geben. Sie meinte dann, der Junge habe nur gesagt, es sei «Gift» in der Schokolade gewesen. Sie selber habe nie Drogen konsumiert, weder Haschisch noch härtere Drogen. Wohl habe sie im Laufe der Jahre viele Psychopharmaka wegen ihrer Ängste verordnet bekommen. Alkohol habe nie eine Rolle für sie gespielt. Sie rauche etwa zehn Zigaretten täglich.

Im Laufe der Kindheit habe sie hauptsächlich mit ihrer Schwester und nur wenig mit anderen Kindern gespielt. In der Schule habe sie sehr große Schwierigkeiten gehabt, dem Unterricht zu folgen. Sie sei mehrfach sitzengeblieben, nachdem sie oft die Schule geschwänzt hatte. Mit häufigem Nachunterricht habe sie vor anderthalb Jahren das Abitur knapp bestanden. Zwischendurch sei sie im Alter von 17 Jahren vom Elternhaus weggelaufen, weil sie von den Eltern tyrannisiert worden sei. Nach ihrer Rückkehr sei sie wieder vom Vater geschlagen worden.

Nach dem Abitur habe sie von den Eltern finanzielle Unterstützung bekommen, so daß sie jetzt eine eigene kleine Wohnung habe. Auch einen kleinen PKW besitze sie, weil sie sich sonst nicht auf die Straße wage. Seit einem Jahr habe sie einen jüngeren Freund, mit dem sie täglich zusammen sei. Er habe einen guten Einfluß auf sie, aber auch in seiner Anwesenheit komme Angst bei ihr auf. Sie habe Einschlafstörungen, gehe allerdings erst nach Mitternacht und manchmal erst um zwei Uhr ins Bett. Morgens falle ihr das Aufstehen sehr schwer, vor elf Uhr gelinge ihr das nicht. An manchen Tagen liege sie bis mittags im Bett, beschäftige sich dann mit ihren drei Katzen. Die Patientin klagte weiterhin über vielseitige Beschwerden, insbesondere über Ängste und Depressionen, sie müsse dringend Psychopharmaka haben, nehme täglich drei Tabletten ein.

Bei einer ausgiebigen Beratung in der dritten Behandlungsstunde wurde ihr verständlich gemacht, daß eine Behandlung nur dann Aussicht auf Erfolg habe, wenn sie ihren Lebensstil gründlich ändere. Sonst bestehe auch keinerlei Aussicht auf ein irgendwie erfolgreiches Studium. Ihr wurde nur eine kleine Dosis von Psychopharmaka als Übergang für einen begrenzten Zeitraum verordnet. Sie erklärte sich nach mehreren Bedenken dazu bereit, mitzuarbeiten. Sie würde auch eine Disposition für ihren Tagesablauf bis zum nächstenmal aufstellen. Anschließend wurde eine Ruhehypnose versucht, bei der sie nur eine sehr mangelhafte Konzentration auf die Worte des Therapeuten aufbrachte. Sie bewegte sich wiederholt trotz immer erneuter suggestiver Hinweise, alle Glieder entspannt liegen zu lassen und den Worten des Therapeuten zu folgen. Die Patientin erschien von diesen Worten nicht beeindruckt, eine hypnotische Behandlung war somit nicht gelungen.

Es ergab sich die Gelegenheit, den bedeutend jüngeren Freund der Patientin zu sprechen, der von ihr geschickt worden war, um ein Rezept für Medikamente zu erhalten. Er erschien von ihr sehr beeindruckt und erzählte, daß sie manchmal «depressiv» sei und drohe, sich umzubringen. Sie habe in der Zeit ihrer Freundschaft schon einige Male die Haut mit einem Messer aufgeritzt, ohne daß es zu einer Blutung gekommen sei. Die Freundin sei oft unterwegs und verkaufe Kosmetika an Wohnungstüren. Eine Beeinflussung über den Freund erschien aussichtslos. Ihm wurde erklärt, daß Rezepte nur nach einer Untersuchung ausgeschrieben würden.

Die Patientin erklärte bei der nächsten Therapie-Sitzung auf Befragen, daß sie jetzt nicht mehr Kosmetika verkaufe, denn ihre Angst sei zu groß geworden. Sie habe oft Depressionen, aber «auch masochistische Züge ... dann macht es Spaß, mich zu verletzen». Sie legte einen Tagesplan vor, demzufolge sie nun um 8 Uhr morgens aufstehen und täglich Sprachen lernen werde. Sie habe die Absicht, im nächsten Semester ein Fernstudium aufzunehmen, um sich als Künstlerin auszubilden. Mit allem Ernst wurde sie auf die Notwendigkeit aufmerksam gemacht, ihren Lebensstil gründlich zu ändern, da sonst keine Aussicht bestehe, ihr irgendeine therapeutisch wirksame Hilfe zu leisten. Sie erschien zunächst wohl etwas verstimmt, im übrigen nicht beeindruckt, bot eine affektive Indifferenz, legte weiter Wert auf Hypnosen, um «unbewußte Kräfte zu entdecken».

Bei Abklärung der biographischen Anamnese mußte sie auf immer deutlicher sich abzeichnende Widersprüche in ihren Aussagen aufmerksam gemacht werden. So sprachen mehrere Details dafür, daß ihre Eltern sich doch viel Mühe gegeben hatten, um sie bis zur Ablegung der Abiturprüfung zu fördern. Sie berichtete, sie habe schon als kleines Kind so viel Angst gehabt, sobald sie allein war, daß sie dann laut geschrien hätte. Die Eltern seien eine ganze Zeit lang auf ihr forderndes Schreien eingegangen, später nicht mehr. Dann sei sie gestraft worden, aber mit Schlägen erst als größeres Kind, nachdem sie vom Elternhaus weggelaufen und erst nachts zurückgekehrt war. Sie erzählte dann folgende Geschichte: Vor einigen Jahren habe sie Briefe bei ihrer Mutter gefunden, die ihr bewiesen hätten, daß sie schon vor langen Jahren ein Verhältnis mit einem anderen Mann gehabt hätte, so daß ihr jetziger Vater gar nicht ihr natürlicher Vater sein würde. In ihrer mangelnden Begründung und ihrer ganzen Darstellungsform handelte es sich um einen typischen Fall von Pseudologia phantastica.

An Hand besonders typischer Äußerungsformen wurde der Patientin ihre im Verlaufe von Jahren fixierte Fehlhaltung zum Leben verständlich gemacht, die zu immer ernsterem Versagen führen könnte. Eine Veränderung sei dann möglich, wenn sie zu einem Mindestmaß selbständiger Leistungen gelange. Der Vorschlag wurde ihr dringend gemacht, ihren Tagesablauf gemäß ihrer eigenen Disposition zu ordnen, darüber Protokoll zu führen und mit eineinhalb Tabletten des Psychopharmakons auszukommen. Bei einer solchen Mitarbeit könne sie mit der Hilfe des Therapeuten rechnen, auch mit

Hypnosen. Die Patientin zeigte sich verständnisvoll und gelobte, sich zu ändern.

Bei zwei weiteren Therapie-Sitzungen wurde ihr Gelegenheit gegeben, mit geringer heterosuggestiver Hilfe in Horizontallage Entspannung und Abstand von ihren derzeitigen Lebensproblemen zu finden, dann in freier Form ihre Gedanken und Einfälle mitzuteilen. Dabei hat sie nur das wiederholt, was sie von Anfang an mitgeteilt hatte. Angst und zahlreiche andere Beschwerden würden unverändert weiterbestehen, sie sei von den Eltern immer unterdrückt worden und finde kein Verständnis bei den Menschen ihrer Umgebung. Ihr wurde nochmals erklärt, daß die Tür des Therapeuten für sie offenstehe, wenn sie das genannte Mindestmaß von selbständiger Mitarbeit aufbringen würde.

Die Patientin ist in der Folgezeit noch wenige Male erschienen, mit der Bitte, Medikamente verschrieben zu bekommen. An ihre frühere Bereitschaft, ihren Lebensstil zu ändern, ließ sie sich nicht mehr erinnern. Das Mindestmaß von selbständigen Leistungen wurde weiterhin zur Voraussetzung einer psychotherapeutischen Behandlung gemacht. Sie ist daraufhin von der Behandlung weggeblieben.

Folgende definitive Diagnose wurde gestellt: hysterische Persönlichkeit mit neurotischen Begleiterscheinungen.

d) Resümierende Betrachtungen zur Oberstufe

Die Beschreibung eines typischen Therapie-Verlaufs hat die Gelegenheit geboten, das methodische Vorgehen in konkreten Einzelheiten darzustellen. Es handelte sich um einen entwicklungsfähigen jungen Menschen mit überdurchschnittlichen geistigen Fähigkeiten, der durch eine in der Kindheit angebahnte schwere phobische Neurose in große Gefahr geraten war, seinen Lebensaufgaben im persönlichen, hier besonders im ehelichen Bereich wie auch in seinem Studium, d. h. in seiner beruflichen Entwicklung, nicht mehr gewachsen zu sein. Es wäre müßig, die Möglichkeit zu diskutieren, ob er ohne psychotherapeutische Hilfe doch in der Lage gewesen wäre, in reduzierter Weise jene Lebensaufgaben zu lösen. Die Gefahr des Scheiterns zeichnete sich dadurch ab, daß eine Neurose von Krankheitswert akut geworden war. Erst recht war die Gefahr hervorgetreten, nicht das Maß von Lebensglück zu finden, das der Gesunde im persönlichen und beruflichen Leben erwarten darf.

Typisch war der Behandlungsverlauf insofern, als der Patient schon nach kurzer Einführung in die Therapie, die heterosuggestiver Mittel bedurfte, zu einer guten Kooperation mit dem Therapeuten fand, so daß er das AT mit der Grundstufe erfolgreich beginnen konnte. Damit war der Weg zu autogenen Leistungen gebahnt, den er weiter zu beschreiten vermochte, bei dem es wohl zu einigen Krisensituationen, aber nicht zu nennenswerten Rückschlägen in einem insgesamt 13monatigen Behandlungszeitraum kam. Das autogene Prinzip und das Trainingsprinzip gelangten beide zu einer Weiterentwicklung, da der Patient mittels Meditationen und formelhaften Vorsatzbildungen die Mittelstufe des AT erreichte und durchschritt, bis zur Oberstufe, die er erfolgreich absolvierte. Der anfänglich retrospektiv orientierten Therapie vermochte er allmählich durch ein vielseitiges Phantasie-Training überwiegend prospektive Züge zu verleihen.

Jeder Patient bietet im Therapie-Verlauf seine sehr individuellen Eigenheiten, die hier unter anderem darin zum Vorschein kamen, daß er die formelhaften Vorsatzbildungen nach anfänglichen guten Erfolgen mehr und mehr aufgab und dafür das Phantasie-Training mit immer neuen autogenen Ansätzen fortführte. Wenn er dabei in der zweiten Hälfte der Therapie zu ganz wesentlichen Einsichten in bezug auf seine Vorgeschichte in der Kindheit gelangte, so manifestierte sich damit die Effizienz eines Trainings auf hoher Stufe. Hier wurde ersichtlich: Wenn ein Mensch mit guter Flexibilität und geistiger Ausstattung das Trainingsprinzip und das autogene Prinzip verbindet, so vermag er bei der Überwindung seiner Neurose zur «Heilung» zu gelangen. Er verliert nicht nur seine Symptome, darüber hinaus ist er mit zunehmender Verselbständigung in der Lage, sein Leben so weiter zu gestalten, daß der Therapeut keinerlei Kompetenzen mehr hat. Der Patient hat damit aufgehört, ein Patient zu sein. Er ist ein emanzipierter Mensch, der in der Lage ist, über seinen persönlichen Lebenskreis hinaus sich den sozialen Problemen der Gegenwart zu stellen.

Der Therapie-Verlauf des Patienten H. C. ist typisch und herausragend, da er den Therapieweg mit den drei Stufen des AT besonders konsequent und daher erfolgreich zu gehen vermochte. Er ist daher wegweisend für alle Patienten, die ausreichend flexibel und intelligent sind, um zu ähnlichen therapeutischen Leistungen zu gelangen. Dieser Patient ist gleichsam der Antipode zur Patientin A. F., deren autogene Leistungen im Verlaufe einer mehrmonatigen, von ihr aber nicht konsequent eingehaltenen Therapie gleich Null geblieben war. Ihr Therapieverlauf war deswegen eingehend geschildert worden, weil die Gegensätze zu den drei im voraus beschriebenen Therapieverläufen sehr klar zum Vorschein kommen. Denn nicht einmal heterosuggestive Mittel in Verbindung mit Medikamentengaben sowie therapeutische Aussprachen mit sehr genauer Erhebung der biographischen Anamnese vermochten auch nur eine geringe Besserung bei diesem schwer hysterischen Zustandsbild zu erreichen. Der therapeutische Alltag bringt auch Mißerfolge mit sich, es wäre nicht angebracht, sie zu verschweigen.

Zwischen Heilung und Mißerfolg gibt es in beträchtlicher Zahl gute Teilerfolge als Frucht intensiver therapeutischer Arbeit und guter Mitarbeit der Patienten. Von ihnen zeugen die Behandlungsverläufe bei den Patienten K. T. und A. N. In beiden Fällen waren autogene Leistungen in den ersten Monaten nur sehr geringgradig zu mobilisieren. Aber beide Patienten ließen eine gute Bereitschaft zur Kooperation erkennen. Sie erschienen regelmäßig zur Therapie, gaben nach bestem Wissen Einzelheiten zur Vorgeschichte und zu den rezenten Störungen bekannt und fanden unter heterosuggestiven Einflüssen zu guten Entspannungszuständen, in denen therapeutische Hilfen gegeben werden konnten.

Bei dem Patienten K. T. war die akut gewordene Zwangsneurose, die den Weg zu autogenen Leistungen in den ersten Monaten der Therapie fast völlig versperrte. Es war jedoch eindrucksvoll, mit welcher Gewissenhaftigkeit der Patient seine Angaben auch zur Vorgeschichte in der Kindheit und Jugend machte, die ganz im Gegensatz zu irgendwelchem hysterischem Gebaren standen. Mit der gleichen Gewissenhaftigkeit war er von Anbeginn an kooperativ eingestellt, ja, es bestand sogar eine gewisse Gefahr, daß er durch Übergenauigkeit die therapeutischen Möglichkeiten nicht voll nutzen würde. Unter dem Schutz hypnotisch herbeigeführter tiefer Entspannungszustände vermochte er erste autogene Leistungen aufzubringen. In der Anfangszeit waren seine Phantasien ganz überwiegend vom Therapeuten gelenkt. Zu den Besonderheiten des regelmäßig in Gang gebrachten Phantasie-Erlebens gehörte dann, daß es autogene Züge annehmen konnte. Auf diesem Wege war es dem Patienten K. T. mit ungewöhnlicher Verspätung möglich, das AT in der Grundstufe aufzunehmen und nach guten Anfangserfolgen zu einem autogenen Phantasie-Training zu gelangen.

Nachdem ein guter Teilerfolg mit der beschriebenen Therapie erzielt worden war, erhebt sich die Frage, ob eine Verlängerung und vielleicht auch Intensivierung der Therapie nicht zu einem größeren Erfolg hätte führen können. Für den Abschluß der Therapie war die Feststellung maßgebend, daß die im Verlauf etwa eines Jahres akut gewordene Zwangsneurose überwunden werden konnte, daß aber die anankastische Struktur, die bestand, solange er sich zurückerinnern konnte, nicht erheblich zu ändern war. Zu einer anankastischen Struktur gehört erfahrungsgemäß nicht selten, daß außer häufigen Skrupeln auch Zwangsimpulse neben der zugrundeliegenden Übergenauigkeit auftreten können. Dergleichen ist auch bei diesem Patienten in Zukunft möglich, ja sogar zu erwarten, aber – dies hat eine zweijährige Nachbeobachtung gezeigt – die genannten Erscheinungen haben keinen Stellenwert einer ausgeprägten Neurose mehr, der Patient kann mit ihnen leben, er hat Mittel in die Hand bekommen, um seine anankastischen Eigenheiten zu lindern und sich selbst zu stabilisieren.

Die Tatsache, daß in allzu vielen Fällen Psychotherapie über Jahre und immer mehr Jahre fortgesetzt wird, findet eine Erklärung darin, daß die zunehmende Abhängigkeit vom Therapeuten eine wesentliche Rolle spielt, aber auch, daß die zugrundeliegende Konstitution nicht genügend beachtet wird. Dies eindeutig festzustellen oder weitgehend auszuschließen, bedarf es dann in Zweifelsfällen der Hinzuziehung eines erfahrenen Psychiaters.

Neben der anankastischen Persönlichkeit gibt es auch die hysterische Persönlichkeit, die «zyklothyme», d. h. im wesentlichen die depressive Persönlichkeit und andere mehr. (Hier wurde dem Diagnoseschlüssel der internationalen Klassifikation der WHO gefolgt, bei der der Begriff der Persönlichkeit gleichsinnig mit dem der Konstitution benutzt wird. «Personen mit tief eingewurzeltem Fehlverhalten, das im allgemeinen zur Zeit der Adoleszenz oder früher erkennbar wird, die meiste Zeit während des Erwachsenenalters besteht . . .»)

Unter dem Einfluß einer dogmatisch erstarrten Psychoanalyse sind die eben erwähnten klinisch gesicherten Fakten sehr gering eingeschätzt und oft übersehen worden. Kein Geringerer als der vor kurzem verstorbene ERICH FROMM, der wohl als größter Psychotherapeut der letzten Jahrzehnte gelten kann, hat in «Sigmund Freuds Psychoanalyse – Größe und Grenzen» (1979) über «Die Bedeutung der Kindheit» geschrieben, daß Freud «die Bedeutung der konstitutionellen genetischen Faktoren bei der Charakterbildung der Kinder unterschätzt hat. Er tat das nicht in der Theorie. Dort stellte er fest, daß sowohl konstitutionelle Faktoren als auch Erlebnisse für die Entwicklung der Persönlichkeit verantwortlich seien. In praktischer Hinsicht jedoch vernachlässigen sowohl er wie auch die meisten Psychoanalytiker die genetische Veranlagung des Menschen, und der primitive Freudianismus macht allein die Familie und die Erfahrungen des Kindes in ihr für seine Entwicklung verantwortlich.» – Zur Klärung erscheint die Bemerkung angebracht, daß «genetisch» nicht gleich «konstitutionell» gesetzt werden sollte. Was genetisch veranlagt ist, kann bereits im Mutterleib verändert, ja sogar geschädigt werden, z. B. durch starken Nikotinabusus der Mutter. Die konstitutionellen Abartigkeiten, die bei einer kleinen Minorität der Menschen in der frühen Entwicklung bis zur Adoleszenz sich ausprägen, so daß klinische Eigenheiten hervortreten, sind mehr als genetische Anlage, es handelt sich in der Regel um eine Verbindung von abnormen Anlagen und prägenden Umwelteinflüssen, bis eine fixierte Konstitution mit einer Gesamtheit körperlich und psychisch faßbarer Eigenheiten sich manifestiert.

Aus den genannten Gründen wird gemäß der eigenen Methode die Psychotherapie nicht beliebig fortgesetzt, wenn sich konstitutionelle Eigenheiten mit Persönlichkeitsdeformierungen der beschriebenen Art deutlich abzeichnen. Auch die Oberstufe des AT findet wie jede andere Therapie dabei ihre Grenzen. Dieselben sind indessen nicht eng festgelegt, sowie auch die Konstitution nicht völlig unbeeinflußbar ist. Die anankastische Persönlichkeit kann lernen, ihre Skrupel und sonstigen fehlerhaften Verhaltensweisen klarer einzuschätzen und mit adäquaten Hilfsmitteln besser mit sich und den Lebensaufgaben auszukommen. Hier konnte gezeigt werden, daß das AT der Oberstufe zu einem wertvollen Hilfsmittel geworden war. Auch bei anderen Patienten mit konstitutionell begründetem «tief eingewurzeltem Fehlverhalten» bestehen Aussichten für eine mehr oder minder erfolgreiche Anwendung des AT der Oberstufe.

Die 27jährige Patientin A. N. hat im Verlaufe der eingehenden Untersuchung und der sich anschließenden Behandlung eine Reihe konstitutioneller Mängel erkennen lassen. Dieselben können am ehesten mit dem Begriff der «asthenischen Persönlichkeit» gekennzeichnet werden. Die Patientin bot einige infantile Züge, sie war, soweit sie sich zurückerinnern konnte, stets ängstlich und schnell eingeschüchtert gewesen, ihre geistige Entwicklung war über den unteren Bereich der Norm nicht weit hinausgekommen. Erschwert war ihr Leben durch eine unbefriedigende Ehe mit einem psychisch undifferenzierten Mann, der zum Alkoholismus neigte, sich im übrigen an die Eheschwierigkeiten gewöhnt hatte, so daß er für die Fortsetzung der Ehe war, ohne sich um die Überwindung der schweren Störungen des Intimlebens viel zu kümmern.

Die Patientin hatte trotz mancher konstitutioneller Mängel eine Reihe wertvoller Eigenschaften aufzuweisen, die Veranlassung gaben, den Versuch mit autogener Psychotherapie zu unternehmen. Sie war an der Therapie, d. h. der Überwindung ihrer Störungen stark interessiert, sie war von Anfang an kooperativ eingestellt, war zuverlässig in all ihren Mitteilungen, sie war weit entfernt von jeglichem demonstrativen oder anderem hysterischen Gebaren. Sie hatte eine Eigenschaft von großem prognostischem Wert: Sie äußerte konsequent einen Kinderwunsch, war darauf immer wieder ansprechbar und bot bei all ihren Verhaltensweisen eine recht gute Entwicklung der Emotionalität. Ohne diese positiven Seiten ihrer Persönlichkeit wäre jegliche Therapie, bei der es auf autogene Leistungen ankommt, zum Scheitern verurteilt gewesen.

Die Patientin war anfangs verständlicherweise sehr verschüchtert, denn in ihrem bisherigen Lebenskreis war die Konfrontation mit den Aufgaben einer biographischen Anamnese, bei der auch die Störungen der Intimsphäre mit sachlicher Offenheit besprochen wurden, ferner mit therapeutischen Umstellungen einschließlich fremdsuggestiv herbeigeführter Entspannungszustände beinahe sensationell neu. Da aber schonungsvoll vorgegangen wurde und auch das Interesse des Therapeuten für sie merkbar war, trat bereits in der dritten

Behandlungsstunde eine Veränderung bei ihr ein. Sie schien ein wenig Vertrauen gefaßt zu haben, war daher aufgeschlossen, begann kooperativ zu werden, ohne aber Ansätze für autogene Leistungen zu zeigen. Sie gelangte zu Entspannungszuständen, die mehr und mehr hypnoide Kennzeichen boten, sie fand dann zu überwiegend optischen Phantasie-Erlebnissen, die vom Therapeuten gelenkt werden konnten. Es war möglich, fortdauernde Ruhebilder in ihr zu wecken, sie vielseitig zu ermutigen, auch zu neuen Phantasie-Erlebnissen, freilich mit dem Ziel, ihre neurotisch fixierten Ängste aufzulockern und allmählich schrittweise zu überwinden.

Es war bemerkenswert, daß die Patientin in der Phantasie einem jungen Mann begegnete, mit dem sie bald Zärtlichkeiten austauschte, daß sie beim nächstenmal mit Raubtieren umzugehen lernte, gewiß mit Nachhilfe des Therapeuten, daß sie auch bei den folgenden Stunden von verringerter Angst und Verkrampfung in der Phantasie zu berichten wußte. Die von ihr angeführten Themen blieben indessen weitgehend stereotyp. Es waren immer wieder Intimbeziehungen mit ihrem Ehemann aufgetaucht, dabei Angst und Verkrampfungserscheinungen vorhanden, die durch gezielte Unterstützungen des Therapeuten verringert und sogar aufgehoben werden konnten. Die im Anschluß an die hypnoiden Zustände geführten Aussprachen waren dem Ziel untergeordnet, einen offenen Dialog über all das zu führen, was die Patientin bewegte. Hier konnte sie nur gleichbleibend über die Eheschwierigkeiten berichten, die durch den häufigen starken Alkoholkonsum des Ehemannes und seine Geldausgaben dafür entstanden. Da sie keinen Ausweg fand, um ihn mehr als bisher zu beeinflussen, wurde vom Therapeuten vor allem Wert darauf gelegt, die therapeutisch gelenkten Phantasien mit den realen Erlebnissen in Einklang zu bringen.

Nach mehreren Wochen intensiver Therapie schien sich in der Realität eine Besserung anzubahnen. Sie gab an, nicht mehr Angst in dunklen Räumen oder Straßen zu haben, sie verliere auch die Angst bei Intimbegegnungen mit ihrem Mann. Leider kam es in den Ehebeziehungen und infolgedessen auch in der Therapie zu einem deutlichen Rückschlag. Der Ehemann hatte mehr als sonst getrunken, so daß er auf sie abstoßend gewirkt hatte. Es kam erneut zu schweren Angst- und Verkrampfungserscheinungen. Bei den heterosuggestiv herbeigeführten Phantasie-Erlebnissen war eine so weitgehende Stereotypie zu verzeichnen, daß auch von hier aus keine Besserung erreicht werden konnte. Aus diesem Grunde wurde der Patientin geraten, die bisherige Therapie vorläufig zu beenden, aber sich in regelmäßigen Abständen bei dem Therapeuten vorzustellen.

Die Unterbrechung einer nicht weiterführenden Therapie hatte sich hier und bei anderen Behandlungsfällen günstig ausgewirkt, da die Patientin nach mehreren Monaten mit neuem Mut in der Sprechstunde erschien. Wie bereits erwähnt, vermochte sie nunmehr die Grundstufe des AT erfolgreich zu erlernen und mit Hilfe des Therapeuten eine formelhafte Vorsatzbildung zu finden, die ihrer Lebenssituation und dem therapeutischen Ziel adäquat war. Die Konsequenz, die sie bei diesem AT an den Tag legte, machte deutlich, daß auch die erste Phase der Therapie mit gelenkten Phantasien nicht erfolglos gewesen war. Es konnte im vorliegenden Fall von einem guten Teilerfolg der Therapie gesprochen werden, der unter besonders ungünstigen ehelichen Verhältnissen gelang.

Bei alledem vermag der letztbeschriebene Therapie-Verlauf die Grenzen vor Augen zu führen, die der Therapie mit der Oberstufe des AT bei erheblichen konstitutionellen Mängeln und bei schwierigen Lebensverhältnissen gesetzt sind.

Noch viel enger sind die Grenzen des AT und auch jeder sonstigen Psychotherapie bei einer hysterischen Persönlichkeit wie der Patientin A. F. gezogen. Es erhebt sich die Frage, ob überhaupt von einer «Patientin» zu sprechen ist, da ein Leidenszustand bei ihr nicht erkennbar war. Die andere Frage schließt sich an, ob es sinnvoll und nützlich war, bei ihr immer wieder eine ganze Reihe von Behandlungsversuchen zu unternehmen. Diese Frage kann wie folgt beantwortet werden: Schon nach den ersten Untersuchungen wurde erkennbar, daß die Persönlichkeit tiefreichend hysterisch geprägt war und die vordergründig geklagten Ängste nur Mittel in einem sehr fehlerhaften Lebensarrangement waren, offenbar von Kindheit an. Indessen verdient die Patientin diese Bezeichnung, denn ihr Arrangement, ihre Programmierung für das Leben ist so tiefgehend verfehlt, daß mit einem Scheitern gerechnet werden muß. In jedem ähnlich gelagerten Behandlungsfall bestünde weiter die eigene Bereitschaft zu therapeutischer Intervention, denn auch eine Konstitution mit schwer hysterischen Zügen ist nicht unbeeinflußbar, speziell bei jungen Menschen mit recht guter Intelligenz. Im Verlaufe langjähriger therapeutischer Praxis konnten solche Patienten nicht immer, aber zu einem erheblichen Prozentsatz so weit gefördert werden, daß sie ihre eigenen Schwächen genügend klar erfassen, daraus Lehren ziehen konnten, um mit ihnen, d. h. auch mit der Umwelt, weit besser auszukommen. Die letzterwähnte Patientin könnte wieder zur Therapie erscheinen. Eine therapeutische Hilfe, hauptsächlich im Sinne einer Disziplinierung, würde geleistet werden, falls ein Sinneswandel von ihr unter Beweis gestellt wäre. Daher scheinen die bisherigen Therapieversuche bei ihr nicht ganz nutzlos gewesen zu sein.

Die beschriebenen Therapieverläufe von einer Heilung in einem Extrem bis zur Erfolglosigkeit im anderen sollte das methodische Vorgehen in seinen Variationsmöglichkeiten veranschaulichen. Als Voraussetzungen für die Oberstufe des AT müssen ein ausreichendes Maß von Intelligenz, von Flexibilität, d. h. von Entwicklungsfähigkeit und von Kooperation gelten. Dabei darf nicht die falsche Einschätzung aufkommen, als sei diese Oberstufe nur die Methode für eine elitäre Minderheit. Der atypische Therapieverlauf bei dem Patienten K. T. kann verständlich machen, daß sogar manche Patienten, die erhebliche konstitutionelle Mängel aufweisen, mit den Mitteln der Oberstufe des AT zu einem guten Teilerfolg gelangen. Die Variabilität beim methodischen Vorgehen führt so weit, daß in Ausnahmefällen das AT der Grundstufe mit ungewöhnlicher Verspätung, wie bei dem Patienten K. T., nachgeholt wird, dennoch der spätere Verlauf in einem autogenen Phantasie-Training zur vollen therapeutischen Effektivität gelangt. Mit der Erlernung der Oberstufe des AT kann, wie bereits erwähnt wurde, die zugrundeliegende Konstitution der Patienten nicht erheblich verändert, wohl aber die darauf zur Entwicklung gelangte Neurose behoben und die Persönlichkeit stabilisiert werden.

Bei dem ausführlich geschilderten Zustandsbild der Patientin A. F. ist es möglich, daß der Eindruck entsteht, als handele es sich um einen extremen Einzelfall mit hysterischer Symptomatik. Dieser Eindruck täuscht. Die hysterische Persönlichkeitsstruktur ist bei dieser Patientin besonders stark ausgeprägt. Aber hysterische Patienten gibt es nach wie vor in großer Zahl. Indessen ist die Diagnose einer hysterischen Neurose oder einer hysterischen Persönlichkeit unmodern geworden. Statt dessen sind Diagnosen wie «phobische Neurose» oder «depressive Neurose», im letzten Jahrzehnt auch «larvierte Depression» weit verbreitet, für sie stehen dann Anxiolytika und Antidepressiva in kaum übersehbar großer Zahl zur Verfügung, um medikamentös, aber generell nicht psychotherapeutisch vorzugehen. Daß Ängste und Mißstimmungen Mittel eines hysterischen Lebensarrangements sein können, wird von erfahrenen Psychiatern wie vor vierzig oder fünfzig Jahren immer wieder gesehen, aber die Flut von reklamehaften Veröffentlichungen täuscht über klinische Fakten allzuleicht hinweg.

Es muß klargestellt werden: Auch hysterische Patienten sind psychotherapeutischen Beeinflussungen zugänglich, allerdings sehr selten mit den Mitteln der Oberstufe des AT, am ehesten dann, wenn keine konstitutionelle Fixierung der hysterischen Erscheinungen vorliegt. Die hysterische Ausprägung der Symptomatik stellt somit nicht immer eine Kontraindikation gegen das AT der Oberstufe dar, vielmehr ist es die konstant fehlende Kooperation. Sie korreliert nicht in allen Fällen mit mangelnder Intelligenz und mangelnder Flexibilität. Die konstant fehlende Kooperation ist bei hypochondrischen und mißgestimmten Personen zu finden, die ein Tätigsein so weit verlernt haben, daß sie auf Kosten anderer leben und daher Ärzte und Psychotherapeuten – auch beide in einer Person – in Anspruch nehmen, ohne Bereitschaft, ihren Beitrag dazu zu leisten. Es gibt indessen immer wieder einzelne in diesem Personenkreis, die aus ihrem fehlerhaften Bannkreis des Lebens auszubrechen suchen, nachdem sie in eine konstante Passivität geraten sind. Letztere ergibt sich allzuoft auch aus langjähriger Behandlung mit Psychopharmaka und aus anderen iatrogenen Beeinflussungen. Damit ist gesagt, daß man niemals die Hoffnung auf eine nur partielle Veränderung bei solchen Verhaltensformen aufgeben sollte. Insgesamt handelt es sich bei dem zuletzt genannten Personenkreis um eine Minderzahl derer, die den Arzt oder Psychotherapeuten aufsuchen.

Es darf folgender Schluß gezogen werden: Die Aussichten, in der Oberstufe des AT zu einem vollen Erfolg oder zu einem guten Teilerfolg zu gelangen, sind bei der Mehrzahl der Patienten mit schweren Neurosen gegeben.

IV. Teil:

Kasuistik

Im folgenden werden verschiedene Therapie-Verläufe beschrieben, um den methodischen Weg bei der Autogenen Psychotherapie der drei Stufen und bevorzugt der Oberstufe noch genauer zu erläutern, ferner um die Möglichkeiten der Anwendung desselben bei ganz verschiedenen pathologischen Zuständen darzustellen. Eine Vollständigkeit wird damit nicht angestrebt, d. h., es gibt noch zahlreiche andere Neurosen und sonstige pathologische Zustandsbilder, die einer erfolgreichen Therapie mit den hier beschriebenen Mitteln zugänglich sind.

1. Phobische Neurose («Grenzfall» mit paranoiden Zügen)

Vor dreieinhalb Jahren wurde der 29jährige Handwerker I. B. von einem erfahrenen Nervenarzt wegen einer «neurotischen Störung von erheblichem Krankheitswert» überwiesen. Alle bisherigen therapeutischen Bemühungen, hauptsächlich mit Psychopharmarka, aber auch bei einem längeren Aufenthalt in einer psychosomatischen Klinik, seien erfolglos gewesen.

Bei der ersten Vorstellung bot der Patient so schwerwiegende psychische Auffälligkeiten, daß er bevorzugt zur eigenen Psychotherapie angenommen wurde. Er sprach zunächst nicht, blieb im Zustand einer ganz hochgradigen motorischen Gehemmtheit auf dem ihm angebotenen Stuhl sitzen, nur die höchst unruhigen Augen drückten eine maßlose affektive Spannung aus. Auf wiederholtes ruhiges Befragen sagte er dann nur: «Ich habe Angst.» Auf geduldiges Warten und erneutes Befragen äußerte er stockend: «Wenn einige Leute zudringlich sind ... wenn ich angesprochen bin ... da fange ich an zu schwitzen, werde rot ... manchmal fange ich an zu zittern.» Ganz allmählich waren weitere Auskünfte von ihm zu erhalten. Er arbeite seit mehreren Wochen in einer Werkstatt, die ihm im Zuge einer Umschulung zur Einarbeitung zugewiesen wurde. Er wisse nicht, ob er diese Arbeit schaffen könne, habe noch keine richtige Ausbildung, fange an zu zittern und zu schwitzen, wenn ihm jemand zusehe. Der Meister habe ihm nur leichte Arbeiten gegeben, aber zeige allgemein kein Verständnis für ihn.

Der Patient berichtete weiter sehr stockend, er habe eine Kur in einer psychosomatischen Klinik vor sechs Monaten abgeschlossen. Die Behandlung mit Gruppen- und Einzelaussprachen, mit Beschäftigungs- und Sporttherapie habe nichts genützt, obwohl er alles mitgemacht habe. – Bei späteren Gelegenheiten wurde von ihm noch mitgeteilt, die Sporttherapie habe etwas genützt, danach habe er sich vorübergehend freier gefühlt. Aber die Gruppenaussprachen seien für ihn furchtbar gewesen, er habe nie etwas sagen können, sei dann von anderen angesprochen worden, ihm sei sofort ganz heiß dabei geworden, er sei ganz rot angelaufen und habe stark geschwitzt, daraufhin sei er von anderen gehänselt worden. Er geriet dabei in eine depressive Erregung und fing an zu weinen.

Der Patient war in so hohem Maße hilfsbedürftig, daß eine ausgiebige Ruhehypnose angeschlossen wurde. Danach erschien er geringgradig beruhigt. Zur Verabschiedung sagte er noch, daß er seit zwei Jahren täglich zwei Valium-10-Tabletten einnehme, dazu oft noch Librium, Tavor und andere Mittel. «Sie nützten nichts ... aber ich brauche sie doch!» Ihm wurde in der Anfangszeit der Therapie die gewünschte Verordnung ausgeschrieben.

In der zweiten Therapiestunde bot der Patient zunächst ein ganz ähnliches Bild. Er war sehr hochgradig gehemmt, schwieg und sagte auf wiederholte Fragen: «Weiß nicht, was ich sagen sollte.» Erst nach einiger Zeit vermochte er auch auf direkte Fragen zu antworten. Er sei nicht sicher, ob die Hypnose etwas bewirkt habe. Er habe sich doch wohl dabei gefühlt. In der Werkstatt sei jeder Tag und jede Stunde für ihn sehr schwer. Der Meister habe einen Lehrling stark angefahren, dazu meinte er: «Das betrifft mich auch.» Es sei nicht richtig, daß das Arbeitsamt ihm diese Firma zugewiesen habe, da seien zuviel Menschen tätig, meist sieben bis acht in der Werkstatt. Da bekomme er Angst, besonders wenn man ihm zuschaue. Auf die Frage, ob er durch das Arbeitsamt für seine noch laufende Umschulung nicht eine kleinere Werkstatt finden könne, meinte er, dies zu erfragen sei zu schwer für ihn.

Allmählich wurde er etwas zutraulicher. Er würde gern wissen, wie die Therapie wirken könnte. Vor zwei Jahren habe er vier Monate lang Gruppentherapie bei einer Psychologin mitgemacht. Da habe er kein Wort sprechen können, da habe er keine Hilfe gehabt. Zur Psychologin allein habe er wohl mal sprechen können. Zum Thema der Angst äußerte er sich dann mit zahlreichen Einzelheiten. Er habe Angst, daß er die Arbeit nicht schaffe, daß er etwas falsch mache, daß er angesprochen werde, besonders wenn er erröte und stark schwitze, daß er gehänselt würde. Schon in der Schule sei er oft gehänselt worden, dabei fing er wieder an zu weinen. Nachdem er sich allmählich beruhigt hatte, sagte er, auch in der Berufsschule und von Arbeitskollegen sei er gehänselt worden, auch in der Klinik von einer Patientin, weil er so rot wurde. Ihm werde ganz heiß, schon wenn ihn jemand im Bus «mustern» würde.

Die weitere Exploration ließ einige paranoide Züge erkennen. Er meinte, alle Kollegen in der Werkstatt würden über ihn sprechen und seien gegen ihn eingestellt, auch alle möglichen anderen Personen würden ihn «mustern», ihn richtig beobachten und sofort wissen, daß es mit ihm nicht stimme. Alle seien gegen ihn. Er sei außerstande zu antworten, wenn er gefragt werde. In seiner Ehe gehe es auch nicht weiter, mit seinem Leben könne es überhaupt nicht weitergehen. In diesem Zusammenhang äußerte er eindeutig suizidale Tendenzen. Er sei erst vor wenigen Monaten ins Ruhrgebiet verzogen, er wage sich zu keinem Menschen mehr, in seiner Heimat sei es aber auch nicht besser gewesen. Nur der Meister von der Umschulungswerkstatt vor anderthalb Jahren habe ihm etwas Mut gemacht, dieser habe ihn sogar in seine Wohnung mitgenommen, so daß er ihm gegenüber Hemmungen verloren hätte. Ohne ihn hätte er wohl gar nicht mehr durchgehalten. Vorher in einem Industriebetrieb hätte er zwar mit aller Kraft am Fließband gearbeitet, aber mit keinem Kollegen ein Wort gesprochen. In den Arbeitspausen habe er sich im Klosett versteckt aus Angst, von jemandem angesprochen zu werden. Dann habe er sich nicht mehr zur Arbeitsstelle gewagt, sei krank geschrieben worden, später zur Umschulung und zur Kur ausgewählt worden.

Die Angaben des Patienten waren stets in ihrer Sachlichkeit und Widerspruchslosigkeit überzeugend. Diagnostisch ergab sich bereits nach der zweiten Stunde die Feststellung, daß hier nicht nur eine schwere phobisch-depressive Neurose, sondern ein «Grenzfall» (Borderline case) vorlag, bei dem mit dem Ausbruch einer Psychose oder mit einem Suizid zu rechnen war.

Dem Patienten konnte versichert werden, daß er sich auf die Hilfe des Therapeuten mittels regelmäßiger Psychotherapie verlassen könne, daß er eine Besserung erwarten dürfe, soweit er selbst regelmäßig zur Behandlung erscheine und dabei lerne mitzuarbeiten. Er wirkte daraufhin etwas beruhigter. Es ergab sich infolgedessen die Notwendigkeit, nach Abschluß der anfänglichen Untersuchungen den Antrag für eine «tiefenpsychologisch fundierte Psychotherapie» mit zunächst 40 Behandlungsstunden zu stellen.

Bei den Untersuchungen nach Übernahme in die eigene Behandlung fand sich ein knapp ausreichender Ernährungszustand und guter Kräftezustand, Blutdruck etwas erhöht (RR 145/90), Puls ohne Besonderheiten, deutliches

Glanzauge, Pupillen übermittelweit, sonst an Hirnnerven und langen Nervenbahnen regelrechte Befunde. Am vegetativen Nervensystem fanden sich die Zeichen hochgradiger Labilität: verstärkte Schweißabsonderung, verstärkte respiratorische (von der Atmung abhängige) Arrhythmie, für eine Schilddrüsen-Erkrankung fand sich übrigens kein Anhaltspunkt.

Zur biographischen Anamnese wurde von ihm unter anderem folgendes mitgeteilt: Der Vatersvater habe Suizid begangen. Er wisse nicht, unter welchen Umständen. Sein Vater habe ebenfalls Suizid begangen, nach Angaben der Mutter ganz unerwartet. Er sei damals noch nicht vier Jahre alt gewesen. An den Vater habe er noch eine deutliche Erinnerung: «Da kam ein großer Mann, nahm mich auf den Arm und schenkte mir ein Zuckerle, das er aus der Stadt mitgebracht hat.» An den Vater denke er immer gern zurück, er stelle sich dabei einen guten Mann vor, den er später sehr vermißt habe. Die Mutter habe dann den «ziemlich großen Bauernhof von 30 Tagewerken» übernommen, habe von früh bis spät auf dem Felde und im Stall gearbeitet, daher für ihn und seine drei Geschwister nur sehr wenig Zeit übrig gehabt.

Das Verhältnis zur Mutter wurde von ihm mit vielen Einzelheiten beschrieben. Sie habe ihm immer die anderen Kinder vorgezogen und häufig gesagt, er sei ja dumm und verstehe gar nichts von dem, was er tun solle. Sie habe ihn nicht mit besonderer Strenge behandelt, auch nicht geschlagen, aber «immer Gegensätze zu den anderen Kindern gemacht». Von seinen Geschwistern sei er sehr oft gehänselt worden, habe nie richtig mit ihnen spielen können. Da der eigene Hof etwas abgesondert lag, habe es ihm auch an sonstigen Spielgefährten gemangelt. Die Mutter habe ihn zwar mit dem Nötigsten versorgt, sei aber niemals zärtlich zu ihm gewesen, «sie hat mich nicht geachtet». Von der Vorschulzeit weiß er noch zu berichten, einmal habe ihn die Mutter zum Friseur geführt, da habe er so große Angst bekommen, daß er davonlief. Auch sonst habe er bereits damals oft Angst gehabt und häufig geweint.

Der Schulbesuch sei deswegen schwierig gewesen, weil der Schulweg mehrere Kilometer betrug. Er habe wie die Geschwister später ein Fahrrad bekommen und sei bei jedem Wetter zur Schule und zurück nach Hause gefahren. Dadurch sei er frühzeitig zäh geworden. Er sei auch fast nie krank gewesen, habe immer regelmäßig die Schule besucht und so gut wie möglich gelernt. Dies sei schwierig für ihn gewesen, weil er schon als Kind im Stall und manchmal auch auf den Feldern mithelfen mußte.

In der Schule habe er von Anfang an Angst gehabt, hauptsächlich vor dem Lehrer, obwohl der nicht besonders streng war und nur gelegentlich ein paar Ohrfeigen austeilte. Angst habe er gehabt, an die Tafel zu müssen oder sonst vor der Klasse aufzusagen. Deswegen habe er sich nie gemeldet, obwohl er genug Wissen mit der Zeit hatte. Er habe also doch Angst vor den anderen Schülern gehabt, daß sie ihn auslachen könnten. Er sei ja auch öfters von ihnen gehänselt worden. Der Grund dafür war zunächst vom Patienten nicht zu erfahren. Dann sagte er, die anderen Schüler hätten mit der Zeit herausbekommen, daß es bei ihm zu Hause schmutzig war wie sonst nirgendwo. Die Mutter habe alles herumliegen lassen, und er selbst sei auch nicht in einem ordentlichen Zustand gewesen. Bemerkenswert war bei diesen Angaben, daß sie nie vorwurfsvoll oder gar feindselig gemacht wurden. Meistens suchte der Patient die Mutter zu entschuldigen. Sie habe so viel mit dem Bauernhof zu tun gehabt, daß sie in den Wohnräumen und an ihren Kindern viel «verschlampen» ließ.

In der Schule habe er es zu mittleren Leistungen gebracht und sei immer ohne Schwierigkeiten mitgekommen. Aber er habe sich in den Klassenverband nie richtig einleben können, weil er eben immer Angst hatte, belächelt zu werden. Gegen Ende der Schulzeit habe er dann einen Freund gehabt, mit dem er auch später oft zusammen war, «aber so richtiges Zutrauen zu ihm gab es bei mir nicht, konnte nicht über alles mit ihm reden».

Nach der Schulzeit sei er in eine Lehre gegeben worden. Der Meister sei so streng und verständnislos gewesen, daß er ihn völlig verprellt hätte. Deswegen habe er gar nichts von den Arbeiten verstanden, besonders, als der Meister ihn für gänzlich dumm erklärte. Da sei er so hilflos und angstvoll geworden, daß damals das starke Rotwerden und Schwitzen, zeitweilig auch Zittern der Hände begannen. Nach einigen Monaten, in denen er auch in der Berufsschule immer wieder Angst verspürte, sei er so hochgradig verstört geworden, daß er sich nicht mehr in die Lehre traute. Der Meister habe mit der Mutter gesprochen, und sie hätten ihm eröffnet, daß er «in die Psychiatrie» gebracht werden müßte. Dazu sei die Einweisung vom Hausarzt in der Stadt nötig gewesen. Der habe eine ganze Zeit mit ihm freundlich gesprochen und dann zur Mutter gesagt: «Der Junge kommt mir nicht in die Psychiatrie.» Der Patient meinte dazu: «Da habe ich zum erstenmal wieder etwas Vertrauen zu einem anderen Menschen gespürt.»

Die folgenden Jahre seien aber weiter für ihn sehr schwer gewesen. Er habe auf dem Hof gearbeitet, sei von der Mutter und den Geschwistern kaum angesehen worden und oft von den letzteren gehänselt worden. Er habe sich kaum getraut, zu anderen Jugendlichen zu gehen, besonders vor Mädchen habe er eine schreckliche Scheu gehabt, sei sofort rot vor ihnen geworden. Mit 16 Jahren habe er dann ein 14jähriges Mädchen kennengelernt, das in der Nähe wohnte und ziemlich schüchtern war. Deswegen habe er gewagt, «mit ihr zu gehen». Nach einem Jahr habe er auch gewagt, ihr mal einen Kuß zu geben. Fünf Jahre später sei sie seine jetzige Frau geworden. Inzwischen habe er noch andere Mädchen kennengelernt. Dabei habe er in Zusammenhang mit hochgradigen Angsterscheinungen schwere Potenzstörungen erlebt, sobald er versuchte, mit ihnen intim zu werden. Infolgedessen sei er ganz und gar mutlos geworden. Wegen der Spannungen in der Familie habe er eine Arbeit in der benachbarten Stadt angenommen und sei mehrere Jahre als angelernter Arbeiter bei dieser Firma geblieben.

Als er 21 Jahre alt geworden war, habe sich herausgestellt, daß der Vater ihn in seinem Testament zum Alleinerben für den Hof eingesetzt hatte. Jetzt sei ihm klargeworden, warum die Spannungen in der Familie so enorm angewachsen waren. Er habe der Mutter und den Geschwistern Räume zugewiesen und nun versucht, den heruntergewirtschafteten Hof wieder auf die Höhe zu bringen. Er habe damals auch geheiratet, zum Glück habe sich der Bruder seines toten Vaters als in der Nähe wohnender Bauer auch bereit gefunden, ihm behilflich zu sein. Die Schwierigkeiten seien jedoch dann immer größer geworden. Der Hof habe nicht genug Gewinn gebracht, so daß der Patient wieder seine Arbeit in der Stadt übernehmen, dann noch täglich mehrere Stunden im Stall und auf den Feldern schuften mußte. Die Mutter habe die Ehefrau so schlecht behandelt, daß es zu immer neuen heftigen Szenen kam und die letztere aus dem Haus gedrängt wurde. Als nach zwei Jahren der Hof in einen besseren Zustand gelangt war, kam der Onkel ums Leben, so daß der einzige erfahrene Helfer ausfiel. Der Patient verpachtete daraufhin den Hof und blieb bei seiner alten Firma, die einige Jahre später in Bankrott geriet.

Das Verhältnis zur Ehefrau hätte sich inzwischen sehr verschlechtert, obwohl aus der Ehe eine Tochter hervorgegangen war. Er hätte seiner Frau nicht viel zu bieten gehabt, denn er traute sich mit ihr sehr selten in einen geselligen Kreis, da er gegenüber Fremden und auch bekannten Personen sehr schnell zu schwitzen und rot zu werden begann, sobald er angesprochen wurde. Am schlimmsten sei es beim Sitzen an einem gemeinsamen Tisch gewesen, und dies sei auch heute noch der Fall, weil er nicht gut ausweichen konnte, wie er es sonst gewohnheitsmäßig tat. Er berichtete von einem Feuerwehrfest, bei dem er von einem großen Tisch nicht weggekommen sei. Da hätten sie alle ihn angestarrt und über ihn gespottet. Er hätte kein Wort herausgebracht, sei puterrot geworden, habe geschwitzt und dann mit den Händen gezittert. Diese Stunden werde er sein Leben lang nicht vergessen. Potenzstörungen seien nur zum Teil überwunden worden, Verstimmungen nach alledem immer stärker zwischen den Eheleuten aufgekommen. Dies hing auch damit zusammen, daß er als guter Arbeiter gerne Überstunden machte, denn dabei fühlte er sich einigermaßen bestätigt.

Nach dem Bankrott seiner Firma fand er Arbeit in einem großen Werk in einer der Hauptstädte des Landes. Er sei täglich drei Stunden unterwegs gewesen, habe daher für seine Familie fast nie Zeit gehabt. Er mußte nach einiger Zeit feststellen, daß seine Frau sich immer weniger um ihn kümmerte und dann Beziehungen zu einem anderen Mann aufnahm. Er habe keine Möglichkeit gesehen, seine Frau anders zu beeinflussen, auch weil er zu seinem kleinen Kind keine engeren Kontakte finden konnte.

Der Betrieb in dem großen Werk innerhalb der ihm völlig fremden großen Stadt sei für ihn fast erdrückend gewesen. Man habe ihm eine ziemlich eintönige und nicht schwierige Arbeit am Fließband gegeben, die habe er mit größtem Fleiß verrichtet. Die anderen Arbeiter hätten ihn mit Mißtrauen beobachtet, weil er mit niemandem sprach und den Eindruck erweckte, als wenn er besondere Akkordarbeit leisten wollte. Das Verhältnis zu ihnen sei im Laufe der folgenden Monate immer unerträglicher geworden, so daß er während der Pausen ins Klosett oder irgendwie ins Freie flüchtete. Da die Behandlung bei der Gruppentherapie auch keine Hilfe brachte, sei er «völlig mit den Nerven fertig gewesen», habe so eine Angst vor den Kollegen bekommen, daß er sich nicht mehr ins Werk traute und krank geschrieben wurde.

Durch das Arbeitsamt sei nach einiger Zeit die Umschulung festgelegt worden. Im Verlaufe derselben habe er endlich wieder etwas Zutrauen zu einem Menschen gefunden. Der Meister habe für ihn großes Verständnis gehabt und ihn etwas aufrichten können. Allerdings lernen habe er bei ihm nicht viel können, er sei immer Anfänger geblieben. Im Anschluß an die zehn Wochen dauernde Kur habe ihm die Ehefrau gesagt, sie habe keine Hoffnung mehr bei ihm. Sie habe einen anderen Mann gefunden und wolle die Scheidung einreichen. Er sei zutiefst betroffen gewesen, habe haltlos geweint. Schließlich habe sie ihm erklärt, sie würde es noch einmal mit ihm versuchen, falls er mit der Familie ins Ruhrgebiet umziehen würde, da dort ihre Angehörigen leben. Auf diese Bedingung sei er eingegangen, er wisse nur nicht, ob es einigermaßen gut weitergehen würde.

Die Erhebung einer so ungemein schwerwiegenden biographischen Anamnese läßt bei diesem Patienten und gewiß auch anderen Patienten die Frage auftauchen, ob die zahlreichen Angaben den Tatsachen entsprechen. Die mangelnde Glaubhaftigkeit der Angaben war bei einer vorher beschriebenen Patientin mit hysterischer Symptomatik zutage getreten, weil sich von Anbeginn an eine demonstrative Note bei allen Äußerungen gezeigt hatte, ferner, weil immer mehr Widersprüche zum Vorschein kamen. Demonstrative Züge waren nun diesem Patienten in keiner Phase der Therapie eigen. Er war gleichbleibend zurückhaltend, in hohem Maße gehemmt, ganz überwiegend stimmungsgedrückt und neigte eher zu Selbstvorwürfen als zu Vorwürfen gegen andere Menschen. Auch gegen seine Mutter als die Gestalt von zentraler Bedeutung für seine sehr unglückliche Kindheits- und Jugendentwicklung hatte er sich nie vorwurfsvoll geäußert, eher hatte er immer wieder versucht, die Mutter zu entschuldigen.

Die beschriebene langjährige phobische Neurose des Patienten mit stark depressiven Zügen – bei der auch eine konstitutionelle Fixierung nicht übersehen werden darf – gehört ebenso wie die Zwangsneurose zu den passiv gefärbten Neurosen, im Gegensatz zu den hysterischen und maniformen Neurosen, die eine aktive Färbung, allerdings sehr fehlerhafter Art, aufweisen. Diese Unterschiede, die wichtig für Anamnese-Erhebung und Therapie sein können, wurden vom Verfasser vor mehreren Jahren herausgearbeitet: «Neurologie und Psychiatrie – Lehrbuch für Ärzte und Studierende» (1966).

Der Patient, der ganz überwiegend passive Eigenheiten (Stimmungsgedrücktheit, Angst, Gehemmtheit) bot, war anfangs nur schwer zu Mitteilungen zu bewegen, er machte sie nach Überlegungen, korrigierte sich, falls bei ihm der Eindruck aufkam, sie seien nicht ganz richtig, er verwickelte sich nie in schwerwiegende Widersprüche. Es ist die Aufgabe des Diagnostikers bei der Aufklärung einer besonders komplizierten Vorgeschichte, durch Kontrollfragen und durch spätere Aufarbeitungen der zu Beginn erhobenen biographischen Anamnese sich vom Wahrheitsgehalt der zu wesentlichen Teilen subjektiven Mitteilungen der Patienten zu überzeugen. Hier konnte im Verlaufe der über eineinhalb Jahr sich erstreckenden Psychotherapie festgestellt werden, daß den Angaben des Patienten im wesentlichen objektive Bedeutung zukam, d. h. auch seinen Angaben über die sozialen Wurzeln des schweren Familienkonflikts, mit den Besitzrechten an dem Bauernhof. Eine Objektivierung kann in solchen Fällen aber nur erreicht werden, wenn über jede einzelne Untersuchung und Behandlung eine ausreichend genaue Dokumentation geführt wird.

Während der Erhebung der biographischen Anamnese, die in den ersten fünf Behandlungsstunden einen vorläufigen Abschluß gefunden hatte, wurden regelmäßige Ruhehypnosen durchgeführt und erweitert. Der Patient lernte dabei, sich in eine tiefe Entspannung sinken und dann Gedanken und innere Bilder aufsteigen zu lassen, ohne aber selbst ein Wort sagen zu können. In der fünften Stunde verblieb er wieder längere Zeit in Schweigen. Vom Therapeuten wurden ihm in kurzen Abständen die beruhigenden Worte zugesprochen, daß er die Entspannung der Muskeln und die ruhig weitergehende Atmung in seiner bequemen Horizontallage als Hilfe verspüre, so daß auch

Gedanken und innere Bilder aufkommen könnten, daß aber Geduld angebracht sei. Nach etwa zehn Minuten sagte der Patient mit gepreßter Stimme: «Ich weiß nicht ... ich weiß nichts zu sagen ... Angst habe ich ...» Da er wiederum schwieg, wurde mit der Suggestivformel abgeschlossen: «Ruhe wirkt nach ... Ängste ziehen ab.» Bei der dann folgenden Aussprache war der Patient eindeutig beruhigter und aufgeschlossener. Er habe noch keinen rechten Mut gehabt, über seine Ängste zu sprechen, aber er hoffe, daß dies ihm bald möglich sei.

Während der vierten Stunde kam es im Verlaufe der Ruhehypnose zunächst wieder zu einer Zeit des Schweigens bei dem Patienten, dann nach der üblichen beruhigenden und ermutigenden Beeinflussung sagte er sinngemäß: «Gestern im Omnibus setzt sich ein Mann mir gegenüber ... und sieht mich an ... mir wurde gleich heiß ... ich begann zu schwitzen, mußte immer zum Fenster raussehen, hatte Angst vor dem Mann.» – Nach ausgiebigen Beruhigungen wurde die Frage an ihn gestellt, über welche andere Möglichkeiten des Verhaltens er noch verfüge. Nach langem Zögern kam dann seine Antwort, er würde den Mann kurz ansehen, aber sogleich vermehrte Angst verspüren ... Die Angst sei groß, weil der Mann ihn ansprechen könnte. Nach Vertiefung der hypnotischen Ruhe kam er auf den Einfall, der könne sagen, er würde den Patienten kennen. Mit heterosuggestiven Hilfen gelangte der Patient schließlich zu der Antwort: «Ich glaube nicht, daß wir uns kennen.» Dem Patienten konnte versichert werden, daß dies ein guter Anfang der Therapie sei, ihm wurde formuliert: «Mut, nicht auszuweichen – Menschen ansehen, ansprechen.»

Mit der erwähnten, noch sehr kleinen Phantasieleistung des Patienten begann eine zunächst zweimal wöchentliche Therapie, die von heterosuggestiv gelenkten Phantasien über Monate hinweg zu einem mehr und mehr autogenen Phantasie-Training fortschritt, das die Vergangenheit und dann überwiegend alle Seiten seines gegenwärtigen und übersehbar zukünftigen Lebens einbezog. Von der sechsten Stunde an konnte mit dem AT der Grundstufe begonnen werden, da er erheblich kooperativer wirkte, und er berichtete, in der psychosomatischen Klinik über acht Wochen lang AT betrieben zu haben. Schwere, Wärme oder dergleichen habe er dabei nie verspürt, wohl etwas Ruhe. Nach sehr gründlicher Aufklärung wurde er neu in das AT eingeführt, das er dann mit großen Schwierigkeiten, aber doch mit allmählich wachsendem Interesse erlernte.

Die psychotherapeutische Arbeit machte sich im Befinden des Patienten bemerkbar. Er wurde deutlich ruhiger, auch vertrauensbereiter und verlor allmählich seine suizidalen und paranoiden Züge. Die Therapie wurde dann überschattet durch die Probleme des Genehmigungsverfahrens von seiten der zuständigen Krankenkasse. Nach sechs Stunden waren die verfügbaren «großen» Psychotherapie-Sitzungen erschöpft, es mußte die Genehmigung mit Einschaltung eines Gutachters abgewartet werden. Der Patient konnte darauf vertröstet werden und inzwischen mit «kleinen» Sitzungen von 20 Minuten Dauer betreut werden, die in Anbetracht der Dringlichkeit dieser Therapie erweitert wurde. Vier Monate nach Beginn der Therapie wurde dem Patienten und dem Therapeuten die Mitteilung gegeben, daß die beantragte «tiefenpsychologisch fundierte Psychotherapie» mit 40 Leistungen (je 50 Minuten Dauer) abgelehnt wurde. Der Gutachter hatte sich auf den Standpunkt gestellt, daß die Begründung, eine vitale Indikation für Psychotherapie liege vor, ihm nicht erkennbar sei. Vor allem sei eine Behandlung einer so schweren Störung mit nur 40 Stunden nicht aussichtsreich. Erst eine Beschwerde mit Einschaltung eines Obergutachters und ausführlicher Korrespondenz über die vitale Notwendigkeit einer solchen Therapie führte nach einem Zeitraum von siebeneinhalb Monaten nach Beginn der Therapie zur Genehmigung.

In der Zwischenzeit war der Patient in einen depressiven Zustand zurückgefallen, da er einen Abbruch der Therapie befürchtete. Ihm konnte versichert werden, daß er sich in jedem Fall auf eine psychotherapeutische Hilfe verlassen könne, die dann mit ein- bis zweimal wöchentlichen Sitzungen von rund 30 Minuten Dauer geleistet wurde. Dabei hat sich zunächst eine bedeutend bessere Kooperation von seiten des Patienten ergeben, da er merkte, daß ein Kampf um seine ausreichende Hilfe geführt wurde. Es fiel von ihm sogar das Wort vom «guten Meister», den er bei der Umschulung in seiner Heimat erlebt hatte und den er hier auch gefunden hatte. Es war nicht zu übersehen, daß der Therapeut durch die beschriebenen Komplikationen in die Rolle einer idealisiert verstandenen Vaterfigur gelangt war.

Die gesamten Einzelheiten dieses besonders schwierigen Therapieverlaufs können hier nicht nachgezeichnet werden. Von Bedeutung ist vor allem, daß der Patient schon in der Zwischenzeit der Therapie bis zur offiziellen Genehmigung von Woche zu Woche auflebte, die depressive Verstimmung überwand, sogar stimmungsgehoben und bereits ein wenig selbstbewußt zu den Sitzungen erschien, über Erfolge beim AT und mit Versuchen eines Phantasie-Trainings, auch über verringerte Angst zu berichten wußte. Andererseits neigte er zu immer neuen Klagen, etwa mit dem Grundton: «Das werd ich doch nie schaffen.» Solange er ermutigt und auf Teilerfolge aufmerksam gemacht wurde, schien alles gutzugehen, sobald er auf Schwächen hingewiesen wurde, insbesondere darauf, die vergrößerten Erkenntnisse und verbesserten Verhaltensmöglichkeiten beim Phantasie-Training nur recht mangelhaft in die Realität umzusetzen, verschloß er sich sehr schnell und meinte: «Das mag ich nicht, mich so zu kritisieren.» Es wurde sehr deutlich, daß er noch in der Rolle eines kleinen Knaben fixiert blieb, der vom lange vermißten Vater auf den Schoß genommen werden wollte.

Nach einem halben Jahr des Therapieverlaufs kam es zu ernsten Krisen in der Kooperation, die in seinen Worten zum Ausdruck kamen: «Wenn ich die Vorwürfe höre, dann bleibe ich lieber weg.» Auf die letzte, kaum ernst gemeinte Bemerkung wurde nicht eingegangen, vielmehr auf die Notwendigkeit, ohne Vorwürfe Schwächen ausfindig zu machen, um sie zu überwinden. So dämmerte bei ihm im Verlaufe regelmäßiger Aussprachen die Erkenntnis, daß «ich doch noch sehr zur Bequemlichkeit neige». Die Krise wurde noch dadurch verschärft, daß der Patient zu jener Zeit in sein Heimatdorf fuhr, um nach dem Rechten auf dem verpachteten Hof zu sehen, die Mutter aber sich verleugnen ließ, sie hätte angeblich keine Zeit. Der Patient war daraufhin wieder stark depressiv, er hatte sich doch darauf gefreut, seine Mutter wiederzusehen. Ihm konnte gesagt werden, daß jeder Mensch in ähnlicher Situation sehr bedrückt sein müßte, daß er dabei seine gute Bereitschaft zu persönlichen Kontakten unter Beweis stelle, die er nun gegenüber Frau und Kind und anderen Personen praktisch erproben könne.

Nach Anlaufen der von der Krankenkasse genehmigten Therapie war die Krise im wesentlichen überwunden. Der Patient beherrschte das AT der Grundstufe und ließ sich auch zu regelmäßiger Gymnastik anleiten. Der durchaus intelligente Mann verstand therapeutisch wichtige Zusammenhänge, daß das vegetative Nervensystem mit übermäßiger Schweißneigung durch regelmäßiges muskuläres Training auf die Dauer stabilisiert werden könne. Die medikamentöse Therapie konnte systematisch abgebaut und schließlich abgesetzt werden. Dabei hatten sich auch einige Krisen-Situationen ergeben. Der Patient ließ einige Entzugssymptome erkennen und geriet zeitweise in starke Erregung, wenn seinem Verlangen nach immer neuen Valiumgaben nicht entsprochen wurde. Er ließ sich dann aber doch auf Verhandlungen und Kompromisse ein, er nahm die immer kleineren Dosierungen und auch die größeren Pausen bei der Medikation an und erkannte, daß die Medikationen ihm gar nicht richtig geholfen hätten. Er fand auch zu einem autogenen Phantasie-Training, das er nach seinen Angaben etwa zweimal wöchentlich durchführte, dabei vermochte er die anfangs sehr großen Verhaltensschwierigkeiten zu verringern.

Die retrospektiv orientierte Therapie führte zu wesentlichen Erkenntnissen: Nach seinen genauen Angaben hatten die Angsterlebnisse seine Lebensentwicklung sehr schwerwiegend beeinträchtigt, schon im Kindesalter nach dem Verlust des Vaters mit immer stärkeren Konflikten innerhalb der Familie, besonders stark in der ersten Lehre nach der Schulentlassung und vor wenigen Jahren in einem großen Werk bei der Fließbandarbeit. Allmählich tauchten aber auch positiv stimmende Erinnerungen auf. Er hatte schon als Schuljunge Zähigkeit bewiesen, als er bei jedem Wind und Wetter mit dem Fahrrad zur weit entfernten Schule und zurück nach Hause fuhr. Er hatte auch in den folgenden Jahren weit mehr als andere geleistet, hatte zeitweise über zwölf Stunden gearbeitet, um den eigenen Bauernhof auf die Höhe zu bringen, er hatte körperliche Kräfte wie wenige andere entwickelt, hatte nur in wenigen Situationen aufgegeben, wenn die Angst ihn gar zu sehr überfiel. Und dann fiel ihm ein: Als er Anfang seiner Zwanzigerjahre war und immer wieder von einem gleichaltrigen Burschen gehänselt wurde, «da habe ich mir den gepackt und ihn richtig verhauen». Ihm konnte dazu nur gesagt werden: Das Sichwehren sei gut, aber hoffentlich auch mit anderen Mitteln.

Das Verhältnis des Patienten zur Arbeit wurde durch seine Mitteilungen zur Vorgeschichte immer besser erkennbar. Durch gute Kraftleistungen, durch Sorgfalt und zunehmenden Fleiß war er schon vor seinem 20. Lebensjahr bei der Firma in der benachbarten Stadt in eine Art von Vorarbeiter-Rolle gelangt. Er sah sich bestätigt, wenn er mehr leistete als die anderen Arbeiter, er sagte gern mal: «Nun los, das müssen wir auch noch schaffen.» Damit zog er sich das Lob des Firmen-Chefs, aber auch die Ablehnung der Kollegen zu. Die Arbeit wurde ihm Ausgleich für fehlende persönliche Beziehungen, gewiß auch Grundlage für verbesserte Bezahlung. Sie wurde zum Hemmschuh für die Begegnung mit den anderen Menschen und mit sich selbst. Nachdem er Besitzer eines größeren Bauernhofs und bald darauf Ehemann geworden war, nahm die Entwicklung noch ernstere Formen an. Er schuftete täglich über zwölf Stunden lang. Die Verbindung zur Ehefrau und später zum Kinde blieben sehr dürftig. Die Arbeit, der Besitz beherrschten ihn bis zur Entfremdung seines Selbst. Noch in der Therapie berichtete er mit unverhohlenem Stolz, was er sich in seiner großen Wohnung alles anschaffen konnte, nachdem es aufwärts ging mit seiner Wirtschaft. Er hatte darüber vergessen, daß er seiner Frau zumutete, in dem Bauernhof wohnen zu bleiben, in dem Streitereien mit seinen Angehörigen bis zu Tätlichkeiten an der Tagesordnung waren. Zugleich mußte seine kleine Tochter in dem abgesonderten Hof ohne Spielgefährten aufwachsen. Er blieb dort noch wohnen, obgleich der Hof sonst verpachtet war und er weit entfernt in der großen Stadt am Fließband arbeitete.

Es wurde eine Radikalkur für ihn, als er auf das Ultimatum der Ehefrau hin den Bauernhof verließ und ins Ruhrgebiet verzog. Die Ehefrau hatte schon Jahre zuvor eine Berufstätigkeit angenommen und ihre frühere Schüchternheit längst verloren. «Ja, sie hat mich längst überholt», meinte er über sie. In der für ihn neuen Werkstatt im Ruhrgebiet war er nun ein Anfänger und hilflos bei der Arbeit, hilflos vor allem den Mitarbeitern gegenüber.

Bei den ersten psychotherapeutisch gelenkten Phantasien ging es hauptsächlich um die Beziehungen zu den Arbeitskollegen, so mit folgender Szene: «Stellen Sie sich bitte Ihre Werkstatt genau vor!» – «Das ist alles so viel ... so undeutlich.» – «In aller Ruhe können Sie sich das vorstellen!» – «Ja, der Meister, vor dem habe ich besondere Angst.» – «Ihre Ruhe nimmt zu, Ihre Angst kann abziehen. Und was fällt Ihnen sonst ein?» – «Die beiden Kollegen neben mir, aber immer der Meister dazwischen.» – «Der geht auch mal raus, und was sagen Sie zu den Kollegen?» – «Wann gehst du in Urlaub, frage ich den.» – «Und was könnte er dazu sagen?» – «In der nächsten Woche, wird er wohl sagen ...» – «Und was können Sie noch zu ihm sagen?» – «Wohin fährst du dann?» – «Das ist für den Anfang schon ganz gut!»

Wie man ein kleines Kind zum Gehen anlernt, so wurden dem Patienten in der angegebenen Form die Hilfen gegeben, um schrittweise mit den anderen Menschen in Kontakt zu gelangen. Von Monat zu Monat mehr vermochte er neben Rückschlägen immer wieder seine Erfolge anzugeben, dabei die Formulierung anzuwenden: «Mut, nicht auszuweichen – Menschen ansehen, ansprechen!» Die Kollegen seien ja hilfsbereit, meinte er dann, wenn er immer mal mit ihnen spreche und in den Pausen zusammensitze, sie hätten ja gemerkt, daß er gar kein voll ausgebildeter Geselle sei, aber daß er sich doch Mühe gebe. Nach einigen Monaten habe sich in Abwesenheit des Meisters einer wie ein «Vorarbeiter» aufgespielt, habe dem Patienten Vorhaltungen machen wollen, weil er noch so langsam bei der Arbeit sei. Da hätten alle auf seiner Seite gestanden und dem «Vorarbeiter» mal richtig die Meinung gesagt. Da habe er sich endlich mal in der Werkstatt wohl gefühlt.

Bei all den kleinen Fortschritten und gelegentlichen kleinen Rückschlägen kam nach rund einjähriger Therapie ein wichtiger Einschnitt für sein ganzes Leben: Er fuhr mit Frau und Kind in seine Heimat, hatte sich angemeldet, so daß Mutter und Geschwister anwesend sein würden. Er hatte noch Ängste ausgestanden: «Habe doch keine Sohnesgefühle mehr für die Mutter.» Im Vorausphantasieren konnte er neuen Mut finden. Nach der Reise kam er fast wie ein strahlender Sieger zurück: «Das war ein Erfolg ... alles gutgegangen», sagte er. Er sei anders als früher aufgetreten, und alle Angehörigen dort seien anders gewesen. Die Mutter habe sein Kind beschenkt und sei ganz freundlich gewesen, mehr auch nicht. Die Geschwister hätten ihn plötzlich anerkannt, seien dankbar gewesen, daß sie noch in dem Hof weiter wohnen dürfen. Bei den Bekannten der Ehefrau dort habe er abends mitgelacht und getanzt. Seine Worte dazu lauteten: «Ich schaffe das.»

Der Patient hatte nunmehr auch sein Aussehen deutlich verändert. Ihm konnte gesagt werden: «Sie sind doch ein ganz fescher Bursche – wenn Sie mit der Angst fertig werden.» Er brauchte von jetzt an nur an den Erfolg im Heimatdorf erinnert zu werden, wenn er später zu Ängsten, Mißstimmungen und Trägheit neigte.

Im letzten Abschnitt der Therapie wurden andere Themen gefunden, um sie aufzuarbeiten. Besonders wichtig war das Verhältnis zu Frau und Kind, das von ihm vorher stets verdrängt worden war. Nun gab er zu, daß er über mehr als zehn Jahre hinweg sehr viel versäumt hatte, ja seine Mißstimmungen und sogar Aggressionen an ihnen ausgelassen hatte. Er merkte jetzt, daß er zu ihnen und beide zu ihm ein völlig neues Verhältnis gefunden hatten, nachdem er sich täglich ihnen zuwandte, mit ihnen Federball spielte oder zum Schwimmen ging, dem Kind bei den Schularbeiten half und sogar zärtlich werden konnte.

Mit der Ehefrau führte er zahlreiche Gespräche, durch die ihm klar wurde, daß es zuviel für sie gewesen war, auf dem Bauernhof mit den unaufhörlichen Familienstreitereien auf den Ehemann zu warten, der dann doch keine Zeit für sie hatte. Durch eine mehrjährige Berufstätigkeit und eine Beziehung zu einem anderen Mann mit ernsten Absichten wurde sie zu einer emanzipierten Frau. Sie ließ ihren Ehemann nicht fallen, sie gab ihm noch eine Chance, durch eine Radikalkur den verunglückten Familienrahmen zu sprengen. Er konnte nicht umhin, ihr nachträglich dankbar zu sein, weil er in einem neuen städtischen Milieu sich einzuleben vermochte und endlich Zeit für Frau und Kind und sich selber fand. Nunmehr ging es auch aufwärts mit den Intimbeziehungen. Er beherzigte die Worte des Therapeuten, daß Übung und Lernen auch in diesem Bereich darüber entscheiden, ob Lust und Freude aufkommen oder Mißstimmungen und Mißerfolge fortbestehen. Nach eineinhalbjähriger Therapie konnte er sagen, daß er in seiner Frau eine sehr wertvolle Lebenskameradin gefunden hatte.

Die Ehefrau konnte in die Therapie am Ende derselben einbezogen werden. Sie bestätigte in vielen Einzelheiten die Angaben des Patienten. Das Leben im Bauernhaus seiner Familie sei für sie und das Kind nicht auszuhalten gewesen. So habe sie sich auf eigene Füße gestellt, auch weil es mit ihm dauernd abwärts ging, ohne daß er sich entschließen konnte, auszuziehen. Sie hänge an ihm von Jugend an, deswegen sei sie sehr froh über die Wandlungen, die sich mit ihm vollzogen hätten. Im letzten Jahr sei «eine ganz neue Zuwendung» von ihm erfolgt, die sie selber voll erwidere. Gewiß sei er manchmal noch stimmungslabil, «aber kein Vergleich zu früheren Jahren». Die Ehefrau machte in ihren Angaben einen glaubwürdigen Eindruck.

Das Thema der Geselligkeit wurde von ihm mit lebhaftem Interesse aufgegriffen. Er verstand, daß er unter Angst, Erröten und Schweißausbrüchen in Gegenwart anderer so sehr gelitten hatte, weil er dadurch in die Absonderung gedrängt wurde, aber im Grunde die Verbindung mit anderen Menschen herbeisehnte. Sogar um die wohlmeinenden Verwandten seiner Frau hatte er vorher einen Bogen gemacht, jetzt traute er sich mit ihr in diesen und manchen anderen Kreis. Er erfaßte folgendes: Ein besonders geselliger Typ würde er in seinem Leben nicht werden, nicht ein Spaßmacher und nicht ein Vielredner. Aber er gewann Freude durch gefestigte Beziehungen zu Verwandten, Bekannten und Arbeitskollegen, und auch der alte Schulfreund aus dem Heimatdorf gehörte wie selbstverständlich dazu, da sie sich in jedem Jahr ein- oder zweimal trafen.

Das Thema der Arbeit beanspruchte mehrere Aussprachen, auch mit Hilfe eines häufig wiederholten Phantasie-Trainings. Ihm wurde zunehmend klarer, daß die Arbeit, wie er sie verstanden hatte, mit ständiger Jagd nach

Geld und Besitz, ihn beherrscht hatte, aber daß es auch eine andere Arbeit geben müßte. Die Werkstatt hatte sich für ihn gründlich gewandelt. Die Kollegen hielten gut zusammen, auch wenn dieser Meister («Der ist ein ganz kleiner Mann») seine schlechte Laune an Lehrlingen und Anfängern ausließ. Anfänger war der Patient, als er in die Werkstatt eintrat; nach zweijähriger Arbeit war er dort ein tüchtiger Fachmann geworden, der dem Meister höflich, aber bestimmt entgegentrat. Er wußte, daß «meine Arbeit genau und sauber» ist und anerkannt wurde. Für neurotische Angst war dann nur selten oder gar kein Platz in ihm. «Der merkt schon, daß ich mich gründlich geändert habe», meinte der Patient über diesen Vorgesetzten. Zeitweise hatte er die Vorsatzformulierung angewandt: «Der Meister kann mich mal . . .»

Das Verhältnis zum Therapeuten mußte nach über einjähriger Therapie von kardinaler Bedeutung für den Patienten geworden sein. Trotz aller Betonung des autogenen Charakters der Therapie blieb es nicht aus, daß er im Therapeuten eine Vaterfigur sah, die ihm in seinem Leben langjährig gefehlt hatte. Diese Rolle des Therapeuten war ein wesentlicher Heilfaktor während des größten Teils der Therapie. Aber im letzten Abschnitt derselben mußte die Hauptaufgabe darin bestehen, die Verselbständigung des Patienten zu fördern, daher Ratschläge und Hinweise auf ein Mindestmaß zu beschränken. Das Therapeut-Patienten-Verhältnis wurde wiederholt eingehend erörtert, der Patient zeigte seine gutentwickelte Intelligenz und seine inzwischen beachtlich gewachsene Lebenserfahrung, da er die Gefahr einer Abhängigkeit vom Therapeuten durchschaute, die es durch weitere Vermehrung der eigenen Kräfte abzuwenden galt. Eine persönliche Verbundenheit blieb nach Abschluß der Therapie mit einem Zeitraum von 18 Monaten und mit Hilfe von 46 großen und 30 kürzeren Behandlungssitzungen bestehen.

Zum Abschluß war auch das Problem der weiteren Lebensgestaltung besprochen worden. In Anbetracht eines nicht hohen Bildungsstandes konnten keine hohen Erwartungen daran geknüpft werden. Der Patient neigte vor allem dazu, die Beziehungen zu Frau und Kind weiterzuentwickeln, Freude mit ihnen gemeinsam an Sport und an der Natur zu finden und zu vermehren. Der Weg zu weiteren Interessengebieten war bei dem jungen Mann freigelegt.

Der Patient hatte seine Symptomatik fast völlig verloren. Er hatte aus eigener Überzeugung das Maß an Verselbständigung gewonnen, das ihn auf eine Verlängerung der Therapie verzichten ließ. Eine gewisse Hemmbarkeit und Kontaktschwäche in ungewohnten Lebenssituationen sowie eine vegetative Labilität, die jedoch wesentlich geringer war als zu Beginn der Therapie, blieben noch bestehen als Ausdruck dafür, daß konstitutionelle Eigenheiten mit asthenischen Zügen weiterhin vorhanden waren. Wer über 25 Jahre seines Lebens, hier seit dem vierten Lebensjahr, in eine besonders schwere

Neurose hineingepreßt ist, dann diesen entscheidenden Lebensabschnitt auch nicht mit Hilfe einer langen Psychotherapie völlig verleugnen. Insgesamt ist hier von einem sehr guten Teilerfolg zu sprechen, um so mehr, als zu Beginn ein «Grenzfall» (Borderline case) vorlag. Die Therapie war bei dieser passiv gefärbten Neurose im wesentlichen auf Abklärungen früherer und gegenwärtiger Konflikte, auf Ermutigungen, Aufbau neuer Verhaltensformen und Mobilisierung von Reservekräften abgestimmt.

Einige grundsätzliche Überlegungen sind nach Beschreibung des letzten Therapieverlaufs angebracht. Für orthodoxe Psychoanalytiker sind erfolgreiche Therapieverläufe bei schweren pathologischen Erscheinungen mit einer relativ kleinen Zahl an Leistungen zu je 50 Minuten – hier 46 Leistungen, wozu 30 kleinere Leistungen von etwa 30 Minuten Dauer, d. h. Kurzbehandlungen kamen – undenkbar. Ja, diese Möglichkeit wird so weit verdrängt, daß die Genehmigung auf Krankenkassenbasis im vorliegenden Fall verhindert werden sollte, der keinen Einzelfall darstellt. Auch der Obergutachter sprach sich zunächst gegen eine Genehmigung aus und ließ sich erst nach ausgiebiger Korrespondenz zu einer Befürwortung des Antrags herbei. Er schrieb, die vom Erstgutachter «aufgeworfene Frage, ob bei der angeblich ‹ungewöhnlich starken Neurose› eine nur aus 40 Stunden bestehende tiefenpsychologisch fundierte Psychotherapie zum Erfolg führen könne, ist sicherlich sehr berechtigt». Nach Mitteilung weiterer Einzelheiten zu den biographischen Zusammenhängen und zur unbewußten Dynamik sehe er sich aber in der Lage, diesen Antrag zu befürworten.

Es geht hier nicht in erster Linie um subjektive Einschätzungen, sondern um methodische Unterschiede. Wer nach psychoanalytischem Ritus verfährt – derselbe gehörte vor 32 bis 40 Jahren auch zum eigenen Verfahren –, macht den Umweg über die sogenannte Übertragungsneurose, die dann mühsam wieder abgebaut werden muß. So sind 100, 200 und mehr Behandlungsstunden von je 50 Minuten Dauer bei schweren Neurosen die Regel. Dies geht aus den Bestimmungen unter IV, III wie folgt hervor (siehe «Kommentar zu den Richtlinien des Bundesausschusses der Ärzte und Krankenkassen über tiefenpsychologisch fundierte und analytische Psychotherapie in der Kassenärztlichen Versorgung ...», abgedruckt im ‹Deutschen Ärzteblatt›, 73. Jahrgang, Hefte 28, 30, 32 [1976]): Bei der analytischen Psychotherapie sei eine ausreichende Behandlung in der Regel mit 160 Stunden, in besonderen Fällen bis 240 Stunden zu erwarten. «Wenn eine weiterführende Behandlung über 240 Stunden hinaus ... erforderlich erscheint, ist diese Behandlung besonders eingehend mit Hinblick auf die noch vorliegende klinische Symptomatik (z. B. Bearbeitung einer Übertragungsneurose) zu begründen.»

Hier bedarf es keiner Auseinandersetzung mit psychotherapeutischen Methoden, die sich auf die vor über 75 Jahren entwickelte psychoanalytische Lehre gründen, nur ist der Hinweis angebracht, daß effektivere und unter sozialem Aspekt besser vertretbare Methoden inzwischen herangereift sind.

2. Depressive Neurose

Die 42jährige Hausfrau T. D. wurde vor vier Jahren mit der Diagnose «Depressive Phasen» zur eigenen Praxis überwiesen. Die Patientin teilte mit, daß sie seit rund sieben Jahren unter stark depressiven Zuständen zu leiden habe. Phasenweise sei ihre Stimmung so tief gedrückt, daß sie hilflos und antriebsarm zu Hause sitze, dabei nicht ihren ziemlich kleinen Haushalt versorgen könne. Sie sei zweimal einige Wochen lang in Nervenabteilungen stationär behandelt worden, auch zu Kuren sei sie verschickt worden. In diesem langen Zeitraum sei sie mit sehr vielen Psychopharmaka (z. B. Anafranil, Stangyl, Alival, Quilonum, Praxiten und andere) behandelt worden. Sie könne nicht sagen, ob durch diese Medikamente die schweren Phasen wieder abgeklungen seien. Seit einigen Wochen sei jedenfalls ihre Stimmung nur mittelmäßig gedrückt. Jetzt könne sie wieder voll ihre Hausarbeit verrichten, sei auch kontaktbereit gegenüber Verwandten und Bekannten und sei kinderlos sehr gut verheiratet. Die vielen Medikamente seien über rund sieben Jahre unerträglich für sie geworden: «Ich bin nicht mehr ich selbst, wenn ich sie alle einnehme.»

Vielleicht am meisten sei sie durch die Aufklärungen von Ärzten bedrückt, daß ihre depressiven Phasen schicksalhaft kommen und gehen würden, sie sei «wie eine Zuckerkrankheit», die bestehe fort, auch wenn sie weniger Beschwerden mache.

Die Patientin bot bei der ersten Untersuchung keine schwer depressiven Erscheinungen. Sie vermochte sich ohne sprachliche Hemmungen gut auszudrücken und ihren Beschwerdekomplex klar zu beschreiben. Überwiegend war aber ihre Stimmung gedrückt, bei sehr labiler Affektivität, denn bei der

Schilderung ihrer schweren Phasen und ihrer Situation des Ausgeliefertseins an ein schicksalhaftes Krankheitsgeschehen begann sie zu weinen, suchte sich dann bald zu beherrschen, war dann auch für die Worte des Therapeuten aufgeschlossen erschienen, daß es nie eine reine Schicksalhaftigkeit von Krankheiten gebe und daß in jedem Fall ein Gesundungswille von Bedeutung sei. Mit diesem Willen komme sie doch wohl zur Psychotherapie. Die Patientin bekannte sich zu einem Gesundungswillen. Sie wolle keine Antidepressiva mehr und auch kein Quilonum (Lithium-Präparat) mehr einnehmen, nur noch Praxiten zur Nacht, weil sie seit Jahren Schlafstörungen habe. Ihr wurde erklärt, daß Medikamente nicht generell abgelehnt würden, da sie bei manchen depressiven Erscheinungen eine wertvolle Hilfe sein könnten.

Die biographische Anamnese, die in den folgenden Behandlungsstunden erhoben wurde, erbrachte eine Reihe wichtiger Hinweise auf schwerwiegende Belastungen ihres Lebens von Kindheit an. Die Elternhaus-Situation sei sehr bedrückend gewesen, solange sie sich zurückerinnern könne. Der Vater habe regelmäßig große Mengen von Alkohol getrunken, sei häufig stark bezecht nach Hause gekommen, dann manchmal so erregt gewesen, daß er sowohl die Ehefrau wie auch die Patientin als Kind ohne verständlichen Grund geschlagen habe. Sie habe daher ganz überwiegend Angst vor dem Vater gehabt, sei von seinem Verhalten im betrunkenen Zustand abgestoßen worden. Die materiellen Verhältnisse seien schlecht gewesen. Es habe bei beengten Wohnverhältnissen oft am Nötigsten gefehlt, weil der Vater von seinem Lohn als Arbeiter nur einen Teil nach Hause brachte. Die Patientin habe daher von Kindheit an viel geweint, sei verängstigt gewesen und habe sich auch zunächst kaum in die Schule getraut, weil die anderen Kinder in besseren Verhältnissen lebten.

Zum Glück habe die Mutter immer einen guten Einfluß auf sie ausgeübt, habe ihr Mut zugesprochen, insbesondere regelmäßig zur Schule zu gehen und mit anderen Kindern zu spielen. Die Mutter habe Verständnis für sie gezeigt und sei auch zärtlich zu ihr gewesen, daher sei das Verhältnis zu ihr im Verlaufe der Kindheits- und Jugendentwicklung immer besser geworden. Sie habe vertrauensvoll alles mit ihr besprechen können. Unter ihrem Einfluß habe sie mit steigendem Interesse die Volksschule besucht und mit guten Ergebnissen abgeschlossen.

Von einem weiteren sehr ungünstigen Faktor für ihre Entwicklung berichtete die Patientin, daß sie von jeher eine mangelhafte Sehfähigkeit aufwies. Sie konnte wohl ausgiebig lesen und schreiben, aber beim Spielen und Turnen sei sie sehr unsicher gewesen, habe nie wie andere Kinder herumtollen können und sei motorisch immer gehemmt geblieben. Da trotz ständiger augenärztlicher Behandlung die Sehfähigkeit eher nachgelassen hatte, habe sie sich durch diesen Mangel auch im Umgang mit anderen Menschen behindert und ängstlich gefühlt. Sie habe einige Schulfreundinnen gewonnen, am sichersten aber habe sie sich bei ihrer Mutter gefühlt. So sei sie auch nur wenig ausgegangen, habe sich vor jungen Männern stets gehemmt gefühlt. Sie meinte selbst, der häufig abstoßende Eindruck vom Vater habe sich wohl so ausgewirkt.

Nach dem Schulbesuch habe sie eine Lehre absolviert, sei mit Interesse und Fleiß auch zur Berufsschule gegangen, habe sich durch gute Leistungen und deren Anerkennung bestätigt gefühlt. Der Einfluß des Vaters sei in ihrem späteren Leben immer geringer geworden, da er vorzeitig chronisch erkrankte und dann verstarb. Obwohl sich die Lebensverhältnisse in enger Gemeinsamkeit mit der Mutter besserten, blieb ihre Stimmungslage ganz überwiegend gedämpft. Sie wäre wohl ganz ein «Heimchen» geworden, wenn sie nicht vor Ablauf ihres 20. Lebensjahres ihren jetzigen Ehemann kennengelernt hätte, mehr durch einen Zufall. Er sei auch ein zurückhaltender und arbeitsamer Mensch wie sie, deshalb sei er ihr gleich sympathisch gewesen. Er sei damals und auch in der Folgezeit der einzige Mann, dem sie näherzutreten vermochte. Die Beziehung sei bald freundschaftlich und dann liebevoll geworden, so daß vor Ablauf eines Jahres die Heirat erfolgte. Mehrere Jahre habe es in ihrem Leben gute Harmonie gegeben, da Mutter und Ehemann sich gut vertrugen, sie daher zu dritt gut gestimmt zusammenlebten. Sie habe bei manchen Gelegenheiten auch lachen können.

Eine schwere Erschütterung trat in ihrem Leben durch den unerwarteten Tod der Mutter vor sieben Jahren ein. Nunmehr klaffte in ihrem auf kleinen Bezugsrahmen angelegten Leben eine nicht ausfüllbare Lücke, zumal ihr Wunsch nach einem Kind nicht in Erfüllung gegangen war. Ein weiterer schwerer Belastungsfaktor sei hinzugekommen. Bis dahin hatte sie trotz der Sehbehinderung ihre beruflichen Pflichten sehr genau erfüllt, oft mit großen Schwierigkeiten. Nunmehr verzagte sie, kündigte daher ihre Stellung und beschränkte ihr Leben auf den kleinen häuslichen Bereich.

Nach dieser einschneidenden Veränderung sei sie in einen Zustand allgemeiner Passivität versunken, in dem sie von Verzweiflungsstimmungen befallen wurde. Ihr ganzes bisheriges Leben schien ihr sinnlos, sie habe überall versagt, sogar als Ehefrau. Von Lebensängsten erfüllt, neigte sie zu Selbstanklagen und suizidalen Gedankengängen. Eine fünfwöchige Behandlung stationär in einer Nervenabteilung wurde notwendig, durch die sie mittels intensiver Psychopharmaka-Therapie wieder zur Ruhe und partiell zu einer ausgeglichenen Stimmungslage fand. In den folgenden Monaten und Jahren konnten die depressiven Erscheinungen indessen nicht überwunden werden. Eine weitgehende Passivität blieb in ihrem Verhalten bestehen.

Im Verlaufe der Klärung der biographischen Anamnese konnten für die depressiven Phasen, die zwischenzeitlich mehrfach auftraten, in den Hauptzügen äußere Belastungssituationen ausfindig gemacht werden. So hatte sie nach zwei Jahren den Entschluß gefaßt, wieder ihre Berufstätigkeit aufzunehmen. Sie tat dies auch, aber sie vermochte nicht an ihr früher erfolgreiches Arbeiten anzuknüpfen. «Alles schien mir maßlos schwer», meinte sie über diesen nach einigen Monaten gescheiterten Versuch, der zu vermehrten Insuffizienzgefühlen und dann zu einem schweren depressiven Rückfall führte. Später war es die Sehbehinderung, die eher zugenommen haben soll. Der Augenarzt habe ihr Hoffnungen mit einer neuen Therapie gemacht, die sich nicht erfüllten. Dann war die Ehesituation erstmalig schwierig geworden. Dieselbe war von Anfang an emotional betont, aber es fehlte die Ausgestaltung des Intimlebens. In dieser Beziehung wurde die Patientin immer gleichgültiger. Der Ehemann war verständnisvoll über lange Zeit hinweg, dann führte die hochgradige Frustrierung zu Mißstimmungen, die die Patientin wiederum sehr schwer verarbeitete.

Der Patientin konnte nach vorläufig abgeschlossener biographischer Anamnese versichert werden, daß eine endogene Schicksalhaftigkeit ihrer depressiven Erscheinungen nicht erkennbar sei. Dafür sprachen auch ihre Angaben, daß in ihrer Familie keine sonstigen Fälle von Alkoholismus und von Depressionen bekannt geworden seien. Der Patientin wurde kein Zweifel daran gelassen, daß ihre schwere neurotische Depression durch eine intensive Psychotherapie behoben werden könnte, jedoch nur unter der Voraussetzung einer gleichmäßigen Mitarbeit von ihrer Seite. Sie erklärte sich dazu bereit, um so eher, als sie nach den ersten Sitzungen in ihrer Stimmungslage ein kleines «Hoch» erkennen ließ. Für sie war die Eruierung von Zusammenhängen, die für ein reaktives Leiden sprachen, völlig neu und gut akzeptabel. Ihre Affektlabilität zeigte sich weiterhin in einem häufigen Umschlagen der Stimmung, auch mit Gedankengängen wie: «Das ist doch wohl alles mein Schicksal.»

Bei den Untersuchungen fand sich weiterhin die nach langer Psychopharmaka-Therapie häufige Blutdruck-Erniedrigung, am vegetativen Nervensystem lagen Zeichen einer hochgradigen Labilität vor. Die Muskulatur war ziemlich schlaff, die Wirbelsäule geringgradig skoliotisch als Folge einer seit Kindheit vernachlässigten muskulären Ausarbeitung. Im übrigen waren neurologisch und internistisch die Befunde im Bereich der Norm. In psychischer Hinsicht imponierte eine gute emotionale Kontaktbereitschaft. Intelligenz und Differenziertheit der Persönlichkeit waren ausreichend entwickelt. Eine tiefenpsychologisch fundierte Psychotherapie mit 40 Leistungen wurde beantragt, die in diesem Fall bald genehmigt wurde.

Bei der Einleitung der Therapie war die Feststellung maßgebend, daß hier eine besonders schwere passiv gefärbte Neurose in Zusammenhang mit einer konstitutionellen Anomalie vorlag, die gemäß der internationalen Klassifikation psychiatrischer Krankheiten der WHO als «zyklothyme Persönlichkeit» zu bezeichnen ist. Ein zyklisches Geschehen mit Schwankungen von depressiven zu manischen Stimmungslagen war hier nicht zu beobachten, vielmehr war die Patientin ganz überwiegend depressiv, mit zeitweilig geringer Stimmungsgehobenheit.

Die genaue Abklärung der biographischen Anamnese hatte bereits einen gewissen therapeutischen Effekt, denn die Patientin fühlte sich dadurch weit besser verstanden. Von der dritten Sitzung an wurden kurze, dann längere Ruhehypnosen durchgeführt, dabei war ein gutes Mitgehen der Patientin erkennbar, auch an deutlich vorhandenen muskulären Entspannungen und ihren anschließenden Worten, daß sie sich beruhigt gefühlt hätte. Die Stimmung war in der Folgezeit stark wechselnd, von der zweiten Sitzung an etwas gehobener. Sie schien von der starken Zuwendung eines Arztes angetan und begann ein wenig aufzuleben. Aber bei der siebten Sitzung klagte sie, wieder «depressiv» zu sein. Sie schlafe noch schlechter als sonst, habe «nervöse Unruhe», traue sich kaum auf die Straße. Ihre in sieben Jahren gewachsene Passivität und Stimmungslabilität kamen dabei zum Vorschein, sie hatte offenbar die Aufklärungen des Therapeuten noch nicht erfaßt, daß nur eine konsequente Mitarbeit bei der Psychotherapie eine wesentliche Besserung verspreche. Eine ausgeprägt depressive Phase war objektiv nicht feststellbar. Indessen wurde ein leichteres Antidepressivum mit schlafförderndem Wirkung verschrieben.

Von der siebenten Stunde an wurde die Psychotherapie intensiviert, dabei auf die weitgehende Passivität der Patientin Rücksicht genommen. Die ihr bereits bekannten Ruhehypnosen wurden nun vertieft und verlängert. Im hypnoiden Zustand wurde der Patientin heterosuggestiv das Aufkommen und ruhige Weitergehen ihrer Gedanken vermittelt, ferner von angenehmen optischen Erlebnissen: «Sie merken, daß schöne und erfreuende Farben auftauchen ... Sie merken, daß die Konturen deutlicher werden ... Es ist eine ausgedehnte saftig grüne Wiese mit vielen farbenfrohen Blumen ... Es ist warm ... Alles ist friedlich ... Die Sonne scheint so angenehm, daß man gern auf dieser Wiese verweilen möchte. Und was meinen Sie dazu?» Die Patientin brauchte einige Zeit, bis sie sich zu einigen Worten aufraffte: «Ja, auf dieser Wiese möchte ich sein ...» Da sie dann wieder in Schweigen verfiel, waren weitere Worte des Therapeuten nötig: «Sie sehen Margeriten, Kornblumen, Mohnblumen ganz farbenfroh vor sich, und wenn Sie sich die Wiese recht genau vorstellen und näher auf die Blumen zugehen, welche sehen Sie noch?» Nach wiederholten Ermutigungen sagte sie mit etwas aufkommendem Interesse: «Ja, dann gibt es noch Glockenblumen, Klee, Butterblumen, die sind schön ...» Da die Patientin dann wieder schwieg, wurde ihr anerkennend gesagt, daß sie doch einen kleinen Beitrag geleistet hätte und daß folgende Formulierungen sich bei ihr einprägen würden: «Ruhe wirkt nach! Farbenfrohe Blumen vor meinem inneren Auge.»

Die Behandlung wurde mit psychotherapeutisch gelenkten Phantasien in mancherlei Variationen regelmäßig fortgesetzt. Die autogenen Beiträge der

Patientin blieben allerdings denkbar gering. Nach einigen Sitzungen vermochte sie immerhin die optischen Erlebnisse von Urlaubsreisen anzugeben, mit schönen Anhöhen und Tälern, mit Feldern, auch schönen farbigen Rapsfeldern und dann wieder Blumen am Wegesrand und in einer Wiese. Die Blumenmotive waren deswegen für die Patientin hilfreich, weil sie Blumen seit Jahren emsig in ihrer Wohnung und auch in ihrem Garten pflegte. Für die Gartenarbeit hatte sie indessen nichts übrig. Die überließ sie dem Ehemann.

Die Ruhehypnosen mit psychotherapeutisch gelenkten Phantasien nahmen bei den einzelnen Sitzungen etwa 25 Minuten in Anspruch, in der restlichen Zeit wurden Aussprachen geführt, bei denen sie meist hypochondrische Klagen äußerte, z. B.: «Habe Angst und furchtbare Beklemmung im Herzen, Zittern, geistiges Abgeschlagensein ...» Ihr wurde versichert, daß ihre früheren Energien im Berufsleben und auch in der Familie nicht verlorengegangen, nur etwas verschüttet sein könnten. Durch eine Liste der aktuellen und der sonst ihr möglichen Aktivitäten könne sie schrittweise weiterkommen. Es stellte sich heraus, daß, abgesehen von der Versorgung des Haushalts mit Pflege der Blumen, Einkaufen, Aufenthalten im Garten und seltenen Besuchen bei Verwandten, ihre Aktivitäten sehr gering geworden waren. Die noch vor einigen Jahren üblichen Spaziergänge und der gelegentliche Einkaufsbummel in einer benachbarten Stadt, ferner Ausflüge an schönen Sonnentagen mit Schwimmen und Ballspielen, gemeinsam mit dem Ehemann, waren eingestellt worden. Das Problem der Bequemlichkeit, ja der Trägheit, zeichnete sich hier sehr deutlich ab. Diese Erscheinungen hatten sich zusätzlich auf den depressiv neurotischen Zustand aufgelagert.

Ferner stellte sich heraus, daß das Verhältnis zum Ehemann die Trägheit der Patientin noch begünstigte. Er hatte sich mit Gutmütigkeit daran gewöhnt, sie zu bemitleiden und übermäßig zu schonen. Sie selbst vermochte sich dann erst recht zu bemitleiden. Wenn die Interessen des Ehemannes auf diese Weise zu sehr beeinträchtigt waren, kam es immer wieder einmal zu heftigen Mißstimmungen, die dann nach einigen Tagen durch beiderseitig gute Emotionalität wieder behoben wurden.

Die Liste der latenten Aktivitäten sah weit günstiger aus. Die Patientin hatte in den letzten Jahren, wenn auch nur vorübergehend, an den Tätigkeiten der kirchlichen Gemeinde, ferner des Kleingartenvereins teilgenommen, sie hatte früher gern gesungen und war nicht ganz abgeneigt, in den Kirchenchor gemeinsam mit dem Ehemann einzutreten, sie liebte die Natur und erinnerte sich gern an größere Spaziergänge und einzelne Wanderungen vor mehr als zehn Jahren. Sie ließ sich auch in ein Gespräch über das Intimleben in der Ehe ein, zunächst mit erheblichen moralischen Bedenken. Sie verstand dann die mit sachlicher Offenheit vorgebrachten Aufklärungen, daß die erotisch-sexuellen Erlebnisse von enormer Bedeutung für ein noch junges Paar seien, um Harmonie, Stimmungsausgeglichenheit, Lust und sogar

Glück zu gewinnen. Wie in nicht wenigen anderen Fällen war auch hier eine völlige Unerfahrenheit trotz über 20jähriger Ehe vorhanden. So war es angebracht, über die Rolle der Zärtlichkeit im Intimleben, über die Bedeutung von Vor- und Nachspiel beim Intimverkehr und über die Frequenz desselben mit ihr zu sprechen. Die Patientin wurde allmählich aufgeschlossener und sah ein, daß hier noch vieles nachgeholt werden könnte. Sie wolle dem Ehemann gegenüber nicht mehr so ablehnend sein, damit es in Zukunft nicht nur in großen Abständen, sondern weit häufiger zu Intimbegegnungen kommen könne. Dies sei der Wunsch des Ehemannes, vielleicht auch ihr eigener Wunsch.

Die Patientin verstand dann auch die Aufklärung, daß die Stimmung nicht auf einem Tief verbleiben könne, wenn die muskulären Kräfte sich ermuntern. Mit ihr konnte ein gymnastisches Programm vereinbart werden, ferner erklärte sie sich bereit, einen Gymnastik-Zirkel ausfindig zu machen. Schon nach kurzer Zeit trat sie mit dem Ehemann einem Verein bei, in dem sie regelmäßig allwöchentlich Gymnastik-Übungen und leichte Ballspiele durchführte, anfangs verständlicherweise mit vielen Hemmungen.

Nach zweieinhalbmonatiger Therapie war eine deutliche Besserung in dem Befinden der Patientin eingetreten. Sie hatte zu einer erheblich größeren Aktivität gefunden und merkte, daß dadurch ihre Stimmung aufgehellt wurde. Ein wichtiger Einschnitt bei dieser positiven Entwicklung war eine gründliche Aussprache mit dem Ehemann, der inzwischen festgestellt hatte, daß sie «doch schon eine andere» geworden sei. Er bestätigte ihre Angaben zur Vorgeschichte und erkannte, daß er zu einer falschen Schonhaltung in bezug auf seine Frau gelangt war. Gemeinsam mit der Patientin konnte ein Programm für die Unternehmungen in den folgenden Monaten aufgestellt werden. Erfreulicherweise war die Patientin bereits geselliger geworden, war mit dem Ehemann zusammen in einen Kirchenchor eingetreten und hatte sich nach langer Zeit an die Aufgabe herangetraut, ihre Verwandten in die eigene Wohnung einzuladen. Zum Abschied erklärte der Ehemann erfreut, daß nun endlich das eheliche Intimleben zur beiderseitigen Harmonie geführt hätte.

Die Patientin war nach dreimonatiger Therapie so weit gefördert, daß sie mit der Grundstufe des AT vertraut gemacht werden konnte, die sie mit erheblichen Schwierigkeiten und Verzögerungen dann auch erlernte. Das antidepressiv wirkende Medikament konnte daraufhin in der Dosierung verringert und ganz abgesetzt werden. Inzwischen waren die Schlafstörungen vergangen.

Es wäre illusorisch zu erwarten, daß eine über sieben Jahre chronifizierte neurotische Depression mit einer auf Ermutigung, Aktivierung und Mobilisierung von Reservekräften orientierten Psychotherapie krisenlos zu überwinden gewesen wäre. Mit der Erweiterung des Lebenskreises der Patientin traten immer wieder neue Neigungen zu Rückfällen auf, mit den wiederholten Äußerungen: «Das ist zuviel für mich ... Das ist doch nicht zu schaffen.» Es fehlte der Patientin in vielen Fällen die «Lebenstechnik», um in für sie neuen Bezugsrahmen ein passendes Verhalten zu finden und mit den Menschen umzugehen. So konnte ihr verständlich gemacht werden, daß Resignationstendenzen nicht ausbleiben, wenn das Neue im Leben noch nicht genügend übersehen wird, um die damit verbundenen Aufgaben zu lösen. «Aber wir haben schon eine Kraft in Ihnen kennengelernt, die menschliche Phantasie, um vorwegnehmend Schwierigkeiten zu mindern, zu überwinden», konnte ihr gesagt werden. Die Patientin war zu psychotherapeutisch gelenkten Phantasien stets bereit, allerdings mit lange währender passiver Tendenz, d. h., autogene Leistungen kamen nur sehr verzögert zustande.

Das Blumenmotiv war in der Anfangsphase der Therapie eine große Hilfe für die Patientin. Sie berichtete, daß sich die damit zusammenhängende formelhafte Vorsatzbildung fest in ihr eingeprägt und auf ihre Stimmung günstig ausgewirkt hätte. Eine weitere Phantasiehilfe konnte in folgender Form gegeben werden: Die Patientin gelangte in tiefer Ruhehypnose zu einer sehr weitgehenden Entspannung ihrer Muskulatur. Ihr wurde dann gesagt: «Sie lassen Ihre Gesichtsmuskeln völlig erschlaffen, auch die benachbarten Muskeln, d. h. Kaumuskeln und Zungenmuskeln, sind erschlafft, der Unterkiefer ist ganz locker ... und wenn sich eine ruhevolle Entspannung auch für Ihre Stimmung eingestellt hat, dann sehen Sie, daß ein Ihnen nahestehender Mensch sie anlächelt. Sagen Sie bitte, was tun sie?» Die Patientin brauchte eine ganze Zeit, bis sie sich äußern konnte: «Ich weiß nicht ... ich weiß wirklich nicht.» Ihr wurde in beruhigender Weise die Frage gestellt: «Wer hat Sie in den letzten Monaten manchmal angelächelt?» Nach einiger Zeit kam von ihr die Antwort: «Mein Mann.» Dann wurde ihr folgendes gesagt: «Ihr Gesicht ist ganz locker, auch ihre Augen- und Mundmuskeln. Sie haben Ihren Mann, der Sie anlächelt, vor Augen ... Was stellt sich in Ihrem Gesicht ein, was tun Sie, wenn Ihr Mann Sie anlächelt, Ihre Gesichtsmuskeln sind so bereit dazu, weil Sie ganz entspannt sind, was tun Sie dann ...?» Nach kurzer Zeit lächelte sie ein wenig und äußerte dazu: «Ich lächle.» Ihr konnte gesagt werden, daß sie damit einen großen Schritt vorwärts gemacht hätte. Die Vorsatzformel wurde gemeinsam gefunden, die sie sich gut einprägte: «Ich kann lächeln!»

Bei den regelmäßig fortgesetzten Phantasie-Übungen fiel auf, daß sie in retrospektiver Beziehung nur sehr wenig mitzuteilen hatte. Es blieb bei einigen Ergänzungen dessen, was sie bei der biographischen Anamnese im Verlauf der ersten Sitzungen berichtet hatte. Es kam noch klarer zum Vorschein, wie sehr sie unter dem Konflikt zwischen den Eltern gelitten hatte. Indessen erwuchs daraus kein bleibender intrapsychischer Konflikt, da sie sehr bald den Vater entschieden abgelehnt und sich ganz auf die Seite der Mutter gestellt hatte. Die prospektiv orientierten Phantasie-Übungen führten dann schrittweise weiter. Die Patientin lernte mit psychotherapeutisch gelenkten Phantasien Bewegungsabläufe mit guter Gestimmtheit vorwegzunehmen: dazu gehörten Spaziergänge für eine und zwei Stunden im Grünen, gymnastische Schwingungen mit den großen Gelenken, Anspannungen und anschließende Lockerungen, ferner einfache Ballspiele mit dem Ehemann oder in der Gruppe. Der formelhafte Vorsatz dazu hatte folgenden Wortlaut: «Ich freue mich an meinen Bewegungen!»

Die Verhaltensmodifikationen im Umgang mit anderen Menschen spielten nach sechsmonatiger Therapie eine zunehmend große Rolle. Gehemmtheit und Ängstlichkeit beim Auftreten im Kirchenchor und in Vereinen, bei Einladungen von Personen, die nicht zum engsten Familienkreis gehörten, konnten vorwegnehmend gemildert und verringert werden. Endlich stellten sich nach über siebenmonatiger Therapie bei der Patientin erste autogene Leistungen ein, die über die anfangs geschilderten kleinen Einfälle hinausgingen. Sie konnte unter heterosuggestiver Anleitung in der Phantasie vorwegnehmen, daß sie ohne besondere Hemmungen auf andere Menschen zugehen, sie ansprechen und in deren Kreis sich bewegen würde. Sie konnte die vielfältigen neuen Möglichkeiten ihres Verhaltens autogen durchspielen, um sie dann in der Realität zu erproben. Sie war dann endlich dazu gelangt, vom ausreichend erlernten AT in der Grundstufe aus zu so vielseitigen Entspannungen fortzuschreiten, daß ihr nun auch ein autogenes Phantasie-Training möglich wurde, zunächst bei dem Therapeuten, dann in ihren eigenen vier Wänden.

Das Phantasie-Training bezog sich auf gegenwärtige und absehbar zukünftige Lebensprobleme, sie gewann dann die Sicherheit in ihrem Verhalten, die auch eine Stabilisierung ihrer Stimmung herbeiführte. Sie gelangte nun auch zu den Entwürfen für ihre weiteren Lebensperspektiven, die ihr eine Zielklarheit für die folgenden Jahrzehnte des Lebens gaben. Sie kam zu dem Entschluß, daß sie einen neuen Versuch im beruflichen Leben nicht wagen würde. Den Mut dazu würde sie jetzt wohl aufbringen, aber ... ihre körperliche, insbesondere optische Leistungsfähigkeit wäre doch wohl ein zu großes Risiko. Sie sah sich an der Seite ihres Ehemanns, um gesellig, musisch, mit Reisen, Wandern und in anderer Weise ihres Lebens froh zu werden. Es bestanden keine Neigungen, zu einer weiteren Emanzipation zu gelangen, so daß eine latente Abhängigkeit vom Ehemann bestand, auch waren die Gestaltungsmöglichkeiten für den weiteren Lebensgang recht begrenzt. Die Therapie konnte nach sieben Monaten – in den letzten acht Monaten wurden die Intervalle zwischen den Behandlungen mehr und mehr vergrößert – mit 50 Therapie-Sitzungen beendet werden. Die depressiven Erscheinungen waren dann seit mehreren Monaten abgeklungen, eine ausreichende Stabilisierung in der Aktivität erreicht.

Es kann von einem guten Teilerfolg bei dieser Patientin gesprochen werden, indessen nicht in dem Maße wie bei dem Patienten E. B., über dessen Therapie zuvor berichtet wurde. Bei depressiven Neurosen von mehrjähriger Dauer mit einer konstitutionellen Fixierung dieser Eigenheiten sind die Antriebskräfte gemindert, es ergibt sich bei ihnen eine andere Konstellation als bei überwiegend phobisch gestörten Patienten, denn bei den letzteren sind hinter den Angstbarrieren mehr oder minder gestaute Energien vorhanden, die leichter mobilisiert werden können.

Die Patientin ist in der überschaubaren Folgezeit von zwei Jahren von Depressionen verschont geblieben, wahrscheinlich auch, weil die iatrogene ungünstige Beeinflussung, es handele sich um eine schicksalhafte Erkrankung, behoben werden konnte.

Wenn vorstehend eine schwer depressive Neurose beschrieben wurde, so sei nicht übersehen, daß es eine Vielzahl von depressiven Erscheinungen gibt, angefangen von ausgeprägten Psychosen über nichtpsychotische Krankheiten – wie im vorliegenden Fall – bis zu leichteren Störungen, denen der Begriff «Krankheit» nicht zukommt. Unterschiede gibt es ferner hinsichtlich der Entstehung dieser Erscheinungen, denn auf der einen Seite gibt es Depressionen ohne nachweisbare Ursache, die generell als «endogen» verstanden werden und die man dem manisch-depressiven Formenkreis zurechnet, auf der anderen Seite die neurotischen Depressionen, die aus dem Lebensgang der äußeren Belastungen ableitbar sind, und wie immer im Leben sind Mischformen nicht ganz selten.

Je mehr neurotische Züge erkennbar sind, um so größer sind die Aussichten für eine effektive Psychotherapie, so daß auf Psychopharmaka größtenteils oder ganz verzichtet werden kann. Soweit die depressiven Krankheitsbilder dem manisch-depressiven Formenkreis zuzurechnen sind, muß die Therapie mit antidepressiv wirkenden Medikamenten und anderen Psychopharmaka im Vordergrund stehen, ohne daß auf psychotherapeutische Hilfe verzichtet werden sollte. Wer sich tief in der depressiven «Phase» befindet, kann mit wortreicher Psychotherapie, etwa mit verschiedenen Aufklärungen oder gar mit bohrenden Fragen, nichts anfangen, im Gegenteil, sie erschweren nur das Los dieser Patienten, die an einer spezifisch menschlichen Krankheit leiden. Es ist dringend notwendig, dem schwer depressiven Patienten in diesen Phasen zu zeigen, daß man regelmäßig präsent ist, um ihn anzuhören und so weit zu verstehen, wie es eben möglich ist. Bei Abklingen der Phase ist dann die psychotherapeutische Arbeit viel aussichtsreicher, den Patienten zu ermutigen und ihm den Rückweg ins volle Leben zu ebnen. Genauer gesagt, eine retrospektiv orientierte Psychotherapie ist hier, von wenigen Ausnahmen abgesehen, kontraindiziert, die prospektive Orientierung derselben ist dringend notwendig. Wer als Patient die Phase überwunden hat, nicht selten mit einer kleinen manischen Auspendelung, weiß dann zu berichten, wie sehr sich ihm die psychotherapeutische Hilfe sogar im Tief der depressiven Phase positiv eingeprägt hatte.

Da die Depressionen ohne nachweisbare Ursache in der Minderzahl sind, ist die Psychotherapie bei depressiven Erscheinungen insgesamt von wesentlicher Bedeutung, gewiß zum Teil in Verbindung mit Psychopharmakagaben. Diese Meinung ist bei noch nicht allen Ärzten zum Allgemeingut der Theorie und Praxis geworden. Welche veralteten Auffassungen in der Literatur zu finden sind, wird an einem besonders krassen Beispiel offenbar. In der Schrift W. Birkmayer: «Depression. Biochemie – Klinik – Therapie» (1977) findet sich der Satz: «Das größte Unglück für einen depressiven Patienten ist es, einem Psychotherapeuten in die Hände zu fallen.» Versucht man zu seiner Entschuldigung anzuführen, daß er Psychoanalytiker und Psychotherapeuten gleichstellt, da er im Folgesatz vom «Eingehen auf Tiefenprobleme» spricht, so muß festgehalten werden, daß eine solche Gleichstellung seit rund 50 Jahren obsolet ist. Seine Auffassung ist bei denjenigen Ärzten keine große Seltenheit, die sich ganz der medikamentösen Therapie von depressiven Erscheinungen mit Psychopharmaka verschrieben haben, wofür ihnen die Beschreibung eines Syndroms: «Die larvierte Depression» (W. Walcher 1969), den willkommenen Anlaß bietet.

Die erwähnte Syndrom-Bezeichnung ist im Verlaufe des letzten Jahrzehnts zumindest in Deutschland und Österreich zu enormer Verbreitung in der allgemeinärztlichen Praxis und auch in der nervenärztlichen Praxis gelangt, als Begründung dafür, daß auch über längere Zeit antidepressiv wirkende Medikamente verschrieben werden. Walcher wird von Birkmayer wie folgt zitiert: «Bei allen organisch nicht begründbaren Krankheitsbildern soll man an eine larvierte Depression denken.» Auf der gleichen Seite schreibt Birkmayer nach einigen diagnostischen Hinweisen: «Der Arzt, der Veranlassung hat, an eine larvierte Depression zu denken, soll eine antidepressive Therapie einleiten.» «Es kann dabei gar nichts passieren.» – Dieser Satz, geschrieben von einem Nervenarzt, der sich als Neurologe einen Namen gemacht hat, ist so irreführend in einer Zeit, da massenweise Antidepressiva verordnet werden, daß er angeprangert werden muß.

Es gibt eine nicht übersehbar große Zahl von seriösen Publikationen über die schädlichen Nebenwirkungen von Antidepressiva. Angeführt sei das grundlegende Werk «Erkrankungen durch Arzneimittel» von R. Heintz (1978). Darin schreibt H. Hippius (Ordinarius für Psychiatrie an der Universität München) im Abschnitt «Psychische Störungen», die vielfältigen Nebenwirkungen der Neuroleptika und Antidepressiva würden leicht übersehen. Am ehesten würden noch pharmakogene Delirien und Verwirrtheitszustände als Arzneimittel-Nebenwirkungen erkannt. Bei Antidepressiva vom Typ des Imipramins (Tofranil) und des Amitryptilins (Laroxyl, Tryptizol, Saroten) träten diese Störungen «häufig schon in den ersten Behandlungstagen als symptomreiche delirante Syndrome auf». Damit nicht genug, es gibt sehr ernst zu nehmende kardiotoxische Wirkungen von Antidepressiva. In der Zeitschrift ‹Der Arzneimittelbrief› *14*, 45 (1980) heißt es in dem Redaktionsartikel «Kardiotoxische Wirkungen von Arzneimitteln», daß trizyklische Antidepressiva auch in therapeutischen Dosen kardiotoxische Effekte verursachen. Neuere Antidepressiva wie Tolvin und Alival seien «weniger kardiotoxisch».

Aus eigenen umfangreichen Erfahrungen muß noch mitgeteilt werden, daß Gaben von Antidepressiva (einschließlich neu entwickelter Präparate) über längere Dauer als einige Monate in zahlreichen Fällen eine psychische Abhängigkeit hervorgerufen haben. Patienten, die wegen früherer depressiver Erscheinungen, manchmal auch nur wegen irgendwelcher Mißstimmungen nach Ärger in der Familie, am Arbeitsplatz oder mit den Nachbarn, ferner wegen funktioneller Organbeschwerden unter Hinweis auf eine angebliche «larvierte Depression» kontinuierlich mit Antidepressiva behandelt worden waren, ließen sich nur mit Schwierigkeiten von diesen Mitteln entwöhnen. Der geringste Alltagsärger gab ihnen Veranlassung, doch wieder auf Verordnung von Antidepressiva zu drängen. Die psychotherapeutische Beeinflussung dieser Personen war durch jenen pathologischen Gewöhnungseffekt ungemein erschwert. Andererseits gab und gibt es eine Anzahl von Patienten, die der langen Antidepressiva-Therapie überdrüssig waren, so daß die Absetzung ohne Verzögerungen gelang, woraufhin noch bestehende Verstimmungszustände schnell abklangen. Über ganz gleichartige Beobachtungen – nämlich daß restierende Verstimmungen abklingen, wenn die lange fortgesetzte Antidepressiva-Therapie beendet wird – hatte Degkwitz (Ordinarius für Psychiatrie an der Universität Freiburg) auf dem Kongreß für Psychopharmako-Therapie in West-Berlin November 1979 berichtet. Man kann also neben den von Hippius beschriebenen pharmakogenen akuten Delirien und Verwirrtheitszuständen auch ein chronisches «pharmakogenes Psychosyndrom» mit Verstimmungszuständen und Passivität beobachten, das durch vielmonatiges und erst recht durch mehrjähriges Verordnen von Antidepressiva entsteht, dann durch Absetzen derselben verschwindet.

Der Exkurs über die einseitige pharmakotherapeutische Tendenz, Depressionen zu behandeln, war im Interesse unserer Patienten notwendig, weil sie die Kehrseite der Geringschätzung oder gar Ablehnung der psychotherapeutischen Möglichkeiten bei diesem Patientenkreis darstellt. Therapeutische Gespräche mit den Patienten zu führen als Begleitung der Injektionen und sonstigen Gaben von Antidepressiva sind kein Ersatz für eine methodische Psychotherapie. Andererseits muß auch vor ausschließlicher Psychotherapie bei nichtneurotischen Depressionen und speziell vor einer stark tiefenpsychologisch angelegten Therapie bei Depressionen gewarnt werden. Das Optimum liegt in einer abgewogenen Therapie, die die Psychotherapie, Pharmakotherapie und sonstige auf den Gesamtorganismus orientierte Therapie gemäß den vorliegenden Indikationen kombiniert.

3. Anorexia nervosa

Im Jahre 1977 wurde die 18jährige Gymnasiastin F. K. mit der Diagnose «Anorexia nervosa» zur Psychotherapie in die eigene Praxis überwiesen. Eine starke Gewichtsabnahme innerhalb eines Jahres von 60 auf 46 Kilogramm bei sehr hochgradiger Appetitlosigkeit, Ausbleiben der Periode und überwiegender Stimmungsgedrücktheit waren die Hauptgründe für die Überweisung. Die allgemeinärztliche und die frauenärztliche Behandlung hatten keine Besserung bewirkt.

Die Patientin war zunächst wenig ansprechbar und gab an, daß sie auf Veranlassung der Angehörigen zur Behandlung gekommen sei. Eine Überzeugung, krank zu sein, bot sie nicht. Ihre Stimmung war gedrückt, ersichtlich aus ihren Worten, daß sie keine Lust mehr habe, auch nicht am Leben. Suizidale Tendenzen waren jedoch nicht vorhanden. Es zeigte sich dann mehr eine reizbare Mißstimmung als eine allgemein depressive Veränderung der Stimmungslage. Dafür sprachen auch ihre Angaben, daß sie regelmäßig zur Schule gehe und in ihren Leistungen nicht wesentlich nachgelassen habe. Sie habe keinen Appetit, aber sie wolle auch gar nicht essen.

Die Patientin äußerte kaum Klagen – wie meistens bei der Anorexia nervosa –, sie meinte später, daß sie doch regelmäßig esse. Man solle sie endlich mit dem ewigen Drängen, mehr zu essen, wie von seiten der Eltern, in Ruhe lassen. Bei diesen Angaben wirkte sie schnell gereizt und abweisend. Eine kurze Befragung ergab indessen, daß sie nur sehr geringe Mengen an Nahrung zu sich nahm. Morgens habe sie keine Zeit für das Frühstück, in der Schule habe sie zwar belegte Brote bei sich, aber sie esse nur einen kleinen Teil davon. Mittags esse sie nur eine ganz kleine Portion und abends auch nicht mehr. «Ich habe eben keinen Hunger, ich will auch nicht», schloß sie ihre Auskünfte etwas barsch ab. Sie war noch zu der Mitteilung bereit, daß sie vor zwei Jahren plötzlich stark an Gewicht zugenommen habe, fast bis zu 70 Kilogramm Nettogewicht. Vielleicht weil sie damals die Pille einzunehmen begann. Sie sei damals «pummelig» und so häßlich geworden, daß sie das eben nicht mehr erleben wolle.

Da die Auskunftsbereitschaft der Patientin erschöpft schien, wurden keine weiteren Fragen gestellt. Mit einigem Erfolg gelang es, sie über weibliche Eitelkeiten in ein aufgelockertes Gespräch zu ziehen. Sie sei nicht besonders eitel, meinte sie, aber dick wolle sie auf keinen Fall mehr sein. Das sei doch abstoßend. Da sie äußerlich nicht besonders gepflegt erschien, wurden einige Überlegungen über Frisur und Bekleidung angestellt, an denen sie sich beteiligte. Sie berichtete noch bei dem ersten Gespräch, daß sie mit dem Klassenverband ganz gut stehe, aber eine richtige Freundin habe sie noch nicht gefunden, ja, einen Freund habe sie auch nicht. Bei dieser Mitteilung wirkte sie deutlich depressiv. Es stellte sich dann noch heraus, daß sie seit einigen Monaten starke Schlafstörungen habe, nur etwa vier Stunden schlafen könne, dann am nächsten Morgen sich unkonzentriert und abgeschlagen fühle. Zum Abschluß der ersten Behandlung wurde ihr der Eindruck des Therapeuten vermittelt, daß doch wohl einige ihrer Lebensprobleme noch zu lösen seien und daß die Bereitschaft bestehe, ihr dabei zu helfen. Sie schien auf diese Weise halbwegs für eine weitere Therapie gewonnen zu sein. Ihr wurde ein schlafförderndes Antidepressivum (Tolvin) verordnet.

Die Patientin erschien von nun an regelmäßig zur Therapie, die einmal wöchentlich stattfand. Sie habe besser geschlafen. Aber Appetit sei weiter ganz schlecht. Zwischendurch habe sie doch einmal die Neigung gehabt, reichlich zu essen. Das habe sie vor einigen Tagen auch getan und kurz darauf das Essen erbrochen. Auf genaueres Befragen, wie es zu dem Erbrechen kam, verriet sie mit aufkommendem Vertrauen, daß sie sich den Finger in den Hals gesteckt hätte, um das alles wieder hinauszubringen. Gleichsam zur Entschuldigung teilte sie mit, sie habe «das Gefühl gehabt, etwas getan zu haben, was ich nicht durfte». Sie meinte dann, es müsse doch ein «Tic» von ihr sein, so zu handeln, aber dagegen komme sie nicht an. Sonstige Tendenzen zu Selbstvorwürfen waren nicht zu erfahren. Es wurde mit ihr besprochen, wie es mit dem Essen besser gehen könnte als bisher, zugleich wurde ihr versichert, der Therapeut wolle sie nicht zum Essen drängen. Sie meinte, es sei wohl besser, gar nicht so viel zu essen wie neulich. Sie ging auf den Vorschlag ein, sich ein Programm für das Essen zu machen, gemäß den Worten des Therapeuten: «Nur nicht zuviel, aber auch nicht zuwenig.» Dabei waren allerdings nur sehr kleine Mengen von ihr vorgesehen.

Zu Beginn der biographischen Anamnese teilte die Patientin mit, daß sie ein ganz gutes Verhältnis zu den Eltern und ihren beiden Brüdern habe. Bald darauf schränkte sie dieses positive Bild ein. Die Eltern, die beide in ihrem Geschäft sehr engagiert seien, hätten über Jahre nur wenig Zeit für sie aufgebracht. Erst in den letzten Monaten habe sich dies geändert. Ihr ständiges Drängen, mehr zu essen, könne sie allerdings auf die Palme bringen. Die beiden Brüder seien etwas älter und so selten zu Hause, daß nur noch wenige Verbindungen bestünden. In früheren Jahren hätte sie manchmal ganz nett mit ihnen spielen können. Etwas einzelgängerisch müsse sie wohl sein, denn sie habe nur wenige Spielkameraden gehabt. Hier und da habe sie sich mit Klassenkameradinnen angefreundet, aber eine dauernde Freundschaft sei daraus nicht erwachsen. Warum sie noch nie einen richtigen Freund gefunden habe, verstehe sie auch nicht.

Es wurde merkbar, daß die Patientin im Verlaufe der zweiten Therapie-Sitzung aufgeschlossener wurde. So konnte sie befragt werden, ob sie nicht doch mehr Beziehungen zu anderen jungen Menschen gewinnen wolle. Sie suchte zunächst mit einigen Bemerkungen über dieses Thema hinwegzuge-

len, da sie doch schon Geburtstagseinladungen mitgemacht habe und Mitschülerinnen auch zu sich einladen konnte, auch zum Tanzen sei sie einmal fortgegangen, allerdings nur sehr selten. Nachdem das Thema einer Beziehung zu einem jungen Mann angeschnitten war, reagierte sie zunehmend verstimmt darauf und sagte einige Zeit lang nichts mehr.

Bei der körperlichen Untersuchung fand sich ein erheblich reduzierter Ernährungszustand mit noch ausreichendem Kräftezustand bei insgesamt asthenischer Konstitution. Der Blutdruck war stark erniedrigt, im übrigen waren die Befunde im Normbereich. Daraufhin wurde ein blutdrucksteigerndes Mittel verordnet, das ihr Befinden besserte. In psychischer Hinsicht wirkte sie weiter stimmungsgedrückt, mit den Anzeichen einer mißmutigen Verstimmung, ferner etwas verschlossen und einzelgängerisch, indessen für behutsames Ansprechen zugänglich. Das Intelligenzniveau war mindestens durchschnittlich, die Differenziertheit der Persönlichkeit war insofern beeinträchtigt, als sie einen unausgereiften, etwas infantilen Eindruck machte. Zum Abschluß der zweiten Sitzung wurde nach gründlichen vorbereitenden Aufklärungen eine Ruhehypnose durchgeführt. Dabei ging die Patientin gut mit. Folgende Formulierungen wurden zum Abschluß eingeprägt: «Ruhe wirkt nach! Keine Sorge beim Essen!»

Bei den folgenden Sitzungen in einwöchigem Abstand mußte festgestellt werden, daß die Patientin kontinuierlich an Gewicht abnahm, mehr als ein Kilogramm in der Woche. Eine Aussprache mit den Eltern bestätigte im wesentlichen die Angaben der Patientin. Sie hatten sich nach ihrer eigenen Überzeugung zuwenig um ihre Tochter gekümmert, das Interesse am Fortgang des Geschäfts hätte bei ihnen im Vordergrund gestanden. Indessen haben weder die Mitteilungen der Eltern noch die der Patientin eindeutige neurotisierende Einflüsse aufgedeckt. Es wurde glaubhaft berichtet, daß die Familie sich doch oft an den Sonntagen zu Ausflügen oder anderen gemeinsamen Unternehmungen zusammengefunden hatte. Die Tochter und die anderen Kinder seien nicht vernachlässigt, sondern im Kindesalter durch eine Angestellte versorgt worden, es habe auch keine nennenswerten Konflikte zwischen den Familienmitgliedern gegeben, so sei auch die Tochter niemals ernsthaft gestraft worden. Aus vielen Einzelheiten ergab sich die Schlußfolgerung, daß in der Familie das Maß an emotional betonter pädagogischer Hilfe fehlte, mit dem ein zur Vereinzelung neigendes Kind rechtzeitig ein größeres Maß an Gemeinschaftlichkeit finden kann. Mit den Eltern konnte vereinbart werden, daß die Patientin nicht mehr zum Essen gedrängt, ihr vielmehr das Essen erleichtert würde, daß mehr Gelegenheiten gefunden werden sollten, um der Patientin die Überzeugung zu geben, in der Familie nicht allein gelassen zu werden.

Da die Patientin in der fünften Behandlungssitzung nur wenig über 38 Kilogramm wog, womit die Gefahrenzone erreicht war, wurde beschleunigt ein

Antrag für die Genehmigung einer tiefenpsychologisch fundierten Psychotherapie mit 50 Leistungen gestellt. Nach dem vorläufigen Abschluß der biographischen Anamnese fanden noch folgende wichtige Einzelheiten zur Vorgeschichte Berücksichtigung: Die Patientin war von Kindheit an etwas einzelgängerisch, denn sie hatte mit den Eltern und Brüdern nur gelegentlich einmal gespielt, obgleich dieselben nicht gegen die Schwester eingestellt gewesen seien. Auch sonst habe sie nur wenige Spielgefährten gefunden, obgleich es in der Nachbarschaft an gleichaltrigen Kindern nicht gemangelt hätte. Die Eltern, die an Arbeitstagen kaum Zeit für die Kinder hatten, seien allgemein zu vertrauensvollen Aussprachen nicht aufgelegt gewesen. Diesen Mangel habe die Patientin frühzeitig verspürt, so daß es zu manchen Frustrationserscheinungen kam mit einer Kontaktschwäche, häufigen Verstimmungen und einer mangelnden psychischen Ausreifung. In der Schule habe sie jahrelang Einordnungsschwierigkeiten gehabt, zeitweise habe sie den Eindruck gewonnen, daß die meisten Mitschülerinnen «gehässig» gegen sie eingestellt seien. Erst in den oberen Klassen des Gymnasiums meinte sie durch gute Leistungen Anerkennung gefunden zu haben, ersichtlich auch aus dem Umstand, daß sie einige Schulkameradinnen für sich gewonnen hätte.

Ihre Angaben vermittelten ein ausreichend klares Bild, daß sich mit dem Eintritt in die Pubertät ihre Lebensprobleme zugespitzt hatten. Sie hatte keinen Zugang zu den geselligen Kreisen gefunden, in denen zwanglos Freundschaften zwischen Jugendlichen beiderlei Geschlechts geschlossen werden konnten. Sie fühlte sich zunehmend gehemmt und im Leben unbefriedigt, dadurch insuffizient als weibliches Wesen und durch häufige Tagträumereien von der Realität etwas entfremdet. Zwei Jahre vor Beginn der Behandlung trat in ihren Lebenskreis ein um einige Jahre älterer Mann ein, der ihrem in häufigen Tagträumereien erwachsenen Idol entsprach. Nachdem er sie einige Male freundlich angesprochen und angelächelt hatte, erbebte sie in der Hoffnung, nun endlich den Liebhaber gefunden zu haben. Kompliziert wurde ihre Situation dadurch, daß sie nach Verschreibung der Pille an Gewicht stark zunahm. Als sie sich im Spiegel im Vergleich zu anderen weiblichen Jugendlichen betrachtete, war sie tief erschrocken über ihre «abstoßenden» runden Formen. Ihr Entschluß war damit gefaßt, so stark abzunehmen, daß sie endlich mehr die Aufmerksamkeit des ersehnten Mannes erregen könnte. Denn bisher war es nur eine Liebe aus der Ferne geblieben. Von nun an verbiß sie sich in eine Trotzhaltung mit der Überzeugung, «schlank wie eine Tanne» werden zu können.

Die kurz geschilderte Dynamik einer nicht eben schweren Neurose, die auch als neurotische Pubertätskrise verstanden werden kann, reicht nicht voll aus, um eine erhebliche Anorexia nervosa zu erklären. Erst recht war damit den psychoanalytischen Auffassungen nicht

Genüge getan, diejenigen Zusammenhänge darzustellen, die als anerkannte Dynamik gelten können. Die mangelnde Erklärbarkeit der Anorexia nervosa wurde auch in dem Antrag nicht verschwiegen, jedoch die Notwendigkeit hervorgehoben, daß einem jungen Menschen, der bei überdurchschnittlicher Körpergröße in die Gefahrenzone von 38 Kilogramm Nettogewicht gelangt war, psychotherapeutische Hilfe zu leisten sei. Der Antrag wurde daraufhin abgelehnt, immerhin eine Lösung ermöglicht, da die in den Bestimmungen zugelassene «Probetherapie» mit 25 Leistungen bewilligt wurde.

Die Patientin erschien weiterhin regelmäßig zur Psychotherapie und zeigte trotz noch geringer Gewichtsabnahme eine erstaunliche Leistungsbereitschaft. Es konnte daher mit der Grundstufe des AT begonnen werden, die sie mit Interesse als Aufgabe übernahm. Zu guten Entspannungen gelangte sie dabei allerdings in den ersten Wochen nicht, wohl aber bei den ausgedehnten Ruhehypnosen, die allwöchentlich für die Dauer von etwa 25 Minuten stattfanden. Ihr wurde fremdsuggestiv die Frage vorgelegt, was sie im Verlaufe ihres Lebens wohl am liebsten gegessen hätte. Im hypnoiden Zustand brauchte sie einige Zeit, um sich in frühere Jahre ihres Lebens zurückzuversetzen, dann kam ganz allmählich die Mitteilung: «Spaghetti und Pizza und Schokoladentorte und verschiedene Arten von Pudding.» Auf die Empfehlung, sich ganz genau vorzustellen, was von alledem ihr am besten gefalle, wußte sie mitzuteilen, daß Spaghetti mit Tomatensoße und Parmesankäse ihr immer sehr gefallen hätte. Die Frage, was sie tun würde, wenn sie den Teller damit angefüllt vor sich hätte, beantwortete sie eine Zeitlang nicht. Dann kam die Antwort: «Ich würde es mir doch verkneifen!» Die weitere Frage, ob sie noch über andere Verhaltensmöglichkeiten verfüge, wenn sie ihr Verkneifen aufgeben und in völliger Entspannung verbleiben könne, beantwortete sie beinahe erlöst mit den Worten: «Dann möchte ich das doch essen.»

Die Therapie mit gelenkten Phantasien hinsichtlich der Nahrungsaufnahme erwies sich als sehr hilfreich für die Patientin. Sie ließ sich bei jeder Sitzung in einen tiefen hypnoiden Zustand hineinführen, berichtete, wie sie als Kind mit Genuß die verschiedenen Schokoladensorten und süße Nachspeisen verschlungen hätte, ihr wurde geraten, sich auch jetzt in diesen Genuß ganz hineinzuversetzen. Sie ging bei diesen Phantasie-Leistungen gut mit. Wichtig war dann wieder die abschließende formelhafte Vorsatzbildung, die der Patientin anheimgestellt wurde. Sie fand dann die Formulierung: «Also jetzt Spaghetti und dann auch Schokolade!» Von dieser Formulierungsleistung abgesehen blieben die autogenen Beiträge bei dieser Therapie auf recht kleinen Umfang beschränkt, im Vordergrund stand die fremdsuggestive Anleitung und Lenkung.

Erfreulicherweise hielt sich nach der siebenten Therapie-Sitzung das Nettogewicht bei 37 Kilogramm. Die Leistungsbereitschaft war weiterhin auffallend gut. So übte sie regelmäßig das AT in der Grundstufe mit ganz geringgradig zunehmenden Erfolgen, nahm ferner eine leichte Gymnastik auf und setzte den Schulbesuch mit Fleiß und ausreichendem Interesse fort. Der Schlaf besserte sich, auch die Stimmung war etwas ausgeglichener geworden. Bei den regelmäßigen Aussprachen wußte sie zu berichten, daß sie sich schon einige Male selbst Spaghetti zubereitet und dann auch gegessen hätte. Die Therapie mit schlaffördernden Antidepressiva wurde dennoch fortgesetzt.

Bei der neunten Therapiesitzung war die Beeinflussung mit therapeutisch gelenkten Phantasien im hypnoiden Zustand bereits zur Regel geworden. Die Patientin hatte sich wieder in einen Zustand der Kindheit zurückversetzt, in dem sie so gern Milchspeisen und Schokolade und anderes mehr sich einverleibt hatte. Ihr wurde dann wiederholt das Angebot gemacht, Gedanken und innere Bilder und andere Erlebnisse frei auftauchen und weiterziehen zu lassen, immer mit der Erwartung, autogene Aktivitäten zu erschließen. Die Patientin stockte nach üblichen Mitteilungen über Eßfreuden in der Kindheit, wurde unruhig und sprach nach längerer Pause mit Erregung über folgende Erlebnisse: Vor zwei Jahren und noch vor anderthalb Jahren, da habe sie maßlos gefuttert, immer in sich hineingestopft, das sei ihre einzige Freude damals gewesen. Sie selber frage sich, wie dies alles möglich war, so daß alle ihre Kleidungsstücke nicht mehr paßten. Dann tauchte die Gestalt des Mannes auf, nach dem sie sich damals gesehnt und in Tagträumereien viele Einzelheiten des Zusammenseins mit ihm ausgemalt hatte. Wenn sie ihn da sah, hätte er immer nur ein freundliches Lächeln und ein paar Worte für sie übrig gehabt. Bald mußte sie feststellen, daß er anderen gegenüber ganz ähnlich in seinem Verhalten war. Die Enttäuschung sei schrecklich gewesen, immer noch mit einem bißchen Hoffnung verbunden, daß sie ihn doch irgendwie gewinnen könnte. Dann habe sie wie ein Blitz die Erkenntnis durchzuckt, daß sie «pummelig» geworden sei, als sie sich im Spiegel neben anderen betrachtete. Seitdem habe sie sich täglich gewogen und sich das Essen «verkniffen». Das sei eine andere Art der Befriedigung für sie geworden.

Vom Therapeuten konnte hervorgehoben werden, wie wertvoll dieser selbständige Beitrag der Patientin sei, durch den wichtige Zusammenhänge ihrer Vorgeschichte viel klarer hervortreten würden. Für sie öffne sich damit der Weg zum besseren Selbstverständnis und zur Überwindung ihrer Lebensschwierigkeiten. Ihr wurde noch die Frage gestellt: «Wenn Sie sich so ‹pummelig› im Spiegel gesehen haben mit fast 70 Kilogramm Gewicht und jetzt mal wieder ansehen mit weniger als 40 Kilogramm, was könnte Ihr Idealgewicht sein, damit nicht nur jener Mann, sondern alle anderen Sie mit

Wohlgefallen betrachten können?» Die Patientin brauchte einige Zeit, bis sie meinte: «So etwa 50 Kilogramm sollte ich wohl wiegen.» Als Vorsatzformulierung wurde daher in gemeinsamer Beratung ausfindig gemacht: «Idealgewicht 50 Kilogramm.» Dieselbe wurde ihr in zahlreichen Wiederholungen so fest wie möglich eingeprägt. Mit Überzeugung konnte ihr noch gesagt werden, daß sie mit diesem Idealgewicht die Voraussetzungen habe, auch anderen Männern zu gefallen.

Nach der zuletzt beschriebenen Therapiesitzung war eine aufsteigende Tendenz im weiteren Verlauf offensichtlich. Das Körpergewicht stieg langsam, aber kontinuierlich wieder an, die autogenen Beiträge wurden von ihr vermehrt. So erreichte sie verbesserte Leistungen mit der Grundstufe des AT, womit ihr Schwere- und Wärmeübungen gelangen. Sie erschien bei den Aussprachen etwas aufgelebt und erzählte von ihren Nebeninteressen, die sie in den letzten Jahren vernachlässigt habe, insbesondere wolle sie wieder ein Musikinstrument spielen.

Bei den Ruhehypnosen mit gelenkten Phantasien tauchte bald wieder das Bild des Mannes auf, den sie vergeblich geliebt hatte. Auf die Frage, welche Eigenschaften von ihm sie eigentlich liebe, wußte sie nichts mitzuteilen. Denn sie kenne ihn eigentlich gar nicht. Er habe sich ihr ja niemals richtig zugewendet. Auf die Frage, ob diese nur in Tagträumereien erlebten Gefühle eigentlich Liebe seien, kamen ihr manche Zweifel. Ob es nicht auch andere sympathische Männer gebe? – Diese vom Therapeuten gestellte Frage beschäftigte sie eine Zeitlang, dann kam die Antwort, einer aus ihrer Klasse sei ein guter Kamerad. Ob sie ihre Sympathie schon einmal ihm zum Ausdruck gebracht habe? – Mit dieser Frage wußte sie gar nichts anzufangen. Es stellte sich heraus, daß sie immer gehemmt darauf gewartet hatte, freundlich von anderen angesehen und angesprochen zu werden. Zum Abschluß wurde ihr geraten, doch ihre Gedanken und inneren Bilder so weitergehen zu lassen, daß sie ein Anlächeln und ein paar nette Wort ihm gegenüber wagen würde. Sie wäre dann viel erfreulicher anzusehen. In der Phantasie probte sie durch, wie sie ihm wohl einmal zunicken und ein Lächeln hinüberschicken könnte.

Von der zwölften Therapiesitzung an ging die Aufwärtsentwicklung schneller voran. Das Körpergewicht betrug nunmehr schon etwa 42 Kilogramm, die Patientin hatte gelernt, auf ihr Äußeres weit mehr zu achten. Mit Hilfe der mütterlichen Ratschläge hatte sie Frisur und Kleidung deutlich verschönert. Sie wirkte nun schon wie eine attraktive junge Frau. Dieser Eindruck konnte ihr mitgeteilt werden, woraufhin sie geschmeichelt lächelte. Das Thema der Nahrungsaufnahme tauchte nur noch bei den gelenkten Phantasien – in positiver Weise – auf. Die Eltern hatte ihre Drängeleien, doch mehr zu essen, aufgegeben und sie dafür allwöchentlich in ein angenehmes Restaurant eingeladen, wo sie ihre Lieblingsspeisen bestellen und daraufhin gut zulangen konnte. Das Verhältnis zu den Eltern besserte sich. Die Patientin meinte: «Sie sind ja prima, wenn wir ein paar Gläser Wein getrunken haben.»

Das AT in der Grundstufe hatte sie bald darauf so gut erlernt, daß auf Hypnosen verzichtet werden konnte. Von der Atem-Übung ausgehend konnte sie zu einem autogenen Phantasie-Training angeleitet werden, dasselbe versuchte sie dann auch zu Hause durchzuführen. Statt gelenkter Phantasien tauchten nunmehr autogene Einfälle auf, die nur noch zum Teil einer Lenkung bedurften. Den Gedanken an den vergeblich ersehnten Mann erwähnte sie nur noch einmal und meinte, daß er jetzt für sie «abgemeldet» sei. Und ganz überwiegend waren es aktuelle Aufgaben des Lebens, die sie in der Phantasie vorwegnehmend erproben konnte. Ihr mache es allmählich Spaß, immer besser zu lernen, wie sie andere Menschen freundlich ansprechen und anlächeln könne, nicht nur den sympathischen Jungen in der Klasse. «Ja, ich komme viel besser bei den anderen an», meinte sie bei ihren Phantasieleistungen, die gut auf ihre Realerlebnisse im Zusammensein mit anderen Jugendlichen abgestimmt waren. Die antidepressive Medikation war schon nach der zehnten Therapiesitzung allmählich vermindert und dann ganz abgesetzt worden. Der Schlaf war inzwischen wieder so weit zufriedenstellend geworden, daß ihr als guter Rat eines erfahrenen Therapeuten zu sagen war: «Der Schlaf ist am besten, wenn darüber gar nicht weiter geredet wird.»

Noch eine umschriebene Sorge tauchte auf bei der Erinnerung an ihr hemmungsloses Essen vor anderthalb bis zwei Jahren angesichts der Tatsache, daß sie nunmehr von Woche zu Woche an Gewicht zunahm. Die intelligente Patientin verstand sehr schnell einige grundlegende Zusammenhänge von der Art, daß es alle möglichen Ersatzbefriedigungen im Leben geben könne, die sie gar nicht nötig habe, weil sie lerne, sich dem Leben zuzuwenden, das dann viel schöner sei als jede Art von Ersatz. Zur Absicherung wünschte sie selber eine Veränderung der Vorsatzformulierung: «Idealgewicht 50 und maximal 55 Kilogramm.» Da Tagträumereien bei ihr von Kindheit an eine große Rolle gespielt hatten, wurde dieses Thema eingehend mit ihr besprochen. Ihr wurde bald klar, daß es sich dabei um eine besondere Art des Ausweichens vor der Realität gehandelt hatte und daß sie sich mit einem realitätsgerechten Phantasie-Training am besten weiterhelfen könne. Sie habe sich schon angewöhnt, ein- bis zweimal wöchentlich für 15 Minuten oder länger auf diese Weise nach dem AT der Grundstufe zu trainieren. Eine retrospektiv orientierte Therapie spielte bei ihr nur eine geringe Rolle, nachdem die wesentlichen Punkte bei der biographischen Anamnese geklärt worden waren. Frustrierende Erlebnisse durch früher mangelnde Zuwendung der Eltern und durch mangelnde Kontakte mit Spielgefährten und anderen Kindern hatte sie zur Kenntnis genommen, aber sie erschienen ihr nicht mehr bedeutungsvoll, nachdem sie in voller Jugendlichkeit mit zunehmend erwachenden Kräften gelernt hatte, sich am Leben zu erfreuen.

Ein Thema wurde vom Therapeuten in den Dialog eingeführt, mit dem sie zunächst nicht viel anzufangen wußte, nämlich die Anerkennung der eigenen Weiblichkeit. Sie habe sich kaum darüber Gedanken gemacht, vielleicht sei sie aus den Kinderschuhen noch nicht ganz herausgewachsen, aber an Mutterschaft und dergleichen würde sie auch nicht denken. Mit einigem Gewinn konnte mit ihr besprochen werden, wie sie ihre Rolle sehen würde, wenn eine Freundschaft zu einem Klassenkameraden oder anderen jungen Mann festere Formen annehmen sollte. Im Phantasie-Training vermochte sie sich vorzustellen, wie sie einmal als selbstbewußte junge Frau später auftreten könnte.

Die Sommerferien fielen in die Zeit nach der 18. Therapiesitzung. Sie selbst war gut darauf vorbereitet und erholte sich in dieser Zeit an der See mit täglichem Schwimmen und auch mit Tanzen – an dem sie zum erstenmal in ihrem Leben gern teilnahm. Nach ihrer Rückkehr hatte sie das erstrebte «Idealgewicht» erreicht. Die Stimmung war ausgeglichen und sogar etwas gehoben. Sie hatte klare Zielvorstellungen für ihren weiteren Lebensgang. Sie berichtete nicht ohne Stolz, daß sie nun den wohl richtigen Freund gefunden hätte. Von den anfänglichen Symptomen war lediglich noch das Ausbleiben der Periode übriggeblieben. Ihrem Wunsch, nun allein im Leben weiterzukommen, brauchte nach 24 Behandlungssitzungen nicht widersprochen zu werden. Insgesamt wirkte sie eindeutig fraulicher und in ihrem Selbstwertgefühl gefestigt.

Ein Jahr nach Beendigung der Therapie konnte in Erfahrung gebracht werden, daß nunmehr auch die Periode regulär in Gang gekommen war, der Allgemeinzustand wurde als weiterhin erfreulich geschildert.

Der beschriebene Behandlungsverlauf weist nicht auf eine schwere Neurose hin, vielmehr ist eine neurotische Pubertätskrise anzunehmen, bei der frustrierende Lebensumstände und auch eine psychasthenische Konstitution die Hauptfaktoren darstellten. Wie sich aus einer Neurose leichteren Grades eine eindeutige Anorexia nervosa entwickeln konnte, ist ohne irrealen Phantasie-Aufwand unmöglich nachzuzeichnen. Man muß erneut Erich Fromm zitieren, der darauf verwiesen hat, daß nicht alle neurotischen Entwicklungen (und hier im Übergang zu einer psychosomatischen Krankheit) aus der frühkindlichen Entwicklung und den sonstigen Lebensumständen abgeleitet werden können. Wer lange genug mit der Biologie und speziell mit der Wissenschaft vom Menschen zu tun hat, macht stets von neuem die

Erfahrung, daß die weitaus meisten Abläufe multikausal zustande kommen. Auch wenn beispielsweise eine Neurose annähernd «erklärt» wird, das heißt deren Entstehung und weiterer Verlauf einschließlich therapeutischer Beeinflussung einigermaßen genau realitätsgemäß nachgezeichnet werden können, bleiben alle diese Bemühungen nur Stückwerk im Vergleich zur Fülle des realen Geschehens.

In der Literatur findet sich noch eine weitgehende Unkenntnis hinsichtlich der Verursachung und des Zustandekommens der bisweilen tödlich verlaufenden Erkrankung Anorexia nervosa. Sie tritt gar nicht selten und zwar weit überwiegend bei weiblichen Pubertierenden auf. Bräutigam und Christian («Psychosomatische Medizin», 1973) geben an, daß bei einer Population von 100000 Personen hierzulande 15 bis 75 Fälle dieser Art beschrieben werden. Die beiden Autoren schreiben: «So viele Hypothesen und Untersuchungen es zur Ursache der Pubertätsmagersucht gibt, muß man doch feststellen, daß die Mehrzahl der ätiologischen Fragen noch offenstehen. Es werden konstitutionelle Einflüsse, neurotische und psychotische Faktoren als Ursachen angeschuldigt.» Sie führen die psychoanalytische Sicht «von einer narzißtischen Abwehr, einer negativen Besetzung der eigenen Leiblichkeit, einem Rückzug von allen echten Objektbezügen und einem stark ausgeprägten sekundären Narzißmus» an, ohne daß damit das Problem hinsichtlich der Ursachenbündel und der Entstehung dieser Krankheit aufgedeckt wäre.

Trotz überwiegender Ungeklärtheiten unter psychoanalytischem und sonstigem theoretischem Aspekt bleibt die genaue Erhebung der biographischen Anamnese der Angelpunkt für eine gezielt einzusetzende Psychotherapie, auch für eine beginnende Selbsterkenntnis auf seiten der Patienten. Bei dem vorliegenden Therapieverlauf hatte die biographische Anamnese zu dem diagnostischen Schluß geführt, daß eine schwere Neurose nicht vorlag, daher keine Veranlassung bestand, auf eine retrospektiv orientierte Psychotherapie zu drängen. Am vorliegenden Beispiel sollte gezeigt werden, daß mit psychotherapeutisch gelenkten Phantasien und mit trainingsmäßigen Mobilisierungen autogener Kräfte überraschend schnell Boden im therapeutischen Sinne gewonnen werden konnte.

Es waren Phantasien aus der Kindheit, welche die noch etwas infantile Patientin den Anschluß an den naturgegebenen Eßtrieb allmählich finden ließen. Im übrigen ergab sich eine ganz überwiegend prospektiv orientierte Therapie, bei der die Erfahrung bestätigt werden konnte: Ist erst einmal ein neurotisches Gefüge – soweit es sich nicht um eine schwer chronifizierte Neurose handelt – zum Wanken gebracht, so besteht bei gezielter Therapie, in diesem Fall die Verbindung von autogenem Prinzip und Trainingsprinzip, die volle Aussicht auf Wiederherstellung. Bei der Patientin war es der wesentliche Faktor der Jugendlichkeit, der bei zumindest durchschnittlicher Intelligenz bald neue Kräfte aufwachsen ließ. Der negativ wirkende Faktor einer psychasthenischen Konstitution trat unter diesen günstigen Umständen ganz erheblich zurück.

4. Sexualneurotische Entwicklung

Der 40jährige Angestellte B. S. stellte sich vor knapp zwei Jahren zur Psychotherapie ein, weil «ich nicht weiß, wie es weitergehen soll». Er sei sehr bedrückt, weil er Schwierigkeiten in seiner beruflichen Stellung habe, immer verspätet zum Dienst komme, denn er müsse sich übermäßig lange die Hände waschen, manchmal eine halbe Stunde und länger. Dann verliere er Zeit, weil er mehrfach kontrollieren müßte, ob die Türen seiner Wohnung richtig verschlossen seien, wiederholt habe er schon vom Weg zum Büro zurückgehen müssen, da er fürchtete, doch nicht alles ganz fest verschlossen zu haben. «Es spitzt sich seit Monaten immer mehr zu ...», jetzt werde er überhaupt nicht mehr mit den Akten fertig, die er zu bearbeiten habe. Er habe eine verantwortungsvolle Position, so daß er sich Fehler nicht erlauben dürfe. Er müsse nun wohl kapitulieren. Er sei ledig, habe eine nette Wohnung und auch einen angenehmen Bekanntenkreis, aber niemanden, der ihm ganz nahestehe. Dies sei für ihn jetzt besonders traurig.

Der Patient wirkte stimmungsgedrückt, angstbetont und von Zwangsgedanken beherrscht. Da offenbar eine akute Situation für ihn eingetreten war, wurde er für eine umschriebene Zeit krank geschrieben und ihm versichert, daß der gegenwärtige Zustand bei guter Zusammenarbeit überwindbar sein würde. Medikamente lehnte er ab, die habe er nie in seinem Leben gern genommen. Es wurde merkbar, daß ihm vor allem an einer psychotherapeutischen Hilfe gelegen war.

Zur nächsten Psychotherapie-Sitzung kam der Patient eine halbe Stunde zu spät, obgleich er durch die Krankschreibung über genügend Zeit verfügte. Er war sehr aufgeregt darüber und versicherte, daß er immer in seinem Leben sehr exakt gewesen sei. Aber das Zuspätkommen sei in den letzten Monaten ein großes Problem für ihn geworden. Heute sei er rund eine dreiviertel Stunde unter der Dusche geblieben, habe sich auch da immer wieder die Hände waschen müssen, nur deswegen sei er so spät gekommen. Ihm wurde erklärt, daß sich dadurch leider die Behandlungszeit entsprechend verkürze. Am besten könne ihm mit einer Ruhehypnose geholfen werden, wozu er sogleich bereit war. Nach genauer Erklärung, daß es sich um einen ganz natürlichen Vorgang mit Hilfe der Sprache des Therapeuten handele, die Ruhe herbeiführe, wurde mittels Augenfixation eine tiefe Entspannung mit Schwere in allen Gliedern, passiver Atmung und Gesichtsmuskelerschlaffung suggeriert, anschließend ihm die Vorsatzformel wiederholt fest eingeprägt: «Ruhe wirkt nach ... Angst und Zwang abziehen lassen!»

Der Patient kam von nun an regelmäßig zu psychotherapeutischen Sitzungen von 50 Minuten Dauer und erschien pünktlich zu den vereinbarten Terminen. Die Hypnose habe ihn etwas beruhigt. Er zeigte eine gute Bereitschaft zur Therapie und ein lebhaftes Mitteilungsbedürfnis, so daß er ohne viele Fragen über seine Beschwerden und Lebensschwierigkeiten berichten konnte.

Er entstamme einer bigotten Familie, wie er sie selbst bezeichnete, in der über das Geschlechtsleben nie gesprochen werden durfte. Auch Zärtlichkeiten seien so gut wie nie ausgetauscht worden. Er sei zu Pflichteifer und Genauigkeit erzogen worden, sonst habe es aber keine besonderen Schwierigkeiten in der Familie gegeben. Zur Mutter wie zum Vater habe er stets gute Beziehungen aufrechterhalten, bis in die letzten Jahre hinein. So habe er sich auch gegen deren erzieherischen Einflüsse nicht zur Wehr gesetzt. Bei Kriegsende hätte die Familie auf der Flucht und dann mit verschiedenen Umsiedlungen Schweres erlebt, bis sie dann im westdeutschen Raum seßhaft wurde. In der Pubertät sei es ihm nicht gelungen, irgendeine Beziehung zu einem Mädchen zu finden. Er habe sich immer sehr gehemmt gefühlt, obwohl er sonst nicht ungesellig war, denn mit seinen Schulkameraden sei er gut ausgekommen, habe auch einige Freundschaften geschlossen. Die sexuelle Frustriertheit habe ihm damals und auch später keine Ruhe gelassen, er sei stark der Onanie verfallen, woraufhin er sich schwere Selbstvorwürfe machte. Er sei so stimmungsgedrückt und übergenau geworden, auch mit Angsterscheinungen, daß er vor seinem 20. Lebensjahr für einige Monate von einem Nervenarzt mit Medikamenten behandelt wurde.

Die schulischen und beruflichen Ausbildungen hat er nach seinen genauen Angaben ohne Schwierigkeiten absolviert. Nach Abschluß der Realschule mit guten Zensuren und nach beendeter Ausbildung als kaufmännischer Angestellter war er in eine angesehene Firma eingetreten, dort hat er sich inzwischen eine gute Position gesichert. Sein Fleiß, seine Exaktheit und Sachkenntnis seien allgemein anerkannt worden. Er habe sich eine schöne Wohnung einrichten und einige Nebeninteressen wie zum Beispiel Literatur pflegen können. Einen Bekanntenkreis habe er gefunden, so daß er von sich sagen könne, daß er nicht ungesellig sei.

Als die Hauptschwäche seines Lebens erkannte er selbst die Sexualität. Allen Frauen gegenüber sei er stets gehemmt geblieben. Zu einer dauerhaften Beziehung sei es nie gekommen. Gelegentliche Urlaubs- und sonstige Bekanntschaften hätten ihm nur einige Zärtlichkeiten ermöglicht. Da er zeitweilig starke Triebbedürfnisse hatte, sei er der Versuchung erlegen, in größeren Abständen Halbwelt-Mädchen aufzusuchen, ohne im Verkehr mit ihnen zu einer Befriedigung zu gelangen. Nach solchen Begegnungen habe er sich starke Selbstvorwürfe gemacht und sich fest vorgenommen, solche Eskapaden zu unterlassen. Unter starkem Triebdruck sei es in großen Zeitabständen dann doch zu Wiederholungen gekommen. Danach sei es ihm zur Gewohnheit geworden, unter Selbstvorwürfen sich längere Zeit zu baden oder zumindest die Hände zu waschen. Auch in anderer Weise habe er bestimmte Rituale angenommen, z. B. Spaziergänge ganz regelmäßig in festliegenden Distanzen auszuführen, sonntags den Gottesdienst zu besuchen, obwohl er eine recht geringe religiöse Bindung aufwies, sowie einmal wöchentlich zum Skatabend zu gehen.

Kurze Zeit vor Beginn der Therapie hätte er bei einem Urlaubsaufenthalt in seinem Hotel ausnahmsweise dem Alkohol stark zugesprochen, dabei sei er in einen Kreis junger Männer geraten, die ebenfalls alkoholisiert waren. In seinem Hotelzimmer sei noch weitergezecht worden. Dabei sei es zu homosexuellen Kontakten mit einem etwa 15 Jahre jüngeren Mann gekommen, die nach eigener Erinnerung nicht von ihm selbst begonnen wurden. Am nächsten Tag sei dieser Mann wie selbstverständlich im Zimmer des Patienten erschienen, um diese Kontakte fortzusetzen. Der Patient sei zunächst noch auf das Drängen dieses Mannes eingegangen, dann habe ihn ein «Riesenkater» erfaßt, er sei nach Hause gefahren und seit diesem Ereignis von schweren Selbstvorwürfen gepeinigt worden. In tiefer Stimmungsgedrücktheit habe er sich immer mehr in Selbstzweifel verstrickt, auch in Gedanken daran, daß er die homoerotischen Kontakte weiter als Versuchung verspüre, sich dabei aber als verworfen vorkomme. Das zwanghafte Waschen und Baden sei nun sehr stark aufgetreten, ferner eine Neigung zu allen möglichen Kontrollhandlungen.

Der Patient hatte durch den detaillierten Bericht, der nur selten durch Fragen unterbrochen zu werden brauchte, eine sichtliche Erleichterung erfahren. Er gab an, daß er noch nie in seinem Leben eine solche «Beichte» hätte ablegen können. Er schien nach diesen der biographischen Anamnese dienenden Sitzungen deutlich aufgeschlossen, zumal er das lebhafte Interesse des Therapeuten dankbar aufnahm. Er legte nach seinen Worten dringend Wert auf eine Beratung. Ihm konnte eröffnet werden, daß seine moralischen

Grundsätze gewiß respektiert würden, daß er aber auch folgende Wertung beachten könnte: Er sei in sexueller Hinsicht ganz unterentwickelt und in eine Leidenssituation gelangt. Aus einer Hilflosigkeit heraus habe er unter Triebdruck Halbwelt-Frauen aufgesucht und sei dann unter Alkoholeinfluß zu homoerotischen Kontakten gelangt. Eine böse Absicht sei aus seinem Verhalten nirgends herauszulesen. Von «Sünden» könne der Psychotherapeut nicht sprechen, der Patient habe ja wohl niemandem mit seinem Verhalten Schaden zugefügt. Es bleibe ihm unbenommen, andere und für ihn bessere Formen des sexuellen Verhaltens zu finden. Dieselben ließen sich finden, wenn er die Bereitschaft zu einer regelmäßigen Psychotherapie aufbringe. Damit würden aller Voraussicht nach auch die zwanghaften Verhaltensweisen gut zu beeinflussen sein. Es gehe darum, die vorhandenen Selbstzweifel durch eine Therapie, die zu einer besseren Kenntnis seiner selbst und zu einem besseren Umgang mit sich selbst und anderen führt, zu überwinden.

Der Patient war nach diesen beratenden und aufklärenden Worten offensichtlich beruhigt. Er war zu einer regelmäßigen Psychotherapie bereit. Bei der Untersuchung fand sich in somatischer Hinsicht ein guter Allgemeinzustand, weder internistisch noch neurologisch waren Abweichungen von der Norm festzustellen. In psychischer Hinsicht war anfangs eine zwanghafte Unruhe bei überwiegender Stimmungsgedrückheit vorhanden. Prognostisch wichtig war die Beeinflußbarkeit dieser Erscheinungen bereits nach einigen Sitzungen. Das Intelligenzniveau und die Differenziertheit der Persönlichkeit waren als zumindest durchschnittlich einzuschätzen.

Die anfängliche Diagnose einer Zwangsneurose war nach vorläufigem Abschluß der biographischen Anamnese und den sonstigen Untersuchungen wie folgt umzuändern: Sexualneurotische Entwicklung bei anankastischer Persönlichkeit.

Die zunächst verordnete Krankschreibung konnte nach vier Wochen beendet werden. Der Zustand des Patienten besserte sich daraufhin, nachdem er sehr schnell wieder seine Arbeit wie gewohnt aufnehmen konnte und sich dadurch bestätigt fand.

Der Patient erschien regelmäßig zu den psychotherapeutischen Sitzungen, in denen er eine gute Bereitschaft zur Mitarbeit beibehielt. Von der fünften Sitzung an wurden ausgedehnte Ruhehypnosen durchgeführt, die ihm sehr bald zu tiefen Versenkungszuständen verhalfen. Nachdem ihm suggeriert wurde, daß Gedanken und innere Bilder auftauchen und ruhig weitergehen würden, schwieg er eine ganze Weile, dann brach plötzlich ein Affektsturm mit heftigem Weinen hervor. Auf beruhigende Worte des Therapeuten, daß er in einer geschützten Umgebung sei, daß er äußern könne, was in ihm aufgestaut sei, aber er in keine zusätzlichen Erregungen zu gelangen brauche, klangen diese Affekte ab. Nach einigem Schluchzen sagte er, daß er sich noch immer verworfen vorkomme, aber doch weniger als in den Wochen zuvor.

Nach einer Pause rekapitulierte er das Geschehen in dem Urlaubshotel und klagte sich erneut an, all das verloren zu haben, was er an moralischen Prinzipien von seinen Eltern auf den Lebensweg mitbekommen habe. Er müsse sich von dieser Schuld reinigen, wisse aber noch nicht, wie ihm das gelingen werde.

Da wieder eine längere Pause bei den Mitteilungen des Patienten eintrat, wurde ihm gesagt, daß Kräfte in ihm vorhanden seien, den Leidenszustand zu überwinden. Ein Geschehen sei nie rückgängig zu machen, wohl könne aus ihm gelernt werden, damit das zukünftige Leben besser gelinge. Er möge ruhig weiter aussprechen, was ihn sonst noch bewege. Er berichtete dann, wie er an diesem Tage schon eine Stunde lang sich gewaschen, aber dabei keine Erleichterung verspürt habe. Ja, ihm sei quälend dabei zumute, er fürchte, daß dieses Waschen und Kontrollieren immer weitergehen werde.

Da mit den letzten Worten des Patienten ein neuer Ansatz für die Therapie gegeben war, wurde ihm vermehrt Ruhe und Entspannung suggeriert, daraufhin die Anregung gegeben, sich so genau wie irgend möglich den Waschvorgang wie in den letzten Tagen vorzustellen. Er ging darauf gut ein und berichtete, daß er den Baderaum deutlich vor sich sehe, dann sich dem Waschbecken zuwende, das Wasser laufen lasse, «es ist so schön sauber», dann die Seife in die Hände nehme und nun sich immer wieder wasche, der «Seifenschaum ist auch schön», dann immer wieder weiter die Hände wasche. Die Frage wurde gestellt: «Warum immer weiter? Sie sind ja völlig frei in Ihrer Phantasie und zugleich in einem Zustand der Ruhe, der Ihnen gute Entspannung ermöglicht, was könnten Sie sonst tun?» Er meinte nach einer Pause: «Ich muß mich noch waschen!» Ihm wurde folgendes mitgeteilt: «Ein Muß klingt immer nach einem Aufgezwungensein. Hier zwingt Sie aber niemand. Sie können nun meinen Rat annehmen, den guten Ruhezustand, in dem Sie sich befinden, voll zu erfassen und dann etwas sich einfallen zu lassen, das mit Zwang nichts zu tun hat.» Nach einiger Zeit sagte der Patient: «Ich kann mich noch weiter waschen . . . aber ich kann damit auch aufhören.» Ihm wurde erklärt, daß diese letzte Formulierung ausgezeichnet sei und sich als Vorsatz für die folgenden Tage eigne: «Ich kann mit dem Waschen auch aufhören!» Sie wurde ihm zum Abschluß mehrfach fest eingeprägt.

Die Hypnose-Behandlung mit gelenkten Phantasien, die auch autogenen Beiträgen des Patienten stets Raum gaben, wurde mit mannigfachen Variationen fortgesetzt. Dabei stellte sich eine kontinuierliche Besserung des Befindens ein. Depressive Erscheinungen klangen ab, der Patient wirkte weniger zwanghaft-unruhig, er wußte zu berichten, daß die Zwangshandlungen nur noch selten auftreten würden. Er bot bereits sechs Wochen nach Aufnahme der Therapie eine so gute Bereitschaft zur Mitarbeit, daß mit der Grundstufe des AT begonnen werden konnte. Nach üblichen Anfangsschwierigkeiten machte er schnelle Fortschritte, er erfaßte auch den Wert eines regelmäßigen muskulären Trainings und machte den Anfang mit einem kleinen gymnastischen Programm. Die hypnotischen Behandlungen wurden bei allen Sitzungen für die Dauer von etwa 25 Minuten weiter durchgeführt. Wie üblich wurde ihm empfohlen, alle eigenen Gedanken und inneren Bilder aufkommen und ruhig weitergehen zu lassen. Dabei stutzte er in einem hypnoiden Zustand und äußerte sich: «Wenn ich mich nicht weiterwasche, kommt der Gedanke an meine Schuld auf.» Bei diesem Gedanken verblieb er und bemerkte, daß er auch durch Ruhe und Entspannung nicht vergehen könne. Ihm wurde versichert, es sei wertvoll, daß er diesen offenbar latent vorhandenen Gedanken nunmehr klar mitteilen konnte.

Bei der anschließenden Aussprache wurde dem Patienten versichert, daß seine moralischen Auffassungen nach wie vor respektiert würden, womit die Aufgabe nicht behoben sei, auch unter moralischen Aspekten sein Leben besser zu führen als bisher. Der Patient meinte, er habe seine «sexuellen Verfehlungen» noch nicht verwunden. Er sei überzeugt, daß Zwang und Unruhe in ihm vergehen würden, wenn er besser wisse, wie sein Leben zukünftig in sexueller Hinsicht aussehen würde, ohne daß er sich zu schämen brauche. Mit ihm wurde vereinbart, daß er die Sexualität bejahen könne und nun der Frage nachgehen werde: «Wie und mit wem sexuelle Gemeinschaft?» Dieser Leitsatz wurde dem Patienten mehrfach fest eingeprägt.

Bei den folgenden Sitzungen wurden die Hypnose-Behandlungen mit Anregungen der Phantasie-Abläufe fortgesetzt, dieselben nunmehr dem Patienten und der von ihm gewählten Fragestellung überlassen, d. h. möglichst auf Lenkungen verzichtet. Der Patient berichtete über seine früheren sexuellen Erlebnisse, nicht selten mit Wiederholungen, wodurch ihm allmählich ein Abstand von den Vorfällen gelang, die ihn lange belastet hatten. Nach insgesamt fünf Sitzungen mit hypnotischen Behandlungen, in denen die Phantasie-Abläufe dem Patienten überlassen waren, stellte sich heraus, daß er immer nur reproduzierte und keine neuen Einfälle fand. So lag Anlaß vor, ihn auf die genaue Fragestellung aufmerksam zu machen, die ja auf die Zukunft weist, d. h. wie und mit wem er eine Gemeinschaft bilden könne. Da er sich mit dieser Frage nicht zurechtfand, wurden ihm noch einige weitere Empfehlungen gegeben, doch ganz locker in der Phantasie durchzuspielen, welche Möglichkeiten für eine sexuelle Gemeinschaft für ihn in Betracht kämen, auch welcher Menschentyp ihn am ehesten dafür ansprechen könnte. Ihm wurde noch der Aspekt nahegelegt, daß ein Ausprobieren in der Phantasie keinesfalls den moralischen Prinzipien zu widersprechen brauche. Er könne seine Phantasie-Entwürfe an seinen moralischen Prinzipien messen und umgekehrt dieselben an Hand seiner durchphantasierten Wünsche und Strebungen überprüfen.

Der Patient verarbeitete die letztgenannten Vorschläge recht schwer. Ihm wurde klar, daß er völliges Neuland betreten würde, wozu er in seinem Leben wenig Neigung geboten hatte. Er legte großen Wert auf dialogische Klärung der aufgeworfenen Fragen. So konnte er die Rolle der Sexualität im Leben nicht ausreichend begreifen, denn er hatte sie zeitweise als übermächtig, dann wieder als unwichtig und doch störend verstanden. So wurde ihm vorgeschlagen, folgende eigene Interpretation, die keinen Anspruch auf Allgemeingültigkeit erhebt, zu überlegen: Die Sexualität ist dem menschlichen Grundtrieb zur Fortpflanzung zuzurechnen, sie wirkt sich aber weit über das Triebleben in das Gefühlsleben (als Liebe) und in die geistigen Vorgänge aus. Sie kann vergröbert, aber auch kultiviert werden, so daß sie dann ein wesentliches Moment der Wir-Bildung darstellt. Sie ist nicht omnipotent, aber so wesentlich, daß sie jedem Menschen eine klare Auseinandersetzung abverlangt. Wer die Sexualität ablehnt oder geringschätzt, muß mit ernsten Störungen rechnen.

Der Patient hatte sich in den folgenden Sitzungen die obenerwähnte Interpretation zu eigen gemacht und gelangte zu der Erkenntnis, daß er ja noch zu keiner echten Gemeinschaft gefunden hätte. Die Skat-Freunde, die er habe, könne er wohl nicht dazu rechnen. Bei den Phantasie-Übungen, die noch mit Hypnosen eingeleitet wurden, versuchte er noch etwas zaghaft, sich in die Rollen eines Lebemannes, eines zufriedenen Ehemannes oder eines starren Junggesellen hineinzuversetzen, ohne genügende Klarheit zu gewinnen.

Nach der 16. Sitzung hatte er die Grundstufe des AT so gut erlernt, daß daraufhin die Hypnosen beendet wurden und er in ein autogenes Phantasie-Training eingeführt werden konnte. Ausgehend von dem passiven Atem-Erlebnis wurde ihm gut verständlich, daß aus dem «Ich denke» unter besonderen Voraussetzungen ein «Es denkt mich» werden kann. Von nun an vermochte er über Fortschritte zu berichten. Ein- bis zweimal wöchentlich nehme er sich Zeit, um in Anschluß an das gut gelingende AT Gedanken und innere Bilder aufsteigen zu lassen, so etwa 20 bis 30 Minuten lang.

Es war eindrucksvoll, daß der Patient nach Aufnahme des autogenen Phantasie-Trainings über retrospektiv wie prospektiv orientierte Erlebnisse zu berichten wußte. Ihm sei längst Vergessenes wieder eingefallen, z. B. daß er mit etwa 14 Jahren ein Mädchen aus der Nebenschule verehrt hätte. Er habe ihr einige Male die Tasche beim Weg nach Hause getragen, er wisse nicht, warum dabei nur einige Gespräche möglich gewesen seien. In der Folgezeit sei ihm auch nie eine richtige Beziehung zu einem jungen Mädchen oder später zu einer Frau geglückt. Bei den gelegentlichen Bekanntschaften habe er immer mehr den Eindruck gewonnen, daß er nicht recht erwünscht sei, deswegen habe er die Bekanntschaften bald wieder beendet. Vielleicht habe es auch an seinem starken Hang zur Onanie gelegen, daß er sich dann immer weniger um Frauen bemüht habe.

Bei einer späteren Therapie-Sitzung berichtete der Patient, ihm sei eingefallen, daß die Mutter ihn mit sieben oder acht Jahren einmal auf den Schoß genommen und auch geküßt habe, später nicht mehr. Das habe er sehr vermißt. Bei dem Phantasie-Training habe er sich auch ganz locker ein intimes Zusammensein mit einem Mann vorgestellt. Er sei zu der Überzeugung gelangt, das wolle er einfach nicht. Ihm sei das abstoßend vorgekommen. In all den Jahren seines Lebens, an die er sich gut erinnern könne, sei ihm nie ein Mann erotisch als erstrebenswert vorgekommen. Die einzige Ausnahme sei die erwähnte Begegnung in seinem Hotelzimmer vor kurzem gewesen, und auch in den folgenden Tagen habe er sich etwas unsicher in dieser Beziehung gefühlt. Diese Unsicherheit sei mit der Zeit völlig vergangen. Wohl habe er manchmal hinter Frauen hergesehen, wenn deren Formen ihn gereizt hätten. Er könne sich jetzt ohne moralische Entrüstung die nicht zahlreichen Begegnungen mit Halbwelt-Mädchen vorstellen. Eine weibliche Brust zum Beispiel sei für ihn nach wie vor erregend. Es müsse ihm doch möglich sein, auch mit einer «anständigen Frau» Beziehungen aufzunehmen.

Der Patient wirkte nach der 25. Therapie-Sitzung bedeutend ausgeglichener. Depressive, zwanghafte und Unruheerscheinungen seien nur wenig hervorgetreten. Mit einem zugrundeliegenden lebhaften Naturell teilte er spontan viele Einzelheiten mit, unter anderem, daß die Zwangsgedanken und -handlungen fast völlig vergangen seien. Er neige nach wie vor etwas zu Kontrollvollzügen, z. B. daß er die Schlösser ganz gesichert, die Fenster gut verriegelt und die Wasserhähne sämtlich abgestellt wissen wolle, aber dies sei seit vielen Jahren bei ihm der Fall. Er sehe in dieser großen Genauigkeit einen Vorzug, denn er gelte ja im Kollegen- und Bekanntenkreis als besonders zuverlässig. Das lange Waschen und Duschen habe er mit Hilfe des Phantasie-Trainings und der formelhaften Vorsatzbildungen abstellen können, auch die Selbstvorwürfe seien zurückgetreten, ihm sei klargeworden, daß jetzt ein besseres Leben beginnen müsse.

Im weiteren Verlauf gelangte er zu dem Schluß, daß er sich für Lebemann-Allüren nicht eigne und auf die Kontakte mit der Halbwelt verzichten wolle und könne. Er stelle sich ein Leben als Ehemann und Familienvater doch am angenehmsten vor, er wolle Zeitungsannoncen aufgeben und auf diese Weise den passenden Menschen für sich finden. Im Dialog kam zum Vorschein, daß er das meist zweimal wöchentlich geübte Phantasie-Training mit gutem Ergebnis fortgesetzt hatte, so daß die mitgeteilten Ergebnisse überzeugend wirkten. Zugleich wurde Klarheit darüber geschaffen, daß der Weg über Zeitungsannoncen auch zu Enttäuschungen führen könne. Daher gelangte der Patient zu der Meinung, daß hier nichts forciert werden solle, er habe die feste Hoffnung, auf diese Weise in absehbarer Zeit ein gutes Maß an Befriedigung und vielleicht an Lebensglück zu finden.

Die abschließenden Aussprachen ergaben, daß eine Reihe anankastischer Eigenheiten zu fixiert waren, um sie erheblich zu verändern. Sein Tageslauf war auch weiterhin so festgelegt, daß er im wesentlichen bestehenblieb. Das

AT führte er ein- bis zweimal täglich weiter aus, ferner eine Reihe gymnastischer Übungen, morgens nach dem Aufstehen. Er konnte sich aber nicht entschließen, Vorschläge des Therapeuten anzunehmen, seinen enggezogenen geselligen Kreis zu erweitern, etwa durch Eintritt in eine passend erscheinende Vereinigung, z. B. auch in seiner Gemeinde oder im sportlichen Rahmen tätig zu werden. Der Patient entschloß sich nach der 31. Therapie-Sitzung in Übereinstimmung mit dem Therapeuten, die Behandlung zu beenden, da er seine Krise überwunden habe und im großen und ganzen wisse, wie er seinen Lebensweg allein weitergehen könne.

Eine Erkundigung bei dem Patienten nach einem halben Jahr ergab, daß er sich weiterhin «recht wohl» fühle. Eine Änderung seiner familiären Situation sei nicht eingetreten, aber dafür habe er ja noch Zeit zur Verfügung.

Über den beschriebenen Behandlungsverlauf kann zusammenfassend gesagt werden, daß die sexualneurotische Entwicklung zwar chronische Züge, aber keinen besonderen Schweregrad aufweist. Es gab bei ihm eine ernste Krise, die ihn zur Therapie führte, im übrigen leben viele Menschen ohne sexuelle Erfüllung, übrigens auch nicht selten in ehelichen Verhältnissen. Alle möglichen Verirrungen können sich daraus ergeben, aber bekanntlich sehen ziemlich viele Männer im Weg zum Halbwelt-Mädchen ein ganz normales Ventil. Hier hatten starke moralische Bedenken zu depressiven Reaktionen und zu einer Verstärkung der anankastischen Denk- und Verhaltensweisen geführt, die konstitutionell fixiert waren. Diese konstitutionelle Eigenart und die Besonderheiten der «zweiten Lebenshälfte» haben es nicht erlaubt, therapeutisch mehr zu erreichen. So darf nur von einem befriedigenden, nicht von einem guten Teilerfolg der Therapie gesprochen werden. Das Mißverständnis darf nicht aufkommen, daß die psychischen Besonderheiten der «zweiten Lebenshälfte» generell mit dem 40. Lebensjahr beginnen würden. Ein großer Teil der Bevölkerung bewahrt sich jugendliche Züge und eine Flexibilität noch mit 50, ja mit 60, 70 und mehr Jahren. Bei dem anderen großen Teil nimmt die Flexibilität im fünften Lebensjahrzehnt merklich ab, womit die Prognose für eine die neurotischen Erscheinungen völlig abbauende Therapie entsprechend ungünstiger wird.

Die hier erzielte deutliche Besserung trat ein, nachdem der Patient so weit gefördert werden konnte, daß er ein autogenes Phantasie-Training regelmäßig aufnahm und erst auf diese Weise sich ausreichend klare Lebensperspektiven erschloß. Von einer wirklich neuen Gestaltung des Lebens konnte bei ihm allerdings nicht gesprochen werden.

Das Thema der moralischen Prinzipien bedarf hier noch der Erörterung. Wenn dem Patienten versichert wurde, daß diese seine Prinzipien respektiert würden, dann darf darin kein taktisches Manöver gesehen werden. Freilich gibt es auch neurotisch überbewertete Prinzipien, die durch übermäßige Autoritätsgläubigkeit entstanden sind und dann nie kritisch verarbeitet wurden, so daß es leichtfällt, diese Zusammenhänge dem ausreichend interessierten Patienten verständlich zu machen. In einem großen Teil der Fälle sind indessen moralische Prinzipien Ausdruck allenthalben verbreiteter Weltanschauungen, gleichgültig, ob religiöser oder nicht religiöser Herkunft. Auf sie gilt es Rücksicht zu nehmen und den Patienten behutsam so weit zu fördern, daß er seine mehr oder minder starren Prinzipien kritisch zu überprüfen lernt. Auch dabei geht es um eine autogene Leistung.

5. Sexualneurose (Perversion)

Der 24jährige Arbeiter B. D. wurde vor zwei Jahren von dem Fachkollegen einer benachbarten Stadt wegen einer Sexualneurose (Masochismus) zur Psychotherapie überwiesen. Der Patient berichtete, daß er sexuell nur erregt und befriedigt werde, wenn er von einer Frau gedemütigt, dabei auch schmerzhaft traktiert werde. Er sei zu der Überzeugung gelangt, daß diese Art sexueller Beziehung zu nichts führen werde und er im Leben unglücklich werden müsse; wörtlich sagte er: «Es kotzt mich alles an.» Er wolle anders werden, wisse aber nicht, wie. Sonst habe er keine Beschwerden, er sei allgemein gesund und leistungsfähig.

Der Patient wirkte stimmungsgedrückt, ohne aber ausgeprägt depressive Veränderungen der Stimmungslage zu bieten. Er befand sich, wie die weiteren Untersuchungen ergaben, in bezug auf das Intelligenzniveau und die Differenziertheit der Persönlichkeit nahe der unteren Grenze des Normbereichs. Er hatte die Hauptschule mit knapp ausreichenden Ergebnissen abgeschlossen, dann regelmäßig in seinem Beruf gearbeitet – er galt als «angelernter Arbeiter» –, auch gab er Lebensziele an, die auf eine ausreichende soziale Integration hinwiesen. Er wolle diese sexuellen Geschichten überwinden, wolle eine Frau in normaler Weise befriedigen und sich selbst auch, ferner später einmal eine Familie gründen. Er schien ausreichend zur Mitarbeit an der Therapie motiviert zu sein.

Folgende Hauptpunkte der biographischen Anamnese kamen auf Grund klarer und widerspruchsfreier Mitteilungen des Patienten zum Vorschein: Er sei in einer guten Familiensituation aufgewachsen, «alles war normal». Bei genauer Befragung stellte sich indessen heraus, daß der Vater, ein ungelernter Arbeiter, so gut wie nie Zeit für die Familie hatte, er «hat immer Autos repariert». Offenbar war er am Geldverdienen sehr stark interessiert, ohne daß dem Patienten zunächst Neigungen des Vaters einfielen, die viel Geld erfordert hätten. Erst im Verlauf späterer Mitteilungen und neuer Einfälle wurde dem Patienten bewußt, daß der Vater zeitweise sehr stark dem Alkohol zugesprochen hatte und dann häufig angetrunken nach Hause gekommen war. Er selbst müßte damals sechs bis acht Jahre alt gewesen sein. Damals habe es schwere Auseinandersetzungen zwischen den Eltern gegeben. Die Mutter sei plötzlich aus dem Hause fort gewesen, und erst einige Tage später sei sie verweint wiedergekommen. Bald darauf sei sie für einige Tage ins Krankenhaus gekommen, weil sie Tabletten eingenommen habe. Die ganze Familie sei damals durcheinander gewesen. In der Folgezeit habe sich später alles wieder in der Familie beruhigt, aber von Anzeichen einer guten Verbundenheit zwischen den Eltern wußte der Patient nichts zu berichten. Die Mutter habe sich redlich um die Erziehung des Patienten und von vier weiteren Kindern bemüht. Sie sei fürsorglich gewesen, nicht besonders streng, manchmal habe sie Ohrfeigen ausgeteilt und ausnahmsweise mal «den Hintern versohlt». Das sei ihm ganz selten auch mal passiert. Mit den Geschwistern habe er sich ganz gut vertragen, er habe regelmäßig mit ihnen und auch mit Kindern in der Nachbarschaft gespielt, aber nachträglich müsse er sagen, daß er sich nie anderen Kindern gegenüber gut behaupten konnte.

Von den Kindern der Nachbarschaft sei ihm ein etwas älteres Mädchen stark in Erinnerung geblieben. Er habe sich öfters mit ihm gebalgt, dabei habe sich herausgestellt, daß es stärker war als er selber. Das Mädchen sei im Laufe der Zeit seine Freundin geworden, habe ihn öfters mit den Armen am Kopf eingeklemmt, so daß er sich nicht befreien konnte. Das habe er irgendwie schön gefunden. Damals könnte er etwa neun Jahre alt gewesen sein. Diese Freundschaft habe nicht länger als etwa zwei Jahre gedauert, dann habe er das Mädchen aus den Augen verloren. In der Folgezeit sei er Balgereien und ernsteren Auseinandersetzungen mit anderen Kindern aus dem Wege gegangen. Er müsse sagen, daß er im Grunde feige und sehr gehemmt geworden sei, im Grunde sei er es auch heute noch.

Im Alter von elf oder zwölf Jahren habe er begonnen zu onanieren, die Onanie habe auch in den folgenden Jahren bis in die Gegenwart hinein eine große Rolle gespielt. Dabei habe er sich oft ein Mädchen oder eine Frau in ausgedehnten Phantasien vorgestellt, die stärker sei als er, so daß er durch sie beherrscht würde. Etwa im Alter von 14 Jahren habe er die Schuhe der Mutter vor dem Onanieren gefunden, habe sich dieselben auf das Gesicht gelegt und sich dadurch erregt gefühlt. Anschließend habe er sich deswegen sehr geschämt. Seitdem hätten Frauenschuhe und sonstige von Frauen benutzte Lederartikel eine stark erregende Wirkung auf ihn ausgeübt. Zu Mädchen habe er in all diesen Jahren kaum Beziehungen aufnehmen können, sei stark gehemmt gewesen und habe voller Selbstvorwürfe gesteckt. Dies sei auch der Mutter gegenüber der Fall gewesen.

Im Alter von 19 Jahren habe er eine etwas ältere Freundin gefunden, mit der er bald Intimbeziehungen aufnehmen konnte, aber ohne ausreichende Befriedigung, denn bei ihm seien starke Potenzstörungen aufgetreten. Er habe sich ihr anvertraut, und sie sei auf seine Neigungen vielseitig eingegangen. Wenn sie Lederhandschuhe und Lederstiefel trug und ihn mit einer Lederpeitsche schlug, sei er zu voller sexueller Befriedigung gelangt. Er habe sich auch sonst von ihr demütigen lassen. Aber etwa sechs Monate später habe sie ihm eröffnet, sie sei diese Art sexueller Beziehungen leid, damit habe sie sich von ihm verabschiedet. Daraufhin sei er tief enttäuscht gewesen, sei wieder ganz der Onanie verfallen und habe sich angewöhnt, Porno-Kinos zu besuchen und Porno-Hefte bei der Onanie zu benutzen. All dies sei für ihn unbefriedigend gewesen, daher habe er mehrfach Halbwelt-Mädchen aufgesucht, um sich von ihnen mit Lederpeitsche und anderen Lederutensilien traktieren zu lassen. Aber auch diese Erfahrungen hätten ihn mit der Zeit abgestoßen.

Vor knapp einem Jahr habe er ein sehr nettes Mädchen, das rund fünf Jahre jünger sei als er, näher kennengelernt. Er könne sagen, daß er sich etwas in sie verliebt habe, bei Intimkontakten sei er aber nicht ausreichend potent gewesen. Da habe er ihr einiges von seinen sexuellen Neigungen anvertraut. Sie habe sich darüber empört und ihm gesagt, wenn er davon nicht lassen könne, sei es aus mit ihrer Beziehung. Sie habe ihn ja auch gern, aber nur, wenn er sich ändern würde. Nun wisse er gar nicht, wie es weitergehen sollte, denn seit Beginn seiner neuen Beziehung habe er sich noch nicht von den früheren Neigungen entfernen können.

Nach den obigen Mitteilungen wurde klar, daß der Druck von seiten der Freundin ein wichtiges Motiv für die Bereitschaft des Patienten zur Therapie war. Insgesamt war seine eigene Bereitschaft aber nicht zweifelhaft, da er regelmäßig aus einer etwas entfernt liegenden Stadt angereist kam und kooperativ blieb. Nicht zu übersehen waren bei ihm eine weitgehende Passivität, eine mangelnde Durchsetzungsfähigkeit und deutlich infantile Züge in der Persönlichkeitsstruktur. Die körperlichen Untersuchungen ergaben außer den Symptomen einer erheblichen vegetativen Labilität keine Abweichungen von der Norm.

Der Patient sah seine therapeutische Aufgabe darin, daß er spontan alle möglichen Einzelheiten seiner sexuellen Aktivitäten mitteilte. Dabei kam zum Vorschein, daß er sich seiner Freundin nur in recht begrenzter Weise zugewendet hatte, so daß es nur selten, etwa einmal in 14 Tagen, zu Intimkontakten gekommen war. Dieselben seien für ihn nicht befriedigend, auch weil er häufig Potenzstörungen aufwies, daher neige er überwiegend zur Onanie, bei der seine Porno-Hefte nach wie vor eine große Rolle spielten. Auch in Porno-Kinos gehe er immer mal wieder, eigentlich wolle er das nicht mehr, aber er könne sich das eben nicht verkneifen.

Im Dialog war die Aufklärung angebracht, daß die Sexualität zwar sehr wichtig, aber nicht allein für die Lebensentwicklung bestimmend sei. Auch sein sonstiges Leben sei für die Psychotherapie sehr aufschlußreich. Nicht sehr bereitwillig kam der Patient von seinem Lieblingsthema ab und erzählte mit langsam wachsendem Interesse, daß er zwar einige alte Schulfreunde habe, mit denen er sich gelegentlich mal treffe, im übrigen aber fast ein Einzelgänger geworden sei. Am Arbeitsplatz werde er von den Kollegen kaum beachtet, er wage gar kein Gespräch mit ihnen, da er viel zu scheu, ängstlich und gehemmt sei. Er leiste seine erforderlichen Arbeiten und werde insofern anerkannt. Seine Gehemmtheit trete auch sonst hervor, wenn er es mit anderen Menschen zu tun habe. Im Dialog wurde ihm allmählich klar, daß seine Passivität im Verhalten zu anderen Menschen sich kaum von der Passivität im sexuellen Verhalten unterscheide. So vermochte er einzusehen, daß sich die Psychotherapie auf alle wichtigen Seiten seines Lebens erstrecken müßte.

Nachdem das Prinzip des richtigen Übens von ihm erfaßt worden war, das sich bei der Zuwendung zur Freundin genauso bewähren könne wie bei der Aufnahme und Pflege von Kontakten zu anderen Menschen, wurde er in der siebenten Therapie-Sitzung in die Grundstufe des AT eingeführt, das er dann mit ausreichendem Interesse zu erlernen begann. Für gymnastische Leistungen war er indessen auch in der Folgezeit nicht zu gewinnen, denn er meinte, er arbeite in der Regel körperlich, da mache er mehr als genug. Ferner wurde er in ausgedehnte Ruhehypnosen versetzt, in denen seine Phantasie-Kräfte auf Situationen wie am Arbeitsplatz eingestellt und dann gelenkt wurden. Er zeigte dabei eine gute Bereitschaft mitzugehen, allerdings ohne nennenswerte autogene Ansätze. So lernte er trotz mancher Schwierigkeiten mit dem Vorsatz: «Ruhe bewahren, Scheu und Angst abziehen lassen!» ein aktiveres Verhalten im Kreise anderer Menschen vorauszuphantasieren und ganz allmählich auch in die Realität umzusetzen.

Das sexuelle Verhalten des Patienten wurde bei der Therapie nicht ausgeklammert, sondern regelmäßig mit therapeutischen Aussprachen und Hypnosen einschließlich gelenkter Phantasien beeinflußt: Ihm wurde bald verständlich, daß das häufige Üben mit dem Ziel, eine aktivere Rolle zu finden, ihm vor allem weiterhelfen könne. Nach längerer Beratung wurde folgende

Vorsatzformel gefunden: «Ich will meinen Mann stehen!» Dabei wurde kein Zweifel daran gelassen, daß sein früheres sexuelles Verhalten, das er sich auch jetzt oft nicht «verkneifen» konnte, mit Männlichkeit nichts zu tun hatte, und daß er noch ein weites Feld zu bestellen habe, um sich mit mehr Variationen der Freundin zuzuwenden. Dabei kam auch zur Sprache, daß er bisher nur recht wenige Gefühle ihr gegenüber aufgebracht hatte. Mit dieser Bemerkung vermochte der Patient nicht viel anzufangen. So wurden mit gelenkten Phantasien im Verlaufe von Hypnosen, statt dessen von der 16. Stunde an im Anschluß an das ausreichend beherrschte AT spezielle Übungen durchgeführt.

Dem Patienten wurde in tiefer Entspannung die Anregung gegeben, sich seine Freundin so konkret wie möglich vorzustellen. Als ihm die Frage vorgelegt wurde: «Was gefällt Ihnen am besten an ihr?», besann er sich einige Zeit, dann kam die Antwort: «Ihr Po gefällt mir, auch ihre Brust, auch sonst ihre Figur ...» Ihm wurden weitere Fragen gestellt, z. B. was ihm in der letzten Zeit am meisten am Verhalten der Freundin gefallen habe. Nach einiger Zeit antwortete er, daß sie ihn vor kurzem einmal nett angelächelt habe, das geschehe aber selten, denn sehr häufig seien Mißstimmungen zwischen beiden vorhanden. Weiterhin wurde ihm die Frage gestellt, was ihm in letzter Zeit besonders an der Freundin mißfallen habe. Ihm fiel ein, daß sie sehr mißgestimmt, ja sogar wütend geworden sei, als er sie darum gebeten habe, doch mal Lederhandschuhe anzuziehen, um ihn damit zu reizen. Die Empfehlung wurde ihm gegeben, sich in einen noch sehr jungen Menschen hineinzuversetzen, der in sexueller Hinsicht unerfahren und wohl auch sehr mißtrauisch sein könne. Nach längerer Zeit kam von seiner Seite die Antwort, daß er sich ein wenig in die Denkweise der Freundin hineinversetzen könne. Ihm wurde noch die Empfehlung auf den Weg gegeben: «Immer noch mehr die Freundin zu verstehen versuchen!»

In den nächsten Stunden wurde das gekennzeichnete Training in gleicher Weise fortgesetzt: «Sie stellen sich bitte Ihre Freundin ganz deutlich vor, lassen ihr Bild in allen Einzelheiten vor dem inneren Auge auftauchen, was hat Ihnen an ihrem Verhalten in letzter Zeit am meisten gefallen?» – «Vor zwei Wochen hat sie mich sehr schön geküßt ...» – «Und worin bestand Ihre Zärtlichkeit?» – «Ich ... nichts weiter, ich habe mich küssen lassen.» – «Wie muß es in einer jungen Frau aussehen, wenn ihre Zärtlichkeiten nicht erwidert werden?» – «Vielleicht war sie etwas enttäuscht ... sie hat auch in letzter Zeit nicht mehr so schön geküßt.» – «Was könnte Ihnen einfallen, damit Sie Ihren Mann stehen?» – «Ja, ich kann sie streicheln, ich kann sie auch küssen, nicht nur auf den Mund ...» – «Fällt Ihnen das leicht oder schwer?» – «Ich bin es nicht gewöhnt ...» – «Wann wollen Sie es wieder versuchen?» – «Beim nächstenmal, wenn ich sie sehe, will ich sie gleich in die Arme nehmen.» – «Wie war es bei Ihrem letzten Zusammensein?» – «Gestern, da gab es viele

Mißstimmungen, auch von mir aus, ich habe sie sogar angefahren ...» – «Woher kam Ihre Mißstimmung?» – «Vielleicht, weil ich nicht so recht durch sie befriedigt werde.» – «Und gibt es andere Gründe?» – «Auch durch die Arbeit, habe mich geärgert, wurde vom Chef angefahren, weil ich keinen Schutzhelm aufhatte.» – «Stellen Sie sich dann bitte genau vor, wie mußte Ihre Verärgerung und dieses Anfahren denn auf Ihre Freundin wirken?» – «Sie war sicher auch verärgert, denn zuerst war sie nett.» – «Was fällt Ihnen ein, damit Sie die Freundin anders behandeln als bisher?» – «Mir fällt nichts anderes ein, wenn ich voller Ärger stecke.» – «Wir haben Zeit, damit Ihnen irgend etwas einfällt, besonders wenn Sie sich in Ihre Freundin hineinversetzen.» – «Ich weiß nicht ... ich könnte mich ja mal ausschimpfen über den Chef.» – «Vor ihr oder mit ihr?» – «Ja, ich könnte sagen, sie soll mitschimpfen.» – «Und wenn Sie sich ausgeschimpft haben, was dann?» – «Dann könnte ich sie wieder liebhaben.» – «Können Sie verstehen, was in Ihrer Freundin vorgeht, wenn Sie sie gut oder schlecht ansprechen?» – «Ja, sie ist doch manchmal zu beeinflussen gewesen.» – «Wann ist Ihnen das schon gelungen?» – «Vor ein paar Wochen, da hat sie schon mal Reizwäsche anbehalten, als ich sie darum bat.» – «Wie bitten Sie am besten Ihre Freundin?» – «Nun, einfach so gebeten habe ich sie.» – «Und was fällt Ihnen sonst ein, wie man eine junge Freundin um etwas bitten kann?» – «Ich weiß nicht, wie.» – «Mit oder ohne Zärtlichkeiten?» – «Ja, mit Zärtlichkeiten.» – «Was gefällt Ihnen denn, abgesehen von Sex und Zärtlichkeiten, an der Freundin besonders?» – «... ja, sie kann schön tanzen.» – «Und was fällt Ihnen noch dazu ein?» – «Sie kann viel freier erzählen als ich, da laß ich mich von ihr manchmal anstekken.» – «Achten Sie auch auf ihren Gesichtsausdruck, wenn Sie mit ihr sprechen und Zärtlichkeiten mit ihr austauschen, auch wie sie auf Sie eingeht?» – «Nein, noch nicht, aber ich will das mehr als bisher tun.»

Die geschilderte Behandlung wurde über mehrere Sitzungen fortgeführt. Der Patient hatte inzwischen das AT in der Grundstufe so weit erlernt, daß auf hypnotische Beeinflussungen verzichtet werden konnte, es erfolgten lediglich heterosuggestive Beeinflussungen im Anschluß an das AT, damit die Phantasieabläufe des Patienten gelenkt werden konnten. Ihm war im Dialog inzwischen verständlich geworden, daß es bei dieser Behandlung um die Weckung und Beeinflussung von Gefühlen ging und daß die Sexualität nicht die Hauptsache im Leben darstelle. «Sie lassen wieder das Bild Ihrer Freundin in allen Einzelheiten vor Ihrem inneren Auge auftauchen, was fällt Ihnen dabei ein?» – «In der letzten Woche waren wir intim zusammen, ich war zärtlicher zu ihr als sonst, ich war schon mehr befriedigt.» – «Haben Sie auch darauf geachtet, daß die Freundin ebenfalls zu einer Befriedigung gelangt ist?» – «Nein, nicht besonders, das ist auch nicht so einfach.» – «Nun, man hat ja die Sprache und auch sonstige Laute, um sich zu verständigen!» – «Ja, darauf werde ich mehr achten als bisher.» – «Was haben Sie aus ihrem Gesichtsausdruck herausgelesen?» – «Sie kommt mir manchmal etwas kindlich vor.» – «Wann ist Ihnen das besonders aufgefallen?» – «Wenn sie mir so unerfahren vorkommt, gleich ablehnt, wenn ich besondere Wünsche habe.» – «Wie können Sie auf eine noch nicht so erfahrene junge Frau Einfluß nehmen?» – «Nun, mit Zärtlichkeiten, ja, und durch Worte.» – «Was könnten Sie ihr sagen?» – «Daß ich es ernst mit ihr meine ... daß sie Vertrauen zu mir haben könne.» – «Wie nennt man das, wenn nicht allein Sex zwei Menschen verbindet, sondern auch Vertrauen zwischen ihnen wächst?» – «Ja, das ist dann wohl Liebe.» – «Wie können Sie bei ihr und bei sich selbst solche Gefühle wecken?» – «Ja, indem ich viel an sie denke und mit ihr zusammen bin und nur Gutes ihr antun will.» – «Und wie können Sie ihr das mitteilen?» – «Ich werde ihr das sagen, ich weiß noch nicht was, aber mehr an sie denken werde ich.» – «Haben Sie Gefühle bei Ihrer Freundin entdeckt?» – «Doch, sie hat neulich gesagt, daß sie schon an mir hängt.» – «Wie war ihr Gesichtsausdruck dabei?» – «Ja, er zeigte Gefühle.» – «Wie können Sie ihr auch ähnliches sagen?» – «Das will ich bald tun.» – «Was fällt Ihnen noch ein, was Sie ihr sagen können?» – «Ja, ich bin überhaupt schweigsam zu ihr, ich will ihr aber mehr von mir erzählen.»

Die Beziehungen zur Freundin nahmen zeitweise auch einen ungünstigen Verlauf. Bei dem Bemühen, mehr von sich zu erzählen, hatte der Patient sexuelle Einzelheiten vom Verhältnis mit der ersten «Freundin» mitgeteilt. Seine Freundin war offenbar dadurch sehr schockiert und hatte gemeint, er sei doch wohl nicht zu bessern. Sie ließ sich eine ganze Zeit lang nicht bei ihm sehen, der Patient kam sehr unzufrieden zur Therapie und äußerte sich vorwurfsvoll mit dem deutlichen Unterton: Das kommt davon, wenn man offen mit der Freundin spricht.

Dem Patienten wurde erklärt, er allein möge entscheiden, ob er sich ändern oder in seiner früheren Passivität verbleiben wolle. Falls er sich ändern wolle, wäre es angebracht, dies den sehr nahestehenden Menschen wissen zu lassen. Ihm fiel dazu ein, daß er ihr erzählt habe, was er für «dolle Sachen alle getrieben habe». Ihm wurde einmal mehr geraten, diesmal im Dialog, sich in das Wesen der Freundin recht genau hineinzuversetzen. Er gab dann zu, daß sie sehr betroffen gewesen sein mußte durch seine Worte. Er verstand schließlich, daß seine Versicherung, sich ändern zu wollen und durch sie bereits etwas geändert worden zu sein, nun bald von ihm im Gespräch nachgeholt wurde. Nachdem er ein offenes Gespräch mit ihr geführt hatte, gelangte die Beziehung zur Freundin allmählich wieder aus der Krise heraus.

Der Patient machte mit regelmäßigem AT der Grundstufe Fortschritte, er wurde dadurch ausgeglichener und war im Umgang mit anderen Menschen weniger gehemmt. Die Versuche mit autogenem Phantasie-Training kamen indessen über einige Anfänge nicht hinaus. Die Vorsatz-Formulierungen: «Ich will meinen Mann stehen!» und «Mich in sie hineinversetzen!» gelangten dennoch zu einer Festigung.

Die Intimbeziehungen besserten sich im weiteren Verlaufe. Der Patient hatte erkannt, daß es nicht nur auf sein eigenes Ich, sondern auf ein Wir ankomme, und zwar so häufig wie möglich. Einmal berichtete er beinahe erschrocken, er habe seiner Freundin in sexueller Erregung heftig auf den Po gehauen. «Das ist so aus mir rausgebrochen», sagte er. Auf die Frage, wie sie dies aufgenommen habe, erzählte er, sie hätte erst «au!» geschrien, dann aber gelacht. Ihm konnte verständlich gemacht werden, daß die Intimbeziehungen sehr viele Variationen erlauben, daß eine allmählich erwachende Aktivität viele Formen, aber nicht unbedingt die der Schmerzzufügung finden könne. Zimperlich brauche er jedenfalls nicht zu sein.

Die Beziehungen zur Freundin wurden deutlich gehaltvoller, ersichtlich auch aus der Tatsache, daß mehrere Monate nach Beginn der Therapie sich die beiden verlobten und bald darauf eine gemeinsame Wohnung bezogen. Als die erste «Freundin» sich telefonisch bei dem Patienten meldete, um mal wieder die früheren Beziehungen aufzunehmen, gab der Patient glaubhaft an, daß er keine Neigung dazu verspürt und dankend abgelehnt hätte. Nach dem Einzug in die gemeinsame Wohnung bedurfte es dann nur einiger Hilfen in Dialogform, daß der Patient zu einer recht aktiven Männlichkeit und seine Verlobte zu einer ähnlichen Weiblichkeit und beide zu einer guten Gemeinschaft fanden.

Die abschließenden Sitzungen dienten der Aufgabe, dem Patienten noch ein größeres Maß an Selbständigkeit zu vermitteln, soweit seine Konstitution dies zuließ. Er wirkte nach der abgelaufenen Behandlungszeit von rund einem Jahr psychisch weitgehend gefestigt und in seinem Selbstwertgefühl gehoben. Nach seinen Worten hatte er inzwischen begriffen, daß es bei der Therapie und sonst im Leben nie allein um die gewiß wichtige Sexualität gehen könne, daß das Leben weit mehr Seiten umfaßt, die es gilt, insgesamt in sich aufzunehmen, dann stets von neuem im Leben zu bestehen.

Er sei überzeugt, für sein Leben die richtige Frau gefunden zu haben, denn sie könne ihn weit besser verstehen, als er es jemals zu erhoffen wagte. Sie habe ihm aus seiner früheren Passivität mit allen unnatürlichen Folgen herausgeholfen. Er wisse, seine früheren Verirrungen seien entstanden, weil er noch kein Mann war, sondern eher ein passives großes Kind. Er wisse nun auch, daß es Liebe geben könne, die mehr sei als das, was er sich unter Sexualität früher vorgestellt hatte. In seinem Beruf wolle er weiterkommen, er habe sich für einen Qualifizierungslehrgang angemeldet. Manchmal ducke er sich noch allzuleicht im Leben, wenn irgend jemand ihm etwas aggressiv zu nahe tritt. Er wolle das ablegen, vielleicht werde er noch etwas Kampfsport betreiben und dann an Selbstsicherheit gewinnen. Er treffe sich mit einigen alten Freunden regelmäßig, um gemeinsam Musik zu machen. Er selbst spiele eifrig eine Gitarre, vielleicht können sie gemeinsam eine Band bilden.

Bei dem Patienten kann von einem guten Teilerfolg gesprochen werden, der gemäß einer Erkundigung nach einem Jahr weiter bestehenblieb. Bis zur Oberstufe des AT ist er nicht gelangt, indessen hat er die Mittelstufe so gut erlernt, daß er das AT mit formelhaften Vorsatzbildungen und gelegentlichen Meditationen fortzusetzen und dabei sein Verhalten weiter zu verbessern vermag.

In seiner Persönlichkeitsstruktur stellt sich der Patient als einer der einfachen Menschen dar, die es gewiß nicht nur in der Arbeiterschaft gibt, deren psychische Entwicklungsmöglichkeiten durch eingeengte Verhältnisse in der Kindheit und durch mangelhafte schulische Förderungen auf Grenzen stößt. Als ein stets mit Selbstverständlichkeit berufstätiger Mensch vermochte er die therapeutischen Hilfen ausreichend zu nutzen und seine sexuelle Passivität ebenso wie einige andere Schwächen neurotischer Art zu überwinden. Die «einfachen Menschen», die in ihrem Leben stets arbeitsam gewesen sind, auch wenn sie dabei nicht immer Freude erlebt haben, vermögen bei der hier geschilderten Therapie oft bessere Partner zu sein, als geistig sehr gebildete Menschen, die sich angewöhnt haben, auf Kosten anderer zu leben.

Der letztbeschriebene Therapieverlauf gibt unter anderem zu erkennen, daß es sich um eine «aktiv-klinische Therapie» handelt. Der Patient hatte gemäß einem in den Massenmedien verbreiteten Zeitgeist die Sexualität als das wesentliche Problem seines Lebens, als eine Art von Allmacht angesehen. Wäre seinen gedanklichen Einfällen und Praktiken mit allen möglichen Verirrungen weiter gefolgt worden, so hätte die Therapie orientierungslos bleiben müssen, etwa mit dem Ergebnis, daß immer noch weitere sexuelle Verirrungen im Leben eines jungen Mannes aufgetreten waren und sich verfestigt hätten. Dem Patienten wurde nach Aufnahme eines ausreichenden therapeutischen Kontaktes unmißverständlich klargemacht, daß nicht nur die Sexualität, sondern auch die menschliche Weiterentwicklung, hier auch in seiner Eigenschaft als Mann, Sache der Psychotherapie sei. Der Patient hat diese Korrektur nach den üblichen Anfangsschwierigkeiten akzeptiert und vermochte daraufhin gute Fortschritte in der Therapie zu erzielen.

Bei der angegebenen Korrektur spielte ein «Gefühlstraining» eine wichtige Rolle, die auch bei anderen Patienten als eine höhere Form des AT von großer Bedeutung sein kann. Zunächst fremdsuggestiv wurden ihm die Möglichkeiten erschlossen, mit seiner Freundin nicht nur als Triebwesen umzugehen, sondern differenziertere Kommunikationen zu finden. Effektiv konnte diese Behandlung erst dann werden, nachdem der Patient die Grundstufe des AT gut erlernt hatte und dann mit formelhaften Vorsatzbildungen und gelegentlichen Meditationen ein solches Training in die alltägliche Realität umzusetzen vermochte.

6. Neurotisch bedingte Hypertonie

Der 58jährige Ingenieur K. N. wurde vor zwei Jahren von einem Internisten wegen eines labilen Bluthochdrucks, der trotz gezielter medikamentöser Therapie nur wenig beeinflußt war, zur Psychotherapie überwiesen

Der Patient klagte über eine starke nervliche Erregbarkeit, auch angesichts von Bluthochdruck-Werten, die trotz regelmäßiger Medikamenten-Einnahme immer wieder sehr hoch anstiegen bis zu RR 245/130. Er messe täglich mehrfach selbst den Blutdruck und werde durch die Schwankungen sehr beunruhigt und in seiner Leistungsfähigkeit gemindert. Er habe öfters Herzbeschwerden, Schwindelgefühle und manchmal Schwellungen an den Unterschenkeln. Er stehe schon seit seinem 25. Lebensjahr wegen dieser Erkrankung in kontinuierlicher internistischer Behandlung. In Ruhe habe er auch schon bei sich Blutdruckwerte im Bereich der Norm gemessen, z. B. vor kurzem RR 135/90. Er sei sich im klaren, daß seine psychische Erregbarkeit für seine Blutdrucksteigerungen maßgebend sei. Er merke diese Erregbarkeit zum Beispiel bei wichtigen Verhandlungen in seiner Firma, besonders gegenüber Vorgesetzten, obgleich er doch eine angesehene Stellung einnehme. Er habe sonst keine persönlichen Konflikte, lebe in geordneten familiären Verhältnissen und arbeite in einer Firma, die keine größeren Anforderungen an seine Leistungsfähigkeit stelle. Er gelte als erfahrener Fachmann, der in einigen Jahren in den verdienten Ruhestand gehen werde. Wegen häufiger Schlafstörungen nehme er seit einer Reihe von Jahren häufig Psychopharmaka in geringer Dosierung ein.

Aus der biographischen Anamnese ging hervor, daß der Patient frühzeitig seine Mutter verloren hatte und dann im Haushalt einer Tante erzogen wurde, die allgemein in der Familie als «hypochondrisch» galt. Sie habe ihn mit übergroßer Sorge umgeben und ihn bei allen möglichen Gelegenheiten mit Tropfen behandelt, die sie auch selbst gern einzunehmen pflegte. Er wisse, daß Baldrian ein Lieblingsmittel der Tante gewesen war. Bei Erkältungen und irgendwelchen Mißempfindungen habe sie ihn sogleich ins Bett gesteckt und ihn auch sonst von allen stärkeren Beanspruchungen zurückgehalten. Als er dann selber eine ganze Reihe von Beschwerden an sich beobachtete, die er später selbst als hypochondrisch verstand, habe sie ihn von Arzt zu Arzt geführt und veranlaßt, daß er vom Turnunterricht befreit wurde. So wurde er in seiner Jugend ein ziemlich ängstlich-zurückhaltender Mensch, der indessen mit seinen Klassenkameraden recht gut ausgekommen sei und das Gymnasium mit guten Leistungen abschloß.

Er wäre wohl immer ein körperlich leistungsschwacher Mensch geblieben, hätte man ihn nicht nach dem Abitur zum Militär eingezogen. Das Militär sei in seiner Familie als ein sehr gutes Erziehungsinstrument des Staates verstanden worden. So sei er ganz stolz gewesen, als er bei der Musterung als voll dienstfähig beurteilt wurde. Er sei dann ganz überrascht und wiederum stolz gewesen, als er beim Exerzieren und auch bei größeren Märschen ähnliches leisten konnte wie die anderen Soldaten. In dem streng hierarchischen Militärbetrieb habe er sich wohl gefühlt, zumal da er in ungewöhnlicher Weise den Krieg ohne größere Fährnisse und ohne Verwundungen überstand. Erst nach dem plötzlichen Ende des militärisch geordneten Lebens, d. h. im Alter von 25 Jahren, seien wieder Beschwerden aufgetreten, woraufhin der labile Bluthochdruck festgestellt wurde, den er selbst ängstlich-hypochondrisch zu beobachten pflegte. In all den Jahren sei er regelmäßig in internistischer Behandlung gewesen. Indessen blieb er leistungsfähig genug, sein Studium zu absolvieren und dann eine gute Position in einer angesehenen Firma einzunehmen. Nach seinen genauen Berichten war er wegen seiner Korrektheit und seines Fleißes allgemein angesehen. Er heiratete nach Studienabschluß, führte von Anfang an eine harmonische Ehe, wurde bald glücklicher Vater mehrerer Kinder und hätte ein ganz zufriedener Mensch sein können, wenn nicht die immer wieder bisweilen hohen Blutdruckwerte ihn beunruhigt und zu einer ängstlichen Selbstbeobachtung veranlaßt hätten. Über die Blutdruckwerte führte er genau Buch, ohne daß sich eine Besserung im Laufe all der Jahre einstellte. Es kam noch eine Schlafstörung hinzu, so daß er neben verschiedenen internistischen Mitteln noch Psychopharmaka einnahm.

Eine Veränderung hätte sich anbahnen können, als er 13 Jahre vor Beginn der Psychotherapie bei einem Nervenarzt mit besonderem Interesse für AT diese Methode erlernte. Der Patient meinte, er habe sie gut gelernt und sehr bald auch wieder verlernt. Ein therapeutischer Erfolg war jedenfalls nach seinen Angaben trotz einiger Schwere- und Wärmeerlebnisse nicht eingetreten. Seit dieser Zeit hätten ihn aber die Möglichkeiten einer Meditationstherapie interessiert, er habe Zen-Meditationen bei einem ausgewiesenen

Zen-Kenner längere Zeit betrieben, ohne daß dadurch eine deutliche Besserung zu erzielen war.

Mit Meditationsliteratur, auch mit der Literatur über das AT, hatte sich der Patient vielseitig beschäftigt, dann auch Eigenversuche im Sinne der Oberstufe gemacht, war dabei zu der Überzeugung gekommen, daß die Farbe Grün seine «Eigenfarbe» sei. Die Vorstellung dieser Farbe in einer meditativen Entspannungssituation habe ihm auch nicht viel geholfen. Der persönlich differenzierte und sehr belesene Mann war für psychotherapeutische Probleme aufgeschlossen und gleichbleibend kooperativ.

Über die letzten Jahre wußte er zu berichten, daß er doch ein sehr vernunftgemäßes Leben in voller Harmonie mit Ehefrau, mit seinen Kindern und nun auch schon Enkeln führe, er rauche nicht, trinke selten mal ein Glas Wein und täglich nicht mehr als drei bis vier Tassen Tee oder Kaffee. Er gehe täglich eine Stunde an die frische Luft und wundere sich, daß die Beschwerden nach Jahrzehnten noch nicht abklingen. Auf Befragen teilte er mit, daß er täglich bis zu fünf-, sechsmal seinen Blutdruck selbst messe und dabei zunehmend ängstlich werde, wenn die Blutdruckwerte dann noch etwas weiter ansteigen. So finde er nachts auch keinen ruhigen Schlaf und werde öfters einmal wach. Er gab noch eine ganze Reihe von körperlichen Beschwerden bei ständiger Tendenz zur Selbstbeobachtung an und machte sich auch deutliche Sorgen über die letzten Jahre seiner Berufstätigkeit, da seine bisherige Abteilung geschlossen würde. Er sei zwar unkündbar und werde allgemein geachtet, aber trotzdem ... seine neuen Aufgaben seien noch nicht geklärt, «irgend etwas wird mit mir passieren».

Bei der Untersuchung fand sich ein durchschnittlich guter Allgemeinzustand bei ausreichender Hautdurchblutung. Bei der ersten Blutdruckmessung war eine Steigerung auf nicht weniger als RR 250/130 vorhanden. Der Puls war jedoch nicht beschleunigt (76 Schläge pro Minute), er war kräftig und regelmäßig. Eine Ödembildung fand sich weder an den Unterschenkeln noch in anderen Bereichen. Am Herzen zeigte sich nur eine für Hypertonie typische Veränderung (zweiter Aortenton akzentuiert). Im übrigen waren die internistischen Befunde regelrecht, auch neurologisch waren, von Zeichen vegetativer Labilität abgesehen, keine Abweichungen von der Norm festzustellen.

Bei Einleitung der Therapie wurde dem Patienten verständlich gemacht, daß die Beeinflussung durch die hypochondrische Tante höchstwahrscheinlich ein wichtiger Faktor bei dem Zustandekommen seines Beschwerdekomplexes sei, daß aber sein im Verlaufe der Lebensjahrzehnte entwickelter Lebensstil doch dann besondere Aufmerksamkeit im Interesse der Therapie verlange. Die übermäßige Korrektheit aller Lebensvollzüge, vor allem das perfektionistisch häufige Messen des Blutdrucks bei ständiger ängstlicher Selbstbeobachtung bedürfe doch der kritischen Überprüfung durch ihn selbst. Im Verlaufe des Dialogs erklärte er sich mit beginnender Einsicht in die Zusammenhänge bereit, nur noch zweimal täglich den Blutdruck zu messen.

Besonderer Wert wurde auf die Einführung in das AT gelegt. Ihm stehe nun die Möglichkeit offen, weit mehr als Schwere- und Wärmeerscheinungen in den Gliedern zu erreichen, nämlich sich selbst ganz entspannt neu zu begegnen, vor allem nicht exerziermäßig, sondern mit passiver Konzentration, d. h. mit regelmäßiger optischer Hilfe, ganz gelassen und konsequent zu üben. Mit den üblichen heterosuggestiven Anfangshilfen erreichte der Patient bereits nach der dritten Übung deutliche Schwere in Armen und Beinen, er berichtete, daß er ganz genau dreimal täglich das Training durchführe, und fand dazu die Worte: «Ich muß viel üben.» Sie boten eine gute Gelegenheit, ihm verständlich zu machen, daß ein «Muß» hier gerade nicht am Platze sei, sondern ein ganz ungezwungenes, aber konsequentes Üben. Ihm wurde empfohlen: «Lassen Sie einfach Ihre Augen auf den farblich hervorgehobenen Formulierungen des Übungsbogens ruhen, vielleicht eine halbe Minute oder auch weniger, damit diese gut eingeprägten Formulierungen wie von selbst sich auswirken.»

Diese und ähnliche Anleitungen verhalfen dem Patienten zu einer etwas aufgelockerten Übungssituation. Er übte dennoch meist viel zu lange, mit dem perfektionistischen Bemühen, alle Trainingsziele so schnell wie möglich zu erreichen. Mit regelmäßigen Nachhilfen gelangen bei dem sehr interessierten Patienten ganz allmählich doch ausreichende Fortschritte, die ihm eine Verminderung seiner hypochondrischen Sorgen ermöglichten.

Der Patient führte detaillierte Protokolle über seine Trainingsabläufe, die die starke Tendenz zur Selbstbeobachtung offenbarten. Zum Beispiel: «Manchmal dauert es zu Beginn des AT einige Sekunden, bis sich das rechte Auge ruhigstellt. Das Unterlid zuckt einige Male, und ich habe das Gefühl, mit offenem Auge wäre es mir angenehmer zu liegen. Gleichzeitig ist auch ein leichtes Flimmern im Auge unten wahrzunehmen. Es läßt aber immer nach wenigen Sekunden nach.» Einige seiner zahlreichen Beobachtungen waren jedoch wertvoll, z. B. daß er bei der Übung «Sonnengeflecht ist strömend warm» keine Wärme, wohl aber «ein deutlich wahrnehmbares Knurren im Darm» vernommen habe, dies sogar fünfmal hintereinander nach jeder Vorstellung jener Formulierung. Hier kam mit Deutlichkeit zum Vorschein, daß bei der Sonnengeflecht-Übung die Tonuslage von Darmpartien sich bessert und gelegentliche Darmspasmen sich lösen, woraufhin verschiedene Darmgeräusche auch bei anderen Personen zustande kommen.

Ein Protokoll, das gegen Ende des AT der Grundstufe niedergeschrieben war, hatte folgenden Wortlaut: «Vor einigen Tagen hatte ich nur fünf Minuten Zeit zum Trainieren, mußte pünktlich weg. Ich habe aber nicht krampfhaft daran gedacht während der Übung. Ich stellte nur jede Formel mir zweimal vor und war hinterher überzeugt und überrascht, daß dieses Training besonders gut gelungen war!» Hier zeigte sich wiederum, daß der Patient trotz vieler Nachhilfen wie auch guter Einsichten immer wieder in ein exerziermäßiges Üben mit «krampfhaften» Denkvorgängen zurückfiel. Mit mancherlei Erschwernissen und Verzögerungen erlernte er dann ausreichend die Grundstufe des AT.

Die Aufgabe des autogenen muskulären Übens war für den Patienten verständlicherweise ähnlich schwer zu lösen. Im standardisierten Fragebogen hatte er die Frage: «Freude an regelmäßigem Sport oder anderen muskulären Aktivitäten?» bejaht, mit dem Zusatz: «Hatte jedoch meist Angst vor körperlicher Anstrengung, außer bei militärischen Übungen.» Das selbständige gymnastische Üben, ausgehend von lockeren Streckungen und Schwingungen bis zu einigen kraftvollen Bewegungsabläufen, war daher mit Angsterscheinungen, unangenehmen Herzsensationen und ständiger Neigung zur Selbstbeobachtung verbunden. Dennoch war der Patient pflichtbewußt bemüht, schrittweise beim Training weiterzukommen und die Ratschläge des Therapeuten zu beherzigen, muskuläre Leistungen nur ganz allmählich zu vermehren.

Die Erfolge blieben bei dem regelmäßigen Training des Patienten nicht aus. Nach dreieinhalbmonatiger Therapie erklärte er: «Es gibt nichts Unangenehmes zu berichten. Ich wundere mich selber darüber.» Die Blutdruckwerte hatten sich inzwischen fast normalisiert. Er konnte feststellen, daß bei der ersten Messung am gleichen Tage die Werte zunächst bei RR 175/105 und nach gut gelungenem Entspannungstraining bei RR 135/85 lagen. Der Patient wirkte bald ausgeglichener und frischer, die Pulswerte waren völlig regelrecht mit 76 Schlägen pro Minute, Ödembildungen an den Unterschenkeln hatten sich nie gezeigt.

Die geschilderte Sachlage eröffnete zwei Möglichkeiten des therapeutischen Vorgehens: entweder dem Patienten weiter behilflich zu sein, die Grundstufe des AT immer besser zu erlernen und dann zur Mittelstufe überzugehen – oder aber die sehr kennzeichnenden Erschwernisse des Trainingsablaufs im Zusammenhang mit der Anamnese zu benutzen, um den gesamten Lebenslauf neu zu durchleuchten, d. h. auch seinen «militärischen Komplex», der seine natürliche Expansivität behindert hatte. Die weitere Psychotherapie ließ jedoch keinen Zweifel daran, daß die Persönlichkeit so weitgehend gefestigt war, daß Veränderungen nur zu Erschütterungen psychischer Art geführt hätten. Der Patient berichtete gern von seinen Träumen, in denen immer wieder der Schein eines schönen militärischen Zeremoniells der Vergangenheit auftauchte. Dazu gehörten erfreuliche Bilder vom blauen Meer und von schönen Kriegsschiffen, die ruhig dahinglitten. Seine Nebeninteressen waren den gleichen Leitbildern zugeordnet, so sammelte er alle möglichen militärischen Requisiten, dies geschah mit romantisch gestimmter Gutmütigkeit, die wohl niemanden mehr schaden konnte.

Die Fortsetzung der Therapie bis zur Mittelstufe führte dann auch zu guten Erfolgen. Die Grundstufe des AT absolvierte er so weit, daß alle Entspannungsübungen, sogar die Wärme im Sonnengeflecht gelangen und daß er sich auch längere Fußwege, d. h. weit mehr als eine Stunde, ohne Angsterscheinungen zutraute. Dem Problem der formelhaften Vorsatzbildung wandte er sich mit gutem Interesse zu und fand nach einigen Meditationen und gründlichen Aussprachen die Formel: «Ich und mein Blutdruck bleiben ruhig, Beobachtungen überflüssig.» Er prägte sich dieselbe in gewohnter Exaktheit ein, fühlte sich daraufhin sicherer und ausgeglichener. Die Schlafstörungen besserten sich kontinuierlich, so daß er auf Psychopharmaka verzichten konnte, wie er es sich schon immer gewünscht hatte. Von internistischer Seite konnten die blutdrucksenkenden Medikamente erheblich reduziert werden.

Bei der abschließenden Aussprache, die zehn Monate nach Beginn der Therapie erfolgte, zeigte sich der Patient ruhig und gelassen. Er hatte sich eine gute Kurzformel des AT erarbeitet, die eine noch bessere Effektivität des Trainings ermöglichte. Ihm konnte versichert werden, daß er auf dem Wege sei, mit autogenen Mitteln sein Leben zu führen, d. h. nicht auf Zwang und Gehorsam angewiesen zu sein. Er habe nur noch selten einige Angsterscheinungen, sie seien «mehr gedanklicher Art» und würden ihn kaum noch berühren. Er beobachte sich viel weniger, sei auch beruhigt, weil die Blutdruckwerte, die er nur noch einmal täglich oder noch seltener messe, fast immer im Normbereich lägen. Er habe mit seiner Firma verabredet, daß er vorzeitig pensioniert werde, um sich dann ganz seinen Nebeninteressen widmen zu können.

Zu dem geschilderten Behandlungsverlauf kann gesagt werden, daß ein recht guter Teilerfolg erreicht wurde. Die Grundstufe des AT hatte bereits günstige Auswirkungen gezeigt, darüber hinaus vermochte der Patient sich einen Teilbereich der Mittelstufe des AT zu erschließen, die auch auf weitere Sicht eine gute Prognose erlaubt. Diagnostisch war hier eine in der Kindheit angebahnte hypochondrisch-phobische Neurose anzunehmen, die jedoch keinen erheblichen Schweregrad aufweist. Wohl war der labile Bluthochdruck, der nur zum Teil von der Neurose abzuleiten war, zum anderen Teil wahrscheinlich von einer umschriebenen Schwäche in den zentralen Regulationsstätten für den Kreislauf, sehr ernst zu nehmen, da die immer wieder aufgetretenen Hochdruckkrisen zu gefahrdrohenden Beanspruchungen des Gefäßsystems führen können. Diese Gefahr ist sehr weitgehend durch die hier geschilderte Therapie gemindert worden. Denn der einsichtige Patient hat verstanden, wie notwendig die konsequenten Entspannungsübungen in Verbindung mit ganz allmählich vermehrten muskulären Anspannungen für sein Befinden geworden sind. Damit hat er Abstand von früheren neurotischen Erlebnissen gefunden.

Der Behandlungsverlauf stellt zugleich ein Beispiel dafür dar, daß von einer Oberstufe mit eingreifender retro- und prospektiver Therapie in bestimmten Fällen Abstand genommen werden sollte.

7. Hypochondrische Neurose (Migräne)

Die 55jährige Hausfrau I. K. wurde vor Jahresfrist von einem Orthopäden zur fachärztlichen Untersuchung überwiesen, weil nach einjähriger Behandlung eine Besserung nicht zu erzielen war. Die Patientin beschrieb ihre Beschwerden als «Migräne», die seit rund 25 Jahren bestehe, von der Nackengegend ausgehen und zum Kopf ziehen würde, «kein Schmerz, aber ein halbseitiger Druck über den rechten Kopfpartien». Diese Beschwerden seien fast täglich stundenlang vorhanden, seit Jahren nehme sie ein Migränezäpfchen ein, aber nur die Hälfte desselben, dadurch werde der Druck zuerst vermehrt, dann aber vermindert. So könne sie die Beschwerden aushalten. Sie gab ferner eine ganze Reihe anderer Beschwerden an: gelegentliche Magenschmerzen, ferner Schmerzen am linken Handgelenk und am rechten Unterschenkel, auch vom Hals in den rechten Arm hineinziehend. Außerdem klagte sie über Stimmungsgedrücktheit, weil der nur wenig ältere Ehemann nach einem schweren Herzinfarkt vor drei Jahren eine so weitgehende Leistungsschwäche behalten habe, daß er nicht mehr arbeiten und auch nicht sehr ausgiebig spazierengehen könne. Die Kinder seien sämtlich verheiratet, so daß sie nur noch wenige Aufgaben im Leben habe.

Bei den internistischen und neurologischen Untersuchungen waren die Befunde regelrecht, abgesehen von einigen Hinweisen auf radikuläre Reizerscheinungen im Halswirbelbereich. Der Allgemeinzustand war etwas untermittel. Die Haut war mäßig durchblutet. Dazu gab die Patientin an, daß sie nur wenig an die frische Luft komme, denn sie könne doch den Ehemann nicht allein lassen. In psychischer Hinsicht zeigte sich die Patientin an ihre Beschwerden stark fixiert. Die Stimmung war überwiegend resigniert-gedrückt, ohne daß eine ausgeprägte Depression vorhanden gewesen wäre. Diagnostisch wurde mit großer Wahrscheinlichkeit ein hypochondrisches Zustandsbild bei radikulären Beschwerden im Wirbelsäulenbereich angenommen und der Patientin ein heilgymnastisches Programm im Sinne einer Wirbelsäulen-Gymnastik vorgeschlagen. Die Patientin ging auf diesen Vorschlag ein, legte indessen Wert auf eine längere Beratung, offenbar hatte sie etwas Vertrauen gefaßt.

Im Verlaufe der biographischen Anamnese wurde auf Grund klarer und widerspruchsfreier Angaben eine nicht ganz seltene Ehe-Tragödie erkennbar: Die Patientin hatte in jungen Jahren, ohne beruflich tätig gewesen zu sein, einen Geschäftsmann geheiratet, dem bald bedeutende finanzielle Erfolge gelangen. Gleichzeitig entwickelte er die Eigenheiten eines Lebemannes, der häufig auf Geschäfts- und Vergnügungsreisen unterwegs war, dann wiederum auf ein geordnetes Familienleben Wert legte, wozu er das streng häusliche Leben seiner Ehefrau rechnete. Die Patientin hatte unter diesen Widersprüchen stark zu leiden und jahrelang sich mit dem Gedanken einer Scheidung getragen, aber angesichts ihrer eigenen Untüchtigkeit im beruflichen Leben und dann dreier heranwachsender Kinder schließlich doch das «Leben im goldenen Käfig» vorgezogen. So lernte sie nach ihrer Resignation die Rolle einer scheinbar zufriedenen Hausfrau und Mutter zu spielen. Damals habe ihre «Migräne» begonnen und all die Jahre fortbestanden. Von den Aufgaben der Hausfrau und Mutter abgesehen habe sie allenfalls einige literarische Nebeninteressen entwickelt und sei gern ins Theater und zu Konzerten gegangen. Für Sport habe sie sich nie interessiert.

Das Verhalten des Ehemannes beschrieb sie als höchst tyrannisch. Er habe ihr nicht einmal erlaubt, allein einen Klub aufzusuchen, dem sie angehörten. Er wollte stets genau wissen, wie sie die Tage seiner Abwesenheit verbracht hätte, ohne aber über sein eigenes Leben irgendwelche Auskünfte zu geben. Er verbot ihr kategorisch, auch allein ins Theater oder zu ähnlichen Veranstaltungen zu gehen. Es blieb nicht aus, daß die Patientin in jungen Jahren einen Mann kennenlernte, der ihr sehr gefiel. Sie wagte aber nicht, eine nähere Bekanntschaft mit ihm einzugehen, da der Ehemann stets Rechenschaft über die einzelnen Tage, ja sogar über die einzelnen Stunden von ihr forderte. So fürchtete sie sogar, daß er sie durch einen Privatdetektiv überwachen lassen könnte. Sie habe allein ihre Mutter als Beraterin gehabt, die ihr stets das gleiche sagte: «Du bist und bleibst verheiratet: Du darfst deinen Ehemann keinesfalls verlassen. Er ermöglicht dir doch ein sehr bequemes Leben.» Die Ermahnungen der Mutter seien noch entschiedener geworden, nachdem sie erst ein und dann noch zwei weitere Kinder von ihrem Mann geboren hatte.

Die Ehesituation sei meistens gespannt gewesen. Die Patientin sei häufig in seiner Anwesenheit erregt und gelegentlich sogar aggressiv geworden, besonders wenn er von seinen «Geschäftsreisen» sehr aufgeräumt zurückkam. Er habe sie daraufhin mit aller Schärfe angefahren und ihr klargemacht: «Der Herr im Hause bin ich.» Im Laufe der Jahre habe sie immer mehr resigniert. Ihre «Migräne» sei indessen anerkannt worden. Während derselben habe man Rücksicht auf sie genommen, sie sei von Arzt zu Arzt deswegen gegangen, einige Male auch zur Kur gefahren. In den Kurorten habe sie sich sehr wohl gefühlt, ohne daß dadurch irgendeine dauernde Besserung eingetreten wäre.

Ihre Lebenssituation änderte sich erst grundsätzlich vor drei Jahren, als der Ehemann schlagartig von einem schweren Herzinfarkt betroffen wurde. Aus dem kurz vorher noch überaktiv selbstbewußten Lebemann wurde nun plötzlich ein hilfloser, später stark leistungsgeminderter Mensch, der auch finanziell in große Schwierigkeiten geriet. Die finanzielle Misere ließ sich zu großen Teilen überwinden, aber das Paar mußte in eine kleine Wohnung umziehen und in recht beschränkten Verhältnissen leben. Die Patientin war indessen in eine überlegene Rolle aufgestiegen. Nach ihrer Überzeugung behandelte sie den Ehemann gut, schließlich ging dann aus ihren Worten hervor, daß sie nunmehr alles im Leben selbst zu bestimmen hatte. Sie könne ihn in seinem hilfsbedürftigen Zustand doch nicht mehr allein lassen. Allmählich stellte sich dann heraus, daß er sich im letzten Jahr bereits selbständig versorgen und kleinere Strecken allein auf der Straße spazierengehen konnte. Der Patientin wurde verständlich gemacht, daß sie nun endlich die Gelegenheit habe, sich zu verselbständigen, auch mit den Worten: «Sie befinden sich jetzt und auch in den folgenden Jahren auf der Höhe Ihres Lebens!»

Die angegebene Formulierung fand einen unerwarteten Widerhall bei der Patientin. Sie habe nur noch mit einem Abstieg in ihrem Leben gerechnet, bei dem sie ihre Nächstenpflicht darin sehe, den Ehemann zu umsorgen. Sie wisse aber auch nicht, wie sie «die Höhe des Lebens» gewinnen und dann erhalten könne. In einem ausgiebigen Dialog wurde Klarheit darüber geschaffen, daß eine Fortsetzung der Therapie davon abhänge, ob sie doch noch lerne, an sich zu arbeiten. Vorgeschlagen wurden ihr Selbstentspannungsübungen im Sinne des AT, ferner ein kleines gymnastisches Programm und dann eine Tageseinteilung auf Grund ihrer eigenen wohlüberlegten Disposition.

Die Patientin reagierte auf die obigen Vorschläge mit einer Absage beim nächsten Termin, nach ihrer Angabe wegen «schwerer Migräne». Bei der nächsten Sitzung konnte das Thema der Migräne bis zu einem gewissen Grade geklärt werden. Die Patientin hatte immer dann die ziemlich diffusen Beschwerden bekommen, wenn sie Lebensschwierigkeiten gegenüberstand, denen sie sich nicht gewachsen fühlte. So habe sie auch mit den Vorschlägen des Therapeuten nichts anzufangen gewußt. Ihr wurde folgende Erläuterung gegeben: Die Vorschläge seien auf sie abgestimmt, d. h. bei gutem Willen zu realisieren. Ihre Beschwerden seien zwar glaubhaft, in vielen Jahren hätten sie für die Patientin einen Realitätswert erhalten. Aber es bestehe kein Grund, wegen solcher Beschwerden Vereinbarungen nicht einzuhalten. Viele Menschen würden bekanntlich trotz zum Teil erheblicher

Kopfschmerzen ihrer Arbeit nachgehen. Die Patientin möge sich nun für oder gegen die Vorschläge des Therapeuten entscheiden.

Zur nächsten Therapie-Sitzung erschien die Patientin mit verbesserter Leistungsbereitschaft. Bisher hätten alle auf ihre «Migräne» Rücksicht genommen, nun sei sie überrascht, daß es auch anders gehen könne. Vielleicht habe sie mehr von ihrem Leben, wenn sie die «Migräne» weniger beachte. Sie ließ sich in die Grundstufe des AT einführen. Zugleich akzeptierte sie ein kleines gymnastisches Programm, das anfangs nicht mehr als einige Minuten Zeit beanspruchte. Sie erklärte sich bereit, eine Liste aller Aktivitäten ihres Lebens mit einer Reihenfolge ihrer Wertigkeit aufzustellen, die auf Grund früherer Interessen jetzt in Betracht kämen. Schließlich wurde vereinbart, daß sie das Verhältnis zum Ehemann abzuklären versuche mit den Fragen: «Ist es Liebe, ist es Haß oder Haßliebe oder irgendeine andere Beziehung zu ihm?»

Die Patientin machte mit Nachhilfen ausreichende, später gute Fortschritte bei den Entspannungsübungen des AT, gewöhnte sich allmorgendlich an gymnastische Übungen, die sie zunächst drei, dann fünf und dann einige Minuten mehr durchführte. In bezug auf den Ehemann gab sie glaubhaft an, sie habe ihm verziehen, da er durch die Krankheit schwer genug vom Schicksal getroffen sei. Sie wolle ihre jetzt überlegene Stellung nicht ausnutzen, sondern ihm soviel Spielraum wie möglich lassen, zumal er neuerdings eine Stunde lang ohne Hilfe spazierengehen könne und sich mit einigen Hobbies zu beschäftigen gelernt habe. Eine enge Bindung an ihn bestehe für sie nicht mehr, dennoch werde sie einen großen Teil des Tages mit ihm verbringen, im übrigen sehe sie ihre Hauptaufgabe darin, den eigenen Tätigkeitsbereich in der Gegenwart und absehbaren Zukunft zu erweitern.

Die Aufstellung der bisher entwickelten Interessen zeigte allerdings an, daß nur geringe Entfaltungsmöglichkeiten bei ihr bestanden. Sie hatte, abgesehen von gelegentlichen Theater- und Konzertbesuchen, im Laufe des Lebens einige Freude bei der Lektüre guter Bücher gefunden, so konnte sie auch einige Autoren nennen, die sie besonders beeindruckt hatten und mit deren Werken sie sich nun genauer befassen wollte. Auf das täglich mehrstündige Fernsehen wolle sie lieber verzichten und sich nur noch auf ausgewählte Sendungen beschränken.

In der Zwischenzeit machte die Patientin bei der Erlernung des AT in der Grundstufe zunehmend Fortschritte. Am besten gelang ihr die Atemübung, so daß sie im Anschluß daran fremdsuggestiv zu einer tiefen Entspannung geführt werden konnte. Auf die Anregung, Gedanken und innere Bilder aufsteigen und weitergehen zu lassen, beschrieb sie zunächst einige «Tagesreste», d. h. einige Ereignisse im Laufe des Vormittags und auf der Fahrt zur Praxis. Dann fiel ihr ein «großes Erlebnis» ein, das sie beim Besuch des Louvre in Paris vor mehreren Jahren gehabt hätte. Sie wußte sich sehr detailliert an Werke von Leonardo da Vinci und Delacroix zu erinnern, die sie damals tief beeindruckt hatten. Nun sei ihr klargeworden, daß sie in den Jahren seit Besuch des Louvre viel versäumt hätte. Nicht einmal das Kunstmuseum am Wohnort habe sie besucht. Dies wolle sie sehr bald nachholen.

In der Folgezeit kam zum Vorschein, daß die Patientin zu einem sich festigenden Interessenkreis gefunden hatte. Sie besuchte regelmäßig Museen ihrer Wohnregion, trat einem Kunstverein bei und studierte eine Reihe von Büchern, die die Malerei der Renaissance und der neueren Zeit zum Thema hatten. Im Anschluß an die Grundstufe des AT erarbeitete sie sich die formelhafte Vorsatzbildung: «Es atmet mich: es denkt mich, es bildet mich!»

Im Verlaufe von Meditationen tauchten bei der Patientin bald darauf schwerwiegende Erinnerungen auf, die sich auf Ereignisse von vor etwa 25 Jahren bezogen. Damals hatte die tyrannische Behandlung durch den Ehemann, sogar mit häufigen Schlägen, ein solches Ausmaß erreicht, daß die Patientin akute Aggressionen gegen ihn entwickelte, auch mit klar umrissenen Absichten, ihn zu vergiften. Sie resignierte, weil sie kein Mittel fand, das nicht ziemlich sicher zur Entdeckung der Tat geführt hätte. Seitdem seien die «Migräne»-Erscheinungen immer stärker hervorgetreten. Nach dieser Meditationserfahrung kam sie zu der Einsicht, daß sie noch voller Aggressionen gegen den Ehemann stecke und nicht wisse, wie sie sich weiterhin beherrschen solle. Ihr wurde geraten, weiterhin Gedanken und innere Bilder aufsteigen zu lassen, dabei die passive ruhige Atmung und die Entspanntheit aller Glieder wahrzunehmen. Ganz allmählich fand sie dann unter beruhigendem Zuspruch des Therapeuten zu positiveren Erinnerungen, wie zur Geburt der gemeinsamen Kinder. Abschließend wurde ihr die Formulierung eingeprägt: «Die Aggressionen ziehen ab ... Mein Leben geht weiter!»

Bei den abschließenden Therapie-Sitzungen nach siebenmonatiger Behandlung hatte die Patientin die Einschätzung gefunden, daß die «Migräne» inzwischen fast vergangen sei. Manche Alltagsbeschwerden wie auch die Schmerzen, die von der Halspartie ausgehen, seien zeitweise vorhanden, aber sie wisse, daß dagegen ein gleichmäßiger Rhythmus von Entspannungs- und Anspannungsübungen am besten helfe. Ihrem Mann habe sie wohl endgültig verziehen, es sei gut, daß ihre hochgradigen Aggressionen gegen ihn vor einem Vierteljahrhundert nochmals bewußt werden konnten, dieselben hätte sie in der Zwischenzeit völlig verdrängt gehabt. Nunmehr habe sie doch die Überzeugung gewonnen, daß sie wieder «auf die Höhe des Lebens» gelangt sei. Sie wolle sie noch jahrelang erhalten und ihre neuen Interessengebiete weiter ausbauen.

Diagnostisch war bei der Patientin eine hypochondrische Neurose ohne einen erheblichen Schweregrad anzunehmen. Durch die Therapie mit dem AT der Mittelstufe war ein guter Teilerfolg erzielt worden.

Zu dem geschilderten Therapieverlauf sind einige grundsätzliche Bemerkungen angebracht. Zunächst einmal handelt es sich um eine Neurose in der zweiten Lebenshälfte, so daß eine völlige Behebung nur schwer zu erreichen gewesen wäre. Unter diesen Voraussetzungen erscheint die Beurteilung «guter Teilerfolg» berechtigt. Weiter ist zu bemerken, daß hier ein langjährig unterdrückter Mensch ins Blickfeld gelangt ist. Unterdrückte Frauen gibt es in der Gegenwart noch immer in großer Zahl, ferner unterdrückte Rassen, Klassen, Kasten und andere Gruppierungen. Die verständlichste Reaktion auf eine Unterdrückung ist eine bisweilen mit Gewaltsamkeit erfolgende Abwehr derselben. Für neurotische Erscheinungen bieten sich dabei keine genügenden Grundlagen. Nun ist aber auch die Reaktion zu resignieren, sich eventuell zu unterwerfen, gar keine Seltenheit. Bei der letztgenannten Reaktion sind hypochondrische und hysterische Begleiterscheinungen stets in Betracht zu ziehen. Diejenigen Personen, die es verlernt hatten, sich rechtzeitig zur Wehr zu setzen, auch um ihre Verselbständigung zu wahren, flüchten allzuleicht in Formen einer fehlerhaften Aktivität. Die Patientin war vor langen Jahren zu einem kriminellen Gewaltakt bereit gewesen. Sie verzichtete nicht aus ethischen Motiven, sondern weil sie die Möglichkeiten dazu nicht fand. Erst danach gelangte sie zu einem chronisch hypochondrischen Beschwerdekomplex. Die kriminellen Impulse, die mit ihrer späteren Rolle im Leben als scheinbar zufriedene Ehefrau zutiefst in Widerspruch standen, wurden von ihr langjährig tief verdrängt und traten im Verlaufe von Meditationen, d. h. beim AT der Mittelstufe, schlagartig zum Vorschein.

Das Problem des Abreagierens bedarf hier noch einiger Erörterungen. Bemerkenswert ist in diesem Zusammenhang, daß die Patientin über verstärkte Aggressionen gegen den Ehemann berichtete, nachdem ihre kriminellen Tendenzen und ihr Los als langjährig unterdrückte Frau voll bewußt vor Augen getreten waren. Es war notwendig, durch psychotherapeutisch gelenkte Phantasien diese Aggressionen «abziehen» zu lassen und den Anschluß an Realerlebnisse zu finden, die sich auf die Geburt der Kinder und die Gemeinschaft mit ihnen bezogen.

8. Medikamentenabusus

Die 60jährige Hausfrau B. Z. wurde vor einem Jahr von einem Nervenarzt wegen einer «phobischen Neurose» zur Psychotherapie überwiesen. Die Patientin klagte über Angsterscheinungen sowie über Depressionen, die seit dem Tode ihres Ehemannes vor neun Jahren aufgetreten seien. Bei genauerem Befragen gab sie an, daß sie schon vor 13 Jahren nervöse Erscheinungen wie eine vermehrte Erregbarkeit und ein Händezittern beim Anheben einer Tasse in Gegenwart anderer Personen geboten habe. Damals sei sie von ihrem Arzt mit Librium-Tabletten behandelt worden. Er habe keine Bedenken gehabt, dieses Mittel ihr über Jahre zu verschreiben, so daß sie sich angewöhnte, täglich eine und später auch zwei und drei Tabletten einzunehmen. Nach dem Tode ihres Ehemannes sei sie depressiv gewesen, habe daraufhin stärkere Mittel verschrieben bekommen, sowohl Antidepressiva wie auch Tranquilizer. Jahrelang sei Valium für sie ein wertvolles Mittel geworden, das sie alltäglich einnahm oder als Spritze erhielt. Sobald sie den Versuch machte, diese Mittel wegzulassen, seien Beschwerden wie Herzunruhe, Schweißausbrüche, Angsterscheinungen und Schlafstörungen aufgetreten. Wenn sie sich die Zusammenhänge recht überlege, sei die Angst immer dann aufgetreten, wenn sie nicht genug von diesen Mitteln eingenommen hätte. Im letzten Jahr sei sie von einem Nervenarzt mit Lexotanil-Tabletten und außerdem mit Imap-Spritzen (in jeder Woche eine) behandelt worden. Sie habe etwa zehn Pfund an Gewicht zugenommen, in der ersten Zeit sei eine deutliche Beruhigung, aber seit einigen Monaten wieder eine vermehrte Erregbarkeit aufgetreten.

Ihre Angst habe sich in den letzten zwei Jahren dann stark eingestellt, wenn sie eine offizielle Unterschrift zu leisten hatte, z. B. häufig bei Schecks. Vor mehreren Wochen habe sie einen neuen Reisepaß abholen müssen und sei in Gedanken an die zu leistende Unterschrift so aufgeregt geworden, daß sie vorher sich zwei Valium-Injektionen von ihrem Arzt habe geben lassen. Dann sei sie wohl ruhiger geworden, aber bei der Unterschriftsleistung sei die rechte Hand wieder so verkrampft gewesen, daß ihre Schrift kaum lesbar war. Nur nach langen Bedenken sei ihre Unterschrift noch von den Beamten anerkannt worden. Da sei ihr klargeworden, daß doch die ganze bisherige Behandlung nicht richtig gewesen sein konnte.

Nach der typischen Vorgeschichte einer Medikamentenabhängigkeit, die sich hier sogar auf einen Zeitraum von 13 Jahren erstreckte, konnte die Patientin zur Psychotherapie ausreichend motiviert werden. Sie verstand, daß ihr eigentliches Leiden in der Medikamentenabhängigkeit bestehe und daß durch gute Zusammenarbeit mit dem Therapeuten ein systematisches Absetzen gelingen könne.

Bei der Erhebung der biographischen Anamnese fanden sich keinerlei Hinweise auf neurotische Erscheinungen. Die Patientin berichtete von einer guten Familien-Atmosphäre im Elternhaus, sie hatte die Volksschule ohne Schwierigkeiten durchlaufen, dann nach kurzer Berufstätigkeit in jungen Jahren geheiratet und eine harmonische Ehe geführt. Sie sei immer schon psychisch etwas leicht erregbar gewesen, sie wisse auch nicht, warum. Sie habe Kinder und nun auch Enkelkinder, und mit ihnen bestehe ebenfalls ein gleichbleibend gutes Verhältnis. Der Tod des Ehemannes habe sie sehr betroffen, seitdem habe sie vermehrt «Angst» und auch «Depressionen». Bei genauerem Befragen stellte sich heraus, daß sie in all den Jahren aktiv geblieben war, gute Freundinnen und einen netten Bekanntenkreis hatte. Im Laufe der Jahre sei sie auch Partnern begegnet, mit denen sie Intimkontakte aufnehmen konnte, ohne aber von ihnen sehr angetan zu sein. Jedenfalls sei sie von jeher gern gesellig gewesen. Sie treibe von Jugend an gern Sport und gehe auch jetzt regelmäßig in der Woche schwimmen.

Das Thema der «Depression» konnte bei ihr ausreichend geklärt werden. Immer dann, wenn sie abends allein zu Hause sitze und die Kinder oder eine Freundin sie nicht besuchen, sei ihre Stimmung gedrückt, dann kämen ihr sogar die Tränen. Die Kinder würden das doch wissen, aber trotzdem kämen sie nicht regelmäßig zu ihr. Auf die Frage, ob es nicht manche Möglichkeiten gäbe, die Abende auch als alleinstehende Frau sich zu gestalten, meinte sie, Bücherlesen und Fernsehen wären wohl abwechslungsreich, aber das genüge ihr nicht als geselligem Menschen. Die weitere Befragung ergab, daß sie die meisten Abende in der Woche bei einem ihrer Kinder oder bei Bekannten oder gelegentlich im Theater verbrachte.

Objektiv fand sich ein überdurchschnittlich guter Ernährungs- und Kräftezustand, auch die Haut war gut durchblutet. Die Patientin wirkte im Aussehen und im Verhalten etwa um zehn Jahre jünger, sie war vital und ganz überwiegend expansiv. Die Affektivität und die Stimmungslage waren ausgesprochen labil, so gelangte sie sehr schnell in eine psychische Erregbarkeit mit immer wieder expansiven Zügen, nur gelegentlich war sie stimmungsgedrückt und vergoß dann einige Tränen. Sehr kennzeichnend war für diese Stimmungs- und Affektlabilität, daß sie jederzeit durch ablenkende Fragen oder Bemerkungen über ihr gutes Äußere von jeglicher Stimmungsgedrücktheit abkam und lebhaft von ihren Erlebnissen der abgelaufenen Woche zu berichten wußte. Ein depressives Zustandsbild war hier und auch im weiteren Verlauf bei ihr nicht anzunehmen. Insgesamt wirkte die Patientin wenig differenziert und auf Äußerlichkeiten des Lebens eingestellt, auch war ihr Anspruchsniveau ziemlich hoch.

Bei den internistischen und neurologischen Untersuchungen war eine erhebliche vasovegetative Labilität erkennbar, die Blutdruckwerte schwankten zwischen Werten um RR 130/70 und RR 160/90, die Pulswerte zwischen

64 und 88 Schlägen pro Minute. Die Zeichen vegetativer Labilität wie verstärkter Dermographismus und Hyperhidrosis waren deutlich vorhanden, auch fand sich ein leichter Tremor an den Fingern und an der Zunge. An der rechten Hand fanden sich keine neurologischen Veränderungen, insbesondere waren Tonus und Reflexbefunde regelrecht.

Diagnostisch konnte nach dem Gesagten eine chronische Medikamentenabhängigkeit mit neurasthenischen und phobischen Zügen festgestellt werden. Für eine Neurose lagen keinerlei Anhaltspunkte vor. Insbesondere fanden sich keinerlei belangreiche Konfliktsituationen. Gewiß fühlte sich die vitale Patientin sexuell frustriert, da sie in den letzten Jahren keinen passenden Partner gefunden hatte. Ihre Aktivität führte indessen immer zu vielseitigen Kommunikationen. Die Therapie, die sich auf reichlich sechs Monate erstreckte, war dadurch erschwert, daß die Patientin wiederholt Freundinnen in anderen Städten besuchte, mit denen sie «allerhand unternommen» hätte, ferner daß sie zwei Wochen an die See fuhr, wo sie keinen rechten Anschluß gefunden hätte, woraufhin sie vorübergehend stimmungsgedrückt war.

Nach eingehenden Aussprachen, in denen die Aufgabe vereinbart wurde, von dem Medikamentenabusus Abstand zu finden, wurden regelmäßig ausgiebige Hypnosen durchgeführt. Die Patientin zeigte dabei ein gutes Mitgehen und gelangte in einen tiefen Entspannungszustand. Abschließend wurde ihr die Formulierung fest eingeprägt: «Ruhe wirkt nach, Ruhe behalten auch ohne Imap-Spritzen, in Ruhe weiter aktiv bleiben!» Die Imap-Injektionen wurden abgesetzt, der Patientin ein Gymnastik-Programm angeboten, wozu sie ihren sportlichen Neigungen gemäß bereit war, ferner konnte sie dafür gewonnen werden, nicht nur einmal, sondern zwei- oder mehrmals in der Woche zum Schwimmen zu gehen. Sie nahm die hypnotischen Beeinflussungen mit Interesse auf und erklärte auch ihr Verständnis, daß ihre kräftige Muskulatur geradezu darauf warte, wohldosiert mehr beansprucht zu werden.

Nach fünf Hypnose-Sitzungen in einwöchentlichem Abstand und Verbesserung ihres Lebensregimes fühlte sich die Patientin deutlich beruhigter und weniger geängstigt. Sie nahm die Eröffnung bereitwillig auf, daß sie die Fähigkeit habe, unter Anleitung sich allmählich selbst zu hypnotisieren. So erfolgte die Einführung in die Entspannungsübungen des AT, bereits nach kurzer Übungszeit von zwei Wochen registrierte sie eindeutige Schwereerscheinungen in den Extremitäten, wie übrigens häufig Patienten, die durch Hypnosen Schwere in den Gliedern zuvor erlebt hatten.

Die Absetzung der Imap-Injektionen vertrug sie recht gut, als dann aber die Lexotanil-Gaben auf dreimal täglich ¼ Tablette reduziert wurden, traten Entziehungserscheinungen mit erneuten Erregungs- und Angstzuständen, vermehrten Schweißabsonderungen und Schlafstörungen auf. Die Hypnose-

Therapie wurde wiederaufgenommen, die abschließenden Suggestionen entsprechend angewandt. Die Patientin erfaßte das Behandlungsprinzip, daß ein Rhythmus von Entspannungs- und Anspannungsübungen ihr mehr weiterhelfen würde als die früher erheblich höhere Psychopharmaka-Dosierung. Drei Monate nach Therapiebeginn gelang die Umstellung auf dreimal tägliche Gaben von Baldrian-Tabletten, die vier Wochen später ebenfalls abgesetzt werden konnten. Die neurasthenischen Symptome klangen schneller als erwartet fast vollständig ab, etwas erregbar sei sie wohl immer gewesen, meinte die Patientin, aber auch nicht anders als von Jugend an.

Die Therapie der letzten zweieinhalb Monate war nach Beendigung der Hypnose-Therapie darauf angelegt, mit Hilfe der ausreichend erlernten Grundstufe des AT zu höheren Trainingsstufen zu gelangen. Sie fand die formelhafte Vorsatzbildung: «Ruhe wirkt nach in die Hände hinein. Mir gelingt jede Unterschrift!» Sie erklärte sich bereit, an jedem Tage ihre Unterschrift ein dutzendmal oder öfter auszuführen, so daß sie wieder zur selbstverständlichen Fertigkeit werden könne. Bald darauf hatte sie das Erfolgserlebnis, daß sie auf der Bank ohne Schwierigkeiten ihre Unterschrift leistete. Sie wisse nun, wie sie sich weiterhelfen könne.

Besonderes Augenmerk wurde in der letzten Phase der Therapie darauf gerichtet, durch Meditationen und therapeutisch gelenkte Phantasien der Patientin zu einem vertieften Erleben hinsichtlich ihrer Vergangenheit und Zukunft zu verhelfen. Dabei stellte sich indessen heraus, daß sie trotz ausreichenden Verständnisses: «Ja, es atmet mich, dann also auch: es denkt mich», immer nur das reproduzierte, was sie in den letzten Tagen und Wochen erlebt hatte. Daß in tiefer Entspannungssituation belangvolle und nicht immer bewußte Ereignisse der Vergangenheit neu belebt werden und daß die Gedanken frei weitergehen könnten, dies, meinte sie, sei ihr nicht möglich. So blieben auch alle Anregungen des Therapeuten, sich etwa Ereignisse der Kindheit und der Reifungsjahre einfallen zu lassen, ohne Ergebnis.

Im Dialog wurden ihr die Möglichkeiten vor Augen geführt, sich auf der Höhe des Lebens zu fühlen und demgemäß gehaltvolle Aufgaben zu übernehmen, z. B. sich den Enkelkindern mehr als bisher zu widmen, dann auch populärwissenschaftliche Bücher über Kindererziehung zu lesen, um damit in der Familie zu einer Sachautorität und zu einer integrierenden Rolle zu gelangen. Diese und andere Möglichkeiten fanden bei ihr keine Anerkennung. Sie beschloß dann, ihre Englischkenntnisse in der Volkshochschule zu vermehren, verwarf aber dann wieder diesen Gedanken. Sie habe in ihrem Leben doch schon genug geleistet. Dabei kam aus ihren Mitteilungen zum Vorschein, daß sie in den letzten 13 Jahren, seitdem die Kinder aus dem Hause gegangen waren, ihren Aufgabenkreis immer mehr verkleinert hatte und erst dann gewohnheitsmäßig zu Ärzten gegangen war.

Der Abschluß der Therapie wurde dadurch erschwert, daß sich die Patientin auf den Standpunkt stellte: «Meine Beschwerden sind zwar viel weniger geworden, aber sie sind nicht weg.» Sie schloß daraus, daß sie als Dauerpatient vom Therapeuten weiter versorgt werden könnte. Bis zu einem gewissen Grade war ein Verständnis dafür zu wecken, daß sie nun zur Selbsthilfe in der Lage sei, zumal da sie sich an das AT der Grundstufe gewöhnt hatte, und daß Gesundheit gerade darin bestehe, mit mancherlei Beschwerden allein fertig zu werden.

Der geschilderte letzte Therapie-Verlauf sollte den psychotherapeutischen Alltag vor Augen führen, in dem es nicht nur gute Erfolge, gelegentliche Mißerfolge und wie in diesem Fall auch recht begrenzte Erfolge gibt. So brachte die Patientin keine genügenden Impulse auf, über das AT der Grundstufe hinauszuwachsen.

Da es nach den Angaben der Patientin nicht zweifelhaft sein konnte, daß sie über 13 Jahre hinweg Psychopharmaka laufend, und zwar auch in höherer Dosierung verschrieben bekommen hatte, wird die Gefahr der iatrogenen Noxe überdeutlich. Auch wenn allgemein bekannt ist, daß sehr viele Ärzte Zurückhaltung üben bei der Verordnung dieser nur bei strenger Indikation wertvollen Medikamente, so kann es keinem Zweifel unterliegen, daß solche Noxen allzu häufig vorkommen. Es steht dabei nicht das Problem der Psychotherapie für die Mehrzahl der Ärzte zur Debatte, vielmehr geht es um die «ärztliche Menschenführung», die für den zum Glück noch nicht ausgestorbenen guten Hausarzt eine Selbstverständlichkeit gewesen ist und weiterhin bleibt. Aufklärung über gesunde Lebensführung, Anwendung physikalischer Heilmittel, Verordnung von Medikamenten mit möglichst geringen Nebenwirkungen und gelegentlich suggestive Einflußnahme bei mangelndem Gesundungswillen, diese Prinzipien sollten in der Zeit ständig zunehmender Chemieentwicklung und Technisierung in der Medizin immer von neuem hochgehalten werden.

Eine Bemerkung zur Psychodiagnostik erscheint hier noch am Platze. Die Patientin erschien mit berechtigten Klagen über die neurasthenischen Folgen eines 13 Jahre währenden Medikamentenabusus, ferner mit der Überzeugung, daß sie eine «Depression» habe. Der kritische Psychodiagnostiker kann nur noch kritischer werden, wenn Patienten bisweilen sogar mit großer Bestimmtheit von ihren Depressionen zu berichten wissen. In einer Zeit, in der die Depression so vielseitig wie nie zuvor bekannt gemacht wurde, besteht die Gefahr, daß die gewiß verbreiteten depressiven Zustandsbilder mit den viel häufigeren Alltagsverstimmungen depressiver Färbung verwechselt werden. Dabei sollten beliebt gewordene Test-Fragebögen und auch die verschiedenen Tests klinischer Psychologen nie allein die Diagnose entscheiden. Sie sind wertvoll, wenn sie vom erfahrenen Fachmann durchgeführt und vor allem kritisch ausgewertet werden, aber ausschlaggebend sind und bleiben die eindringenden anamnestischen Befragungen, die Zustandsbeobachtungen und nicht zuletzt die Reaktionen der Patienten auf gezielte Detailfragen und ablenkende Aussprachen von seiten ausreichend klinisch erfahrener Psychiater. Nur diese vermögen zwischen den psychotischen Ausprägungen, den nichtpsychotischen Erscheinungen von Krankheitswert und den noch häufigeren Alltagsbeschwerden ausreichend zu differenzieren.

Die letztbeschriebene Patientin ist ein sprechendes Beispiel dafür, daß ein Mensch mit verständlichen Frustrierungen, die durch Aufklärung und Hinwendung zu sinnvollen Lebensaufgaben rechtzeitig zu überwinden gewesen wären, allmählich in eine Leidenssituation durch 13jährigen Medikamentenabusus gelangt ist. Hätte die Patientin nicht über eine von Jugend an sthenische Konstitution durch häufige sportliche Aktivitäten verfügt, so wären die erheblichen neurasthenischen Symptome als Folge einer chronischen Intoxikation nicht im Verlaufe von einigen Monaten zu überwinden gewesen. Bei anderen Patienten kommen bei vergleichbarer Medikamentenabhängigkeit auch schwere Störungen des Schlaf-Wach-Rhythmus, bedrohliche vasovegetative Regulationsstörungen und sogar delirante Erscheinungen vor. Da die Patientin keinen Ausnahmefall darstellt, ist sie zugleich kennzeichnend dafür, daß durch suggestiven Appell an das Gesundheitsgewissen und die Beachtung der sonstigen alterprobten hausärztlichen Prinzipien die Wartezimmer mancher Arztpraxen nicht mehr so voll wie bisher zu sein brauchten. Daß die Arztpraxen keine Selbstbedienungsläden sind, diese Tatsache muß einem bestimmten Personenkreis der Gegenwart noch überzeugend vor Augen geführt werden.

Abschließende Überlegungen zur Kasuistik

An acht Therapie-Verläufen – zu denen einige weitere im dritten Teil der Ausarbeitung hinzukommen – sollte die Mannigfaltigkeit der therapeutischen Möglichkeiten mit den verschiedenen Stufen des AT demonstriert werden. Jeder Therapie-Verlauf hat seine Eigenarten, die sich aus den diagnostischen und prognostischen Feststellungen und dann aus dem Fortgang der Therapie ergeben. Könnte die mehrfache Zahl von Therapie-Verläufen beschrieben werden, so ließe sich zeigen, daß nicht ein Verlauf dem anderen gleicht, aber die Gemeinsamkeiten darin bestehen, daß das autogene Prinzip und das Trainingsprinzip eng verbunden zur Anwendung gelangen.

Was den Fortgang der Therapie betrifft, so war bei der siebenten Patientin I. K. nicht mit einem ausgeprägten AT der Mittelstufe von vornherein gerechnet worden. Die Patientin absolvierte sie dann bis zu einem «guten Teilerfolg». Bei der achten Patientin B. Z. war mehr als ein AT der Grundstufe angestrebt worden, indessen ließ sie keine genügende Bereitschaft dafür erkennen. Der Erfolg bei ihr ist demzufolge recht begrenzt ausgefallen, aber er ist vorhanden, da die Patientin von der Medikamentenabhängigkeit freigekommen ist und über eine ausreichend erlernte Grundstufe des AT verfügt. Sie ist indessen nicht so weit verselbständigt, daß sie bei neuen Verführungssituationen dagegen gefeit wäre, von einem Gebrauch aus einem Mißbrauch von Psychopharmaka wieder zu verfallen.

Die Besonderheiten dieses letztbeschriebenen Verlaufs sollten nicht den Blick dafür verstellen, daß sonst die Mehrzahl der Patienten über die Grundstufe des AT hinaus gefördert werden konnten, so daß das autogene Prinzip in Verbindung mit dem Trainingsprinzip ihnen zu einer weitgehenden Verselbständigkeit und zur Überwindung der wesentlichen Beschwerden verhalfen. Daß die therapeutischen Bemühungen häufig auf eine Schranke stoßen, wird mit der Tatsache in Einklang gesehen, daß konstitutionelle Mängel somatischer und psychischer Art keine große Seltenheit in der Durchschnittsbevölkerung darstellen. Mit Erich Fromm kann gesagt werden, daß die Neurosen bei weitem nicht alle aus den Umweltverhältnissen ableitbar sind. Es bleibt recht oft ein Rest konstitutioneller Prägung, mit dem die betreffenden Patienten jedoch nach Gelingen eines «guten Teilerfolges» der Therapie immer besser auszukommen vermögen, da die ihnen vermittelte Trainingshaltung zum Leben mit dem Ziel der Verselbständigung die Chancen einer zunehmenden Selbsthilfe in sich birgt.

In erster Linie waren Behandlungen von Neurosen beschrieben worden. Bei diesen verbreiteten Störungen war zwischen leichteren und schwereren Neuroseformen zu unterscheiden. Zu den letzteren gehörte auch ein «Grenzfall» (Borderline case), bei dem einige paranoide Symptome die Gefahr des Ausbruchs einer Psychose anzeigten. Die Neurosen in ihren verschiedenen Ausprägungen und Schweregraden stellen die Hauptanwendungsbereiche für das AT mit seinen höheren Stufen dar. Wenn keine Neurose vorliegt, wie bei der letztgenannten Patientin B. Z. mit ihrer chronischen Medikamentenabhängigkeit, sind die Voraussetzungen für die höheren Stufen des AT erheblich weniger gegeben. Mit zwei Behandlungsfällen wurde ferner gezeigt, daß sogenannte «psychosomatische Krankheiten» sehr wohl mit den höheren Stufen des AT erfolgversprechend behandelt werden können.

Zur Gruppen-Psychotherapie sind nur wenige Einzelheiten mitgeteilt worden. Daher ist es angebracht, die großen Vorzüge der Gruppenarbeit beim AT der Grundstufe hervorzuheben – vorausgesetzt, daß es sich um Kleingruppen mit nicht mehr als etwa acht Teilnehmern handelt. Denn nur unter dieser Voraussetzung kann jedem Gruppenteilnehmer so viel Aufmerksamkeit zugewandt werden, daß er die Verbindung von autogenem Prinzip und trainierendem Vorgehen nicht nur versteht, sondern auch praktisch erlernt. Erst auf dieser Grundlage erwachsen wertvolle Interaktionen zwischen den Gruppenmitgliedern. Damit wird die Gefahr eines «Volkshochschul-Trainings» gebannt, bei dem 20, 30 und noch mehr Gruppenmitglieder überwiegend rezeptiv teilnehmen, so daß das autogene Prinzip gar nicht voll verstanden wird und ein konsequentes Training mit dem abgestimmten Rhythmus von Entspannungs- und Anspannungsübungen gar nicht aufgenommen und weitergeführt wird. Bei der kleinen Gruppe ist dann ebenso wie beim Einzeltraining die Aufgabe gestellt, in den Schwere-, Wärme- und ähnlichen Übungen nur die Grundlagen für den wesentlichen Teil des AT zu sehen, der sich mit autogenen Anspannungen und den höheren Stufen des AT eröffnet.

Während das Training der Mittelstufe des AT in der Gruppe in wiederholten Fällen sich erfolgreich hat durchführen lassen, ergeben sich bei Erreichen der Oberstufe weitgehende Schwierigkeiten bei der Gruppenarbeit. Denn dieses Training erfolgt mit so großen individuellen Unterschieden, daß die Gemeinsamkeit des Gruppentrainings hier zunehmend im Wege stehen kann. Wenn z. B. einige an der Oberstufe sehr interessierte Teilnehmer sich für die Dauer von 20 bis 25 Minuten in Meditationen führen lassen, sind desinteressierte Gruppenmitglieder auch bei vereinbartem Schweigen durch Bewegungen, Räuspern usw. ein störendes Element. Schwerer wiegt die Tatsache, daß die verbalen Äußerungen im Verlaufe der Meditationen so diffizil sein können, daß der Therapeut sich veranlaßt sieht, möglichst nur diesem einen Patienten, der sich gerade geäußert hat, seine volle Aufmerksamkeit zuzuwenden. Aufkommende Phantasien können manchmal in der Gruppe therapeutisch mit einigem Gewinn gelenkt werden. Dennoch gibt es anschließend in der Aussprache nicht selten kritische Äußerungen, daß sich manche Gruppenmitglieder übergangen gefühlt haben, weil der Therapeut nicht auf ihre Phantasien eingegangen sei. Wenn Patienten zum autogenen Phantasie-Training übergehen, hat dasselbe ein so individuelles Gepräge, daß die betreffenden Patienten in begleitenden Einzeltherapie-Sitzungen weiter gefördert wurden. Es gibt also Möglichkeiten, Gruppentherapie auch bei den höheren Stufen des AT anzuwenden, bisher hat sich jedenfalls in der eigenen Erfahrung die Einzeltherapie besser bewährt.

Das AT der Grundstufe ist im Laufe langer Jahre nicht selten prophylaktisch zur Anwendung gelangt, hauptsächlich bei Personen mit starken Anforderungen an ihr Nervensystem (leitende Angestellte, Wissenschaftler mit schwierigen Aufgabenstellungen, Studenten vor dem Examen und andere). Dabei hat sich das Training in der kleinen Gruppe besonders bewährt. Was nun die höheren Trainingsformen des AT betrifft, so geben die Therapie-Verläufe bei den einzelnen Patienten zu erkennen, daß in jedem Fall belangreiche gesundheitliche Störungen vorgelegen haben. Es wurden und werden nur in Ausnahmefällen Personen angenommen, die sich als frei von erheblichen Beschwerden ansehen, aber Interesse an vertieften Einsichten oder an einem erhöhten Bewußtsein ihrer selbst haben und daher auch das

AT der höheren Stufen kennenlernen wollen. Diese Ausnahmen werden gemacht, wenn die betreffenden Personen aus beruflichen Gründen, weil sie therapeutisch tätig sein wollen, praktische Erfahrungen in diesen Trainingsmethoden sammeln wollen. Damit kommt ein grundsätzlicher Unterschied zum Vorschein gegenüber einigen therapeutischen Praxen, in denen «Personen, die ohne schwere Symptome und an einer inneren Schau ihrer selbst interessiert sind und gewisse persönliche Schwierigkeiten in partnerschaftlichen oder beruflichen Fragen langfristig bearbeiten» (Rosa), in Gruppen mit langem Verlauf aufgenommen werden.

Die eigene Arbeit mit den höheren Stufen des AT ist vor allem den *Patienten* gewidmet, den unter belangvollen gesundheitlichen Störungen leidenden Menschen. Für sie erscheint der neuerdings beliebte Ausdruck «Klient» fehl am Platze. Die hier methodisch geschilderte Therapie ist je nach Diagnose und Prognose über kürzere oder längere Zeiträume angesetzt, um dann rechtzeitig zum Abschluß gebracht zu werden. In jedem anderen Falle besteht die Gefahr einer unter Umständen ernstzunehmenden Abhängigkeit vom Therapeuten, die die Möglichkeiten einer Verselbständigung einengt.

Da die therapeutische Aufgabe ganz im Vordergrund steht, sind die Probleme einer Sympathie für oder Antipathie gegen die Patienten durchaus nebensächlich. Der Therapeut sieht es als seine Pflicht an, jedem, der therapeutischer Hilfe bedarf, diese auch zu leisten, selbst wenn demonstrativ grob hysterische Symptome oder hypochondrisch immer dieselben Klagen geboten werden, wenn eine mangelnde psychische Differenziertheit vorhanden oder eine weitgehende Veräußerlichung des Lebensstils auf Kosten des emotionalen Gehalts eingetreten ist. Wohl hat der Therapeut das Recht, die Fortsetzung der Therapie von bestimmten Umstellungen im Verhalten abhängig zu machen, gewiß dabei auch die Pflicht, dem Patienten dafür Brücken zu bauen. Bei alledem ist es verständlich, daß bei nur geringer Kooperation des Patienten trotz möglichst vielseitiger Angebote durch den Therapeuten derselbe nicht mehr als durchschnittliche Leistungen aufzubringen vermag, hingegen ein Patient, der in seiner Mitarbeit über sich selbst hinauswächst, dabei auch den Therapeuten immer besser zu inspirieren vermag. Es handelt sich, wie schon gesagt, um einen partnerschaftlichen Prozeß, der auf Ziele gerichtet ist und mit deren Erreichen seinen Abschluß findet.

Von Psychosen war in der Kasuistik nicht die Rede, denn für sie ist das AT nicht indiziert. Wenn bei postpsychotischen Zuständen das AT begründet Anwendung finden soll, muß zuvor der erfahrene Psychiater darüber Klarheit gewonnen haben, daß hier nicht eine Prozeßpsychose einen vorübergehenden Stillstand gefunden hat, sondern daß die Psychose z. B. auf organischer Grundlage oder als reaktive Psychose überwunden worden ist. Die abnormen Persönlichkeiten, für die früher der Ausdruck «Psychopath» üblich war, eignen sich nicht für das AT, es sei denn, daß die angenommene Diagnose nicht zutreffend war. Man sollte immer erfreut sein, wenn man die Diagnose einer Psychopathie aufgeben kann, unter anderem aus dem Grunde, weil ein zur «Diagnostik ex iuvantibus» angesetztes AT überraschend gut absolviert wurde.

Da in der Kasuistik einige Patienten aufgetaucht sind, die schwerwiegende Partnerschaftsprobleme boten, ohne daß die jeweiligen Partner in die Verhandlung einbezogen wurden, könnte der Eindruck entstehen, daß eine Paar Therapie generell abgelehnt würde. Dies ist nicht der Fall. Es gibt immer einmal therapeutische Aufgabenstellungen, die am besten mit der Therapie des betreffenden Paares, bisweilen mit der Therapie der Familie, zu lösen sind. Allerdings stößt das AT in den höheren Stufen dann auf diejenigen Schranken, die in bezug auf die Gruppentherapie bereits erwähnt worden sind. Wenn es mehrfach nicht gelungen ist, die jeweiligen Partner in die Therapie einzubeziehen, lag dies entweder an der mangelnden Bereitschaft bei denselben oder an den zum Teil ziemlich großen Entfernungen, da die Patienten in den verschiedensten Orten des Ruhrgebiets wohnten und mit großer Leistungsbereitschaft regelmäßig diese großen Fahrtstrecken zur Therapie zurücklegten.

Die Kasuistik läßt bei den meisten Therapie-Verläufen erkennen, daß die Patienten die angebotenen höheren Stufen des AT ohne größere Schwierigkeiten akzeptierten, um dann trainierend zu Meditationen zu gelangen, von ihnen aus schrittweise neurotische Störungen abzubauen und gleichzeitig das Verhalten zu verbessern, bis zum Phantasie-Training und bis zu Neugestaltungen des Lebens. Der Therapeut, der diese Methode – die Autogene Psychotherapie – anzuwenden gelernt hat, findet Grund zur Zufriedenheit darüber, daß damit nicht nur eine bestimmte Elite des Patientenkreises erfaßt wird, sondern daß die Mehrzahl der in Betracht kommenden Menschen auch gezielt behandelt werden kann, soweit eine zumindest latente Leistungsbereitschaft und eine ausreichende psychische Differenziertheit in die Therapie mitgebracht wird. Es ist eine therapeutische Hilfe zur Selbst-Hilfe, womit sich der Therapeut in einem überschaubaren Zeitraum überflüssig machen kann. Es gibt wohl kaum einen größeren Anlaß für einen Therapeuten, tiefe Genugtuung zu empfinden, als wenn er zu der Überzeugung gekommen ist, daß er nicht mehr benötigt wird.

V. Teil:

Rückblick und Ausblick

1. Rückblick auf die eigene Ausarbeitung

Der vorliegenden Ausarbeitung ist das Ziel gesetzt, dem Autogenen Training nach J. H. SCHULTZ zu der Bedeutung einer vollwertigen psychotherapeutischen Methode zu verhelfen. Ein solches weitgestecktes Ziel ist schwer zu erreichen, auch wenn die hier beschriebenen höheren Stufen des AT sich grundlegend von den Oberstufen-Praktiken und -theorien unterscheiden, die bisher publiziert worden sind. Aber dieses Ziel ist erreichbar, weil das von SCHULTZ gelegte imponierende Fundament sich als praktikabel und entwicklungsfähig gezeigt hat. Nur wenn die zahlreichen Ansätze für eine Weiterentwicklung des AT über die Grundstufe (Unterstufe) hinaus bei SCHULTZ und einer Reihe seiner Schüler genügend Berücksichtigung findet, mag verständlich werden, daß ein längst fälliger Abschluß «nach oben», eine Ausformung der Methode des AT herbeizuführen ist.

Gleich, ob das angegebene Ziel mehr oder minder erreicht werden könnte, es wird angenommen, daß neue Wege gebahnt und gewiesen wurden, die mit der angegebenen Zielrichtung übereinstimmen.

Die Neubearbeitung begann bei der Grundstufe, da der autogenen Entspannung die autogene Anspannung hinzugefügt wurde, so daß von diesem Wechselspiel autogener Abläufe höhere Trainingsformen zur Entwicklung gelangten. Wer lernt, sich tiefer zu entspannen, lernt auch, sich besser anzuspannen, und umgekehrt. Ein Weg wird angebahnt, um leichtere Neurosen erfolgversprechend zu behandeln. In Tiefentspannungen können Phantasien therapeutisch gelenkt werden, um zu einem Training des Verhaltens zu gelangen, auch mit Hilfe formelhafter Vorsatzbildungen, die ein antizipierendes Element darstellen. Die Tiefentspannungen sind von uferlosen Meditationen weit entfernt, da ihnen die autogenen Anspannungen entgegenstehen. Eher kann man von einer speziellen Meditation sprechen, die zeitlich begrenzt und auf die Realität bezogen ist. Die Weiterführung oder nachträgliche Aufnahme des Grundstufen-Trainings ist eine Gewähr dafür, daß das selbständige Training im Mittelpunkt steht.

Von dem angegebenen Training der Mittelstufe führen neue Wege weiter, wenn es um die Behandlung schwerer Neurosen geht. Mit Hilfe intensiver Psychotherapie lernt der Patient, sich von der Lenkung seiner Phantasie-Abläufe zu emanzipieren, allmählich ein autogenes Phantasie-Training aufzunehmen, in dem retrospektiv und dann zunehmend prospektiv die neurotischen Probleme verarbeitet werden, der Patient sich dabei umschriebene Lebensziele setzt, die er mit Hilfe von formelhaften Vorsatzbildungen zu erreichen vermag. Hier kann von einem Training der Oberstufe gesprochen werden, in dem ebenso wie bei der Grund- und Mittelstufe die partnerschaftliche Zusammenarbeit zwischen Therapeuten und Patienten maßgebend dafür ist, daß die Oberstufe erfolgreich weitergeführt wird, bis sie mit einer autogenen Lebensgestaltung ihren Abschluß findet.

Bei der Entwicklung höherer Stufen des AT werden bewußt keine Anleihen bei anderen Psychotherapie-Methoden gemacht, abgesehen von verhalttherapeutischen Erfahrungen, die von jeher in dem AT eine große Rolle gespielt haben, so daß die Beziehungen zu ihr von SCHULTZ als «nahe und wesentlich» bezeichnet wurden.

Die vorliegenden Ausführungen haben zunächst ihre Aufgabe erfüllt, wenn alle am AT interessierten Therapeuten und die nichttherapeutisch tätigen Wissenschaftler und Laien auf die Möglichkeiten aufmerksam gemacht sind, höhere Trainingsformen des AT zu erreichen, die das autogene Prinzip und zugleich das Trainingsprinzip aufweisen. Ob die Therapeuten, die über eine gründliche Ausbildung in AT und allgemein in der Psychotherapie – d. h. mit dem Zusatztitel «Psychotherapie» – verfügen müßten, die hier aufgezeigten Wege beschreiten und dann ihre kritischen und konstruktiven Gedanken austauschen, dies alles würde bedeuten, daß eine nichtorthodoxe, auf die Verselbständigung der Patienten orientierte und mit konsequentem Üben verbundene Psychotherapie eine neue Ausgestaltung findet.

2. Rückblick auf die therapeutische Situation der letzten Jahrzehnte

Der Begriff der Therapie wird heutzutage weiter als je gefaßt. Aber auch bei dessen sehr weiter Fassung bleibt die Tatsache bestehen, daß die meisten Therapie-Leistungen von Ärzten erbracht werden, die auf naturwissenschaftlichen Grundlagen tätig sind, ohne verbreitete Tendenz, sich über sie zu erheben oder sie zu erweitern. Hierbei hat die stetige Zunahme des chemischen Potentials in der Medizin zur Folge, daß die herausragende Bedeutung bei allen therapeutischen Beeinflussungen die Medikamente gewonnen haben. So glänzend die Erfolge der Antibiotika bei den Infektionskrankheiten in den letzten Jahrzehnten gewesen sind, so problematisch sind die Ergebnisse der Psychopharmakotherapie. Am meisten überzeugen die Erfolge bei der Therapie der Psychosen. Bei ihnen hat die Einführung der Neuroleptika im Jahre 1952 eine für jeden klinischen Psychiater eindrucksvolle Verbesserung im Symptomenbild psychiatrischer Patienten herbeigeführt. Die Stationen, in denen erregte Patienten aufgenommen waren, wurden sehr bald ruhiger. Die Patienten wirkten in ihren psychischen Abläufen gedämpfter, ohne in ihrem Bewußtseinszustand ähnlich wie bei den vordem bekannten Schlafmittel-Anwendungen eingetrübt zu sein.

Im Verlaufe von fast 30 Jahren wurde der Eindruck in den psychiatrischen Facheinrichtungen immer mehr bestärkt, daß mit den Neuroleptika und sonstigen Psychopharmaka eine sehr wertvolle Hilfe bei der Behandlung von Psychosen gefunden war. Indessen kamen mit einer ganzen Reihe von Nebenwirkungen auch Bedenken auf, ob nicht ähnlich wie bei dem gegen Ende des 19. Jahrhunderts eingeführten Skopolamin eine «chemische Zwangsjacke» Verwendung gefunden haben könnte.

In der Zeitschrift ‹Spektrum der Psychiatrie und Nervenheilkunde› IX, 173 (Oktober 1980) waren die Beiträge von zwei Direktoren psychiatrischer Krankenhäuser (Prof. A. Finzen und Prof. E. B. Fünfgeld) abgedruckt worden. Finzen hatte sich auf einen Artikel von C. Haring in der gleichen Zeitschrift bezogen, in dem die routinemäßige hochdosierte Behandlung der Schizophrenie mit Neuroleptika kritisiert wurde. Haring hatte u. a. geschrieben: «Wer die Psychopharmaka-Ära von Anfang an mitverfolgen konnte, gewinnt jetzt den Eindruck, daß die Wirkung der Medikamente nachläßt. Die klinischen Erfolge sind, wie es scheint, in den letzten Jahren (trotz ständig steigender Dosierung) eher schlechter geworden.» Haring hatte eine abgestufte Neuroleptika-Therapie gefordert, die bewußt auf die individuelle Situation des Kranken bezogen sein müßte. Die routinemäßige hochdosierte Therapie versetze den Psychiater in die Gefahr, das Gespür für den Effekt der niedrigen Dosis zu verlieren. Finzen schrieb zustimmend zu den Ausführungen Harings, daß sie einen wichtigen Beitrag zur öffentlichen Auseinandersetzung über die Psychopharmaka-Therapie darstellen.

Von Fünfgeld war in einer Antwort kritisch bemerkt worden, daß man die Kooperation von Patienten beim therapeutischen Prozeß nicht von niedrigen Dosierungen (von Neuroleptika) abhängig sehen dürfe. Er habe in seinem Krankenhaus gute therapeutische Ergebnisse bei chronisch schizophrenen Patienten, die auch mit «sogenannter Hochdosierung» behandelt wurden, vorzuweisen.

Die Diskussion um die Dosierungen von Psychopharmaka bei Schizophrenen und anderen psychotischen Patienten wird weiterzugehen haben, wenn auch mit zunehmender Aufmerksamkeit für die negativen Erscheinungen einer solchen Therapie.

Von besonderer Bedeutung für das Thema der vorliegenden Ausarbeitung ist die enorm angestiegene Zahl von Behandlungen der Neurosen und der verschiedensten neurofunktionellen Störungen mit Tranquilizern und anderen Psychopharmaka. Erst wenn die oft übervollen Wartezimmer der einschlägig tätigen Ärzte in Betracht gezogen werden, kann das Problem mit seinem vollen Gewicht erfaßt werden. Denn für den einzelnen dieser Patienten verbleiben dann beim besten Willen nur einige Minuten Zeit.

In der Zeitschrift ‹Deutsches Ärzteblatt› 77, 2108 (1980) wurde eine Information der «Arzneimittelkommission der deutschen Ärzteschaft» mit der Überschrift «Tranquilizer nicht für Alltagsstreß» abgedruckt. Im einzelnen heißt es in der Information: Der Leiter der amerikanischen Nahrungsmittel- und Arzneimittelkontrollbehörde J. E. Gojan habe am 10. 7. 1980 bekanntgegeben, die Hersteller häufig verordneter Tranquilizer hätten zugestimmt, die Arztinformation dahingehend zu ändern, daß diese Präparate nicht für «Alltagsstreß» gedacht sind. In den Vereinigten Staaten würden jährlich etwa 5 Milliarden Einzeldosen von Tranquilizern verordnet. Genannt wurden mehrere Präparate wie Librium, Valium und andere. Dr. Gojan wurde wörtlich zitiert: «Tranquilizer können viel Gutes tun, um Patienten durch Krisensituationen oder bei psychiatrischen Problemen zu helfen. Millionen von Amerikanern nehmen sie jedoch gewohnheitsmäßig ein, nur um mit den Ängsten des Lebens fertig zu werden ... Ich bin besonders besorgt um diejenigen, die diese Arzneimittel regelmäßig einnehmen, ohne zu wissen, daß sie physisch und psychisch abhängig werden ...»

Die Therapie mit Tranquilizern spielt auch in der Bundesrepublik Deutschland eine beunruhigend große Rolle. Daher beansprucht eine Veröffentlichung von Wissenschaftlern des Instituts für Pharmakologie der Universität Göttingen in Zusammenarbeit mit der Psychiatrischen Universitätsklinik Göttingen außerordentliches Interesse: «Benzodiazepin-Abhängigkeit» von N. Kemper, W. Poser und S. Poser (1980). Die Autoren schreiben, daß die Suchtkranken die größte Krankengruppe in der genannten Psychiatrischen Klinik darstellen, dies gelte wahrscheinlich allgemein für psychiatrische Krankenhäuser in der Bundesrepublik. Der isolierte Alkoholismus sei die häufigste Suchtkrankheit, danach folge die kombinierte Alkohol-Medikamenten-Abhängigkeit und danach die reine Medikamenten-Abhängigkeit.

«Unter den Medikamenten stehen die Benzodiazepine zur Zeit im Vordergrund. Präparate aus der Gruppe der Benzodiazepine gehören weltweit zu den am häufigsten verschriebenen Medikamenten.»

Die drei Autoren führten weiterhin aus, daß in den Krankengeschichten der genannten Klinik für den Zeitraum der Jahre 1977 bis 1980 (erste Jahreshälfte) sich mehr Fälle von Benzodiazepin-Abhängigkeit gefunden hätten, als in einer Veröffentlichung von Marks über den Zeitraum der Jahre 1960 bis 1977 für das gesamte Bundesgebiet angegeben wurde. In früheren Jahren hätten die Barbiturate und die Brompräparate bevorzugt ähnliche Formen von Abhängigkeiten hervorgerufen, inzwischen seien sie jedoch von den Benzodiazepinen weit überholt worden. Am häufigsten hätten sie die Präparate Tavor, Valium, Adumbran, Praxiten sowie Lexotanil gefunden. Das letztere sei erst seit kurzer Zeit auf dem Markt. Es müsse aber mit einer ähnlich starken Suchtwirkung gerechnet werden wie bei Tavor. Beim Entzug von Tavor seien bei den Patienten delirante Bilder und Entzugskrampfanfälle beobachtet worden. Nicht allein die Höhe der eingenommenen Dosis der genannten Präparate, sondern auch besonders die Dauer der Einnahme in Verbindung mit der gesamten Suchtvorgeschichte sei für den Schweregrad der Entzugssymptomatik ausschlaggebend.

Die drei Autoren machten folgende Vorschläge, um die erwähnten Gefahren einzudämmen: Die Ärzteschaft sollte sich bei Benzodiazepin-Verordnungen auf einmalige oder kurzfristige (maximal eine Woche) Anwendungen beschränken. Andere schlaffördernde Mittel ohne wesentliches Suchtpotential sollten häufiger verordnet werden, wie z. B. L-Tryptophan, Atosil oder Dominal. Das Bundesgesundheitsamt sollte die Hersteller zwingen, auf der Packungsbeilage das Abhängigkeitsrisiko weit deutlicher als bisher hervorzuheben. Die Krankenkassen sollten lediglich kurzfristige Verschreibungen von Benzodiazepin-Präparaten bezahlen. Die Benzodiazepin-Hersteller sollten ihre wenig informative und zu aufwendige Werbung einstellen. Es sollten nicht immer «neue» Benzodiazepine auf den Markt gebracht werden, da diese in den seltensten Fällen echte Innovationen darstellen.

Die aufrüttelnden Mitteilungen der drei Göttinger Wissenschaftler geben Veranlassung, mehr als bisher die nicht voll genutzten Möglichkeiten einer «organismischen» Psychotherapie, daneben aber die alterprobten Prinzipien hausärztlicher Menschenführung hervorzuheben, denn mit deren Anwendung verringern sich die Gefahren eines Tranquilizer-Abusus.

Die naturwissenschaftlich fundierte Medizin und die Psychotherapie sollten bei diesen Überlegungen nicht als Gegensätze verstanden werden. In der eigenen Monographie «Medizinische Psychotherapie» (1976) war bereits im ersten Abschnitt «Medizin an der Schwelle zur Psychotherapie» ausgeführt worden, daß in dem Maße von der naturwissenschaftlich begründeten Medizin der Weg zur Psychotherapie freigelegt wird, als von der Organ- oder Zellbezogenheit und von der morphologischen, d. h. statischen Betrachtung in der Medizin übergegangen wird zur Bezogenheit auf den Gesamtorganismus, der als funktionelle Einheit verstanden wird. In diesem Zusammenhang wurde der Internist G. von Bergmann besonders hervorgehoben, der mit seinem Werk «Funktionelle Pathologie» (1932) bahnbrechend dafür war, daß viele Kliniker in Deutschland ihre Sicht auf den menschlichen Gesamtorganismus und seine Funktionsabläufe, d. h. auch auf die nerval-psychischen Abläufe erweiterten. Im medizinischen Berlin der zwanziger und dreißiger Jahre waren neben von Bergmann noch andere führende Kliniker wie R. Siebeck und Fr. Kraus tätig, die ganz ähnliche Auffassungen publizierten. Aus der Nachkriegszeit sei hier nur P. Martini erwähnt, der in seiner «Methodenlehre der therapeutisch-klinischen Forschung» (1968) unter anderem folgende Aussagen machte: Die klinische Medizin baue sich auf den heterogensten Fundamenten auf, die von der Naturwissenschaft bis zu den Geisteswissenschaften reichen. Zu den Kategorien des Anorganischen und den Kategorien des Organischen, d. h. den Gesetzen des Lebendigen, gesellen sich die Kategorien des Seelischen und die des Bewußt-Geistigen. Die Kausalität sei eine Kategorie, die allen Seinsschichten eigen sei. Die Bejahung des Kausalnexus in der Medizin heiße nicht, daß eine mechanische Bestimmtheit vertreten wird. Das finale Denken sei anzuerkennen, damit bestehe aber keine Berechtigung, das streng kausale Schließen aus der Forschungsarbeit zu eliminieren.

Die Auffassungen führender progressiver Kliniker, die sich beliebig vermehren lassen, zeigen, daß sie einer «Schulmedizin» mit negativen Akzenten nicht zugerechnet werden können. Eine Berechtigung, von ihr zu sprechen, ist nur dann gegeben, wenn progressive Entwicklungen, die G. von Bergmann personifizierte, negiert werden, die Sicht auf das Organgeschehen von neuem eingeengt wird und in der Gegenwart eine so einseitige Technisierung betrieben wird, daß der Mensch als Ganzes in den Hintergrund tritt. Wenn in der Gegenwart nicht ganz selten Bestrebungen vorhanden sind, die Mängel einer negativ verstandenen Schulmedizin dadurch zu vermeiden, daß auf die naturwissenschaftlichen Grundlagen verzichtet wird – ein aktuelles Beispiel ergibt sich ja aus dem Thema der Akupunktur –, besteht die Gefahr, in Irrationalismen zu verfallen, die bis zu einem «modernen Okkultismus» in der Medizin führen kann (O. PROKOP, W. WIMMER, 1976).

Auf dem Gebiet der Psychotherapie besteht – ähnlich wie bei allen therapeutischen Bemühungen – ebenfalls die Gefahr, in Irrationalismen abzugleiten. Merkantile Interessen sind dabei nicht selten beteiligt. Die Psychotherapie ist zur «Wachstumsbranche» geworden. Daher interessiert ein Überblick über die Gesamtheit psychotherapeutischer Schulen und Gruppenbildungen, die im Verlaufe der letzten Jahrzehnte zu einer verwirrenden Vielfalt angewachsen ist.

Um einen nur annähernden Überblick über die Fülle neuer Schulrichtungen zu gewinnen, kann der Sammelband «Neue Formen der Psychotherapie» (herausgegeben von der ‹Psychologie heute›-Redaktion, 1980) zur Information dienen. Im folgenden sollen daraus nur diejenigen Beiträge referiert werden, die entweder die Schwächen neuerer oder aktuell gebliebener früherer Entwicklungen sowie wertvolle Neuansätze verdeutlichen. Im Vorwort schrieb als verantwortlicher Redakteur H. ERNST u. a. folgendes: «Psychotherapie ist zu einer Dienstleistung mit ständig steigender Nachfrage geworden. Das liegt zum einen an der tatsächlichen Zunahme psychischer Störungen und Konflikte in unserer Gesellschaft, begünstigt durch den Wegfall traditioneller Hilfsangebote und -möglichkeiten (Großfamilie, Religion, Freunde). Zum anderen aber ist Psychotherapie deshalb zur Wachstumsbranche geworden, weil ein großes und vielseitiges Angebot und ein sehr weit gefaßter Therapie-Begriff das Bedürfnis nach Therapie bei vielen erst erzeugen. Psychotherapie ist im öffentlichen Bewußtsein sehr oft die eigentliche Tätigkeit der Psychologen, und selbst viele Psychologen, die es besser wissen müßten, identifizieren Psychologie immer mehr mit Psychotherapie. Diese Entwicklung wird vielfach als ‹Psychoboom› beschrieben. Vor allem der rapide Zuwachs an immer neuen therapeutischen Techniken (allein in der humanistischen Therapie soll es über 100 Konzepte geben) und der geschäftstüchtige Appell an den Wunsch nach psychischem Wohlbefinden und Wachstum machen den Psychoboom zu einem Phänomen, das leicht in neue kulturpessimistische Interpretationen der heutigen Gesellschaft einzubauen ist ...»

In dem einführenden Beitrag «Auf dem Weg zu einer integrierten Psychotherapie» hat sich R. BASTINE wie folgt geäußert: «Trotz einer gewissen Betriebsamkeit und Geschäftigkeit in der Psychotherapie (was sich unter anderem durch die boom-artige Entstehung und Ausbreitung neuer ‹revolutionärer› Methoden ausdrückt) kann nicht übersehen werden, daß man insgesamt an einem toten Punkt angelangt ist. Der Zustand des Gesamtfeldes der Psychotherapie kann als desolat bezeichnet werden ...»

Der Autor vergleicht das gegenwärtige Angebot an therapeutischen Techniken mit einem «Warenlager, aus dem sich jeder nach Lust und Laune bedienen kann, und wenn er Glück hat, auch etwas Passendes findet.» Es sei höchste Zeit, daß neue Theorien entwickelt werden, welche das «wachsende Sortiment therapeutischer Techniken» miteinander in Beziehung setzen.

Bastine versteht unter «Psychotherapie» den übergreifenden Begriff, der die wichtigsten psychotherapeutischen Ansätze wie Gesprächspsychotherapie (GT), Verhaltenstherapie (VT) und Psychoanalyse (PsA) einschließt. Mit der GT und der VT hat er sich kritisch auseinandergesetzt.

Typisch für das ursprüngliche Konzept der Gesprächspsychotherapie (GT) sei der sogenannte Variablen-Ansatz. Als die bekanntesten Therapievariablen (in Anlehnung an C. Rogers) werden genannt: «Verbalisierung emotionaler Erlebnisinhalte» (der Patient spricht frei über seine Gefühle), «positive Wertschätzung und emotionale Wärme» (der Therapeut akzeptiert den Klienten vorbehaltlos) und «Echtheit und Selbstkongruenz» im Verhalten des Therapeuten (der Therapeut «ist er selbst», er setzt keine professionelle Maske auf), siehe R. Tausch.

Seit der Veröffentlichung der grundlegenden Arbeiten von Rogers habe sich zwar einiges am GT-Konzept geändert, allerdings nicht soviel, wie man eigentlich von einer empirisch orientierten Verfahrensweise erwarten würde. Es fehle vor allem ein differentialpsychologischer Ansatz, der die Unterschiede zwischen Therapeuten, zwischen Klienten und zwischen verschiedenen Therapieverläufen erklärt und daraus Nutzen für die Praxis zieht. Für eine wirksame GT sei mehr notwendig (und nichts weniger hinreichend) als das konstante Verwirklichen der drei Rogers-Variablen! Weder der Variablen-Ansatz noch die anderen gegenwärtigen Erklärungsmodelle der GT würden hinreichend und für die Praxis brauchbar beschreiben, was Gesprächstherapeuten tun können und tun sollten. Der inhaltliche Aspekt der Kommunikation werde völlig vernachlässigt.

Was nun die Verhaltenstherapie (VT) angeht, so sei sie von ihren Begründern als die klinisch-therapeutische Anwendung von Lernprinzipien und in der Formulierung H. J. EYSENCKS «der modernen Lerntheorie» (1960) gesehen worden. Diese Formulierung sei vor allem deshalb umstritten, weil man kaum von «der Lerntheorie» sprechen könne. Man habe sich bemüht, neben lerntheoretischen auch sozialpsychologische und kognitive Gesetzmäßigkeiten für die VT nutzbar zu machen, denn man habe eingesehen, daß heute kaum eine einzige theoretische Konzeption sämtliche therapeutischen Prozesse zureichend beschreiben könne.

Zum theoretischen Stand von GT und VT schlußfolgerte der Autor, es bestünden theoretische Defizite, denn beide psychotherapeutischen Konzeptionen verfügen gegenwärtig nicht über einheitliche, allgemein anerkannte Erklärungsmodelle, die in ausreichendem Maß eine Orientierung für das praktisch psychotherapeutische Handeln darstellen könnten. Es seien spezifische Einseitigkeiten vorhanden. In grober Einordnung beziehe sich die GT vor allem auf Erlebnis- und Beziehungsphänomene, während sich die VT mehr mit Techniken der Veränderung von Verhaltensweisen beschäftigt. Neuentwicklungen von psychotherapeutischen Methoden würden nahezu willkürlich und nicht als konsequente Weiterentwicklungen theoretischer Konzeptionen erfolgen. Auch würden spezifische Modelle zur Indikation von bestimmten psychotherapeutischen Methoden fehlen.

In einem anderen Beitrag wird eine Erweiterung der Verhaltenstherapie von M. MAHONEY kenntlich gemacht. Der Autor schreibt sogar von einer «Tendenzwende» in der Verhaltenstherapie. Seit FREUD seien das therapeutische Interesse und die Techniken «auf die innere Person ausgerichtet» gewesen. Ein ernsthafter Konkurrent für sie sei dann in den sechziger Jahren die angewandte klinische Verhaltenstherapie geworden. Die behavioristische Sichtweise habe sich auf einen externen Determinismus konzentriert: Reize, Reaktionen, Kontingenzen (Wechselbeziehung zwischen Reaktionen und Bekräftigung dieser Reaktionen), dies alles sei in eine mechanische Input-Output-Analyse menschlichen Verhaltens eingebracht worden. Der

Streit der beiden Konkurrenten habe zu schweren Vorwürfen auf beiden Seiten geführt, der auch die Ethik einbezog. Jetzt sei eine dritte Richtung, ein Kompromiß zwischen extern und intern orientiertem Determinismus, besser gesagt, ein interaktiver Determinismus, in Sicht. Dabei sollen auch Denken und Fühlen in die Verhaltenstherapie einbezogen werden. Auch die Rolle von unbewußten kognitiven Prozessen sei nicht von der Hand zu weisen. Drei Therapieziele werden von dem Autor angeführt: Verbesserung der Wahrnehmungsfähigkeiten, Verbesserung von motorischen oder Verhaltensfähigkeiten und Verbesserung von assoziativen Fähigkeiten.

Wenn eine *«kognitive Verhaltenstherapie»* von dem Autor vorgestellt wird, bei der Gedanken, Gefühle und unbewußte psychische Prozesse in diese Therapie einbezogen werden, so kann in diesem Ansatz eine sehr wertvolle Erweiterung der bereits in umgrenztem Rahmen bewährten Verhaltenstherapie gesehen werden, um so mehr, als diese Arbeitsrichtung in den USA bereits zu größerem Einfluß gelangt ist.

Von MAHONEY war ALBERT ELLIS als «der wohl einflußreichste Sprecher für diesen neuen Ansatz» hervorgehoben worden. Er hätte zunächst als orthodoxer Analytiker praktiziert, sei dann von dieser Theorie und Praxis enttäuscht gewesen und habe sich neofreudianischen Konzepten zugewandt, bei denen der Therapeut eine aktivere Haltung im Gespräch einnimmt. Gegen Ende der fünfziger Jahre habe er seine «Rational-emotive Therapie» (RET) entwickelt. Er habe seine Patienten neue, bisher gemiedene und gefürchtete Verhaltensweisen ausführen lassen, womit er Elemente der Verhaltenstherapie aufnahm, habe ihnen auch «Hausaufgaben» aufgetragen. Nach der ersten umfassenden Darstellung seiner Methode im Jahre 1962 sei sie ständig weiterentwickelt worden, vor allem durch neue Impulse von seiten der Verhaltenstherapie und der Gruppendynamik. ELLIS faßt die Beziehung zu den Patienten in erster Linie als ein Lehrer-Schüler-Verhältnis auf, aber er sei auch bereit, mit großer Offenheit seine eigenen Erfahrungen und Probleme in die Therapie mit einzubringen. In der Rational-emotiven Therapie gehe es nicht darum, Gefühle «hochkommen» zu lassen, sondern darum, sinnvolle Kontrolle über emotionale Reaktionen zu gewinnen. Wenn eine bestimmte Situation Angst, Wut oder Depressionen auslöst, so sei das für ELLIS ein Ergebnis von Denkfehlern, falschen Einstellungen und Überzeugungen. Veränderung des Erlebens und Verhaltens setze eine Veränderung des Denkens voraus.

Ellis schreibt, die Techniken, die in der RET angewendet werden, sollen mehr erreichen als nur das Verhalten zu verändern oder dem Klienten zu helfen, sich besser zu fühlen. Sie sollen die grundlegende Lebensphilosophie des Klienten ändern und ihm Mittel an die Hand geben, diese Lebensphilosophie immer wieder neu aufzubauen, damit der Klient seine selbstzerstörenden Gedanken und Handlungen und seine Haßgefühle gegen andere Menschen nicht mehr aufrechterhält und auslebt. Ellis schreibt weiter: «RET ist kein Wundermittel. Sie fordert viel Anstrengung und Übung. RET ist deshalb nicht die Methode der Wahl für einen Menschen, der umhegt werden möchte, der schnelle Erfolge sucht und der glaubt, daß eine plötzliche Einsicht zu magischen Veränderungen führt, oder der sich schlicht weigert, an sich selbst zu arbeiten, um sich zu helfen.» Von speziellen Techniken werden weiterhin Rollenspiele mit anderen Gruppenmitgliedern genannt, ferner Selbstkontrollprogramme, Entspannungstechniken sowie rational-emotionale Vorstellungstechniken, um weniger empfindlich zu reagieren und Angst vor öffentlichen Reden zu verlieren. Die RET sei «so etwas wie eine kognitiv-emotive Verhaltenstherapie», diese Wortwahl verweist auf Ähnlichkeiten mit der Methode von M. Mahoney. Die RET wird schließlich als ein «umfassendes psychotherapeutisches System» bezeichnet.

Mehrere Psychoanalytiker kommen in dem genannten Sammelband zu Wort, so E. Borneman mit dem Thema «Nosologie, Ätiologie, Symptomatologie ...», M. Pohlen, «Die Zukunft der Psychoanalyse», und B. Bettelheim, «Autismus und Psychoanalyse». Ihnen gegenüber beansprucht die von Ch. Eschenröder mitgeteilte «Kritik» Psychoanalytischer Interpretationen bevorzugtes Interesse. Eine grundlegende Kritik der Psychoanalyse, die den hermeneutischen Wissenschaften (die sich mit der Interpretation und der Auslegung von Texten beschäftigen) sehr viel näher steht als den Naturwissenschaften, müsse bei deren Methode der Interpretation ansetzen. An Hand der psychoanalytischen Deutungen von Träumen, bei denen die Tendenzen zur Verdichtung und zur Verschiebung eine große Rolle spielen, erläutert der Autor, daß die Gefahr der Willkürlichkeit von Deutungen bestehe. Wesentliche Elemente des manifesten Trauminhalts können nebensächlich sein, nebensächliche dagegen entscheidend. Es sei möglich, durch eine geschickte Kombination von Annahmen über Verschiebungen auf Grund von Ähnlichkeiten oder Gegensätzen jedes beliebige Traummaterial mit jeder beliebigen Hypothese in Zusammenhang zu bringen. Als kennzeichnendes Beispiel wird der Traum des «Wolfsmannes» genannt, den er im Alter von vier Jahren gehabt hätte: Vor dem Fenster habe er einige weiße Wölfe mit großen Schwänzen und aufgestellten Ohren auf einem Baum gesehen, er sei dann heftig aufgeschreckt und erwacht. Freud schloß daraus im Verlaufe einer mehrjährigen Deutungsarbeit, daß der Wolf ein Vatersymbol sei. Die Angst vor den Wölfen bedeutet daher Angst vor dem Vater. Später zog Freud den kühnen Schluß, daß das Kind im Alter von eineinhalb Jahren, als es im Zimmer der Eltern war, Zeuge eines dreimaligen Koitus wurde, bei dem es die Geschlechtsteile der Eltern sehen konnte. «Der erstaunte Leser erfährt dann noch, daß sich der Patient nicht spontan an diese Szene erinnerte, sondern daß FREUD sie aus einer Summe von Andeutungen erriet und ihm dann mitteilte. Der Patient, der im Verlaufe der Behandlung eine starke Bindung an seinen Therapeuten entwickelt hatte, akzeptierte diese Deutung.» Der Autor erläuterte an diesem Beispiel, die Bestätigung oder Ablehnung von Deutungen durch den Patienten sei kein brauchbares Kriterium. Die Fragwürdigkeit einer solchen Traumdeutung und die Gefahr einer massiven suggestiven Beeinflussung seien hier nur allzu offensichtlich.

Der Autor geht ferner auf die Anfänge der psychotherapeutischen Tätigkeit FREUDS ein, bei der er als einförmiges Ergebnis der Analyse von dreizehn hysterischen Patientinnen gefunden hatte, daß sie in ihrer frühen Kindheit von einem Erwachsenen sexuell verführt worden waren. FREUD wehrte sich gegen mögliche Einwände mit dem Argument, die Psychoanalyse sei eben die einzige Methode, die solche Vorgänge erhellen könne. Eine solche Argumentation wurde auch später immer wieder zur Verteidigung des psychoanalytischen Standpunktes gebraucht. «In diesem Falle mußte FREUD später aber selber erkennen, daß er sich geirrt und Phantasien seiner Pantientinnen für wahr gehalten hatte. Interessant ist vor allem, daß alle Patientinnen die gleichen Phantasien hatten. Anscheinend glaubten sie den falschen Interpretationen von FREUD und produzierten dann in Phantasien, Träumen und symbolischen Handlungen ‹indirekte Bestätigungen›.»

Die Methode der psychoanalytischen Interpretationen habe zu Theorien geführt, denen jede gesicherte empirische Grundlage fehle, wie zur Theorie des Ödipus-Komplexes. Bekanntlich hatte FREUD argumentiert, jeder Junge wünsche in einer bestimmten Entwicklungsphase (im Alter von etwa vier bis fünf Jahren), seine Mutter körperlich zu besitzen, daher fürchte oder hasse er den Vater als einen Rivalen. Er zeigte diese Wünsche seiner Mutter, indem er in ihrer Anwesenheit mit seinem Geschlechtsteil spielt. Wenn dann gegenüber dem Knaben eine Kastrationsdrohung ausgesprochen wird und er außerdem irgendwann gesehen hat, daß die Frau keinen Penis besitzt, soll dies zu einem schweren Trauma (Kastrationsangst) führen. Unter der Wirkung dieses Traumas gäbe der Knabe seine Besitzansprüche an die Mutter auf, obwohl er sie weiterhin liebt; seine Angst vor dem Vater werde noch gesteigert. Wenn der auf Grund solcher Deutungen postulierte Ödipus-Komplex bei Patienten auf Unglauben stieß, so sah FREUD in der Ablehnung seiner Deutungen nur einen Beweis dafür, wie tief die Erinnerungen an die betreffenden Ereignisse verdrängt worden waren.

In wissenschaftlichen Auseinandersetzungen über die Psychoanalyse würde häufig nicht mit rationalen Argumenten gearbeitet, sondern es würden den Kritikern psychopathologische Motive oder unbewußte Widerstände unterstellt. FREUD bedauerte, daß er bei den Personen, die seine Theorie kritisierten, nicht wie bei seinen Patienten «über Pressionsmittel verfügte, um sie ihre Widerstände einsehen und überwinden zu lassen». Abschließend schreibt ESCHENRÖDER, es sei ganz verfehlt, in wissenschaftlichen Kontroversen dem Gegner psychopathologische Motive zu unterstellen. Diese Strategie diene häufig nur dazu, von der mangelhaften sachlichen Begründung des eigenen Standpunktes abzulenken. In wissenschaftlichen Auseinandersetzungen, die mit rationalen Argumenten geführt werden, sollten nur die Argumente, aber nicht die Person des Kontrahenten eine Rolle spielen.

In einem weiteren Beitrag von H. J. WALTER und E. WALTER werden die Besonderheiten der «Gestalttherapie» beschrieben, die in den letzten Jahrzehnten einen größeren Einfluß in den USA und in anderen Ländern gefunden hatte. Diese Methode war von dem ehemaligen Psychoanalytiker F. Perls nach verhältnismäßig kurzer Begegnung mit der Gestalttheorie ausgearbeitet worden. – Die Gestalttheorie ist eine seit dem Ende des 19. Jahrhunderts in Deutschland entstandene psychologische Lehre, die gemäß dem alten Satz «das Ganze ist mehr als die Summe seiner Teile» zu weitreichenden Untersuchungen und Abhandlungen geführt hat.

Die beiden Autoren schreiben, immer häufiger werde beklagt, daß die Vielfalt der Therapieformen nicht mehr zu überschauen sei. Aber kaum einer habe sich daran gewagt, «ein bißchen Ordnung zu schaffen». Wie könne ein gemeinsamer Nenner für die unterschiedlichen Ansätze gefunden werden? Theorien mit großer «Integrationskraft» gebe es kaum in der Psychologie. Der Aufgabe gerecht werden könnte eine lange Zeit zu Unrecht vernachlässigte Theorie: die Gestalttheorie. «Mit der Gestalttheorie haben wir einen Bezugspunkt, der Beurteilungen erlaubt – eine Konstante in der psychologischen und psychotherapeutischen Landschaft.»

In der Gestalttherapie gehe es – wie wohl auch in allen anderen Therapien – darum, dem Klienten «Hilfen» zu geben, sein Leben besser zu meistern, Probleme zu lösen und sich glücklicher zu fühlen. Die gestalttherapeutischen «Hilfen» bestehen aber nicht darin, daß der Therapeut dem Klienten Ratschläge gibt, mit ihm bestimmte Verhaltensweisen einübt oder für den Klienten Verhaltensweisen interpretiert; vielmehr helfe der Therapeut dem Klienten vor allem mit Übungen zur Bewußtheit und zur Verantwortlichkeit für sich selbst. Ziel der Gestalttherapie sei die Freilegung und Entstehung «guter Gestalten». Ein Ausgangspunkt der Gestalttherapie sei die Tatsache, daß der menschliche Organismus – wie alle anderen Organismen auch – nur in einem gewissen Gleichgewicht existieren könne. Diese Fähigkeit zur «Selbstregulation» sei eine Manifestation der Tendenz zur guten Gestalt. Weiter werden genannt das Konzept der «Ganzheitlichkeit» und das «Hier-und-Jetzt-Prinzip», das ein zentrales Prinzip in der Gestalttherapie sei. In der Distanz zu orthodoxer Verhaltenstherapie wie zu orthodoxer Psychoanalyse sei die Gestalttherapie einig mit der sogenannten «humanistischen Psychologie». Die Gestalttherapie wird als «Grundlage integrativer Psychotherapie» bezeichnet. – In einem gesonderten Beitrag stellt F. PERLS seine Methode u. a. mit folgenden Worten dar: Nur ein Organismus, der ständig in bewußtem Kontakt zu seiner Umgebung steht, sei in der Lage, seine Bedürfnisse wahrzunehmen und zu befriedigen. Vielfach sei dieses «Selbstgewahrsein» gestört. Die Gestalttherapie versuche, es wiederherzustellen.

Angesichts dieser und anderer Beschreibungen erhebt sich die Frage, ob mit der Gestaltung wesentlich Neues geboten wird und ob die schon seit rund neunzig Jahren wohlbekannte und gründlich erforschte Gestalttheorie eine tragfähige Grundlage für die Psychotherapie der Gegenwart sein kann.

C. ROGERS teilte seine Auffassungen zu der von ihm entwickelten Encounter-Bewegung (Encounter = Begegnung) in einem eigenen Beitrag mit. Er formuliert eindeutig: «Gruppentherapie ist etwas für Menschen, die leiden, die Probleme haben und Hilfe brauchen. Encounter-Gruppen dagegen sind für die, die normal funktionieren, die aber ihre Fähigkeit zum Zusammenleben mit anderen verbessern wollen.»

Von einem sozialen Standpunkt aus sei man wegen der zunehmenden Vereinsamung einfach gezwungen gewesen, einen Weg zu stärkerer Gemeinsamkeit zu finden. Er glaube, daß Encounter-Gruppen die Menschen näher zusammenbringen, als das in der Vergangenheit jemals der Fall war, mit Ausnahme vielleicht von Krisensituationen, wo alle zusammenhielten. «Nehmen Sie z. B. eine Gruppe von Männern während des Krieges, die kennen sich wirklich in- und auswendig. Und genauso ist es in Gruppen.» ROGERS sprach sich dann für Intensiv-Sitzungen von einer Woche oder einem Monat Dauer aus oder aber über ein Wochende. Die intensive Begegnung, wie sie in Encounters die Regel sei, würde auch in Gruppentherapien hilfreich sein. Auf die Frage, ob für emotional nicht robuste Menschen Intensiv-Sitzungen der genannten Art zu sehr aufwühlenden und beunruhigenden Erlebnissen werden könnten, antwortete ROGERS: «Die Möglichkeit, daß in Encounters Schaden angerichtet wird, beschäftigt mich auch. Aber ich glaube, daß diese Gefahr sehr viel geringer ist, als gemeinhin angenommen wird.»

Die optimistische Einschätzung von ROGERS kann nicht geteilt werden, wenn man allgemeinere Erfahungen berücksichtigt. O. PRIBILLA

(Direktor des Instituts für Rechtsmedizin der Medizinischen Hochschule Lübeck) hat in einer Veröffentlichung mit dem Titel «Arztrechtliche Fragen und Probleme in der Psychotherapie» (1980) unter anderem folgendes mitgeteilt: «Es sind Fälle bekannt, wo nach Encounter-Gruppensitzungen schwere depressive Reaktionen mit Suizidabsichten aufgetreten sind. Wenn der Therapeut unkontrolliert Leute in solche Gruppen aufnimmt, kann er sich nachher nicht damit herausreden, solche Reaktionen gehörten zum Risiko dieser Gruppenveranstaltungen, und das sei nicht seine Sorge. Ebensowenig kann er sich seiner Verantwortung entziehen, wenn in solchen Gruppen, wie es vorgekommen ist, Teilnehmer einander tätlich angreifen. Ähnliche Situationen können in der Primärtherapie entstehen. Vom Therapeuten wird erwartet, daß er die Risiken der von ihm verwandten Methode kennt und sich dauernd fragt, ob die Gefahr möglicher Schäden für den Patienten tragbar ist. Man ist oft erstaunt, wie unbekümmert Psychotherapeuten ihre Patienten in tiefe, unkontrollierte Regressionen gleiten lassen oder zu wilden Affektabreaktionen ermuntern.» Fälle der Art, daß ein Patient im Verlauf einer psychotherapeutischen Übung erstickt, weil er bei einem «Enthemmungstraining» zu fest in zwei Matratzen eingewickelt wurde, seien die große Ausnahme. – Die Mitteilungen von Pribilla können aus eigenen 25jährigen Erfahrungen mit der Gruppen-Psychotherapie dahin ergänzt werden, daß Aggressionen in solchen Grupppen nicht selten auftreten, so daß der aufklärende oder auch ablenkende Einfluß des Gruppentherapeuten notwendig ist. Der eigene Standpunkt ist somit völlig anders, als er in dem Buch «Psychoboom» von Bach und Molter zum Ausdruck kommt: «Manchmal halte ich mich auch heraus, wenn die Gruppe wie ein Rudel Wölfe über einzelne Teilnehmer herfällt. Sie kommen gut ohne mich zurecht, denn ich nehme die Gruppe als therapeutisches Instrument ernst. Ich schütze niemals einen einzelnen vor dem Angriff der Gruppe, denn es ist ein wichtiger Schritt im persönlichen Wachstum eines Menschen, sich gegenüber Gruppendruck behaupten zu lernen.»

In dem Sammelband der ‹Psychologie heute›-Redaktion findet sich eine erfreulich kritische Beschreibung der «Primärtherapie» von Arthur Janov in einem Beitrag von J. Kovel mit der Überschrift «Glauben, Schreien, Zahlen». Es heißt dort, die Primärtherapie gehe davon aus, daß die Probleme eines Menschen mit seiner Geburt beginnen. Wie jemand auf die Welt kommt, entscheidet über sein späteres Lebensgefühl. Wer sich von psychischen Störungen befreien will, müsse folglich bis zu seinem Geburtserlebnis zurückgehen. Wirklich umfassend befreie erst der «Urschrei» – für JANOV ist es die einzig wahre Psychotherapie. Sein Anspruch lautet: «... wenn eine Theorie Gültigkeit hat, und ich glaube, daß die Theorie der Primärtherapie zutrifft, dann sind alle anderen Ansätze ungültig.» KOVEL schreibt dazu, dieses Zitat sichere ihm einen Platz unter den selbsternannten «Rettern der Menschheit», von denen die Geschichte der Psychotherapie schon eine ganze Reihe kennt. Nach JANOV muß irgend etwas Spezifisches und Zentrales freigelegt werden. «Wenn es gelingt, die Abwehrmechanismen auszuschalten, und wenn es zum erstenmal gefühlt und hinausgeschrien werden kann, dann erfolgt die Heilung automatisch.» KOVEL beschreibt den Ablauf der Therapie: Der Patient bekommt im voraus schriftliche Instruktionen – u. a. die Direktive: «Tu genau, was der Therapeut sagt. In keinem Fall wird dir Schaden zugeführt werden ...» Der Patient werde angewiesen, in ein Hotel zu ziehen und sich für drei Wochen von allen gewöhnlichen Beschäftigungen freizuhalten, keine Drogen zu nehmen, keinen entspannenden Ablenkungen nachzugehen und sich in dieser Zeit vollkommen der Behandlung zu überlassen. In dieser Intensivphase der Therapie findet eine Sitzung pro Tag statt. Ihr Ende sei nicht festgelegt, und der Therapeut habe in dieser Zeit nur den einen Patienten. Die Sitzungen dauern gewöhnlich zwei bis drei Stunden und werden abgebrochen, wenn der Therapeut befindet, daß der Patient mehr nicht aushalten könne. Der Therapeut arbeite in jeder Sitzung aktiv auf ein bestimmtes Ziel hin: «Der Patient soll seine tiefsten Gefühle seinen Eltern gegenüber zum Ausdruck bringen. Dies tut er dann mit eingeweideverdrehenden, babysprachlichen Rufen und Schreien heraufkommenden Schmerzes. Alles andere ist untersagt.» KOVEL schreibt, es scheine so, daß die Anfangsphase der Primärtherapie ein fruchtbarer Boden für den menschlichen Wunsch nach Unterwerfung sei. Nach der dreiwöchigen Intensivphase kehrt der Patient in sein normales Leben zurück, er setzt dabei die Behandlung etwa sechs Monate lang in einer Primär-Gruppe fort, in der es aber keine gemeinsamen Gruppenaktivitäten gebe. – Die Redaktion bemerkte hierzu, daß die Primärtherapie umgerechnet etwa 15000 DM koste. Dies sei natürlich ein Nachteil, aber hier müsse man die kurze Dauer dieser Behandlung der Langzeit-Investition von Zeit und Geld bei der traditionellen psychoanalytischen Behandlung gegenübersetzen.

Interesse beansprucht nach wie vor das «Psychodrama», das von Jacob Moreno vor über fünfzig Jahren entwickelt wurde und das von H. H. Straub in dem genannten Sammelband beschrieben wird. Das Psychodrama kann als die älteste der heute verbreiteten Gruppentherapie-Methoden gelten. Sie steht in Verbindung mit der «Soziometrie» nach Moreno, mit der zwischenmenschliche Beziehungen in Gruppen und damit die Gruppendynamik beschrieben werden. Im Mittelpunkt des Psychodramas steht das Rollenspiel: Auf der «Bühne» des Gruppenraums stellt der Klient unbewältigte Situationen und Szenen aus dem Leben nach und erlebt im Spiel die Konflikte neu. Moreno ging von der Überzeugung aus, daß der Mensch von der Anlage her mit Spontaneität und Kreativität begabt sei, daß aber dieser «latente Genius» des Menschen durch die Sozialisation, die vor allem Anpassungszwang an Überkommenes bedeutet, zu verkümmern drohe und daß daraus schwerwiegende Probleme für die Entwicklung der Individuen und der Gesellschaft resultierten. Die unterdrückten schöpferischen Kräfte des Menschen wollte Moreno mit seinen gruppentherapeutischen Methoden befreien und entfalten. Dabei zielten seine Bemühungen nicht nur auf einzelne Personen und kleine Gruppen, sondern auf die «ganze Menschheit und auf Wege zur Neuordnung der Gesellschaft». Läßt man das Sendungsbewußtsein von Moreno beiseite, so stellt sich seine Psychodrama-Methode als wertvolles gruppentherapeutisches Verfahren dar, um in der Arbeit mit Kleingruppen (bis zu etwa zwölf Mitgliedern) die Ursachen der Konflikte der Gruppenmitglieder zu erhellen, Problemlösungen zu finden und um ferner zu versuchen, falls die Konflikte psychopathologische Symptome bewirkt haben, diese zu beheben.

H. Petzold gibt einen Überblick über die von Eric Berne entwickelte «Transaktionale Analyse» (TA). Er stellt sie mit den Worten vor, daß die TA nach dem Erscheinen eines Buchs von Berne im Jahre 1964 «eine geradezu phantastische Verbreitung» gewonnen habe. Sie zähle neben der Gestalttherapie «zur expansivsten Form innovativer Psychotherapie» in den USA. Es liegt Anlaß vor, die «innovativen» Besonderheiten in Frage zu stellen, denn die Quellen der TA sind hauptsächlich die Psychoanalyse und die Lehre A. ADLERS, insbesondere dessen Konzept des «Lebensstils», dazu kommen Beziehungen zur humanistischen Psychologie und zur Gestalttherapie. Man ersieht daraus, daß sich mannigfache Kombinationen angebahnt haben, woraus Innovationen abgeleitet werden können. Folgendes Modell der Persönlichkeit wird angeboten: Sie setze sich zusammen aus einem Eltern-, einem Erwachsenen- und einem Kind-Ich. Wenn diese Ichs entweder nicht deutlich genug voneinander abgegrenzt oder aber zu weit voneinander abgespalten seien, entstehen psychische Störungen. BERNE habe als Psychiater eine psychoanalytische Ausbildung absolviert und sei im Jahre 1957 mit seinem neuen Verfahren an eine breite Öffentlichkeit getreten. BERNE nennt drei Grundbedürfnisse, von denen aus alle menschlichen Handlungen zu erklären seien: den Hunger nach Streicheleinheiten physischer und psychischer Art, er sei der Motor für die meisten unserer sozialen Aktivitäten; den Hunger nach Zeitstruktur, der unseren Körperrhythmen (Wach-Schlaf-Zyklus, Schlafphasen, Tagesrhythmen etc.) entspringt; und den Hunger nach Stimulierung und Aktivität, der ein biologisches Grundbedürfnis sei. Nach BERNE ist es notwendig, dem Patienten die Realität erfahrbar zu machen und ihm zu zeigen, daß es noch andere Seiten der Wirklichkeit, andere Möglichkeiten zum Überleben, andere Formen von Streicheleinheiten gibt als die, auf die er sich in der frühen Kindheit festgelegt hat. Die Verbindung von rationaler Einsicht und emotionalem Durcharbeiten in der Scriptanalyse durch das Einbeziehen der Gestalttherapie habe ein hocheffektives therapeutisches Instrument geschaffen, das bei mittelfristigen Behandlungszeiten (d. h. 20 bis 80 Sitzungen abhängig von der Kompliziertheit der Struktur) eine Beseitigung von Symptomen, eine adäquate Selbstregulation und eine strukturelle Veränderung des Klienten ermöglicht.

Wohin der Weg in der neueren Psychotherapie führen könnte, zeigt ein Beitrag von G. ALEXANDER, der sich mit der Frage auseinandersetzt, ob nicht Computer die Aufgabe von Psychotherapeuten übernehmen könnten. Nachdem Computer bereits in der Diagnostik einen festen Platz in der klinischen Medizin gefunden haben, wäre es nicht erstaunlich, wenn die Technisierung auch in die Psychotherapie tief hineingreifen würde. Der Computerwissenschaftler J. Weizenbaum habe im Jahr 1965 ein Programm entwickelt, mit dem ein psychiatrisches Gespräch simuliert werden konnte. Der Therapeut K. M. Colby habe danach ein eigenes Programm entwickelt, das rund 500 Antworten enthalten habe (z. B.: «Könnten Sie darauf näher eingehen?», «Warum ist Ihnen das so wichtig?», «Sagen Sie mir mehr über diese Gefühle!», «Das ist interessant!»), die durch eine entsprechende Anzahl von «Reizwörtern» ausgelöst wurden. Es waren bestimmte Ausdrücke, Wörter und Wortkombinationen wie z. B. «Ich hasse ... Ich weiß nicht ... Ich wollte nicht ...», die ein erfahrener Therapeut wie Colby von einem problembeladenen Menschen erwarten konnte. Seine «Patienten», die er bat, sich auf ein Gespräch mit dem Computer einzulassen, waren ausschließlich Freiwillige aus dem Umkreis seines Laboratoriums, und er räumte auch ein, daß «fast jeder», der eine Sitzung mit der Maschine abhielt, «verärgert und frustriert» über ihre Begriffsstutzigkeit herauskam. Ein Teilnehmer habe gesagt: «Ich hasse dich, du blöder Kasten!» Dennoch sei er davon überzeugt gewesen, daß das Programm lief und daß der Gedanke an eine Computer-Therapie schlüssig war. Eine Psychologin Margaret Boden stellte sich auf seine Seite mit den Worten: «Es ist immer noch besser, mit einem Computer zu sprechen, der von einem fürsorglichen Therapeuten programmiert worden ist, als mit überhaupt niemanden zu sprechen.» – In dem gleichen Artikel wird davon berichtet, daß manche Personen schnell und intensiv eine emotionale Beziehung zu dem Computer, mit dem sie sich unterhalten hatten, hergestellt und ihm menschliche Eigenschaften zugeschrieben hatten. Dabei wird an die Tatsache erinnert, daß sich Menschen in der unterschiedlichsten Weise mit Maschinen wie etwa Musikinstrumenten, Motorrädern und Autos emotional verbunden fühlen. – Weizenbaum, der besonders große Erfahrungen auf diesem Gebiet gesammelt hat, formuliert folgende wohlbegründete Meinung: «Ich lehne Colbys Vorschlag ab, Computer als Psychotherapeuten einzusetzen, nicht weil es technisch nicht durchführbar wäre, sondern weil es unmoralisch ist.» Die Vorstellung eines Therapie-Computers hat für ihn «den Beigeschmack einer Orwellschen Gesellschaft, in der der menschliche Geist seelenlosen Systemen unterworfen ist.»

Neben dem Sammelband der ‹Psychologie heute›-Redaktion möge zur Ergänzung noch die Schrift «Psychoboom» des amerikanischen Psychotherapeuten George R. Bach (Leiter des Instituts für Gruppenpsychotherapie in Beverly Hills, USA) und seines deutschen Kollegen Haja Molter (1976) angeführt sein. Die beiden Autoren registrieren heute einen ungeheueren Andrang zu Veranstaltungen, die in weitestem Sinne mit Psychologie, Psychotherapie und Selbsterfahrung zu tun haben. Sie sehen darin grundlegende neue Bedürfnisse, die allerdings der Gefahr unterliegen, vom Psychomarkt kommerziell ausgebeutet zu werden. Um diese Bedürfnisse herum habe sich in den USA – in Deutschland bahnt sich eine ähnliche Entwicklung an – ein riesiger Markt gebildet, der einem Warenhaus gleichkommt, in dem man verschiedene Erfahrungen und Erlebnisse einkaufen könne. Als Beispiele werden über zwei Dutzend verschiedener Schulen, Techniken und Methoden genannt, angesichts deren der «Kunde» es schwer habe, das herauszufinden, was seinen spezifischen Wünschen und Bedürfnissen entspricht. Die beiden Autoren sehen in dem gegenwärtigen Suchen nach Lösungen den Anfang einer psychologischen Renaissance. Sie selbst bekennen sich zu einer «humanistischen Psychologie», wozu sie die «Encounter-Bewegung» in Deutschland rechnen, die sich um die Überwindung verkrusteter psychologischer Dogmen bemüht. Die «humanistische Psychologie» sei von A. H. Maslow als «dritte Kraft oder dritte Psychologie» neben Psychoanalyse und Behaviorismus bezeichnet worden. Es gehe darum, «Selbstverantwortung für sein Tun zu übernehmen, anstatt sich resignierend inneren und äußeren Zwängen zu beugen und sich total von einer Situation abhängig zu machen». Kurz darauf heißt es: «Die humanistische Psychologie befindet sich heute in einer tiefen Krise.»

Für die humanistische Psychologie habe besonders große Bedeutung das Esalen-Institut in Big Sur in Kalifornien gewonnen. Anfangs hätten dort in loser Reihenfolge Werkstattseminare über Yoga, Encounter, Massagen, Religion, Nackttherapie, Gestalttherapie und vieles andere stattgefunden. Auch G. Bach habe dort ein- oder zweimal jährlich Marathon-Sitzungen (die sich über 24 bis 36 Stunden erstreckten) und Aggressionslaboratorien durchgeführt. In der Folgezeit habe sich in Esalen «das Psychokarussell ganz im Zeitgeist um Mythologie, Astrologie, Futurologie und alle möglichen esoterischen

Bewegungen» gedreht. In Deutschland würden noch viele davon schwärmen, einmal längere Zeit in Esalen zu verbringen. «Leider können wir das Institut nur noch als einen ausgezeichneten Massageplatz empfehlen.»

Nach der Enttäuschung über Esalen seien überall und immer neue «therapeutische Zentren» entstanden. Alte Bauernhöfe, Mühlen, Schlösser und Burgen seien in solche Zentren umgewandelt worden. Keines aber habe eine solche Bedeutung erlangt, wie sie Esalen für die humanistische Psychologie der sechziger Jahre hatte. Heute befänden sich viele dieser Zentren in finanziellen und programmgestalterischen Schwierigkeiten. In Deutschland würde die humanistische Psychologie mit ihren Verfahrensweisen über Volkshochschulen, Kirchen und Verbände der freien Wohlfahrt Einfluß und Ausbreitungsmöglichkeiten gewinnen.

Eindrucksvoll schildern die beiden Autoren die «Opfer des Psychobooms»: Neben den Klienten seriöser Gruppen- und Einzeltherapien gebe es ruhelose Opfer, unter ihnen der «therapeutische Swinger» und der «Therapiesüchtige», die nur noch ein Schatten ihrer ehemaligen Person und des Selbstverwirklichungsideals der humanistischen Psychologie seien. «Ihre Erfahrung ist Therapie-Erfahrung, ihre Welt ist die Therapie-Welt. Sie haben in den Gruppen ‹feeling› und Anfassen seriell probiert, urgeschrien und immer wieder aus sich herausgebrüllt, sie haben (therapeutische?) Methoden in ihr Leben gebracht. Die Gruppenerfahrung mit ihren Möglichkeiten der Erweiterung von Selbst- und Fremdwahrnehmung, der Ausdehnung auf Körperbezogenheit, nonverbale Kommunikation und Aktivität haben sie nicht in ihr Leben integriert, sondern ihr Leben hat sich in therapeutische Einstellungen aufgelöst. Seit sie den Gruppenerfahrungen kopflos verfallen sind, treiben sie sich herum. Sie schreiten jetzt alle Wege zum Reich der Freiheit therapeutisch ab – bis sie die ganze Welt auf einmal umarmen können. So strukturieren sie ihr Leben, sie versuchen die Lebenslüge zu durchstoßen, um gruppenbezogenen Zugang zur Welt zu finden. Sie haben gelernt, aus dem Kino schreiend herauszulaufen oder vor der Verrichtung der Notdurft urzuschreien, wenn es ihnen ‹kommt›. Sie behaupten von sich, sie seien total frei, dabei spüren sie Schritt für Schritt die Zwänge im Alltagsleben.»

Die Autoren beschreiben eine «Primal Box» für den ehemaligen Klienten des Primär-Instituts: «Eine Primal Box ist eine Riesenbox, fast wie ein kleines Zimmer, also eine große Kiste; die ist völlig solide aus Holz, an allen Seiten mit sehr dickem Schaumgummi gepolstert, überzogen mit wasserdichtem Material, etwa zwei Lautsprecher drin, eine Klimaanlage und ein kleines düsteres Lämpchen; mit anderen Worten: wenn du dich unsicher fühlst, einen Riesenprimal (Urschreierlebnis) in einer Wohnung zu haben, z. B. wo dich Nachbarn hören können ... gehst du in die Box, hast deinen Wutanfall oder deinen Schluchzanfall oder hörst Musik, bis du ganz sanft in einen ‹Primal› gewiegt wirst.»

Da das bedeutsame Wort der «Selbstverwirklichung» in der humanistischen Psychologie häufig auftaucht, ist es von Interesse, wie A. Maslow sie interpretiert. Maslow nimmt eine menschliche Bedürfnishierarchie an. Auf der untersten Stufe stehen die physiologischen Triebe (Hunger, Durst usw.), auf der nächsten Stufe die Sicherheitsbedürfnisse. «Dann folgen die Bedürfnisse nach Zugehörigkeit und Liebe und an vierter Stelle die Bedürfnisse nach Selbstwertgefühl und Anerkennung durch andere. An der Spitze der Bedürfnisse steht das Streben nach Selbstaktualisierung, großes Ziel und leider oft nur Schlagwort der humanistischen Bewegung.»

Die beiden Autoren geben mit den geschilderten und zahlreichen weiteren Einzelheiten eine kritische Darstellung des gegenwärtigen «Psychobooms», zu dem offenbar die von ihnen vertretene humanistische Psychologie mit ihrer Krisenhaftigkeit auch gehört.

Um aktuelle Gegensätzlichkeiten in den psychotherapeutischen Arbeitsrichtungen der Bundesrepublik Deutschland, zugleich auch die Formen der Auseinandersetzung zu beleuchten, werden zum Abschluß dieses Kapitels einige Textstellen aus der Zeitschrift ‹Spektrum der Psychiatrie und Nervenheilkunde› mitgeteilt.

In der genannten Zeitschrift war ein Schreiben von Prof. Dr. D. Ploog (Geschäftsführender Direktor der Deutschen Forschungsanstalt für Psychiatrie, Max-Planck-Institut für Psychiatrie) zum Abdruck gebracht worden, das folgende Passagen enthält: «Verhaltenstherapie und Gesprächspsychotherapie haben sich in den letzten 20 Jahren zu eigenständigen und umfassenden Therapierichtungen entwickelt. Sie können keinesfalls als bloße Hilfstechniken verstanden werden. Beide Therapiemethoden werden in Deutschland und international von Ärzten in anerkannten Institutionen und in Praxen auf zunehmend breiterer Basis angewendet. Eine große Zahl kontrollierter Therapiestudien hat den Beleg erbracht, daß diese Therapiemethoden in einem breiten medizinischen Indikationsbereich effektiv sind ... Es erschiene uns als schwerwiegender Nachteil, wenn diese Entwicklung in Forschung und Praxis bei der Regelung der Zusatzbezeichnung ‹Psychotherapie› nicht angemessen berücksichtigt würde. Nur wenn mehrere Psychotherapieverfahren zur Anwendung kommen, wird es den Ärzten möglich sein, dem festgestellten Bedarf an Psychotherapie in unserer Bevölkerung zu genügen ... Bei der unterschiedlich langen geschichtlichen Entwicklung der Therapierichtungen ist es nicht verwunderlich, daß etablierte Ausbildungsinstitutionen nicht gleichermaßen vorhanden sind ...»

In einer Stellungnahme des geschäftsführenden Vorstandes der «Deutschen Gesellschaft für Psychotherapie, Psychosomatik und Tiefenpsychologie» (unterschrieben von Dr. EHEBALD) zu dem Schreiben von Professor PLOOG heißt es in der erwähnten Zeitschrift (1979) unter anderem: «Die etwas verklausulierte Formulierung von PLOOG, es sei ‹nicht verwunderlich, daß etablierte Weiterbildungsinstitutionen nicht gleichermaßen vorhanden sind›, bedeutet im Klartext, daß es zur Zeit im ärztlichen Bereich so gut wie keine Weiterbildungsinstitute für Gesprächs- oder Verhaltenstherapie gibt ... Diese Tatsachen stehen in merkwürdigem Kontrast zu der immer wieder – so auch von PLOOG – vorgetragenen Behauptung, diese Techniken würden ‹in Deutschland und international von Ärzten in anerkannten Institutionen und in Praxen auf zunehmend breiterer Basis angewendet›. Angesichts des Mangels an Ausbildungsstätten muß bezweifelt werden, ob die genannte Ausbreitung von ausreichender Kompetenz begleitet ist. Eher ist anzunehmen, daß damit wohl Eigenbauversuche von in diesen Techniken unausgebildeten Personen gemeint sind ... Abgesehen von den Problemen der Weiterbildung – ihrer Dauer und Qualität –, ist die Effizienz der Gesprächs- und Verhaltenstherapie in der psychotherapeutischen Krankenversorgung umstritten. Erfolgsstatistiken sind trügerisch, weil keineswegs davon ausgegangen werden kann, daß der jeweils behauptete Erfolg auf eine sozusagen in Reinkultur zur Anwendung gebrachte therapeutische Technik zurückgeführt werden kann ... Die Gesprächstherapie (nach Rogers) ist ein Verfahren, mit dem der Therapeut unter Anwendung bestimmter sogenannter Therapeutenvariablen, nämlich ‹Echtheit›, ‹emotionale Zuwendung›, ‹präzises einfühlendes Verstehen›, darum bemüht ist, ein zwischenmenschliches Klima herzustellen, das dem Klienten eine bessere Übereinstimmung seines aktuellen Selbsterlebens mit seinen idealen Selbstvorstellungen ermöglicht. Es handelt sich hier also um eine Technik der psychologischen Gesprächsführung, die ganz gewiß in vielen Situationen – auch in ärztlichen – von Nutzen ist ... Bekanntlich ist die nondirektive Richtung aus der Psychoanalyse ableitbar. Es waren vorwiegend berufspolitische Gründe, die dazu geführt haben, daß sich die GT scheinbar eigenständig entwickelt bzw. verselbständigt hat. Von der Sache her ist diese Verselbständigung beziehungsweise Eigenständigkeit nicht zu vertreten ... Ganz anders liegen die Dinge bei der Verhaltenstherapie ... Das theoretische Selbstverständnis der VT und ihr Anspruch, eine besondere wissenschaftliche Praxis zu betreiben, hängt an einem behavioristischen Wissenschaftsbegriff, der wahrscheinlich in der therapeutischen Praxis schon längst verlassen, aber gegen die psychodynamischen Psychotherapien berufspolitisch ausgespielt wird ... Aus dem eben Gesagten wird deutlich, warum VT ein – auch für Kenner – nicht mehr überschaubares Unternehmen darstellt. Vor allem kann man von Verhaltenstherapie nicht im Singular sprechen. Es handelt sich vielmehr um eine Sammelbezeichnung für eine unübersehbar große Zahl pragmatischer therapeutischer Techniken, die weder theoretisch noch praktisch unter einen gemeinsamen Nenner gebracht werden können ... Vor einer undifferenzierten Zulassung aller Techniken, die heute als ‹verhaltenstherapeutisch› firmieren, kann jedenfalls nur dringend gewarnt werden. Es würde eine ungefilterte Transportierung des gegenwärtigen Chaos auf der ‹Psycho-Szene› in die ärztliche Versorgung resultieren ... Insbesondere müssen wir uns gegen die Festschreibung von in sich abgeschlossenen Weiterbildungsgängen in VT oder GT wenden, wie dies im Ploog-Entwurf versucht wird, weil dadurch eine Selbständigkeit dieser Techniken nahegelegt wird, die in der Sache nicht gegeben ist.»

Als «Entgegnungen zu Dr. Ehebald» wurden in der Zeitschrift

‹Spektrum der Psychiatrie ...› (1980) mehrere Beiträge veröffentlicht. Von ihnen werden auszugsweise einige Passagen aus dem Schreiben von Prof. Dr. W. M. Pfeiffer (Fachvertreter für medizinische Psychologie an der Universität Münster) mitgeteilt: «Der Beitrag von Herrn Ehebald ist im Rahmen einer umfassenden Polemik zu sehen, welche die ‹Deutsche Gesellschaft für Psychotherapie, Psychosomatik und Tiefenpsychologie (DGPPT)› gegen andere therapeutische Richtungen führt ... Die Psychoanalyse mußte sich getrennt und oft in hartem Widerspruch zum Hauptstrom der Psychiatrie und Psychologie entwickeln. Diese Isolation hat sich heute auf erfreuliche Weise gemildert, doch lehrt ein Blick in die Literatur, wie sehr auch führende Psychoanalytiker in Denkmodellen und in einer Nomenklatur verhaftet sind, die dem Denken der Jahrhundertwende entsprechen mögen, aber mit moderner wissenschaftlicher Entwicklung schwerlich vereinbar sind. Demgegenüber hat sich die klientenzentrierte Therapie vorwiegend an Universitätsinstituten entwickelt, ihre Wortführer sind in der Mehrzahl Hochschullehrer (wie auch C. Rogers). Das bedeutet, daß die klientenzentrierte Psychotherapie fest in die wissenschaftliche Entwicklung an den Universitäten eingefügt ist. Im Unterschied zur Psychoanalyse, die in Isolierung eine eigene Sprache und eigene Persönlichkeits- und Krankheitsmodelle schuf, bedienen wir uns der psychologischen und zunehmend auch der psychiatrischen Fachsprache, sowie der in Medizin und Psychologie geläufigen Denkmodelle und Forschungsmethoden ... Wenn aber die psychoanalytischen Verbände weiterhin einseitig die Weiterbildung dominieren, dann führt das nicht allein zu einer rigorosen Behinderung der anderen therapeutischen Richtungen, sondern auch zu einer Abtrennung der psychotherapeutischen Weiterbildung vom Hauptstrom der wissenschaftlichen Entwicklung auf dem Gebiet der Psychiatrie und Psychologie ...»

In einem Schreiben von Prof. Dr. G.-W. Speierer (Leiter der Einheit medizinische Psychologie der Universität Regensburg) heißt es unter anderem: «Die Effizienz der Gesprächspsychotherapie in der psychotherapeutischen Krankenversorgung ist nicht weniger umstritten als die der Psychoanalyse und der von ihr abgeleiteten Verfahren, auch die Erfolgsstatistiken der Psychoanalytiker sind trügerisch, weil keineswegs davon ausgegangen werden kann, daß der jeweils behauptete Erfolg auf eine sozusagen in Reinkultur zur Anwendung gebrachte therapeutische Technik zurückgeführt werden kann ...»

Die sehr scharfe Form der Auseinandersetzungen kommt auch in Zeitschriften von zwei Nervenärzten zum Ausdruck. So äußert sich Dr. R. Ullrich wie folgt: «Es kann nicht länger hingenommen werden, daß eine Zeitschrift, die den Anspruch hat, an einen Kreis von interessierten Fachkollegen Informationen zu vermitteln, Beiträge aufnimmt, die ausschließlich aus Polemik bestehen. Auf Seite 182 führt der Verfasser aus, warum VT – ‹auch für Kenner – ein nicht mehr überschaubares Unternehmen darstellt›. In zahllosen unzutreffenden Behauptungen über das Wesen der Verhaltenstherapie wird hier eine subjektive Sicht eben eines Nichtkenners im guten Glauben an die Nichtkennerschaft der Leser der Zeitschrift verbreitet. Wenn heute noch die zahlreichen Verfahren und Techniken der Verhaltenstherapie als pragmatische, nicht zusammenhängende Methodenvielfalt begriffen wird, dann liegt es nur an dem Nichtbegreifen der gemeinsamen, theoretischen Grundlagen und Ableitung dieser Verfahren aus der funktionalen Analyse des Verhaltens und seiner Bedingungen ... Die Verankerung tiefenpsychologischer Inhalte in der Kulturgeschichte dieses Jahrhunderts soll doch wohl keine Rechtfertigung für die Monopolstellung der Psychoanalyse als Therapieform oder gar einen Ersatz für ihre mangelnde Wissenschaftlichkeit darstellen ...»

In einem Schreiben von Dr. H. Henning heißt es unter anderem: «Daß in dem Beitrag des geschäftsführenden Vorstandes der ‹Deutschen Gesellschaft für Psychotherapie, Psychosomatik und Tiefenpsychologie› offenbar über eine Therapie geurteilt wird, die den Verfassern nur oberflächlich bekannt ist, ist nichts Neues. Ich gehe deshalb auf Einzelheiten dieser Beurteilung nicht ein. Das Erschreckende ist für mich, daß es offenbar immer noch Psychotherapeuten gibt, die ihre Methode für die alleinseligmachende halten und anderen Methoden bzw. Psychotherapeuten mehr oder weniger pauschal Oberflächlichkeit, mangelnde Ausbildung und mangelnde Effizienz vorwerfen. Ich glaube, daß gerade Psychotherapeuten eigentlich Achtung und Wertschätzung für Kollegen aufbringen sollten, die gleiche Ziele, wenn auch mit anderen Mitteln und anderer Ausbildung, anstreben und sich nicht in kleinlichen Methodenkämpfen verlieren sollten, die nicht nur der Psychotherapie insgesamt, sondern insbesondere den Patienten (denen wir ja wohl alle helfen wollen) schaden.»

Solche überscharfe Auseinandersetzungen zwischen verschiedenen Schulen und Gruppierungen sind in der Psychotherapie der letzten Jahrzehnte nichts Ungewöhnliches.

3. Vom Rückblick zum Ausblick auf die Autogene Psychotherapie

Die Therapie-Situation der letzten Jahrzehnte bietet eine Krisenhaftigkeit insoweit, als sie sich auf die Behandlung neurotischer und sonstiger neurofunktioneller Störungen erstreckt. Denn diese werden häufig über längere Zeiträume mit Psychopharmaka behandelt, obwohl sie durch fehlerhafte Lebenserwartungen, fehlerhafte Denk- und Verhaltensweisen oder durch fehlerhafte Gewohnheiten charakterisiert, d. h. sehr individuell ausgeprägt sind. Sie können gar nicht gezielt mit Medikamenten behandelt werden, die am zentralen Nervensystem ansetzend die psychophysischen Kräfte entweder anregen (Thymoleptika, Psychotonika) oder hemmen (Tranquilizer, Neuroleptika), manchmal beide Wirkungen verbinden. Eine zeitlich eng begrenzte Therapie mit Psychopharmaka kann in diesen Fällen eine gute Hilfe darstellen. Wer indessen langfristig eine solche Therapie fortsetzt, gibt keine Hilfen mehr, sondern belastet zusätzlich die Patienten mit dem Syndrom der Medikamentenabhängigkeit.

Die genannten Störungen werden am besten auf psychotherapeutischem Wege behandelt, mit der Aussicht, sie ganz zu beheben. Daher ist es alarmierend, daß die Krisenhaftigkeit besonders deutlich wird angesichts Dutzender immer neuer Psychotherapie-Richtungen, die boomartig in den letzten zwei bis drei Jahrzehnten aufgekommen sind. Übrigens findet sich bei ihnen ein so weiter Therapiebegriff, daß neben der Behandlung pathologischer Zustände zunehmend die Selbsterfahrung von Klienten (einschließlich des Sensitivity-Trainings in Encounter-Gruppen und ähnlichen Gruppen) einbezogen worden ist. Selbsterfahrungsgruppen können bei guter Anleitung wertvoll für alle Beteiligten sein, in anderen Fällen können sie auch schaden. Da sie nicht der Behandlung pathologischer Zustände dienen, brauchen sie hier nicht zur Diskussion gestellt zu werden.

Eine pauschale Ablehnung alter und neuer Richtungen in der Psychotherapie wird wohl niemand propagieren. Auch wenn die gegenwärtige «Psycho-Szene» zum Teil kraus erscheint, gibt es doch in der Gruppentherapie (wie dem Psychodrama) und in der kognitiven Verhaltenstherapie beachtenswerte Weiterentwicklungen alter Methoden und auch methodische Neuansätze. Der Zustand des Gesamtbildes der Psychotherapie wurde von erfahrener Seite als «desolat» bezeichnet. Dieser Beurteilung kann insofern gefolgt werden, als ein Mangel an begründeten Konzeptionen in den letzten Jahrzehnten bis zur «Primärtherapie» mit dem «Urschrei» geführt hat.

Es muß noch berücksichtigt werden, daß selbst bei mangelhafter Konzeption die Persönlichkeit des Therapeuten sich günstig auf neurotische Patienten auswirken kann. Dabei kommt eine Fragwürdigkeit in der Psychotherapie zum Vorschein, denn von jeher vermochten «Seelsorger» im weitesten Sinne als gefestigte Persönlichkeiten auf andere Menschen in Krisensituationen stützend einzuwirken, mit ihnen klärende Aussprachen zu führen und auch neue Lebensziele zu finden. So wertvoll diese allgemein menschliche und persönlichkeitseigene Hilfe sein kann, so ersetzt sie nicht die methodische Psychotherapie, die einen noch unausgefüllten Raum in der gegenwärtigen Therapie auszufüllen beansprucht und die bei den verschiedensten Störungsformen gezielt angesetzt werden kann.

Von einer methodisch klar umrissenen Psychotherapie sollte erst gesprochen werden, wenn eindeutige Konzeptionen für sie angegeben werden können. Erst dann ist die Gefahr, einem allgemeinen «Psychoboom» zu verfallen und pragmatisch irgendwelche Hilfen zu geben, gebannt. Die Konzeption wirkt sich auch auf den täglichen Umgang mit Patienten aus. So ist es zum Beispiel ein großer Unterschied, ob in der Psychoanalyse die Abstinenzregel für den Therapeuten gilt, bis zu einer «vom Analytiker zu fordernden Gefühlskälte» (Freud), oder ob in der Gesprächspsychotherapie (Tausch) «positive Wertschätzungen und emotionale Wärme» vom Therapeuten erwartet werden. Bei der Autogenen Psychotherapie liegt kein Anlaß für eine allgemeine Abstinenzregel vor, denn die zum Teil groteske Überschätzung der Bedeutung der Sexualität von seiten maßgebender Psychoanalytiker kann nicht geteilt werden. Gewiß verbietet sich ein Eingehen auf erotisch-sexuelle Annäherungsversuche, um die sich FREUD sehr gesorgt hat. Allgemein sollte vom Therapeuten eine Atmosphäre ungezwungener und sachlicher Hilfsbereitschaft mit emotionaler Zuwendung ausgehen. Die Sachlichkeit hängt von der erreichten Klarheit in der Konzeption ab. Für die Konzeption der Autogenen Psychotherapie ist die anfangs beschriebene Verbindung vom autogenen Prinzip und Trainingsprinzip grundlegend. Im übrigen können fünf Themenbereiche unterschieden werden:

1. Der Autogenen Psychotherapie ist die bereits erwähnte «organismische Konzeption» eigen. Sie ist auf den Gesamtorganismus bezogen und daher in vielen Fällen mit der allgemeinen klinischen Therapie kombinierbar. Gewiß findet Psychotherapie nicht immer einen Platz im klinischen Alltag (und ähnlich in der Praxis niedergelassener Ärzte). Denn welches Bild von den allermeisten Krankenstationen prägt sich immer wieder ein? Das Bild mit vielen Patienten, die hauptsächlich Medikamente erhalten, die auf ärztliche Untersuchungen und auf Detailuntersuchungen in den Laboratorien, manchmal auch operative Eingriffe und immer wieder auf klärende und ermutigende Worte der zuständigen Ärzte warten. Dabei gewinnt die persönlichkeitseigene Hilfe ihr volles Gewicht. Es ist eine passiv abwartende Rolle, in die die Patienten nach Beginn einer ernsten Erkrankung fast immer verfallen und in der sie bei Chronifizierung derselben verbleiben könnten.

Zu dem erwähnten Bild gehören freilich auch zahlreiche Patienten in der Rekonvaleszenz, zum Teil ohne nennenswerte Probleme. Nach abgeklungener Erkrankung setzen die Expatienten ihren altgewohnten Lebensweg fort. Zum anderen Teil ergeben sich große Umstellungsschwierigkeiten, wenn etwa Patienten nach schwerer Erkrankung oder Verletzung im Liegen «aktive Bewegungsübungen» ausführen und dann erste Gehversuche unternehmen. Sie bleiben weiter Patienten, oft mit der Aussicht auf eine definitive Behinderung, aber sie haben die Chance für einen Rollenwechsel zum aktiv übenden Patienten, die gewahrt wird durch regelmäßige persönliche Anleitungen, sonst besteht die Gefahr eines Übungsverlustes und schließlich der Resignation. Hier erwachsen psychotherapeutische

Aufgaben, die bereits in manchen Einrichtungen gemeinsam von behandelnden Ärzten, Psychologen und Sozialarbeitern übernommen werden, auch mit dem Ziel der Rehabilitation.

Ein erfreuliches Beispiel in der klinischen Medizin für solche Rollenwechsel von Patienten ist die Rehabilitation weitverbreiteter Herzkrankheiten geworden. Noch vor mehreren Jahrzehnten erschien der herzkranke Patient als ein Mensch, der fortdauernde Schonung verdiente. In einigen Zentren für Herz- und Kreislaufkrankheiten wurden «Terrainkuren» durchgeführt. In dosierter Form ließ man ausgewählte Patienten Spaziergänge und später Wanderungen ausführen, die den Patienten gut bekamen. Dann stellte sich in den Industrieländern eine ernste Zunahme von Myokard-Infarkten ein. Sie erwiesen sich zum nicht geringen Teil als weitgehend reversibel. Mit Verbesserung der Herzdiagnostik und Zunahme der therapeutischen Aktivität war neben der Fortführung medikamentöser Maßnahmen die Zeit für eine verbreitete Heilgymnastik und einen Heilsport gekommen. Sie verbesserten grundlegend die Aussichten für eine Rehabilitation. Um sie indessen voll zu erreichen, bedarf es noch der Ergänzung durch systematische Entspannungen, auch um Abstand von dem erschütternden Infarkt-Geschehen und um Ansätze für einen neuen Lebensstil mit individuell entwickelten Anspannungen zu finden.

Bei der neuzeitlichen Behandlung von Myokard-Infarkten bis zur Rehabilitation und von anderen weitverbreiteten Krankheiten wie Ulcusleiden an Magen und Zwölffingerdarm, von essentieller Hypertonie und Asthma bronchiale bietet sich eine enge und notwendige Verbindung zwischen Autogener Psychotherapie und sonstiger klinischer Therapie an. Die Autogene Psychotherapie beansprucht hier einen Platz, um die klinische Therapie zu erweitern und zu ergänzen, manchmal auch allerdings zu korrigieren.

2. Kennzeichnend für die Konzeption der Autogenen Psychotherapie sind ferner diejenigen Umschaltungsvorgänge, die durch ein konsequentes Üben bis zu schlafähnlichen Entspannungszuständen, d. h. bis zum Hypnoid führen. Historisch war ähnlich wie bei der Psychoanalyse die Entwicklung vom Erfahrungsbereich der Hypnose ausgegangen, sie nahm dann eine andere Richtung, nämlich von der Hypnose zur Autohypnose. Das autogene Prinzip macht dabei den we-

sentlichen Unterschied aus. Das Hypnoid, das eine entscheidend wertvolle Hilfe sein kann, von schweren Belastungssituationen Abstand und Neueinstellungen zu finden, wird dem Entscheidungsbereich des Trainierenden überantwortet. Er lernt von tiefen Entspannungen wiederum umzuschalten zu intensiven Anspannungen. Er vermag dieselben schadlos zu überstehen, wenn er den ihm gemäßen Rhythmus von Entspannungen und Anspannungen besser und noch besser findet.

Da die Anwendung der Hypnose wiederholt im Rahmen der Autogenen Psychotherapie beschrieben wurde, könnte der falsche Eindruck entstehen, als gehöre die Hypnose voll zur Konzeption der Autogenen Psychotherapie. Bei der großen Mehrheit der Behandlungen wird indessen auf Hypnosen nicht zurückgegriffen. Insgesamt ist die Autogene Psychotherapie in ihrer Konzeption über die Methode der Hypnose hinausgewachsen. Die letztere spielt nur die Rolle eines manchmal notwendigen Hilfsmittels.

3. Zur Konzeption der Autogenen Psychotherapie gehört ferner das partnerschaftliche Vorgehen, denn nur mit kontinuierlicher Hilfe eines erfahrenen Psychotherapeuten vermag der Patient die Grundstufe voll zu absolvieren und dann die höheren Stufen zu erreichen. Wer meint, auf diese Hilfe verzichten zu können, gerät in die Gefahr, seinen Trainingsweg nie zu finden und sich zu verirren, theoretisch bis zu einer Hirnmythologie. Eine gute Partnerschaftlichkeit in der Therapie ist gleichbedeutend mit vielen Gelegenheiten zu voller Mitarbeit des Patienten. Sie könnte eingeengt und gefährdet werden durch Ausnahmesituationen wie die Hypnose oder die Trainer-Rolle, die der Therapeut bei ernsten Schwierigkeiten in der Grundstufe übernimmt, um sie möglichst bald wieder aufzugeben. In der Regel sieht die Hilfe anders aus. Der Therapeut baut eine persönliche, d. h. auch emotional getönte Beziehung mit einem Minimum autoritärer Beeinflussung auf. Er behält nur das notwendige Maß an Sachautorität, damit er aktiv auf das therapeutische Geschehen Einfluß nehmen kann, solange der Patient seinen eigenen Trainingsweg noch nicht gefunden hat. Es ist das gemeinsame Bemühen um möglichst individuelle Trainingsformen, das diese Therapie im größten Teil des Verlaufs charakterisiert. Der Therapeut legt besonderen Wert auf eine sachliche Übungsatmosphäre, die sich auf die Tiefenentspannungen

ebenso wie auf die zwanglosen Aussprachen im Gegenübersitzen erstreckt und die der Patient für sein eigenes Training übernehmen kann. Gleiches gilt für mehrere Patienten, die im Gruppenrahmen behandelt werden. Mit dem erfolgreichen Abschluß der Therapie ist der Patient in dem Maße verselbständigt und zugleich gemeinschaftsfähig geworden, daß er auf eine solche Partnerschaftlichkeit verzichten kann. Beide Eigenschaften gehören bei diesem methodischen Vorgehen zusammen: Der Patient lernt mit seiner Verselbständigung auch Schwächen in seiner Gemeinschaftsfähigkeit zu überwinden.

4. Weiterhin gehört zur Konzeption der Autogenen Psychotherapie, daß sie ein ‹offenes› System darstellt. Sie ist offen für neue Erfahrungen, die jeder einzelne im Verlaufe des Trainings mit sich selber macht, und für methodische Erfahrungen, die wissenschaftlich erarbeitet werden. Jeder kann neue Vorsatzformulierungen ausfindig machen und alte als überholt betrachten, kann das Trainingsprogramm straffen, erweitern und persönlich ausformen und damit zur Gestaltung seines Lebens beitragen.

Wenn die Autogene Psychotherapie als Methode zur Diskussion gestellt ist, wird jede sachliche Kritik als wertvoll angesehen. Dabei geht es nicht nur um einzelne Formulierungen, sondern insgesamt um den besten Weg zur Überwindung der beschriebenen Störungen. Es werden noch vielfältige Möglichkeiten gesehen, die Autogene Psychotherapie mit anderen effektiven Methoden zu verbinden, zumindest in der Grundstufe mit neuen Formen der Gruppenpsychotherapie, damit unter anderem mehr Raum für die Prophylaxe gefährdeter Personengruppen gewonnen wird. Neuerdings bieten sich vielfältige Möglichkeiten der Verbindung mit der «kognitiven Verhaltenstherapie» an, durch die auch manche eigene Auffassungen verbessert werden könnten. Einen Anspruch auf Alleingültigkeit gibt es jedenfalls hier nicht.

5. Schließlich gehört zur Konzeption der Autogenen Psychotherapie ein Bild vom Menschen, der nicht statisch, sondern mit vielfältigen Entwicklungsmöglichkeiten gesehen werden sollte, ohne Fixierung an schicksalsmäßige Triebkonflikte in der Kindheit oder an ähnlich schicksalsmäßige «Archetypus»-Auswirkungen einer langen Ahnenreihe. Soweit durch neurotische Störungen erhebliche Regressionen zu biographisch früheren Lebensformen eingetreten sind, wird es

zu den Aufgaben einer Autogenen Psychotherapie gehören, retrospektiv Aufklärungen zu gewinnen, dabei den Fehlern des Patienten ebenso Aufmerksamkeit zu schenken, wie dessen verborgenen Reservekräften. Die Hauptaufgabe in der Autogenen Psychotherapie bleibt indessen das prospektive Vorgehen, das gemeinsame trainigsmäßige Erarbeiten eines individuellen Lebensrhythmus, bei dem Entspannungen und Anspannungen in einem förderlichen Verhältnis stehen.

Wer auf dem erwähnten Wege zu einer Verselbständigung – dabei stets auch zu einer Sozialisation – gelangt, lernt allmählich adäquate Lebensziele ausfindig zu machen und sie bewußt-willentlich zu erreichen. Solche oft schwierige Prozesse schließen die Notwendigkeit von Phasen der Entspannung, der Rückbesinnung, ferner der Einschaltung von Phantasiekräften ein, bei denen auch die Einflüsse von Triebabläufen, von Stimmungen, Affekten und Emotionen immer deutlich werden können. Die einzelnen Bereiche des psycho-physischen Organismus sind im Verlaufe derartiger Entwicklungen einer Vereinheitlichung zugänglich, die nicht erlaubt, den Menschen generell als von Trieben bestimmtes Wesen zu bezeichnen. Von schwer pathologischen Sonderfällen wird dabei abgesehen.

Das Vorgehen bei der Autogenen Psychotherapie kann gelegentlich analysierend erfolgen, wenn es darum geht, Vergangenes aufzuklären. Hauptsächlich führt der therapeutische Weg jedoch zu einem Aufbau menschlicher Kräfte bis zu einer selbständigen Gestaltung des Lebens, so daß der Begriff der Synthese am besten kennzeichnend erscheint.

Einige abschließende Bemerkungen erscheinen angebracht. Allgemein war von «Neurosen und anderen neurofunktionellen Störungen» die Rede gewesen. Denn es gibt keine festgefügte Grenze zwischen beiden, so wie es auch keine allgemein anerkannte Definition der Neurose gibt. Ob man bei ihr an unbewußt pathogene Konflikterlebnisse in Zusammenhang mit dem Ödipus-Komplex wie in der Psychoanalyse denkt oder an neurotische Symptome als gelernte Gewohnheiten wie bei der Verhaltenstherapie (EYSENCK), eine Übereinkunft ist zwischen diesen und anderen Schulen nicht zu erwarten. Hier werden unter Neurosen überwiegend reaktive und nicht hauptsächlich an die Konstitution gebundene pathologische Vorgänge verstanden, die mit besonderer Ausprägung zu den neurofunktionellen Störungen gehören. Die besondere Ausprägung ergibt sich aus Fehlhaltungen zum Leben, die nicht voll bewußt sind und damit einen Circulus vitiosus heraufbeschwören. Die neurofunktionellen Störungen erstrecken sich auf das zentrale wie auf das vegetative Nervensystem, damit auf das Herz-Kreislauf-System wie auf die verschiedensten anderen Organbereiche, auf den Schlaf-Wach-Rhythmus, auch auf Stimmungsschwankungen, Triebregungen und andere psychophysische Vorgänge. Sie sind zu Massenerscheinungen geworden, da die Arbeits- und sonstigen Lebensweisen der Menschen sich in den letzten 100 bis 150 Jahren grundlegend geändert haben. Die Technik, die den Menschen viele Lebensverbesserungen gebracht hat, zeigt zugleich die Eigenschaft, Energien in einem Ausmaß freizusetzen, daß sie noch nicht unter Kontrolle gebracht werden konnten. Dazu braucht nur das Thema der Kernenergie angeschnitten zu werden. Dies alles geschieht auf dem Hintergrund sozialer und ökologischer Krisen sowie internationaler Spannungen, deren Druck auf den Menschen gefahrdrohend lastet. Der Bericht des «Club auf Rome» mit dem Titel «Die Grenzen des Wachstums» hat in der Bearbeitung durch das Massachusetts-Institute of Technology bereits im Jahre 1972 die Weltöffentlichkeit aufgerüttelt. Das gleiche kann von dem Buch der Präsidenten dieses Klubs Aurelio Peccei mit dem Titel «Die Zukunft in unserer Hand» (1981) erwartet werden.

Mit den vorliegenden Ausführungen sollte kein Versuch zur Lösung von sozialen Problemen in der Gegenwart gemacht werden, obgleich dieselben immer wieder aufleuchten. Es ging in erster Linie darum, die Therapie pathologischer Vorgänge vieler Einzelpersonen zu erweitern und zu ergänzen, in mancher Hinsicht auch zu korrigieren. Die Autogene Psychotherapie wird dafür als geeignetes Mittel erachtet.

Glossar

Affekt: heftige, meist kurz andauernde Veränderung im Gemütsleben mit vasovegetativen Begleiterscheinungen wie z. B. Angst, Zorn, Scham, Lust.

Affektivität: meist verstanden als Ansprechbarkeit eines Menschen hinsichtlich seiner Affekte und auch seiner Gefühle.

anankastisch: zwangsmäßig, als Denken oder Handeln, z. B. Fühlen, Grübeln, Waschen, Kontrollieren in pathologischem Ausmaß, so daß durch Willensanstrengung nicht abstellbar. Ausgeprägt bei Zwangsneurosen und (mehr oder minder) bei abnormen Persönlichkeiten, auch als Begleitsymptom bei Depressionen und gelegentlich bei Schizophrenie.

Archetypus: von C. G. *Jung* (prominenter Vertreter der Psychoanalyse, der sich nach 1913 von ihr abwandte und eine eigene Lehre entwickelte) beschriebene angeblich ererbte Anlage zu bestimmten Gedankengängen, Traum- und anderen Erlebnissen, die er von den Erfahrungen weit zurückliegender Generationen ableitete.

asthenisch: schwächlich, schnell ermüdbar in körperlicher und geistiger Hinsicht (Gegensatz: *sthenisch*)

Anorexia nervosa: hochgradige Abmagerung aus hauptsächlich psychischen Gründen, in der Regel bei Mädchen und jungen Frauen von Beginn der Pubertät an bis etwa zum 22. Lebensjahr, Patientinnen bieten ungewöhnliche Lebensaktivität, Ausfall der Periode; Krankheit, die bis zum tödlichen Ausgang führen kann.

Benzodiazepine: zu den Tranquilizern (Psychopharmaka gehörende chemische Stoffgruppe, die psychisch beruhigend und muskelentspannend wirkt (z. B. Librium und Valium), häufig zur Medikamentenabhängigkeit führend.

Biographische Anamnese: Krankheitsvorgeschichte, die sich nicht nur mit der Entwicklung der Beschwerden und mit früheren Erkrankungen, sondern auch besonders mit den psychischen Eigenheiten im Verlaufe des Lebens und mit den sozialen Lebensverhältnissen befaßt. Voraussetzung für jede eingreifende Psychotherapie.

Borderline case: siehe *Grenzfall*.

Depression: allgemeine Bezeichnung für sehr verbreitete psychische und auch somatische Störungen, gekennzeichnet durch gedrückte *Stimmung* (s. d.) mit pessimistischen Gedankengängen, durch Gehemmtheit und Antriebsminderung, oft verbunden mit Angst, hypochondrischen und Suizid-Tendenzen, nicht selten vegetative Begleitstörungen.

Mannigfaltige Ursachen und Entwicklungsformen: Teil einer manisch-depressiven Erkrankung (erbbedingt-konstitutionell verstanden) mit wiederholten depressiven Phasen, z. T. psychotische Ausprägungen, letztere auch bei nachweisbaren Hirnerkrankungen einschließlich Hirnabbau-Vorgängen. Am häufigsten kommen neurotische Depressionen vor, die z. T. als «reaktive Depression» verstanden werden. Von Alltagsverstimmungen sind neurotische Depressionen abgrenzbar.

Emotion (gleich *Gefühl*): komplexe Eigenschaften des Gemütslebens, im Vergleich zu den elementareren Affekten und Empfindungen, die sich im Mitschwingen mit dem Erleben anderer Menschen zeigt. Bei starken und konstanten Gefühlen Einfluß auf Strebungen und Willensabläufe.

Erythrophobie: Errötungsfurcht.

Frustration: Versagung, besonders bei Nichtbefriedigung von Triebbedürfnissen.

Grenzfall (*Borderline case*): häufig Bezeichnung für pathologische Erscheinungen, die an der Grenze zwischen Neurose und Psychose stehen.

Hypnoid: Zustand mit deutlicher Einschränkung des Bewußtseins wie bei oberflächlicher Hypnose, abgrenzbar gegen übliche Entspannungszustände und andererseits gegen Tiefhypnose. Auch durch Autogenes Training erreichbar.

Hypnose: schlafähnlicher Zustand, der durch *Suggestion* (s. d.) erzielt wird, mit Bewußtseinseinengung und engem Kontakt (Rapport) zum Hypnotiseur. Es wird zwischen oberflächlicher und tiefer Hypnose unterschieden. Therapeutisch kann zunächst Beruhigung und Abschaltung von schwerwiegenden Erlebnissen erreicht werden, «Ruhehypnosen». Es wird auch von «Autohypnose» i. S. des Autogenen Trainings gesprochen.

hysterisch: Eine Krankheit «Hysterie» gibt es nicht (in früheren Jahrhunderten angenommen). Es gibt hysterische abnorme Persönlichkeiten und hysterische Neurosen sowie hysterische Überlagerungen organischer Erkrankungen. Nach E. Kretschmer handelt es sich um psychogene Reaktionen, in der sich eine Vorstellungstendenz, hinter der ein (unbewußter) Wunsch steht, biologisch vorgebildeter Mechanismen bedient.

hypochondrisch: ängstlich besorgt um die eigene Gesundheit, hauptsächlich durch starke Überbewertung alltäglicher Mißempfindungen, kann bis zu wahnhaften Ausprägungen führen. Kommt vor bei abnormen Persönlichkeiten, Neurosen und als Begleitsymptom bei Psychosen.

iatrogen: durch ärztliche Beeinflussung entstanden.

Intelligenz: Von den vielen Definitionen erscheint am besten die von W. Stern zu sein, daß Intelligenz die allgemeine Fähigkeit darstellt, sich unter zweckmäßiger Verfügung von Denkmitteln auf neue Forderungen einzustellen. Die Intelligenz erweist sich vor allem im selbständigen Kombinieren und im selbständigen Beurteilen.

Meditation: Zustände der Versenkung, der Kontemplation, meist mit dem Ziel, neue Einstellungen zum Leben, auch eine «Wandlung» zu erreichen, häufig aus religiösen Gründen, z. T. auch aus diesseitig-therapeutischen Gründen (Autogenes Training).

Myokard-Infarkt: Ausfall eines Herzmuskelgebiets durch Strombahnbehinderung in den Herzkranzgefäßen.

Neurose: ursprünglich Erkrankung der Nerven ohne nachweisbare Ursache (Cullen 1776). Im Verlaufe von zwei Jahrhunderten immer neue Abgrenzungen und Definitionsversuche. Hier Hervorhebung des überwiegend reaktiven Charakters dieser Störungen, bei denen Fehlhaltungen zum Leben auch unbewußt eine große Rolle spielen, so daß ein fehlerhafter Kreislauf (Circulus vitiosus) heraufbeschworen wird.

obsolet: veraltet, überholt.

paranoid: wahnhaft (aus dem Griechischen gleich «danebendenkend»), kann mit Beziehungsideen beginnen, andere Menschen als feindselig und ängstigend mißzuverstehen, kommen vor bei abnormen Persönlichkeiten oder bei Neurosen, vermehrt bei *Grenzfällen* (s. d.) ausgeprägte Wahnideen, z. T. akut auftretend bei Schizophrenie und anderen Psychosen, z. T. bis zu Wahnsystemen ausgebaut. Verbreitetes Beispiel ist der Verfolgungswahn.

Persönlichkeit: Nach Jaspers konstituieren alle psychischen Vorgänge und Äußerungen die Persönlichkeit, sofern sie über sich hinaus auf einen individuellen und durchgehend verständlichen Zusammenhang hinweisen, der von einem Individuum mit dem Bewußtsein seines besonderen Selbst erlebt wird. – Abnorme Persönlichkeiten, Personen mit tief eingewurzeltem Fehlverhalten, das im allgemeinen zur Zeit der Adoleszenz oder früher erkennbar wird, die meiste Zeit während des Erwachsenenalters besteht, obwohl es häufig im mittleren und höheren Lebensalter weniger deutlich wird (s. Diagnosenschlüssel und Glossar psychiatrischer Krankheiten).

Phantasie: Einbildungskraft, Fähigkeit, von früheren Erfahrungen aus zu neuen Kombinationen zu gelangen. Als Frühform ist von großer Bedeutung das kindliche Spiel. Schöpferisch kann sie nach Goethe werden, wenn sie «den wirklichen Boden nicht verläßt und mit dem Maßstab des Wirklichen und Erkannten zu geahnten, vermuteten Dingen schreitet». Abnorm gesteigert z. B. bei hysterischen Persönlichkeiten, die sich von der Realität weit entfernt haben und grobe Unwahrheiten mit Überzeugung äußern: Pseudologia phantastica.

phobisch: angstbetont in krankhafter Weise, d. h. zwanghaft auftretend, oft entgegen vernünftiger Einsicht. Meist in bestimmten Situationen, z. B. in geschlossenen Räumen, auf freien Plätzen oder auf Brücken, ferner vor bestimmten Lebewesen (Hunde, Schlangen, Mäuse), auch vor Krankheiten. Oft verbunden mit anankastischen Zügen. Bei abnormen Persönlichkeiten, bei Neurosen, extrem bei Psychosen.

Prophylaxe: Krankheitsvorbeugung, systematische Maßnahmen zur Verhütung von verbreiteten Krankheiten, auch Beeinflussung derselben im Frühstadium, zugleich Gesundheitsförderung. Wichtige Aufgabe einer neuzeitlichen Gesundheitspolitik.

Psychoanalyse: von SIGMUND FREUD (1856–1939) entwickelte Lehre, die ein besonderes Verfahren zur Untersuchung seelischer Vorgänge und darauf basierend zur Behandlung neurotischer Störungen darstellt. Mit Hilfe von zahlreichen Schülern wurde allmählich ein umfangreiches theoretisches System ausgebaut, das sich nicht nur auf Psychotherapie und Psychologie, auch auf Psychiatrie, auf psychosomatische Medizin, auf die Geschichte der Völker und andere Lebensbereiche erstreckte. Viele seiner Schüler haben sich von ihm abgewandt und eigene Lehren entwickelt: C. G. JUNG, A. ADLER,K. HORNEY, S. SULLIVAN und andere.

Psychopathie: vor mehreren Jahrzehnten weit verbreitete Diagnose für angeborene psychische Anomalien, die sich nicht auf die Intelligenz, sondern auf die Persönlichkeit bezogen. In dem Maße, wie neurotische Faktoren bei Persönlichkeitsstörungen Anerkennung fanden, wurde der Faktor des «Angeborenen» in Zweifel gezogen. Soweit neurotische Zusammenhänge nicht erreichbar sind und die Erscheinungen für konstitutionelle Eigenheiten sprechen, wird der Begriff «abnorme Persönlichkeiten» (depressive, anankastische, hysterische, asthenische u. a.) verwendet.

Psychose: allgemeine Bezeichnung für «Geisteskrankheit» im engeren Sinn. Die soziale Anpassung ist so tief gestört, daß von einem Realitätsverlust gesprochen werden muß und weder Geschäftsfähigkeit noch Zurechnungsfähigkeit anzunehmen sind. Dies ist der Fall bei der Schizophrenie mit (mehr oder minder häufig) Denkzerfahrenheit, Wahnideen, mangelnder Affektivität, Trugwahrnehmungen. Neben Prozeßpsychosen wie der Schizophrenie ohne nachweisbare Hirnveränderungen gibt es organisch begründbare Psychosen (Hirnarteriosklerose, Gifteinwirkungen durch chronischen Alkoholismus und Drogen).

Psychosomatische Medizin: Arbeitsrichtung unter dem Einfluß der Psychoanalyse, diejenigen Körpererkrankungen zu untersuchen und zu behandeln, die infolge schwerer psychischer Störungen zur Entwicklung gelangt sind. Beispiele für psychosomatische Krankheiten sind Bluthochdruck (soweit nicht durch Nieren- oder andere körperlich faßbare Krankheiten entstanden), Bronchialasthma, Magengeschwür, *Anorexia nervosa* (s. d.).

Rehabilitation: möglichst vollständige Wiedereingliederung erkrankter und behinderter Menschen in das berufliche und soziale Leben. Neben medizinischen Maßnahmen spielen pädagogische (auch Umschulung) und sonstige soziale Maßnahmen eine zunehmend große Rolle.

Sensorielle Deprivation: Lang dauernde und möglichst vollständige Ausschaltung von Sinneseindrücken. Versuchspersonen werden in einem völlig abgedunkelten Raum, isoliert von akustischen und sonstigen Reizen mit immobilisierten Gliedmaßen hingelegt. Nach einigen Stunden – bei psycholabilen Personen schon früher – kommt es zu einem starken Verlangen nach Körperbewegungen und nach Sinnesreizen, dann zu psychischen Störungen, die auch die Denkabläufe betreffen, ferner zu Erregungszuständen und gelegentlich zu Halluzinationen. Da auch die Suggestibilität verstärkt wird, sind derartige Beeinflussungen im Sinne einer «Gehirnwäsche» sehr bedenklich, zugleich aber aufschlußreich für die Entstehung von psychoseähnlichen Zuständen.

sthenisch: siehe *asthenisch*.

Stimmung: Länger anhaltender Zustand des Gemütslebens (im Gegensatz zum Affekt), abhängig von der körperlich-seelischen Gesamtverfassung. Bei der gesunden Durchschnittsbevölkerung kann von einer gewissen Ausgeglichenheit gesprochen werden, mit z. T. heiteren, z. T. ernsten Akzenten. Bei ausgeprägten Stimmungsschwankungen kann *Depression* (s. d.) oder Stimmungsgehobenheit (Manie) oder krankhafte Stimmungslabilität, z. B. bei Hirnarteriosklerose, vorliegen.

Suggestion: unter Umgehung rationaler Persönlichkeitsanteile psychische Beeinflussung, entweder fremdsuggestiv oder heterosuggestiv wie bei der Hypnose oder autosuggestiv wie beim Autogenen Training.

Suizid: absichtliche Selbsttötung, entweder als Bilanz-Suizid oder unter krankhaften Einflüssen, wie relativ häufig bei Depressionen.

Übertragung: Begriff aus dem Theorienbereich der Psychoanalyse. Soll zum Ausdruck bringen, daß der Patient im Verlauf der

Psychoanalyse frühe Einstellungen zu Mutter, Vater oder anderen nahen Bezugspersonen auf den Therapeuten «überträgt», d. h. Wünsche, Gefühle, Affekte in ihn hineinprojiziert. Es werden positive und negative Übertragungen unterschieden. Sie werden als wesentlich für die psychoanalytische Therapie angesehen.

Unbewußtes: seelische Vorgänge, die sich außerhalb des Bewußtseins abspielen. Bereits im 19. Jahrhundert gab es eine «Philosophie des Unbewußten» (E. v. Hartmann). Von großer Bedeutung für die Psychotherapie erst durch die Psychoanalyse geworden. Das Unbewußte enthält nach Freud kindliche Triebwünsche und weist eigene Gesetzmäßigkeiten auf, so daß das Bewußte nur wie eine Insel erscheint, die aus dem Meer des Seelischen herausragt. Diese psychoanalytische Grundauffassung war von Anfang an sehr umstritten.

Vegetatives Nervensystem: Teil des Nervensystems (neben dem zentralen und dem peripheren Teil), der die Funktionen der inneren Organe steuert, auch deren Anpassung an die Erfordernisse des Organismus und seiner Auseinandersetzung mit der Umwelt. Die Funktionen des vegetativen Nervensystems galten als unabhängig vom Bewußtsein. Durch das Autogene Training ist es möglich geworden, diese Funktionen z. T. bewußt zu beeinflussen. Störungen des vegetativen Nervensystems: Herz-Kreislauf-Störungen einschließlich Durchblutungsstörungen in den Extremitäten, Störungen von Sekretion und Bewegungsabläufen des Magen-Darm-Kanals, vermehrte Schweißabsonderung, vermehrte Hautschrift (Dermographismus ruber), wechselnde Pulszahl, feines Zittern der Finger.

Verhaltenstherapie: Therapieform, die von H. J. Eysenck, London, ab 1950 auf der Grundlage von Lerntheorien entwickelt wurde. Neurosen und Psychosen galten dabei nur als verschiedene Formen abnormen gelernten Verhaltens. Nur das objektiv beobachtbare Verhalten wurde dabei direkt behandelt und subjektiv mitgeteilte Konflikte, Motivationen, Gefühle usw. nicht berücksichtigt. Die Verhaltenstherapie ist streng symptomorientiert. Von Wolpe, Philadelphia, wurde Verhaltenstherapie auch als Psychotherapie verstanden und inzwischen weiterentwickelt.

Literatur

ALEXANDER, G.: «Eutonie», Kösel, München 1977

Arzneimittelkommission der Deutschen Ärzteschaft: «Tranquilizer nicht für Alltagsstreß», Deutsches Ärzteblatt 77, 2106 (1980)

BACH, G. R. u. H. MOLTER: «Psychoboom», Rowohlt, Reinbek 1979

BERGMANN, G. VON: «Funktionelle Pathologie», Springer, Berlin 1932

BINDER, H.: «Autogenes Training – Supervision», Eigenverlag, Hamburg-Wentorf o. J.

BIRKMAYER, W.: «Depression – Biochemie, Klinik, Therapie», Deutscher Ärzte-Verlag, Köln 1977

BRÄUTIGAM, W. u. P. CHRISTIAN: «Psychosomatische Medizin», Thieme, Stuttgart 1973

BUYTENDIJK, F.: «Allgemeine Theorie der menschlichen Haltung und Bewegung», Springer, Berlin 1956

CHERTOK, L.: «Hypnose», Keller, Genf 1969

«Diagnosenschlüssel und Glossar psychiatrischer Krankheiten» (Deutsche Ausgabe der internationalen Klassifikation der Krankheiten der WHO), Springer, Berlin, Heidelberg, New York 1980

ECKERMANN, J. P.: «Gespräche mit Goethe», Deutscher Taschenbuch-Verlag, München 1976

EHEBALD: «Verhaltenstherapie und Gesprächstherapie als alternative Ausbildungsgänge ...», Spektrum der Psychiatrie u. Nervenheilkunde 8, 179 (1979)

EYSENCK, H. J.: «Behaviour therapy and the neuroses», Pergamon Press, London 1960

FINZEN, A.: «Zunehmender Mißbrauch von Psychopharmaka», Spektrum der Psychiatrie u. Nervenheilkunde 9, 173 (1980)

FREUD, S.: «Aus der Geschichte einer infantilen Neurose», Gesammelte Werke Bd. XII, Imago, London 1947

FREUD, S.: Gesamtregister der Gesammelten Werke Bd. XVIII, S. Fischer, Frankfurt 1968

FROMM, ERICH: «Sigmund Freuds Pyschoanalyse – Größe und Grenzen», DVA, Stuttgart 1979

FROMM, ERICH: «Haben oder Sein», DVA, Stuttgart 1976

FÜNFGELD, E. W.: Brief, Spektrum der Psychiatrie und Nervenheilkunde 9, 176 (1980)

GOLDSTEIN, K.: «Health as a Value», in A. H. Maslow (Edit.),«New Knowledge in Human Values», Harper, New York 1959

HARING, C.: «Lehrbuch des autogenen Trainings», Enke, Stuttgart 1979

GOETHE, J. W.: Sämtliche Werke, Propyläen, Berlin 1914

HEGEL, G. F. W.: «Phänomenologie des Geistes», Felix Meiner, Hamburg 1952

HIPPIUS, H. F.: «Psychische Störungen», in R. Heintz (Edit.), «Erkrankungen durch Arzneimittel», Thieme, Stuttgart 1978

HOFFMANN, B.: «Handbuch des autogenen Trainings», Deutscher Taschenbuch-Verlag, München 1979

HUBER, G.: «Neue Kraftreserven für Führungskräfte durch autogenes Training», Weka, Kissing 1979

IVERSEN, G.: «Die Bedeutung des autogenen Trainings zur Selbstfindung», Z. Psychother. med.Psychol. 23, 206 (1973)

JANOV, A.: «Der Urschrei», S. Fischer, Frankfurt 1973

KEMPER, N., W. POSER u. S. POSER: «Benzodiazepin-Abhängigkeit», Dt. Med. Wo. 105, 1707 (1980)

KÖNIG, W. et al.: «Autogenes Training», G. Fischer, Jena 1979

KRAUS, H. u. W. RAAB: «Krankheiten durch Bewegungsmangel», Barth, München 1969

KLEINSORGE, H. u. G. KLUMBIES: «Psychotherapie in Klinik und Praxis», Urban und Schwarzenberg, München, Berlin 1959

KLEINSORGE, H.: «Gezieltes Gruppentraining bei Organfunktionsstörungen», Z. Psychotherapie, med. Psychologie 4, 184 (1954)

KRETSCHMER, E.: «Gestufte Aktivhypnose, zweigleisige Standardme-

thode», in V. E. FRANKL, V. E. v GEBSATTEL, J. H. SCHULTZ (Edit.),
«Handbuch der Neurosenlehre u. Psychotherapie» Band V, Urban und Schwarzenberg, München, Berlin 1959
KRETSCHMER, E.: «Psychotherapeutische Studien», Thieme, Stuttgart 1949
LANGEN, D. (Edit.): «Der Weg des autogenen Trainings», Wissenschaftl. Buchgemein., Darmstadt 1968
LANGEN, D.: «Psychotherapie», Thieme, Stuttgart 1971
LANGEN, D.: «Der gegenwärtige Stand des autogenen Trainings», Fortschritte der Medizin 95, 1965 (1977)
LANGEN, D.: «Meditation als Psychotherapie», in U. REITER (Edit.), «Meditation – Wege zum Selbst», Mosaik, München 1976
LANGEN, D.: «Ein Psychiater urteilt über laienhafte Meditationstechniken», Medizin heute 31, 22 (1980)
LAOTSE: «Tao Te King», Scherz, Bern, München, Wien 1977
LEUNER, H.: «Das katathyme Bilderleben», Thieme, Stuttgart 1970
LUTHE, W. (Edit.): «Autogenic Therapy», Vol. I-VI, Grune and Stratton, New York 1969–1973
LUTHE, W. (Edit.): «Autogenes Training. Correlationes Psychosomaticae», Thieme, Stuttgart 1965
MARTINI, P. et al.: «Methodenlehre der therapeutisch-klinischen Forschung», Springer, Berlin, Heidelberg, New York 1968
MEADOWS, D. et al.: «Die Grenzen des Wachstums», Deutsche Verl.-Anstalt, Stuttgart 1972
MENSEN, H.: «Autogenes Training (AT) und Transzendentale Meditation (TM)», Notabene medici 10, 556 (1980)
MORENO, J.: «Gruppenpsychotherapie und Psychodrama», Thieme, Stuttgart 1959
MÜLLER-HEGEMANN, D.: «Neurologie und Psychiatrie – Lehrbuch für Studierende und Ärzte», Volk und Gesundheit, Berlin 1966
MÜLLER-HEGEMANN, D.: «Psychotherapie – Ein Leitfaden für Ärzte und Studierende», Volk und Gesundheit (3. Aufl.), Berlin 1961
MÜLLER-HEGEMANN, D.: «Autogene Abreaktion – klinische Beobachtungen», Psychotherapy and Psychosomatics 25, 109 (1975)
MÜLLER-HEGEMANN, D.: «Über psychotherapeutisch gelenkte Phantasien», in F. REIMER (Edit.), «Möglichkeiten und Grenzen der

Psychotherapie im psychiatrischen Krankenhaus», Thieme, Stuttgart 1978

Müller-Hegemann, D.: «Medizinische Psychotherapie», G. Fischer, Stuttgart 1976

Müller-Hegemann, D.: «Einige Modifikationen des autogenen Trainings», Nervenarzt 27, 266 (1956)

Müller-Hegemann, D.: «Zur Kasuistik der Fernseh-Abhängigkeit», Notabene medici 11, 179 (1981)

«Neue Formen der Psychotherapie» (Herausgegeben von Psychologie heute – Redaktion H. Ernst), Beltz, Weinheim, Basel 1980

Obholzer, Karin: «Gespräche mit dem Wolfsmann», Rowohlt, Reinbek 1980

Prokop, O. u. W. Wimmer: «Der moderne Okkultismus», G. Fischer, Stuttgart 1976

Palm, J.: «Der sanfte Weg zur Fitness», Deutsches Ärzteblatt 75, 2915 und 2985 (1978)

Peccei, A.: «Die Zukunft in unserer Hand», Molden, Wien 1981

Pfeiffer, W. M.: Brief, Spektrum der Psychiatrie u. Nervenheilkunde 9, 54 (1980)

Ploog, D.: Brief, Spektrum der Psychiatrie u. Nervenheilkunde 8, 104 (1979)

Pribilla, O.: «Arztrechtliche Fragen u. Probleme der Psychotherapie», Deutsches Ärzteblatt 77, 2312 (1980)

Reiter, U.: «Meditation – Wege zum Selbst», Mosaik, München 1976

Rosa, K. R.: «Das ist die Oberstufe des Autogenen Trainings», Kindler, München 1975

Schmitz, H.: «System der Philosophie» Bd. 2, Bouvier, Bonn 1965/6

Schultz, J. H.: «Die seelische Krankenbehandlung», G. Fischer, Stuttgart 1963

Schultz, J. H.: «Bionome Psychotherapie», Thieme, Stuttgart 1951

Schultz, J. H.: «Grundfragen der Neurosenlehre», Kindler, München 1955

Schultz, J. H.: «Das Autogene Training», in Frankl, v. Gebsattel, Schultz, «Handbuch der Neurosenlehre und Psychotherapie», 1959 s. o.

SCHULTZ, J. H.: «Psychotherapie. Leben und Werk großer Ärzte», Hippokrates, Stuttgart 1952

SCHULTZ, J. H.: «Das autogene Training» (13. Aufl.), Thieme, Stuttgart 1970

SCHULTZ-HENCKE, H.: «Der gehemmte Mensch», Thieme, Leipzig 1940

SCHULTZ-HENCKE, H.: «Lehrbuch der analytischen Psychotherapie», Thieme, Stuttgart 1970

SCHULTZ-HENCKE, H.: «Lehrbuch der Traumanalyse», Thieme, Stuttgart 1968

SKINNER, B. F.: «Jenseits von Freiheit und Würde», Rowohlt, Reinbek 1973

SMITH, M. B.: «Research Strategies toward a Conception of Positive Mental Health», American Psychol. 14, 673 (1959)

SMITH, M. B.: «Competence and Mental Health», in S. B. Sell (Edit.), «The Definition and Measurement of Mental Health», Washington (US Department of HEW) 1968

SPEIERER, G. W.: Brief, Spektrum der Psychiatrie u. Nervenheilkunde 9, 59 (1980)

STEINBRECHER, H. u. F. SOLMS: «Sucht und Mißbrauch», Thieme, Stuttgart 1975

STOKVIS, B. u. M. PFLANZ: «Suggestion», Hippokrates, Stuttgart 1977

STOKVIS, B. u. E. WIESENHÜTTER: «Lehrbuch der Entspannung», Hippokrates 1961 (4. Aufl. von «Der Mensch in der Entspannung», neu bearbeitet von E. WIESENHÜTTER 1979)

TAUSCH, R.: «Gesprächspsychotherapie», Hogrefe, Göttingen 1973

THOMAS, K.: «Praxis der Selbsthypnose des Autogenen Trainings», Thieme, Stuttgart 1967

WALCHER, W.: «Larvierte Depression», Hollinek, Wien 1969

WALLNÖFER, H.: «Analytische Techniken in der Oberstufe des Autogenen Trainings», Journal für Autog. Tr. u. Allg. Psychoth. 4, 75 (1978)

WALLNÖFER, H.: «Kathartisches und analytisches Geschehen im Autogenen Training», in H. BINDER (Edit.), «Praxis des Autogenen Trainings», Lehmann, München 1972

WOLPE, J.: «Praxis der Verhaltenstherapie», Huber, Bern, Stuttgart, Wien 1972

Register